新編諸子集成

顏氏家訓集解

下

王利器 撰

中華書局

卷第五

省事　止足　誡兵　養生　歸心

省事第十二〔一〕

銘金人云：「無多言，多言多敗；無多事，多事多患〔二〕。」至哉斯戒也！能走者奪其翼，善飛者減其指〔三〕，有角者無上齒，豐後者無前足，蓋天道不使物有兼焉也〔四〕。古人云：「多爲少善，不如執一〔五〕；鼫鼠五能，不成伎術〔六〕。」近世有兩人〔七〕，朗悟士也，性多營綜〔八〕，略無成名，經不足以待問，史不足以討論，文章無可傳於集録〔九〕，書迹〔一〇〕未堪以留愛翫，卜筮射六得三，醫藥治十差五〔一一〕，音樂在數十人下，弓矢在千百人中，天文、畫繪〔一二〕、棊博〔一三〕，鮮卑語、胡書〔一四〕，煎胡桃油〔一五〕，鍊錫爲銀〔一六〕，如此之類，略得梗槩〔一七〕，皆不通熟。惜乎，以彼神明〔一八〕，若省其異端〔一九〕，當精妙也。

〔一〕郝懿行曰：「省，讀所景切。省事，言不費事也。」

〔二〕説苑敬慎篇：「孔子之周，觀於太廟，右陛之前，有金人焉，三緘其口，而銘其背曰：『古之慎言人也，戒之哉！戒之哉！無多言，多言多敗；無多事，多事多患。』」案：御覽三九〇引孫卿子，亦載此銘，今荀子無文。御覽注云：「皇覽云：『出太公金匱。』家語、説苑又載。」趙曦明注此，劣及引家語觀周篇，失其本柢矣。此銘即黄帝六銘之一也。

〔三〕郝懿行曰：「『指』當爲『趾』字之譌。」

〔四〕盧文弨曰：「大戴禮易本命篇：『四足者無羽翼，戴角者無上齒，無角者膏而無前齒，有角者脂而無後齒。』漢書董仲舒傳：『夫天亦有所分予，予之齒者去其角，傅其翼者兩其足。』傅讀曰附。」

〔五〕執，宋本作「熟」。案：吕氏春秋有執一篇，云：「王者執一而爲萬物正。」宋本作「熟」，不可從。

〔六〕鼫，原作「鼯」，趙曦明曰：「『鼯』當作『鼫』，爾雅釋獸：『鼫鼠。』注：『形大如鼠，頭似兔，尾有毛，青黄色，好在田中食粟豆，關西呼爲鼩鼠。』説文：『鼫，五伎鼠也，能飛不能過屋，能緣不能窮木，能游不能度谷，能穴不能掩身，能走不能先人。』」盧文弨曰：「爾雅釋文：『鼫，或云即螻蛄也。鼩，郭音雀，將略反。』詩碩鼠正義引作『鼩』，音瞿。」郝懿行曰：「困學紀聞卷五云：『隋、唐志有蔡邕勸學篇一卷，易正義引之，云：「鼫鼠五能，不能成一伎術。」』」器案：易晉卦正義引蔡邕勸學篇：「鼫鼠五能，不能成伎。」王注曰：「能飛不能過屋，能緣不能窮木，能游不能度谷，能穴不能掩身，能走不能先人。」荀子勸學篇：「梧鼠五伎而窮。」楊倞注：「『梧鼠』當爲『鼫鼠』，蓋本誤爲『鼯』字，傳寫又誤爲『梧』耳。」大戴禮勸學篇：「鼫鼠五伎而窮。」蔡邕鼫鼠五能之説，即本之荀子、大戴禮，作「鼫」爲是，今據改正。至謂螻蛄爲鼫鼠，乃崔豹古今注之言，段氏説文注已斥其非矣。

〔七〕少儀外傳上引「兩」作「二」。郝懿行、李詳俱引杭世駿諸史然疑，指爲祖珽、徐之才二人。繆荃蓀雲自在龕隨筆一説同。南史張稷傳：「性疎率，朗悟有才略，起家著作佐郎。」

〔八〕盧文弨曰：「『營綜』，謂多所經營綜理也。説文：『綜，機理也。子宋切。』」器案：晉書王羲之傳：「羲之與殷浩書：『知安西敗喪，公私惋怛，不能須臾去懷，以區區江左，所營綜如此，天下寒心，固已久矣。』」

〔九〕後漢書律曆志：「是以集録爲上下篇。」文選任彦昇王文憲集序：「是用綴緝遺文，永貽世範，爲如干秩，如干卷，所撰古今集記、今書七志爲一家言，不列于集，集録如左。」

〔一〇〕雜藝篇：「真草書迹。」又：「書迹鄙陋。」書迹，猶言書體墨迹也。

〔一一〕少儀外傳上引「差」作「瘥」。案：周禮天官醫師：「歲終，則稽其醫事，以制其食，十全爲上，……十失四爲下。」注：「全猶愈也，以失四爲下者，五則半矣，或不治自愈。」

〔一二〕器案：此文畫繪，蓋亦指北朝時尚之胡畫，北史平鑒傳：「夜則胡畫以供衣食。」又下引祖珽善爲胡桃油以塗畫者是也。

〔一三〕盧文弨曰："綦，圍綦。博，六博。"

〔一四〕"胡書"二字，各本無，今據宋本補。鮮卑語謂語言，胡書謂文字。庾信哀江南賦："河南有胡書之碣。"法書要録卷二引庾元威論書言百體有胡書。廣弘明集二〇引蕭繹簡文帝法寶聯璧序："大秦之籍，非符八體；康居之篆，有異六爻。"則當時外文之傳入中國者多矣，然庾、顔之所謂胡書，則指鮮卑文字也。

〔一五〕盧文弨曰："北齊書祖珽傳：『陳元康薦珽才學，並解鮮卑語。珽善爲胡桃油以塗畫。』蓋此數者，皆當時所尚也。"

〔一六〕盧文弨曰："神仙傳載尹軌能鍊鉛爲銀，後世亦有得其術者，然久未有不變者也。"

〔一七〕盧文弨曰："梗槩，大略也。薛綜注張衡東京賦：『梗槩，不纖密。』"

〔一八〕黄帝内經："心者，君主之官，神明出焉。"

〔一九〕論語爲政篇："攻乎異端，斯害也已。"

上書陳事，起自戰國〔一〕，逮於兩漢，風流彌廣〔二〕。原其體度：攻人主之長短，諫諍之徒也；訐羣臣之得失，訟訴之類也；陳國家之利害，對策之伍也；帶私情之與奪，遊説〔三〕之儔也。總此四塗，賈誠〔四〕以求位，鬻言以干禄〔五〕。或無絲毫〔六〕之益，而有不省〔七〕之困，幸而感悟人主，爲時所納，初獲不貲〔八〕之賞，終陷不測之誅，則嚴助、朱買臣、吾丘壽王、主父偃之類甚衆〔九〕。良史所書，蓋取其狂狷一介〔一〇〕，論政得失耳，非士君子守法度者所爲也。今世所覩，懷瑾瑜而握蘭桂者〔一一〕，悉恥爲之。守門詣闕，獻書言計，率多空薄〔一二〕，高自矜夸〔一三〕，無經略之大體〔一四〕，咸粃糠〔一五〕之微事，十條之中，一不足採，縱合時務〔一六〕，已漏先覺〔一七〕，非謂不知，但患知而不行耳。或被發姦私，面相酬證，事途迴穴〔一八〕，翻懼愆尤〔一九〕；人主外護聲教〔二〇〕，脱加含養〔二一〕，此乃僥倖之徒，不足與比肩也〔二二〕。

〔一〕趙曦明曰：「案：若蘇秦、蘇厲、范雎、韓非、黄歇之輩皆是。」

〔二〕文心雕龍章表篇：「降及七國，未變古式，言事於主，皆稱上書。秦初定制，改書曰奏。漢定禮儀，則有四品：一曰章，二曰奏，三曰表，四曰議。章以謝恩，奏以按劾，表以陳請，議以執異。」漢書趙充國辛慶忌傳贊：「今之歌謠慷慨，風流猶存耳。」

〔三〕史記蘇秦傳：「蘇秦兄弟三人，皆遊説諸侯以顯名。」盧文弨曰：「説，舒芮切。」器案：漢紀孝武紀荀悦曰：「世有三遊，德之賊也：一曰遊俠，二曰遊説，三曰遊行。……飾辨辭，設詐謀，馳逐於天下，以要時勢者，謂之遊説。……此三遊者，亂之所由生也，傷道害德，敗法惑世，夫先王之所慎也。」

〔四〕賈誠，即賈忠，避隋文帝父楊忠諱改。賈，讀左傳「賈餘勇」之賈。

〔五〕論語爲政篇：「子張學干禄。」集解：「干，求也。禄，禄位也。」

〔六〕絲毫，宋本、朱本作「私毫」，未可從。

〔七〕盧文弨曰：「不省，不見省也。」

〔八〕盧文弨曰：「不貲，亦作『不訾』。顏師古注漢書蓋寬饒傳：『不貲者，言無貲量可以比之，貴重之極也。』」器案：通鑑五〇胡注云：「貲之爲言量也，不貲，謂無量可比也。」

〔九〕趙曦明曰：「漢書嚴朱吾丘主父徐嚴終王賈傳：『嚴助，會稽吴人。郡舉賢良，對策百餘人，武帝善助對，擢爲中大夫。後得朱買臣、吾丘壽王、司馬相如、主父偃、徐樂、嚴安、東方朔、枚皋、膠倉、終軍、嚴葱奇等，並在左右，及淮南王反，事與助相連，棄市。朱買臣，字翁子，吴人。詣闕上書，會邑子嚴助貴幸，薦買臣，拜爲中大夫，與助俱侍中。後告張湯陰事，湯自殺，上亦誅買臣。吾丘壽王，字子贛，趙人。爲侍中中郎，坐法免，上書願擊匈奴，拜東郡都尉，徵入爲光禄大夫侍中。後坐事誅。主父偃，齊國臨淄人。上書闕下，朝奏，暮召入見。所言九事，其八事爲律令，一事諫伐匈奴。是時，徐樂、嚴安亦俱上書言世務。上召見三人，謂曰：「公皆安在？何相見之晚！」皆拜爲郎中。偃數上疏言事，歲中四遷。大臣皆畏其口，賂遺累千金。爲齊相，刺齊王陰事，王自殺。上大怒，徵下吏治。公孫弘以爲齊王自殺，無後，非誅偃無以謝天下，遂族偃。』」盧文弨曰：「吾丘音虞丘，主父音主甫。」

〔一〇〕論語子路篇：「子曰：『不得中行而與之，必也狂狷乎！狂者進取，狷者有所不爲也。』」包

注：「狂者進取於善道，狷者守節無爲。」尚書秦誓：「如有一介臣。」釋文：「一介，耿介一心端慤者。」案：别解「一介」作「耿介」，蓋本此。

〔一一〕盧文弨曰：「瑾瑜，美玉；蘭桂，皆有異香。以喻懷才抱德之士，恥爲若人之所爲也。」器案：楚辭九章懷沙：「懷瑾握瑜兮，窮不知所示。」補注：「在衣爲懷，在手爲握。瑾瑜，美玉也。」拾遺記六後漢録曰：「夫丹石可磨而不可奪其堅色，蘭桂可折而不可掩其貞芳。」

〔一二〕空薄，謂空疏淺薄。三國志吴書孫權傳注引魏略：「孫權乃遣浩周爲牋魏王……又曰：『權本性空薄，文武不昭。』……又權與周書：『孤以空闇，分信不昭。』」空闇亦與空薄義近，闇昧則又進於空薄矣。

〔一三〕漢書地理志下：「矜夸功名。」黄叔琳曰：「做秀才當如守貞之女，上書陳事，何異倚市門乎？」

〔一四〕文選三國名臣贊序：「元首經略而股肱肆力。」吕向注曰：「經略，經營也。」

〔一五〕粃糠，羅本、傅本、顔本、程本、胡本、何本、朱本、别解作「糠粃」。盧文弨曰：「莊子逍遥遊釋文：『粃糠又作秕糠，猶煩碎。』」

〔一六〕漢書昭帝紀贊：「光知時務之要，輕繇薄賦，與民休息。」時務，謂當時之事務也。文選班孟堅答賓戲：「李斯奮時務。」注：「項岱曰：『時務，謂六國更相攻伐，争爲雄伯之務。』」又袁彦伯三國名臣贊序：「仰弘時務。」舊唐書卷二十三職官志二：「凡擇流外，取工書計，兼頗曉時務。」

〔一七〕孟子萬章上：「使先覺覺後覺。」趙岐注：「覺，悟也。」

〔一八〕穴，原作「宂」，今據郝、李說校改。盧文弨曰：「迂迴叢宂，言所值之不能一途。宂，而隴切。」郝懿行曰：「案韓詩云：『謀猷迴穴。』文選班固幽通賦用之，曹大家注云：『迴，邪也；穴，僻也。禍福相反。』」李詳曰：「案：『宂』當作『穴』，文選幽通賦：『叛迴穴其若茲。』曹大家注：『迴，邪也；穴，辟也。』韓詩：「謀猷迴穴。」』『穴』亦作『泬』，潘岳西征賦：『事迴泬而好還。』善注：『韓詩曰：「謀猶迴泬。」』『穴』、『泬』義通，善得各據所引而用之。二字猶言反覆，盧讀爲而隴切，非是。」器案：郝、李校是。韓詩之「謀猷迴穴」，毛詩小雅小旻作「謀猶回遹」，穴、遹音近通用，盧以「穴」爲「宂」，非是。文選宋玉風賦：「迴穴錯迕。」李善注：「凡事不能定者迴穴，此即風不定貌。」漢書敘傳：「畔回穴其若茲兮。」顏師古注：「畔，亂貌也。回穴，轉旋之意也。」

〔一九〕翻，抱經堂校定作「飜」，宋本及諸明本都作「翻」，今從之。盧文弨曰：「『飜』與『翻』同。僁，俗愆字。」朱本注曰：「僁、愆同。」郝懿行曰：「僁，廣韻云：『俗愆字。』漢武帝立齊王策文云：『厥有僁不臧。』注：『僁與愆同。』」

〔二〇〕尚書禹貢：「聲教訖於四海。」正義曰：「聲教，聲威文教。」

〔二一〕盧文弨曰：「脱者，或然之辭。」

〔一三〕盧文弨曰：「言不足與之併肩事主也。」

諫諍之徒，以正人君之失爾，必在得言之地，當盡匡贊之規，不容苟免偷安，垂頭塞耳；至於就養有方〔一〕，思不出位〔二〕，干非其任，斯則罪人。故表記云：「事君，遠而諫，則諂也；近而不諫，則尸利也〔三〕。」論語曰：「未信而諫，人以爲謗己也〔四〕。」

〔一〕趙曦明曰：「禮記檀弓上：『事君有犯而無隱，左右就養有方。』」案：鄭玄注曰：「不可侵官。」

〔二〕易經艮象：「君子以思不出其位。」論語憲問篇：「君子思不出其位。」集注：「孔曰：『不越其職。』」

〔三〕趙曦明曰：「表記，禮記篇名。」器案：禮記鄭玄注云：「尸謂不知人事，無辭讓也。」陳澔集說：「呂氏曰：『陵節犯分，以求自達，故曰諂；懷祿固寵，主於爲利，故曰尸利也。』」

〔四〕論語子張篇：「君子……信而後諫，未信，則以爲謗己也。」

君子當守道崇德，蓄價待時〔一〕，爵祿不登，信由天命。須求趨競〔二〕，不顧羞慚，比較材能，斟量功伐〔三〕，厲色揚聲，東怨西怒；或有劫持宰相瑕疵，而獲酬謝〔四〕，或有諠聒時人視聽，求見發遣〔五〕。以此得官，謂爲才力，何異盜食致飽、竊衣取溫哉〔六〕！世見躁競〔七〕得官者，便謂「弗索何獲」〔八〕；不知時運之來，不求亦至也〔九〕。見靜退〔一〇〕未遇者，便謂「弗爲胡成」〔一一〕；不知風雲不與〔一二〕，徒求無益也。凡不求而自得、求而不得者〔一三〕，焉可勝算乎〔一四〕！

〔一〕蓄價，蓄養聲價。後漢書姜肱傳：「徵爲太常，告其友曰：『吾以虛獲實，遂藉聲價。』」風俗通義愆禮篇：「居緱氏城中，亦教授，坐養聲價。」

〔二〕須求，少儀外傳下作「干求」。晉書庾峻傳：「風俗趨競，禮讓陵遲。」南史王峻傳：「峻性詳雅，無趨競心。」

〔三〕盧文弨曰：「量，音良。伐亦功也。莊二十八年左氏傳：『且旌君伐。』」

〔四〕而，少儀外傳作「覬」。

〔五〕盧文弨曰：「猶今選人之在吏部者，先求分發。」案白居易自問：「老慵難發遣。」

〔六〕戒子通録二引分段。

〔七〕三國志魏書杜襲傳：「粲性躁進。」文選嵇康養生論：「今以躁競之心，涉希進之塗。」北史王遵業傳：「議者惜其人才，而譏其躁競。」躁進、躁競，音義俱同，謂浮躁而急進也。

〔八〕宋本及各本「謂」作「爲」，戒子通録、事文類聚前三九、羣書類編故事十四引亦作「爲」，抱經堂校定本作「謂」，少儀外傳亦作「謂」，今從之。趙曦明曰：「『謂』舊作『爲』，下同，古亦通用。」又曰：「左氏昭二十七年傳：『吴公子光曰：「上國有言曰：不索何獲？」』」

〔九〕求，宋本、羅本、傅本、程本、胡本、何本、鮑本作「然」，事文類聚、羣書類編故事同，趙引屠本、顔本、朱本及戒子通録作「索」，抱經堂本作「求」，今從之。又少儀外傳、戒子通録「也」作「矣」。

〔一〇〕晉書潘尼傳：「性静退不競。」

〔一一〕趙曦明曰：「書太甲下：『弗慮胡獲，弗爲胡成。』」

〔一二〕與，少儀外傳、羣書類編故事作「興」。趙曦明曰：「易乾文言傳：『雲從龍，風從虎。』後漢書劉聖公傳贊：『聖公靡聞，假我風雲。』又二十八將傳：『咸能感會風雲，奮其智勇。』」

〔一三〕凡不求而自得，求而不得者，此二句，少儀外傳作「凡不求而得者」六字。

〔一四〕盧文弨曰：「焉，於虔切。勝音升。」

齊之季世〔一〕，多以財貨託附外家，諠動女謁〔二〕。拜守宰者，印組〔三〕光華，車騎輝赫，榮兼九族，取貴一時〔四〕。而爲執政所患，隨而伺察，既以利得，必以利殆〔五〕，微染風塵〔六〕，便乖肅正，坑穽〔七〕殊深，瘡痏〔八〕未復，縱得免死，莫不破家，然後噬臍〔九〕，亦復何及。吾自南及北，未嘗一言與時人論身分也〔一〇〕，不能通達，亦無尤焉。

〔一〕左傳昭公三年：「晏子曰：『此季世也。』」文選天監三年策秀才文注：「季謂末年。」

〔二〕女謁，或言婦謁。羣書治要三一載文韜：「後宮不荒，女謁不聽。」荀子大略篇：「湯旱而禱曰：『婦謁盛與？』」楊倞注：「婦謁盛，謂婦言是用也。」詩經雲漢正義引春秋説題辭：「湯遭大旱，以六事謝過……女謁行與？」韓非子詭使篇：「近習女謁並行。」漢書李尋傳：「對詔問災異，……其于東方作，日初出時，陰雲邪氣起者，法爲牽于女謁，有所畏難。」後漢書楊賜傳：「賜上封事曰：『女謁行則讒夫昌。』」趙壹刺世疾邪賦：「女謁掩其視聽兮，近習秉其威權。」後漢書皇后紀序：「閨房肅雍，險謁不行。」注：「謁，請也。言能輔佐君子，和順恭敬，不行私謁。」詩序曰：『雖則王姬，猶執婦道，以成肅雍之德。』又曰：『而無險詖私謁之心。』」趙曦明曰：「北齊書恩倖傳：『穆提婆，本姓駱，漢陽人。提婆母陸令萱嘗配入掖庭，大爲胡后所昵愛。令萱姦巧多機辯，取媚百端，宮庭之中，獨擅威福。天統初，奏引提婆入侍後主，官至録尚書事，封城陽王。令萱又媚穆昭儀，養之爲母，提婆遂改姓穆氏。及穆后立，令萱號曰太姬。武平之後，令萱母子勢傾中外，生殺予奪，不可盡言。』」器案：北齊書文宣紀：「天保七年詔：『或外家公主，女謁内成。』」又馮子琮傳：「太后爲齊安王納子琮長女爲妃，子琮因請假赴鄴，遂授吏部尚書。其妻恃親放縱，請謁公行，賄貨填積，守宰除授，先定錢帛多少，然後奏聞，其所通致，事無不允。子琮亦不禁制。」觀此，則知之推之言非誣矣。陳直曰：「按：之推觀我生賦云：『予武成之燕翼，遵春坊而原始，唯驕奢之是修，亦佞臣之云使。』自注云：『後主之在宮，乃使駱提母陸氏爲之，又胡人何洪珍等爲左右，後皆預政亂國焉。』陸氏爲陸令萱也。」

〔三〕盧文弨曰：「古者居官，人各一印，後世凡同曹司者，共一印。組即綬也，所以繫佩者。漢書嚴助傳：『方寸之印，丈二之組。』」

〔四〕盧文弨曰：「北齊書後主紀：『任陸令萱、和士開、高阿那肱、穆提婆、韓長鸞等宰制天下，陳德信、鄧長顒、何洪珍參預機權。各引親黨，超居非次，官由財進，獄以賄成。帑藏空竭，乃賜諸佞幸賣官，或得郡兩三，或得縣六七，各分州郡，下逮鄉官亦多中降者。』」

〔五〕殆，原作「治」，少儀外傳引作「殆」，義較勝，今從之。

〔六〕盧文弨曰：「風塵易以污人，言不能清潔也。」器案：世説新語賞譽篇：「王戎云：『太尉神姿高徹，如瑶林瓊樹，自然是風塵外物。』」又輕詆篇：「庾公權重，足傾王公，庾在石頭，王在冶城坐，大風揚塵，王以扇拂塵曰：『元規塵汙人。』」風塵義與此同。文選劉孝標辨命論：「必亭亭高竦，不雜風塵。」李善注：「郭璞遊仙詩曰：『高蹈風塵外。』」則風塵爲六朝人習用語。

〔七〕後漢書袁紹傳陳琳爲袁紹檄豫州曰：「坑穽塞路。」南史齊東昏侯紀：「陵冒雨雪，不避阬穽。」

〔八〕文選張平子西京賦：「所惡成瘡痏。」薛綜注：「瘡痏，謂瘢痕也。」李善注：「蒼頡曰：『痏，毆傷也。』」

〔九〕盧文弨曰：「左氏莊六年傳：『楚文王過鄧，鄧三甥請殺之，曰：若不早圖，後君噬臍。』」郝懿行曰：「案：噬臍二字本莊六年左傳文，杜征南注云：『若嚙腹臍，喻不可及。』顏君此語，與左氏少異。」

〔一〇〕顏本、朱本「身」作「勢」。

王子晉云：「佐饔得嘗，佐鬬得傷〔一〕。」此言爲善則預〔二〕，爲惡則去，不欲〔三〕黨人非義之事也。凡損於物，皆無與焉。然而窮鳥入懷，仁人所憫〔四〕，況死士歸我，當棄之乎？伍員之託漁舟〔五〕，季布之入廣柳〔六〕，孔融之藏張儉〔七〕，孫嵩之匿趙岐〔八〕，前代之所貴，而吾之所行也，以此得罪〔九〕，甘心瞑目〔一〇〕。至如郭解之代人報讎〔一一〕，灌夫之橫怒求地〔一二〕，遊俠〔一三〕之徒，非君子之所爲也。如有逆亂之行，得罪〔一四〕於君親者，又不足卹焉〔一五〕。親友之迫危難也，家財己力，當無所吝；若橫生圖計，無理請謁〔一六〕，非吾教也。墨翟之徒，世謂熱腹，楊朱之侶，世謂冷腸；腸不可冷，腹不可熱〔一七〕，當以仁義爲節文〔一八〕爾。

〔一〕趙曦明曰：「王子晉，周靈王之太子也。周語下：『佐雝者嘗焉，佐鬬者傷焉。』雝與饔通。」器案：淮南子說林：「佐祭者得嘗，救鬬者得傷。」（又見文子上德篇）亦本王子晉語。意林引唐子：「佐鬬者傷，預事者亡。」

〔二〕永樂大典六六二一引「預」作「豫」。

〔三〕合璧事類續五一「欲」作「與」，類説、永樂大典仍作「欲」。

〔四〕趙曦明曰：「魏志邴原傳：『原與同郡劉政，俱有勇略雄氣，遼東太守公孫度畏惡欲殺之，政窘急往投原。』裴松之注引魏氏春秋曰：『政投原曰：「窮鳥入懷。」原曰：「安知斯懷之可入邪？」』」

〔五〕趙曦明曰：「史記伍子胥傳：『伍子胥者，楚人也，名員。奔吴，追者在後。有一漁父乘船，知伍胥之急，乃渡伍胥。』」盧文弨曰：「員音云。」

〔六〕趙曦明曰：「史記季布傳：『季布者，楚人也。爲氣任俠，有名於楚。項籍使將兵，數窘漢王。及項羽滅，高祖購布千金。布匿濮陽周氏，周氏獻計，髡鉗布，衣褐衣，置廣柳車中，之魯朱家所賣之。朱家心知是季布，買而置之田，誡其子，與同食。』」盧文弨曰：「史記集解：『服虔曰：「東郡謂廣轍車爲廣柳車。」鄧展曰：「喪車也。」李奇曰：「大隆穹也。」瓚曰：「今運轉大車是也。」』索隱：『禮曰：「設柳翣。」鄭康成注周禮云：「柳，聚也，諸飾所聚。」則是喪車稱柳。』」

〔七〕趙曦明曰：「後漢書黨錮傳：『張儉，字元節，山陽高平人。』孔融傳：『融，字文舉，魯國人，孔子二十世孫也。山陽張儉爲中常侍侯覽所惡，刊章捕儉。儉與融兄褒有舊，亡抵褒，不遇。時融年十六，見其有窘色，謂曰：「吾獨不能爲君主邪？」因留舍之。後事泄，儉得脱，兄弟争死，詔書竟坐褒焉。』」

〔八〕羅本、傅本、程本、胡本、何本及類説「嵩」誤「高」。趙曦明曰：「後漢書趙岐傳：『岐，字邠卿，京兆長陵人。耻疾宦官，中常侍唐衡兄玹爲京兆尹，收其家屬盡殺之。岐逃難，自匿姓名，賣餅北海市中。時安丘孫嵩游市，察非常人，呼與共載。岐懼失色。嵩屏人語曰：「我北海孫賓石，闔門百口，勢能相濟。」遂以俱歸，藏複壁中。』」陳直曰：「之推極推重孫嵩，從周入齊夜渡砥柱詩云『問我將何去，北海就孫賓』可證。」

〔九〕「罪」原作「辠」，宋本、黄本及類説作「罪」，今從之。

〔一〇〕後漢書馬融傳：「今獲所願，甘心瞑目。」

〔一一〕趙曦明曰：「史記遊俠傳：『郭解，軹人也，字翁伯。爲人短小精悍，以軀借交報仇。』」

〔一二〕趙曦明曰：「史記魏其侯傳：『武安侯田蚡爲丞相，使籍福請魏其城南田，不許。灌夫聞，怒駡籍福，福惡兩人有郄，乃謾自好，謝丞相。已而武安聞魏其、灌夫實怒不與田，亦怒曰：「蚡事魏其，無所不可，何愛數頃田？且灌夫何與也？」由此大怨灌夫、魏其。』」盧文弨曰：「横，户孟切，次下同。」

〔一三〕盧文弨曰：「史記游俠傳集解：『荀悦曰：「尚意氣，作威福，結私交，以立彊於世者，謂之遊俠。」』」

〔一四〕羅本、傅本、顔本、程本、胡本、何本、朱本「罪」作「辠」。

〔一五〕宋本、合璧事類「又」作「亦」。

〔一六〕少儀外傳下「理」作「禮」。

〔一七〕白居易雪中晏起偶詠所懷：「紅塵鬧熱白雲冷，好於冷熱中間安置身。」意蓋本此。

〔一八〕黄叔琳曰：「酌量最當，然亦最難，能如是者，君子哉！」盧文弨曰：「仁者愛人，而施之有等；義者正己，而處之得宜。墨氏之兼愛，疑於仁而實害於仁；楊氏之爲我，疑於義而實害於義，是以孟子必辭而闢之。」器案：孟子離婁上：「禮之實，節文斯二者是也。」史記禮書：「禮有節文。」

前在修文令曹〔一〕，有山東學士與關中太史競曆〔二〕，凡十餘人，紛紜累歲，内史牒付議官平之〔三〕。吾執論曰：「大抵諸儒所争〔四〕，四分并減分兩家爾〔五〕。曆象之要，可以晷景測之〔六〕；今驗其分至薄蝕〔七〕，則四分疏而減分密〔八〕。疏者則稱政令有寬猛，運行致盈縮〔九〕，非算之失也；密者則云日月有遲速，以術求之，預知其度，無災祥也。用疏則藏姦而不信，用密則任數而違經。且議官所知，不能精於訟者〔一〇〕，以淺裁深，安有肯服？既非格令所司〔一一〕，幸勿當也〔一二〕。」舉曹貴賤，咸以爲然。有一禮官，恥爲此讓〔一三〕，苦欲留連，強加考覈〔一四〕。機杼〔一五〕既薄，無以測量，還復採訪訟人〔一六〕，窺望長短，朝夕聚議，寒暑煩勞〔一七〕，背春涉冬〔一八〕，竟無予奪〔一九〕，怨誚滋生，赧然而退，終爲内史所迫：此好名之辱也〔二〇〕。

〔一〕趙曦明曰：「本傳：『河清末，待詔文林館，大爲祖珽所重，令掌知館事。』」

〔二〕趙曦明曰：「隋書百官志：『祕書省領著作、太史二曹，太史曹置令丞各二人，司曆二人，監候四人。其曆、天文、漏刻、視祲，各有博士及生員。』」器案：競曆，謂争論曆法，此當指武平七年董峻、鄭元偉立議非難天保曆事，見隋書律曆志中。志稱其「争論未定，遂屬國亡」，與此言「竟無予奪」合。之推自言「舉曹貴賤，咸以爲然」，則固在齊修文令曹時事也。

〔三〕趙曦明曰：「隋書百官志：『内史置令二人，侍郎四人。』」盧文弨曰：「牒，徒叶切，説文：『札也。』廣韻：『書版曰牒。』案：後世官府移文謂之牒。平，平議也。後漢書霍諝傳：『前者温教，許爲平議。』」器案：徐師曾文體明辯：「公移：案公移者，諸司相移之詞也，其名不一，故以公移括之。唐世凡下達上，其制有六：……其六曰牒，有品以上公文皆稱牒。宋制……六部相移用公牒。……今制……諸司相移者曰牒。……大略因前代之制而損益之耳。」

〔四〕抱經堂校定本「争」作「執」，宋本及諸本都作「争」，今從之。

〔五〕趙曦明曰：「續漢律曆志：『元和二年，太初失天益遠，召治曆編訢、李梵等，綜校其狀，遂下詔改行四分，以遵於堯。熹平四年，蒙公乘宗紺孫誠上書，言受紺法術，當復改。誠術：以百三十五月二十三食爲法，乘除成月，從建康以上減四十一，建康以來減三十五。』」案：建康，漢順帝年號，僅一年，當公元一四四年。

〔六〕盧文弨曰：「晷，古委切，日景也。景，古影字，葛洪始加彡，詳見本書書證篇。」器案：漢書天文志：「日有中道，月有九行。中道者黄道，一曰光道。光道北至東井，去北極近，南至牽牛，去北極遠，東至角，西至婁，去極中。夏至至於東井，北近極，故晷短，立八尺之表，而晷景長尺五寸八分。冬至至於牽牛，遠極，故晷長，立八尺之表，而晷景長丈三尺一寸四分。春、秋分日至婁角，去極中，而晷中，立八尺之表，而晷景長七尺三寸六分。此日去極遠近之差，晷景長短之制，去極遠近難知，要以晷景。晷景者，所以知日之南北也。」

〔七〕分至，謂春分、秋分、夏至、冬至也。漢書天文志：「日月薄食。」注：「日月無光曰薄，京房易傳曰：『日月赤黄爲薄。』或曰：『不交而食曰薄。』韋昭曰：『氣往迫之爲薄，虧毁曰食也。』」蝕、食字通。

〔八〕疏，抱經堂校定本作「疎」。

〔九〕盈縮，亦謂羸縮，漢書天文志：「歲星超舍而前爲羸，退舍爲縮。」王先謙補注：「占經引七曜云：『超舍而前，過其所舍之宿以上一舍二舍三舍謂之羸，退舍以下一舍二舍三舍謂之縮。』」

〔一〇〕黄叔琳曰："君子於其所不知，蓋闕如也，亦是協恭和衷、推賢讓能之義，非僅畫蛇不須添足。"

〔一一〕格令，猶言律令。新唐書藝文志刑法類："麟趾格四卷，文襄帝時撰。"

〔一二〕林思進先生曰："史記張釋之傳：'廷尉奏當一人犯蹕當罰金。'索隱引崔浩曰：'當謂處其罪。'即此當字義。"

〔一三〕傅本、顏本、胡本、何本、朱本"讓"作"議"，宋本、羅本、程本、黄本作"讓"，今從之。

〔一四〕盧文弨曰："覈，下革切，與核同。"

〔一五〕盧文弨曰："機杼，言其胸中之經緯也。"器案：本書名實篇："疑彼製作，多非機杼。"魏書祖瑩傳："祖瑩嘗語人云：'文章須自出機杼，成一家風骨，何能共人生活也？'"取喻相似，則亦六朝人恒言也。

〔一六〕朱本於"採訪"斷句，以"訟人"屬下句讀，非是。

〔一七〕荀子榮辱篇："爲堯禹則常愉佚，爲工匠農賈則常煩勞。"後漢書明帝紀："煩勞羣司。"文選張平子四愁詩："何爲懷憂心煩勞？"煩勞，謂煩苦勤勞也。

〔一八〕文選上林賦："背秋涉冬。"閑居賦："背冬涉春。"七發："背秋涉冬。"句法與此同。穀梁傳襄公二十七年疏引徐邈曰："涉猶歷也。"背春涉冬，猶今言過了春天到了冬天也。

〔一九〕各本"予"作"與"，今從宋本。周禮天官："太宰之職，以八柄詔王馭羣臣：……三曰予，以馭其幸；……六曰奪，以馭其貧。」賈公彥疏：「三曰予以馭其幸，謂言語偶合於善，有以賜予之，故云以馭其幸。六曰奪以馭其貧者，謂臣有大罪，身死，奪其家資，故云以馭其貧。」左傳成公八年：「一與一奪，二三孰甚焉。」予、與，音義俱同。

〔二〇〕宋本原注：「一本『此好名好事之爲也』。」案：羅本、傅本、顔本、程本、胡本、何本、朱本、黄本有「好事」二字。

止足〔一〕第十三

禮云：「欲不可縱，志不可滿〔二〕。」宇宙可臻其極，情性不知其窮，唯在少欲知足〔三〕，爲立涯限爾〔四〕。先祖靖侯〔五〕戒子姪曰：「汝家書生門户，世無〔六〕富貴；自今仕宦〔七〕不可過二千石〔八〕，婚姻勿貪勢家〔九〕。」吾終身服膺〔一〇〕，以爲名言也。

〔一〕梁書有止足傳。

〔二〕趙曦明曰：「見禮記曲禮上。」

〔三〕各本「足」作「止」，今從宋本。

〔四〕藝文類聚十八引王僧孺爲韋雍州致仕表：「一旦攀附，遂無涯限。」涯限，猶言界限也。

〔五〕盧文弨曰：「之推九世祖名含，已釋在治家篇。」

〔六〕戒子通録「無」誤作「欲」。

〔七〕本篇下文：「仕宦稱泰。」史記平準書：「市井之子孫，不得仕宦爲吏。」又魯仲連傳：「而不肯仕宦任職。」後漢書陰皇后紀：「仕宦當作執金吾。」論衡逢遇篇：「吾年少之時，學爲文，文德成就，始欲仕宦。」仕宦，謂出仕服官也。

〔八〕盧文弨曰：「案：自漢以來，官制有中二千石、二千石、比二千石，此但不至公耳，然於官品亦優矣。邴曼容爲官，不肯過六百石，輒自免去，豈不更沖退哉？」器案：二千石，漢人謂之大官。仕宦之徒，沖退與躁進者，於此有以覘其趣焉。漢書疏廣傳：「今仕宦至二千石，宦成名立。」又甯成傳：「稱曰：『仕不至二千石，賈不至千萬，安可比人乎？』」世説新語賢媛篇：「王經少貧苦，仕至二千石，母語之曰：『汝本寒家子，仕至二千石，此可以止乎！』」江淹自序傳：「仕所望，不過諸卿二千石。」蓋自漢、魏以來，仕途險巇，一般浮沈於宦海者，率以此爲持盈之限云。北齊書張瓊傳：「有二子，長忻……普泰中，爲都督……以功尚魏平陽公主，除駙馬都尉、大將軍、開府儀同三司、建州刺史、南鄭縣伯。瓊常憂其太盛，每語親識曰：『凡人官爵，莫若處中；忻位秩太高，深爲憂慮。』」瓊與之推，俱北齊臣也，瓊之憂慮，與之推之服膺，其道一也。

〔九〕陳直曰：「按：顔真卿顔含大宗碑銘云：『桓温求婚姻，因其盛滿，不許，因誡子孫曰』云云。晉書顔含本傳亦叙及桓温求婚事，與大宗碑相同。」器案：景定建康志四三引晉李闡右光禄大夫西平靖侯顔府君碑：「王處明，君之外弟，爲子允之求君女婚；桓温，君夫人從甥也，求君小女婚；君並不許，曰：『吾與茂倫于江上相得，言及知舊，抆淚叙情，茂倫曰：「唯當結一婚姻耳。」吾豈忘此言？温負氣好名，若其大成，傾危之道；若其（闕）敗也，罪及婣黨。爾家書生爲門，世無富貴，終不爲汝樹禍。自今仕宦不可過二千石，（闕）婚嫁不須貪世位家。』」顔魯公文集大宗碑銘：「桓温求婚，以其盛滿不許，因誡子孫曰：『自今仕宦不可過二千石，婚姻勿貪世家。』」案：二文俱作「世」，此作「勢」，疑出妄改。

〔一〇〕漢書東方朔傳：「服膺而弗失。」師古曰：「服膺，俯服其胸臆也。」中庸：「得一善，則拳拳服膺，而弗失之矣。」朱熹注：「奉持而著之心胸之間，言能守也。」王叔岷曰：「莊子盜跖篇：『服膺而不舍。』」

天地鬼神之道，皆惡滿盈。謙虛沖損，可以免害〔一〕。人生衣趣以覆寒露，食趣以塞飢乏耳〔二〕。形骸之内，尚不得奢靡，己身之外，而欲窮驕泰邪〔三〕？周穆王〔四〕、秦始皇〔五〕、漢武帝〔六〕，富有四海，貴爲天子〔七〕，不知紀極〔八〕，猶自敗累，況士庶乎？常以二十口家，奴婢盛多，不可出二十人，良田十頃，堂室纔蔽風雨，車馬僅代杖策，蓄財數萬，以擬吉凶急速〔九〕，不啻此者〔一〇〕，以義散之〔一一〕；不至此者，勿非道求之。

〔一〕趙曦明曰：「易謙彖傳：『天道虧盈而益謙，地道變盈而流謙，鬼神害盈而福謙，人道惡盈而好謙。』」

〔二〕羅本、顏本、程本、胡本、何本、朱本、黃本兩「趣」字都作「取」，宋本、傅本作「趣」，今從之。盧文弨曰：「趣者，僅足之意，與孟子『楊子取爲我』之取同。」「塞」，顏本作「充」。「飢」，顏本、程本、胡本作「饑」，飢爲飢餓字，饑爲饑荒字，古書傳刻多混。通鑑十九胡三省注：「暫無曰乏。」

〔三〕禮記大學：「是故君子有大道，必忠信以得之，驕泰以失之。」

〔四〕趙曦明曰：「昭十二年左氏傳：『子革對楚子：「昔穆王欲肆其心，周行天下，將皆必有車轍馬跡焉。」』史記秦本紀：『造父以善御幸于周繆王，得驥、温驪、驊駵、騄耳之駟，巡狩，樂而忘歸。徐偃王作亂，造父爲繆王御，一日千里以救亂。』」

〔五〕趙曦明曰：「史記秦始皇紀：『二十六年，秦初併天下，除謚法，爲始皇帝，治馳道，築長城，作阿房宮，求不死藥，焚詩書，阬儒生。三十七年七月，崩于沙丘平臺。』」

〔六〕趙曦明曰：「桓譚新論：『漢武帝材質高妙，有崇先廣統之規，然多過差。既欲斥境廣土，又乃貪利争物，聞大宛有名馬，攻取歷年，士衆多死，但得數十匹耳。多徵會邪僻，求不急之方，大起宮室，内竭府庫，外罷天下，此可謂通而蔽矣。』」

〔七〕孟子萬章上：「富，人之所欲，富有天下，而不足以解憂；貴，人之所欲，貴爲天子，而不足以解憂。」

〔八〕盧文弨曰：「左氏文十八年傳文。」

〔九〕易繫辭上：「擬之而後言。」正義：「聖人欲言之時，必擬度之而後言。」案：擬猶言預料也。

〔一〇〕盧文弨曰：「啻與翅同。不啻，不但，言過之也。」劉盼遂曰：「案：不啻此，謂過于此也，與不至此對文。六朝人以不啻爲常談，如左氏昭公元年傳：『君子曰：「鮮不五稔。」』杜注：『少尚當歷五年，多則不啻。』此不啻爲過多之證。世説新語賞譽篇：『江思悛思懷所通，不翅儒域。』文學篇：『殷嘆曰：「使我解四本，談不翅爾。」』排調篇：『婦笑曰：「若使新婦得配參軍，生兒故可不啻如此。」』假譎篇：『王文度弟智，惡乃不翅。』皆謂過也、多也。翅、啻古通用。一切經音義引蒼頡篇云：『不啻，多也。』則此語之來也久矣。」器案：説文疒部：「疷，病不翅也。」段玉裁注曰：「翅同啻，古語不啻，如楚人言夥頤之類。世説新語：『王文度弟阿智，惡乃不翅。』晉、宋間人尚作此語。」

〔一一〕宋本句首有「皆」字。

仕宦稱泰，不過處在中品〔一〕，前望五十人，後顧五十人，足以免恥辱，無傾危也。高此者，便當罷謝，偃仰〔二〕私庭。吾近爲黄門郎〔三〕，已可收退；當時羈旅，懼罹謗讟，思爲此計，僅未暇爾〔四〕。自喪亂已來，見因託風雲〔五〕，徼倖富貴，旦執機權〔六〕，夜填坑谷〔七〕，朔歡卓、鄭〔八〕，晦泣顔、原者〔九〕，非十人五人也〔一〇〕。愼之哉！愼之哉〔一二〕！

〔一〕器案：張瓊所謂「處中」，亦是此意，詳見上注。

〔二〕詩小雅北山：「或棲遲偃仰。」馬瑞辰通釋曰：「偃仰，猶偃息、媅樂之類，皆二字同義。」

〔三〕趙曦明曰：「隋書百官志上：『門下省置侍中、給事黄門侍郎各六人。』」器案：隋書百官志中記後齊官制云：「門下省，掌獻納諫正及司進御之職。侍中、給事黄門侍郎各六人。」又百官志上記梁官制云：「門下省，置侍中、給事黄門侍郎各四人。」

〔四〕終制篇：「計吾兄弟，不當仕進。但以門衰，骨肉單弱，五服之内，傍無一人，播越他鄉，無復資廕，使汝等沈淪廝役，以爲先世之恥，故靦冒人間，不敢墜失，兼以北方政教嚴切，全無隱退者故也。」兩説可以相補。

〔五〕後漢書朱景王杜馬劉傅堅馬列傳論：「中興二十八將，前世以爲上應二十八宿，未之詳也。然咸能感會風雲，奮其智勇，稱爲佐命，亦各智能之士也。」又劉玄劉盆子列傳贊：「聖公靡聞，假我風雲。」注：「易曰：『雲從龍，風從虎，聖人作而萬物覩。』假，借也。言聖公初起，無所聞知，借我中興風雲之便。」

〔六〕三國志魏書夏侯玄傳：「天爵之外通，而機權之門多矣。」機權，謂機要權柄也。

〔七〕抱經堂校定本「填」作「殞」，宋本、羅本、傅本、顧本、何本、朱本作「填」，今據改。程本、胡本誤作「損」。

〔八〕盧文弨曰：「史記貨殖傳：『蜀卓氏之先，趙人也，徙臨邛，室至僮千人，田池射獵之樂，擬於人君。程鄭，山東遷虜也，亦冶鑄，富埒卓氏。』」

〔九〕黄叔琳曰：「意平語鍊。」盧文弨曰：「顏、原，謂顏淵、原思。」

〔一〇〕盧文弨曰：「言如此者，其人衆多也。」

〔一一〕此句，抱經堂校定本不重，宋本及各本俱重，今據補。

誡兵第十四〔一〕

顏氏之先，本乎鄒、魯，或分入齊，世以儒雅〔二〕爲業，徧在書記。仲尼門徒，升堂者七十有二〔三〕，顏氏居八人焉〔四〕。秦、漢、魏、晉，下逮齊、梁，未有用兵以取達者。春秋世〔五〕，顏高〔六〕、顏鳴〔七〕、顏息〔八〕、顏羽〔九〕之徒，皆一鬬夫耳。齊有顏涿聚〔一〇〕，趙有顏冣〔一一〕，漢末有顏良〔一二〕，宋有顏延之〔一三〕，並處將軍之任，竟以顛覆。漢郎顏駟〔一四〕，自稱好武，更無事迹。顏忠以黨楚王受誅〔一五〕，顏俊以據武威見殺〔一六〕，得姓已來，無清操者，唯此二人，皆罹禍敗。頃世亂離，衣冠〔一七〕之士，雖無身手〔一八〕，或聚徒衆，違棄素業，徼倖戰功。吾既羸薄〔一九〕，仰惟〔二〇〕前代，故寘心〔二一〕於此，子孫誌之。孔子力翹門關，不以力聞〔二二〕，此聖證也〔二三〕。吾見今世士大夫，纔有氣幹〔二四〕，便倚賴之，不能被甲執兵，以衛社稷〔二五〕，但微行險服〔二六〕，逞弄拳掔〔二七〕，大則陷危亡，小則貽恥辱，遂無免者。

〔一〕郝懿行曰："案：此篇首，乃顔氏族譜叙也。"陳直曰："顔真卿家廟碑銘云：『系我宗，郳顔公，子封郳，魯附庸。』比本文『本乎鄒、魯』句，叙得姓之始爲詳。"

〔二〕器案：儒雅，謂儒素大雅，漢書公孫弘傳："儒雅則公孫弘、董仲舒。"

〔三〕論語先進篇："子曰：『由也升堂矣，未入於室也。』"朱熹集注："升堂入室，喻入道之次第。"史記仲尼弟子列傳："孔子曰：『受業身通者，七十有七人，皆異能之士也。』"索隱："孔子家語亦有七十七人，唯文翁孔廟圖作七十二人。"梁玉繩史記志疑曰："案弟子之數，有作七十人者，孟子云『七十子』，吕氏春秋遇合篇『達徒七十人』，淮南泰族及要略訓俱言七十，漢書藝文志序、楚元王傳所稱『七十子喪而大義乖』，是已。有作七十二人者，孔子世家、文翁禮殿圖、後漢書蔡邕傳鴻都畫像、水經注八漢魯峻冢壁象、魏書李平傳學堂圖皆七十二人，顔氏家訓誡兵篇所稱『仲尼門徒升堂者七十二』，是已。有作七十七人者，此傳及漢地理志是已。孔子家語七十二弟子解實七十七人，今本脱顔何，止七十六人。其數無定，難以臆斷。"

〔四〕趙曦明曰："史記仲尼弟子列傳：『顔回，字子淵，魯人。顔無繇，字路，回之父。顔幸，字子柳；顔高，字子驕；顔祖，字襄；顔之僕，字叔；顔噲，字子聲；顔何，字冉，皆魯人。』案：

今家語止七十六人，蓋脱去顔何一人，索隱於史記顔何下引家語云：『字稱。』今史記字冉，蓋傳寫脱其半耳。索隱明言家語與史記同，則其爲脱誤更明甚。今家語顔高作顔刻，顔祖作顔相。」器案：急就篇一：「顔文章。」顔師古注：「顔氏本出顓頊之後。顓頊生老童。老童生吴回，爲高辛火正，是謂祝融。祝融生陸終。陸終生六子，其五曰安，是爲曹姓，周武王封其苗裔於邾，爲魯附庸，在魯國鄒縣，其後，邾武公名夷父，字曰顔，故春秋公羊傳謂之顔公，其後遂稱顔氏，齊、魯之間，皆爲盛族。孔子弟子達者七十二人，顔氏有八人焉。四科之首，回也標爲德行。韓子稱儒分爲八，而顔氏處其一焉。漢有顔駟，顔異、顔安、顔樂，以春秋名家。」顔魯公家廟碑：「戰國有率、燭，秦有芝、貞，漢有異、肆。」又案：陋巷志卷五劉載奉敕撰朱虚伯顔噲贊：「顔氏之族，咸爲弟子。」劉載，宋史卷二百六十二有傳。李詳曰：「案：顔真卿家廟碑亦言『孔門達者七十二人，顔氏有八人』，蓋本家訓。」

〔五〕羅本、傅本、顔本、程本、胡本、何本、朱本、文津本、鮑本、汗青簃本都作「春秋之世」。

〔六〕趙曦明曰：「定八年左氏傳：『公侵齊，門於陽州，士皆坐列，曰：「顔高之弓六鈞。」皆取而傳觀之。陽州人出，高奪人弱弓，籍丘子鉏擊之，與一人俱斃。偃且射子鉏，中頰，殪。顔息射人，中眉，退曰：「我無勇，吾志其目也。」』」

〔七〕趙曦明曰：「昭廿六年傳：『齊師圍成。師及齊師戰於炊鼻。林雍羞爲顔鳴右，下。苑何忌取其耳。顔鳴去之。苑子之御曰：「視下顧。」苑子剕林雍，斷其足。鑋而乘於他車以歸。

顏鳴三入齊師，呼曰：「林雍乘。」』

〔八〕各本俱無「顏息」，宋本有，今從之。事詳上顏高條注引左氏傳。

〔九〕趙曦明曰：「左哀十一年傳：『齊國書、高無丕帥師伐我，及清，孟孺子洩帥右師，顏羽御，邴洩爲右。戰于郊，右師奔。孟孺子語人曰：「我不如顏羽而賢于邴洩，子羽鋭敏，我不欲戰而能默。」洩曰：「驅之。」』」

〔一〇〕盧文弨曰：「韓非子十過篇：『昔田成子遊於海而樂之，顏涿聚曰：「君遊海而樂之，柰人有圖國者何？君雖樂之，將安得？」田成子援戈將擊之，顏涿聚曰：「昔桀殺關龍逢，而紂殺王子比干，今君雖殺臣之身以三之，可也。臣言爲國，非爲身也。」君乃釋戈，趣駕而歸，聞國人有謀不納田成子者矣。』説苑正諫篇以爲諫齊景公，顏涿聚作顏燭趨，左傳作顏涿聚，史記、古今人表俱作顏濁鄒，他書譌者不具出。」

〔一一〕宋本原注：「『冣』或作『聚』。」段玉裁曰：「冣，才句切，上多一點，是俗最字。」盧文弨曰：「史記趙世家：『幽繆王遷七年，秦人攻趙，趙大將李牧、將軍司馬尚將，擊之。李牧誅，司馬尚免，趙忽及齊將顏聚代之。趙忽軍破，顏聚亡去。』馮唐傳：『遷用郭開讒，卒誅李牧，令顏聚代之。』索隱：『聚音以喻反，漢書作最。』」器案：戰國策趙策下：「秦使王翦攻趙，趙使李牧、司馬尚禦之。……趙王疑之，使趙蔥及顏最代將，斬李牧，廢司馬尚。後三月，王翦因急擊，大破趙，殺趙蔥，虜趙王遷及其將顏最，遂滅趙。」字正作最。

〔一二〕趙曦明曰：「三國志袁紹傳：『以顏良爲將軍，攻劉延於白馬。太祖救延，與良戰，破，斬良。』」

〔一三〕趙曦明曰：「案：宋書顏延之傳：嘗領步兵校尉，未嘗爲將軍。其子竣傳云：『竣字士遜。世祖踐阼，以爲侍中，遷左衞將軍。丁憂，起爲右將軍。以所陳多不被納，頗懷怨憤，免官。竣頻啓謝罪，並乞性命，上愈怒，及竟陵王誕爲逆，因此陷之於獄，賜死。』」錢大昕曰：「案：延之未嘗以將兵顛覆，其子竣雖不善終，亦非由將兵之故，且與其父何與？後讀宋書劉敬宣傳：『王恭起兵京口。以劉牢之爲前鋒，牢之至竹里，斬恭大將顏延。』乃悟此文顏延下衍一『之』字。牢之事本在晉末，而見於宋書，故之推繫之宋耳。或後來校書者，因延之爲宋人，妄改『晉』爲『宋』也。」

〔一四〕趙曦明曰：「漢武故事：『顏駟，不知何許人，文帝時爲郎，武帝輦過郎署，見駟龐眉皓髮，問曰：「叟何時爲郎？何其老也！」對曰：「臣文帝時爲郎，文帝好文而臣好武；至景帝好美，而臣貌醜；陛下即位，好少，而臣已老，是以三世不遇。」上感其言，擢拜會稽都尉。』」器案：後漢書張衡傳注、御覽三八三、又七七四引漢武故事都云：「顏駟，江都人。」元和姓纂：「顏駟，江都人。」顏魯公集世系譜序：「漢有異、肆、安樂。」疑「駟」即「肆」。胡本「駟」作「泗」，誤。

〔一五〕趙曦明曰：「後漢書楚王英傳：『永平十三年，男子燕廣告英與漁陽王平、顏忠等造作圖書，有逆謀。事下案驗，廢英，徙丹陽涇縣，自殺。坐死徙者以千數。』」器案：後漢書濟南安王康傳：「其後人上書告康招來州郡姦猾漁陽顏忠、劉子産等，又多遺其繒帛，案圖書，謀議不軌。事下考。」又耿純傳：「子阜徙封莒鄉侯，永平十四年，坐同族耿歙與楚人顏忠辭語相連，國除。」又馬武傳：「子檀嗣，坐兄伯濟與楚王英黨顏忠謀反，國除。」又寒朗傳：「永平中，以謁者守侍御史，與三府掾屬共考案楚獄顏忠、王平等，辭連及隧鄉侯耿建（惠棟謂「隧」當作「吕」，「建」當作「阜」），……試以建等物色，獨問忠、平，而二人錯愕不能對，朗知其詐，乃上言建等無姦，專爲忠、平所誣。……後平、忠死獄中。」續漢書天文志中：「永平九年，……廣陵王荆與沈涼、楚王英與顏忠各謀逆，事覺，皆自殺。十三年十二月，楚王英與顏忠等造作妖謀反，事覺，英自殺，忠等皆伏誅。」

〔一六〕徐鯤曰：「魏志張既傳：『是時，武威顏俊、張掖和鸞、酒泉黄華、西平麴演等，並舉郡反，自號將軍，更相攻擊。俊遣使送母及子詣太祖爲質求助。太祖問既，既曰：「俊等外假國威，内生傲悖，計定勢足，後即反耳。今方事定蜀，且宜兩存而鬥之，猶卞莊子之刺虎，坐收其斃也。」太祖曰：「善。」歲餘，鸞遂殺俊，武威王祕又殺鸞。』」案：此事通鑑繫於漢獻帝建安二十四年，劉盼遂亦引以爲證。器案：張澍涼州府志備考人物卷二據張既傳以顏俊爲武威人，誤列入涼州府，使見顏之推此文，當不致有此舛誤也。

〔一七〕器案：漢書杜欽傳注：「衣冠，謂士大夫也。」文選奏彈王源集注：「鈔曰：『衣冠，謂簪纓人也。』」歐陽修撰王道卿制：「唐將相之後，能以勛名自繼其家者，號稱衣冠盛事。」胡三省通鑑三二注：「衣冠，當時士大夫及貴游子弟也。」

〔一八〕趙曦明曰：「身手，謂有勇力習武藝者，故杜少陵詩云：『朔方健兒好身手。』」郝懿行曰：「案：身手未詳所出，杜少陵詩云：『朔方健兒好身手。』蓋本於此。好身手猶言好拳勇歟？」

〔一九〕盧文弨曰：「羸，力追切。」

〔二〇〕仰惟，盧文弨曰：「惟，思也。」

〔二一〕寘心，盧文弨曰：「寘猶息也。」器案：詩經周南卷耳：「寘彼周行。」傳：「寘，置也。」又小雅谷風：「寘予于懷。」箋：「寘，置也。置我于懷，言至親己也。」寘懷、寘心義同。

〔二二〕趙曦明曰：「列子說符篇：『孔子之勁，能招國門之關，而不肯以力聞。』案：招與翹同，舉也。」盧文弨曰：「此或孔子父叔梁紇事，見左氏襄十年傳：『偪陽人啓門，諸侯之士門焉，縣門發，郰人紇抉之以出門者。』後遂移之孔子。」器案：呂氏春秋慎大篇、淮南主術篇及道應篇、論衡效力篇，都以爲孔子事，蓋相傳如此。

〔二三〕盧文弨曰：「王肅有聖證論，此語所本。」

〔二四〕列子楊朱篇：「行年六十，氣幹將衰。」盧文弨曰：「氣力強幹。」陳槃曰：「呂本中曰：『魏、晉以後，評品人物，多言幹局識鑒，如何楨文學器幹；郭展有器度幹用；徐邈同郡魏觀有鑒識器幹；蜀先主機權幹略，不逮魏武；劉弘有幹略政事之才。』（紫微雜説）槃案：幹，質也。淮南原道：『柔弱者，生之榦也。』高注：『榦，質也。』榦、幹字通。又植也。僞家語六本：『貞以幹之。』王注：『貞正以爲幹植。』成十三年左傳：『禮，身之幹也。』會箋：『幹，脊骨也。』昭二十五年：楄柎藉幹。注：幹，脊骨是也。無脊骨則不立。』質植、脊骨，義亦得通。又僖十一年左傳：『禮，國之幹也。』（亦見襄三十年傳）昭七年傳：『禮，人之幹也。無禮，無以立。』人賴幹以植立，推而至于國，理亦然也。」

〔二五〕禮記檀弓下：「仲尼曰：『能執干戈以衞社稷，雖欲勿殤也，不亦可乎！』」

〔二六〕盧文弨曰：「微行，易爲姦也。險服，如曼胡之纓、短後之衣是。」

〔二七〕掔，各本作「腕」，今從宋本。盧文弨曰：「説文：『手掔也，楊雄曰：「掔，握也。」從手眍聲，烏貫切。』」

國之興亡，兵之勝敗，博學所至，幸討論之。入帷幄之中〔一〕，參廟堂之上〔二〕，不能爲主盡規以謀社稷〔三〕，君子所恥也。然而每見文士，頗讀兵書〔四〕，微有經略〔五〕。若居承平之世〔六〕，睥睨宫閫〔七〕，幸災樂禍〔八〕，首爲逆亂，詿誤善良〔九〕；如在兵革之時，構扇〔一〇〕反覆，縱横説誘〔一一〕，不識存亡，强相扶戴〔一二〕：此皆陷身滅族之本也。誡之哉！誡之哉！

〔一〕盧文弨曰：「漢書高帝紀：『運籌帷幄之中，決勝千里之外，吾不如子房。』」

〔二〕呂氏春秋召類篇：「修之於廟堂之上，而折衝乎千里之外。」

〔三〕羅本、傅本、顏本、程本、胡本、何本、朱本、文津本、鮑本、汗青簃本「盡」作「畫」。

〔四〕器案：頗與下句微對文，亦微少義。史記叔孫通傳：「臣願頗采古禮，與秦儀雜就之。」文選天監三年策秀才文：「九流七略，頗常觀覽。」李善注：「廣雅：『頗，少也。』」諸頗字義並同。

〔五〕左傳昭公七年注：「經營天下，略有四海，故曰經略。」

〔六〕羅本、傅本、顏本、程本、胡本、何本、朱本、文津本、汗青簃本無「居」字，今從宋本。

〔七〕抱經堂校定本「闚」作「闞」，宋本及各本俱作「闚」，今據改。盧文弨曰：「睥睨，猶言占察，漢書竇田列傳作『辟倪』，亦作『俾睨』、『睤睨』，並同，匹詣、研計二切。」

〔八〕左傳僖公十四年：「慶鄭曰：『背施無親，幸災不仁。』」又莊公二十年：「今王子頹歌舞不倦，樂禍也。」

〔九〕盧文弨曰：「詿音卦，廣雅：『欺也。』」陳直曰：「漢書霍光傳云：『謀爲大逆，欲詿誤善良。』爲之推所本。」王叔岷曰：「案史記孝文本紀：『詿誤吏民。』（又見漢書文帝紀）張儀列傳：『詿誤人主。』」

〔一〇〕庾信哀江南賦：「桀黠構扇，憑陵畿甸。」

〔一一〕盧文弨曰：「縱，即容切，亦作從。橫，户盲切。說，始芮切。」

〔二〕盧文弨曰：「強，其兩切。扶戴，謂推奉以爲主也。」

習五兵〔一〕，便乘騎〔二〕，正可稱武夫爾〔三〕。今世士大夫，但不讀書，即稱武夫兒〔四〕，乃飯囊酒甕也〔五〕。

〔一〕趙曦明曰：「周禮夏官司兵：『掌五兵。』注：『鄭司農曰：「戈，殳，戟，酋矛，夷矛。」此車之五兵，步卒之五兵。則無夷矛，而有弓矢。』」

〔二〕宋本「乘騎」作「騎乘」。盧文弨曰：「騎，其寄切。」

〔三〕羅本、何本、文津本「正」作「止」，顏本、程本、胡本、朱本、黄本作「上」，宋本、傅本作「正」，今從之。

〔四〕宋本「即」下有「自」字。

〔五〕盧文弨曰：「金樓子立言篇：『禰衡曰：「荀彧強可與言，餘人皆酒甕飯囊。」』」鄭珍曰：「意林引抱朴子云：『禰衡常云：「孔融、荀彧，強可與語，餘人酒瓮飯囊。」』」器案：抱朴子外篇彈禰：「荀彧猶強可與語，過此以往，皆木梗泥偶，似人而無人氣，皆酒瓮飯囊耳。」意林所引，蓋即此文。論衡別通篇「腹爲飯坑，腸爲酒囊」，義同。

養生第十五〔一〕

神仙之事，未可全誣；但性命在天，或難鍾值〔二〕。人生居世，觸途牽縶〔三〕：幼少〔四〕之日，既有供養之勤；成立之年，便增妻孥之累。衣食資須〔五〕，公私驅役〔六〕，而望遁跡山林，超然塵滓〔七〕，千萬不遇〔八〕一爾。加以金玉之費〔九〕，鑪器所須，益非貧士所辦〔一〇〕。學如〔一一〕牛毛，成如麟角〔一二〕。華山之下，白骨如莽〔一三〕，何有可遂之理？考之内教，縱使得仙，終當有死，不能出世，不願汝曹專精於此〔一四〕。若其愛養神明，調護氣息〔一五〕，慎節起卧，均適寒暄〔一六〕，禁忌食飲〔一七〕，將餌藥物〔一八〕，遂其所稟，不爲夭折者，吾無間然〔一九〕。諸藥餌法，不廢世務也。庾肩吾常服槐實〔二〇〕，年七〔二一〕十餘，目看細字〔二二〕，鬚髮猶〔二三〕黑。鄴中〔二四〕朝士，有單服杏仁、枸杞、黄精、朮、車前得益者甚多〔二五〕，不能一一説爾〔二六〕。吾嘗患齒，摇動欲落〔二七〕，飲食熱冷〔二八〕，皆苦疼痛。見抱朴子牢齒之法〔二九〕，早朝叩齒三百下爲良〔三〇〕；行之數日，即便平愈〔三一〕，今恒持之〔三二〕。此輩小術，無損於事，亦可脩也〔三三〕。凡欲餌藥〔三四〕，陶隱居太清方中〔三五〕總録甚備，但須精審〔三六〕，不可輕脱〔三七〕。近有王愛州〔三八〕在鄴學服松脂〔三九〕，不得節度，腸塞而死，爲藥所誤者甚多〔四〇〕。

〔一〕器案：文選嵇叔夜養生論注：「嵇喜爲康傳曰：『康性好服食，常采御上藥。以爲神仙稟之自然，非積學所致，至於導養得理，以盡性命，若安期、彭祖之倫，可以善求而得也。著養生篇。』」六朝人養生之説，大較如此。正統道藏洞神部「臨」字五號有抱朴子養生論一卷。

〔二〕宋本、續家訓、羅本、傅本、何本、鮑本作「鍾值」，顔本、朱本作「相值」，程本、胡本、抱經堂本作「種植」。器案：歸心篇云：「如以行善而偶鍾禍報，爲惡而儻值福徵。」彼以鍾值對文，與此以鍾值連文義同，此本書作「鍾值」之證，今從宋本等。

〔三〕盧文弨曰：「縶，陟立切，詩小雅白駒傳：『絆也。』」

〔四〕抱經堂校定本「幼少」作「幼小」，各本都作「幼少」，今據改正。

〔五〕晉書范汪傳：「舉召役調，皆相資須。」南史蔡廓傳：「有所資須，皆就典者取焉。」

〔六〕抱經堂校定本「驅役」作「勞役」，今從宋本改正。驅役，謂奔走役使。文選潘岳在懷縣作詩：「驅役宰兩邑，政績竟無施。」

〔七〕南史劉敬宣諸人傳論：「或能振拔塵滓，自致封侯。」

〔八〕續家訓、羅本、傅本、顔本、程本、胡本、何本、朱本、黄本、文津本「不遇」作「不過」，今從宋本。

〔九〕趙曦明曰：「抱朴子金丹篇：『昔左元放神人授之金丹僊經，余師鄭君以授余。受之已二十餘年矣，資無儋石，無以爲之，但有長歎耳。』又云：『朱草喜生巖石之下，刻之，汁流如血。以玉及八石金銀投其中，便可丸如泥，久則成水；以金投之，名爲金漿；以玉投之，名爲玉醴。』」

〔一〇〕續家訓「益」作「蓋」。

〔一一〕宋本「如」作「若」，今從續家訓及餘本。

〔一二〕趙曦明曰：「蔣子萬機論：『學者如牛毛，成者如麟角。』」（案：見御覽四九六、困學紀聞十三引）郝懿行説同。劉盼遂曰：「按：二語出抱朴子極言篇，云：『若夫睹財色而心不戰、聞俗言而志不沮者，萬夫之中有一人爲多矣，故爲者如牛毛，獲者如麟角也。』趙注雖引蔣子萬機論語，然黄門意自用葛氏書也。」器案：抱朴子自叙篇：「然亦是不急之末學，知之譬如麟角鳳距，何必用之？」亦以麟角喻學成。徐陵徐孝穆集卷三諫仁山深法師罷道書：「覓之者等若牛毛，得之者譬猶麟角。」北史文苑傳序：「學者如牛毛，成者如麟角。」亦本萬機論。本書勉學篇云：「身死名滅者如牛毛，角立傑出者如芝草。」取譬亦同。

〔一三〕黄叔琳曰：「可以破愚。」趙曦明曰：「華山，仙人多居焉。初學記引華山記云：『山頂有千葉蓮花，服之羽化。山下有集靈宫，漢武帝欲懷集仙者，故名。』今云『白骨如莽』，言其不可信也。左氏哀元年傳：『吴日敝於兵，暴骨如莽。』杜注：『草之生於廣野，莽莽然，故曰草莽。』」盧文弨曰：「孔叢子陳士義篇：『魏王曰：「吾聞道士登華山，則長生不死，意亦願之。」對曰：「古無是道，非所願也。」』」劉盼遂曰：「按：抱朴子登涉篇云：『凡爲道合藥及避亂隱居者，莫不入山。然不知入山法者，多遇禍害。故諺有之曰：「太華之下，白骨狼藉。」』」

〔一四〕續家訓「世」作「此」，「願」作「勸」。廣弘明集十三釋法琳辨正論引此文作「神仙之事，有金玉之費，頗爲虚放。華山之下，白骨如莽，何有得仙之理？縱使得仙，終當有死，不能出世，不勸汝曹學之」，頗有篡改也。

〔一五〕胡三省通鑑一一五注：「氣一出一入謂之息。」

〔一六〕宋本、鮑本「寒暄」作「暄寒」。

〔一七〕案：漢書藝文志方技略經方有神農黄帝食禁七卷，日本康賴醫心方二九引本草食忌，即言禁忌食飲之事。

〔一八〕器案：詩小雅四牡：「不遑將父。」毛傳：「將，養也。」

〔一九〕論語泰伯篇：「禹，吾無閒然。」盧文弨曰：「抱朴子極言篇：『養生之方：唾不及遠，行不疾步。耳不極聽，目不久視。坐不至久，卧不及疲。先寒而衣，先熱而解。不欲極飢而食，食不過飽；不欲極渴而飲，飲不過多。不欲甚勞甚逸。冬不欲極温，夏不欲窮涼；大寒，大熱，大風，大霧，皆不欲冒之。五味入口，不欲偏多。卧起有四時之早晚，興居有至和之常制。忍怒以全陰氣，抑喜以養陽氣。然後先服草木以救虧缺，後服金丹以定無窮。』」文廷式純常子枝語三九：「二程遺書云：『問：「神仙之説有諸？」曰：「不知若何。若曰白日飛昇之類則無。若言居山谷間保形錬氣以延年益壽則有之。譬如一罏火，置之風中則易過，置之密室則難過，有此理也。」』顔氏家訓云云，此意與程子略近，六朝人所以好言服餌也。然參同契云：『廣求名藥，與道乖殊。』野葛巴豆，學者所宜慎耳。」器案：顔、程言養生而不信神仙輕舉之説，此合於醫家調養之學，非服食求神仙者比也。

〔二〇〕趙曦明曰：「梁書文苑傳：『庾於陵弟肩吾，字子慎。太宗在藩，雅好文章士；與東海徐摛、吴郡陸杲、彭城劉遵、劉孝儀、孝威，同被賞接。太清中，侯景陷京師，逃赴江陵，未幾卒。』名醫別録：『槐實味酸鹹，久服，明目益氣，頭不白，延年。』」

〔二一〕事類賦二五「七」作「九」。

〔二二〕事類賦「字」作「書」。

〔二三〕事類賦「猶」作「皆」。

〔二四〕盧文弨曰：「晉書地理志：『魏郡鄴，魏武受封居此。』」

〔二五〕宋本「車前」作「煎者」，原注：「一本有『車前』字。」續家訓、類説同今本。又續家訓「枸」作「狗」。案：枸、狗古音近通用，左傳釋文：「『枸』又作『狗』。」是其證。盧文弨曰：「古有服杏金丹法，云出左慈，除瘖、盲、攣、跛、疝、痔、瘻、癎、瘡、腫，萬病皆愈；久服，通靈不死云云。其説妄誕，杏仁性熱，降氣，非可久服之藥。本草經：『枸杞，一名杞根，一名地骨，一名地輔，服之，堅筋骨，輕身，耐老。』博物志：『黄帝問天老曰：「天地所生，豈有食之令人不死者乎？」天老曰：「太陽之草，名曰黄精，餌而食之，可以長生。」』列仙傳：『涓子好餌朮節，食其精，三百年。』神仙服食經：『車前實，雷之精也，服之行化。八月採地衣，地衣者，車前實也。』」劉盼遂引吴承仕曰：「別録陶隱居曰：『赤朮葉細無椏，根小苦而多膏，可作煎用。』此朮煎之説也。車前雖冷利，仙經亦服餌之。疑朮煎、車前二物，或宜並列。」

〔二六〕宋本注云："一本無此六字。"案：類説無此六字。

〔二七〕醫心方二七引"摇動"作"動摇"。

〔二八〕醫心方作"飲熱食冷"。

〔二九〕醫心方"子"下有"云"字。按：抱朴子應難篇："或問堅齒之道，抱朴子曰：'能養以華池，浸以醴液，清晨建齒三百過者，永不動摇。'"

〔三〇〕宋本"叩"作"建"。案：醫心方亦作"建"，與抱朴子同，類説與今本同。又醫心方"早"作"旦"。

〔三一〕續家訓、類説及各本均無"便"字，宋本及醫心方有，今從之。

〔三二〕醫心方"今"上有"至"字，"持"作"將"。

〔三三〕醫心方"也"作"之"。

〔三四〕宋本"欲"作"諸"。

〔三五〕趙曦明曰："梁書陶弘景傳：'字通明，丹陽秣陵人。止於句容之句曲山，曰："此山下是第八洞天，名金壇華陽之天。"乃中山立館，自號華陽隱居。天監四年，移居積金東澗。善辟穀導引之法，年逾八十，而有壯容。大同二年卒，年八十五。'隋書經籍志：'太清草木集要二卷，陶隱居撰。'"陳直曰："道家傳説神仙居住有三清，謂上清、太清、玉清。此隱居醫方命名之所本。"器案：道藏洞真部記傳類"龍"下茅山志九，記陶隱居在山所著書，有太清玉石丹藥集要三卷、太清諸草木方集要三卷。

〔三六〕晉書裴秀傳：「作禹貢地域圖……皆不精審，不可依據。」

〔三七〕續家訓及諸本都作「輕服」，今從宋本作「輕脱」，注已見風操篇。

〔三八〕盧文弨曰：「隋書地理志：『九真郡，梁置愛州。』」

〔三九〕趙曦明曰：「本草：『松脂，一名松膏，久服，輕身，不老延年。』」

〔四〇〕趙曦明曰：「文選古詩（十九首）：『服食求神仙，多爲藥所誤。』」

夫養生者先須慮禍〔一〕，全身保性，有此生然後養之，勿徒養其無生也〔二〕。單豹養於内而喪外，張毅養於外而喪内〔三〕，前賢所戒也。嵇康著養生之論，而以慠物受刑〔四〕；石崇冀服餌之徵〔五〕，而以貪溺取禍〔六〕，往世之所迷也。

〔一〕續家訓及各本無「者」字，宋本及醫心方二七引有，今從之。又醫心方「慮禍」下有「求福」二字。

〔二〕黄叔琳曰：「見道語。」

〔三〕趙曦明曰：「莊子達生篇：『善養者如牧羊，視其後者而鞭之。魯有單豹者，巖居而水飲，不與民共利，行年七十，而猶有嬰兒之色。不幸遇餓虎，餓虎殺而食之。有張毅者，高門縣簿，無不走也，行年四十，而有内熱之病以死。豹養其内而虎食其外，毅養其外而病攻其内，此二子者，皆不鞭其後者也。』」盧文弨曰：「又見吕氏春秋必己篇。喪，息浪切。」王叔岷曰：「案淮南子人間篇：『單豹倍世離俗，巖居谷飲，不衣絲麻，不食五穀，行年七十，猶有童子之色，卒而遇飢虎，殺而食之。張毅好恭，遇宫室廊廟必趨，見門閭聚衆必下。厮徒馬圉，皆與伉禮。然不終其壽，内熱而死。豹養其内，而虎食其外；毅脩其外，而疾攻其内。』」

〔四〕續家訓及各本「慠」作「傲」，今從宋本。

〔五〕宋本原注：「『徵』一作『延年』。」按：醫心方引此句作「石崇冀服餌之延」。

〔六〕盧文弨曰：「文選石季倫思歸引序：『又好服食咽氣，志在不朽，慠然有陵雲之操。』晉書石苞傳：『苞少子崇，字季倫。生於齊州，故小名齊奴。少敏惠有謀。財産豐積，後房百數，皆衣紈繡，珥金翠，絲竹盡當時之選，庖膳窮水陸之珍。嘗與王敦入太學，見顔回、原憲象，歎曰：「若與之同升孔堂，去人何必有間。」敦曰：「不知餘人云何？子夏去卿差近。」崇正色曰：「士當身名俱泰，何至甕牖間哉！」崇有妓曰緑珠，孫秀使人求之，崇盡出數十人以示之，曰：「任所擇。」使者曰：「本受命索緑珠。」崇曰：「吾所愛，不可得也。」秀怒，乃矯詔收崇。緑珠自投樓下而死。崇母兄妻子，無少長，皆被殺害。』」

夫生不可不惜，不可苟惜。涉險畏之途，干禍難之事〔一〕，貪欲以傷生，讒慝而致死，此君子之所惜哉。行誠孝〔二〕而見賊，履仁義而得罪，喪身以全家，泯軀而濟國，君子不咎也。自亂離已來，吾見名臣賢士，臨難求生，終爲不救，徒取窘辱，令人憤懣〔三〕。侯景之亂，王公將相，多被戮辱，妃主姬妾，略無全者〔四〕。唯吴郡太守張嵊〔五〕，建義不捷，爲賊所害，辭色不撓；及鄱陽王世子謝夫人〔六〕，登屋詬怒，見射而斃。夫人，謝遵女也。何賢智操行〔七〕若此之難？婢妾引決〔八〕若此之易？悲夫！

〔一〕續家訓、朱本「干」作「于」，誤。

〔二〕誠孝，即忠孝，之推避隋諱改。

〔三〕盧文弨曰：「令，力呈切。懣音悶。」王叔岷曰：「漢書司馬遷傳：『是僕終已不得舒憤懣以曉左右。』顔注：『懣，煩悶也。』」

〔四〕劉盼遂曰：「按：之推本傳觀我生賦：『疇百家之或在，覆五宗而翦焉，獨昭君之哀奏，唯翁主之悲絃。』自注：『公主子女，見辱見讎。』皆謂此事。」

〔五〕趙曦明曰：「梁書張嵊傳：『嵊，字四山，鎮北將軍稷之子也。大同中，遷吴興太守。太清二年，侯景陷宫城。嵊收集士卒，繕築城壘。賊遣使招降之，嵊斬其使。爲劉神茂所敗，乃釋戎服，坐聽事，賊臨之以刃，終不爲屈。乃執以送景，子弟同遇害者十餘人。』」

〔六〕趙曦明曰：「梁書鄱陽王恢傳：『恢子範，以晉熙爲晉州，遣子嗣爲刺史。嗣字長胤，性驍果，有膽略，傾身養士，能得其死力。範薨，嗣猶據晉熙。侯景遣任約來攻，嗣出壘距之。時賊勢方盛，咸勸且止，嗣按劍叱之，曰：「今之戰，何有退乎？此蕭嗣效命死節之秋也。」遂中流矢，卒於陣。』案：南史但言妻子爲任約所虜，蓋史脱略。」

〔七〕盧文弨曰：「操，七到切。行，下孟切。」

〔八〕盧文弨曰：「漢書司馬遷傳：『臧獲婢妾，猶能引決。』」器案：文選報任少卿書：「不能引決自裁。」李周翰注曰：「言不能引志決列，以自裁毁。」

歸心第十六〔一〕

三世之事〔二〕，信而有徵，家世歸心〔三〕，勿輕慢也。其間妙旨〔四〕，具諸經論〔五〕，不復於此，少能讚述，但懼汝曹猶未牢固，略重勸誘爾〔六〕。

〔一〕釋道宣廣弘明集序：「顏之推之歸心，詞彩卓然，迥張物表。」王應麟困學紀聞九：「顏之推歸心篇倣屈子天問之意。」沙門祥邁辨僞録二：「顏之推之述篇，雲開日朗。」陶貞一退菴文集讀顏氏家訓説：「予讀顏氏家訓，歎其處末流之世，傾側擾攘，猶能以正訓於家，庶幾乎道矣。其論文體，固不能無溺於時；而譏正誤謬，考據得失，亦可謂卓乎大雅者歟！信哉，其能以訓也。獨其歸心一篇，我不可以無辨。夫所謂内典者，吾誠不知其何如。如或好之，則亦同於老、莊之書，備其爲一家言已矣。之推乃引而合之於儒，爲之疏通而證明之，甚之曰『是非堯、舜、周公所及也』。嘻，是豈可以爲訓乎？之推之謂不可及者，剖析形有，運載羣生，萬行歸空，千門入善，辨才智慧，是爲極矣。吾則以爲聖人之道，莫載莫破，天地且不能加也，何有於形有？何況於羣生？彼法未來，其所以運載者未嘗息，而剖析者未嘗晦，曾未有以增益於其際也。且夫既已空矣，亦復何歸？所歸既空，何門之樹？何善之入？以此爲智，適見其愚；以此爲辨，未爲無礙。仁義禮智信者，吾儒之所謂道也。之推曰：『内典初門，設五種禁，而仁義禮智信皆與之符。』庸詎知夫有以必殺爲仁者乎？以殺爲不仁，庸詎知夫有以不殺爲不仁者乎？五常之道，至粗至精；其行之也，有經有權。彼五禁者，以爲仁義禮智信之一端焉斯可耳，以是爲極，不若是淺也。之推既從而稱之，又慮其負謗於世，而爲之釋，則吾亦將因其所釋而釋之。釋一曰：『夫遥大之物，寧可度量，今人所知，莫如天地。』而迄無了者。若將以天地之變化，驗彼佛之神通，何其謬也。天地之變者，時也，運也；其不變者，道也。聖人知其不變者而已。就如所云，則夫宇宙之内，智有所不及，明有所不睹，而又遑知其他。海外九州，鄒衍之妄誕；恒沙一粒，彼法之元虚，相提而論，其敝正同。談海外者，其身固未嘗至海外也，鄒衍何從而知之？言恒沙者，其身固未嘗至恒沙也，之推何從而信之？以天地有象之疑，猶爲未盡，而欲於無象者，以擬議其象，其亦惑矣。釋二曰：『信謗之徵，有如影響，時儻差闌，終當獲報。』此尤惑也。聖人言善惡，不言禍福，言禍福，不言報應。善有餘慶，惡有餘殃，禍福無不自己求之者，其理固然也。禮樂以導於前，條律以驅於後，猶不能使天下之人，皆懷刑畏罪，以就於善，而欲以泯泯不可知之報應，以整齊其民，亦見其疎矣。惟庸夫庸婦，深信其説而趨之如歸，乃其信而趨之者，其身固嘗蹈於現在之禍而不知，甚矣其疎也。爲賢者之不可不明其理也，賢者擇於善惡而禍福有計者矣。爲庸愚之不可不知其説也，庸愚溺於報應而善惡有不審者矣。兩者俱無益焉，而又安所取諸？釋三曰：『俗僧之學經律，何異士人之學詩、禮？士於全行有闕，則僧於戒行有玷，士猶求禄位，而僧何蹔供養。』此言可以媿吾儒，而不可以爲是也。士之不才，猶得什取其一以爲用。民食其力，士食其業，廢力而失業，則固王者之所不容也。今天下羣僧，無慮數萬，無事而教之，不得而教也，有事而使之，不得而使也，是上之人常失數十萬人之用也。不才之臣之居於禄位也，以其位之不可闕也，王者易其人，而不必易其位。毁禁之侣之蹔於供養也，非謂其養之不可闕也，王者禁其養，而安得不禁其人？是固不可同年而語也。此釋四曰：『儒有不屈王侯，隱有讓王辭相，安可計其賦役，以爲罪人？』而内教亦猶是矣。此又不通之論也。夫儒之所謂隱者，必其道誠有過人，足以當朝廷之辟命，而志有不屑焉，故隱也，豈今林林者之盡謂之隱也？且彼隱者，亦自有其職業，不聞以山林之客而受供養之資，而烏得而議之？甚矣，之推之惑也！世名妙樂，國號禳佉，其地如何？自然稻米，無盡寶藏，其物如何？必如之推之説，舉一世之人，盡舍其業，以歸於無何有之鄉，而後乃合大覺之本旨也。釋五曰：『今人貧賤勞苦，莫不怨尤前世不修，以此而論，安可不爲之地？』是故形體可死而有不可死，神爽可棄而有不可棄也。此尤惑之甚者矣。貧賤者，命之受也；勞苦者，時之爲也，皆不足爲道累。其有怨尤，此則婦人女子之所爲，之推儒者，不宜有是言也。且彼以貧苦者宿世之愆，曾不知怨尤者今世之累，不思泯怨尤於今，而欲絶貧苦於後，其亦計於遠而忽於近矣。彼其所爲修者何也？爲善焉耳。佛法有靈，何不報爲善之益於身，令天下昭然共曉，而必曰以俟後世也？生乎今之世者，既不能知其後，生乎後之世者，復不能知其前。於是則從而愚之曰此其爲前之功，此其後之福，而當其身毫無與焉，是直舉其身而棄之也。嗚呼！尚何形神之有哉？君子但知修其身，是故愛其神而保其形。愛之奚爲？曰：將以有爲也。保之奚爲？曰：欲以全歸也。可以朽，可以無朽，可以昭於天，可以歿於地者，此物此志也。若舍其身而求之，兀然而生，寂寂然而處，是其形固已死，而其神固已離，雖其身之存，亦所謂尸居餘氣者耳。之推欲援儒以入佛，而復以君子之克己復禮、濟時益物者爲比，以爲衍慶於天下，猶其延福於將來，而不知其説之鄙且倍也。噫！佛之爲書，昌黎闢之！東坡、樂天之徒，未嘗不好之。闢之，非謗也，好之，非諂也；之推則諂矣。之推雖諂佛，而實無以窺其微，大氐皆俗僧福田利益之説，而又欲調停於儒釋，以自掩其跡，是固不可以垂訓也。闢之與好之者，不妨兩存；若之推之説，固不可以無辨也。」盧文弨曰：「高安朱文端梓此書，删去此篇，以其崇釋而輕儒也。北平黄崑圃少宰所梓乃全文。（器案：黄删節此篇，朱本乃全文，盧氏説誤。）有一學者，猶以爲不宜，勸當删去。余謂昔人之書，美惡皆當仍之，使後人得悉其所學之純駁，自爲審擇可耳。余於釋氏之書，寓目者少，不能如李善之注頭陀寺碑，覽者幸無尤焉。」郝懿行曰：「案：歸心一篇，意在佞佛，便爾掊擊周、孔，非儒者之言也。又案勉學篇，顔君既稱老、莊之書爲任縱之徒，且甚譏何晏、王弼附農、黄之化，棄周、孔之業，而又歷詆魏、晉諸公，下逮梁武父子，持論可謂正矣。至於内典梵經，大體所歸，不出老、莊之緒論，特於福善禍淫，鑿鑿言之，將以導衆生而警羣迷，爲下等人説法爾。頗怪顔君於老、莊則斥之，於釋家即尊奉之，老、莊空説清静虚無，則鄙而不信，佛氏一切言福田利益，則信而不疑，是忘青出於藍，而忽冰生於水矣。觀終制一篇，大意不出乎此，可謂明目而不自見其睫者也。」龔自珍最録歸心篇曰：「夫説法人者，立宗立因立喻，道大原，覺羣聾，華雨自天，天樂墜空，斯比丘之躅，非居士之宗。居士者，詞氣夷易，略説法要，引人易入也，而不入於窔，在家爲家訓，在教爲始教，以儒者多樂之。」器案：「歸心」即江總自叙所謂「歸心釋教」（陳書江總傳）、隋煬帝勑度一千人出家所謂「歸心種覺」（廣弘明集二八上）、徐孝克天台山修禪寺智顗禪師放生碑所謂「歸心染服」（國清百録二）之意。論語堯曰篇：「天下之民歸心焉。」此「歸心」二字所本。東晉以後，歷史上出現南北分裂及五胡亂華的大混亂局面，兵連禍結，民不聊生，於是佛教便乘機發展起來，上自帝王，下至百姓，都或多或少地受其欲解脱人生痛苦的宗教洗禮。蕭衍捨身，謝靈運、沈約爲佛弟子，劉勰出家，之推歸心，都説明了當時文學之士以内教爲精神世界之麻醉品的具體表現。法苑珠林一一九雜集部著録威衛録事蕭宣慈撰歸心録三卷，又六三引李氏歸心録二條，蓋與顔氏此篇同一蘄嚮云。

〔二〕釋法琳辯正論六、沙門祥邁辨僞録二引句首有「佛家」二字。續家訓曰：「三世之説，如楚英、梁武，不脱禍敗，則云過去世中，緣業所招，見在世中善惡，須至未來世中償報。若是則齋薰祭祀，上覬將來之福，與夫應若影響，所求如願，聞音解脱，抑又乖戾。」趙曦明曰：「三世，過去、未來、現在也。」

〔三〕宋本「家世歸心」作「家世業此」，續家訓、羅本、傅本、顔本、程本、胡本、何本、朱本作「家業歸心」，廣弘明集十三引同，卷三又作「家素歸心」。

〔四〕程本、胡本作「妙音」，未可從，下文亦云：「迷大聖之妙旨。」

〔五〕趙曦明曰：「内典經、律、論各一藏，謂之三藏。」

〔六〕宋本「重」作「動」，未可從。

原夫四塵五廕〔一〕，剖析形有，六舟三駕〔二〕，運載羣生，萬行歸空，千門入善〔三〕，辯才智惠〔四〕，豈徒七經、百氏之博哉〔五〕？明非堯、舜、周、孔所及也〔六〕。内外兩教〔七〕，本爲一體，漸積爲異〔八〕，深淺不同。内典初門，設五種禁〔九〕；外典仁義禮智信，皆與之符〔一〇〕。仁者，不殺之禁也；義者，不盜之禁也；禮者，不邪之禁也；智者，不酒之禁也〔一一〕；信者，不妄之禁也〔一二〕。至如畋狩軍旅，燕享刑罰〔一三〕，因民之性〔一四〕，不可卒除〔一五〕，就爲之節，使不淫濫爾〔一六〕。歸周、孔而背釋宗，何其迷也〔一七〕！

〔一〕原本不分段，磧砂藏經廣弘明集三引此分段，今從之。續家訓無「夫」字。廣弘明集「廕」作「陰」。盧文弨曰：「楞嚴經：『我今觀此，浮根四塵，衹在我面，如是識心，實居身內。』注：『四塵，色、香、味、觸也。』五廕即五陰，亦名五蘊。心經：『照見五蘊皆空。』注：『五蘊者，色與受、想、行、識也。五者皆能蓋覆真性，封蔀妙明，故總謂之蘊。亦名五陰，亦名五衆。』」器案：佛書有五陰譬喻，謂以聚沫喻色，水中泡喻痛，熱時欲喻想，芭蕉喻行，幻喻識，言皆空虛也。

〔二〕徐鯤曰：「唐釋道宣廣弘明集十五梁晉安王綱菩提樹頌叙云：『海度六舟，城安四攝。』又十九卷蕭子顯御講金字摩訶般若波羅蜜經叙云：『百福殊相，入同無生；萬善異流，俱會平等。故能導羣盲而並驅，方六舟而俱濟。』案：六舟即六波羅蜜也。劉孝標注世說新語文學篇：『波羅蜜，此言到彼岸也。經言到者有六焉：一曰檀，檀者，施也；二曰尸羅，尸羅者，持戒也；三曰羼提，羼提者，忍辱也；四曰毘梨耶，毘梨耶者，精進也；五曰禪，禪者，定也；六曰般若，般若者，智慧也。然則五者爲舟，般若爲導，導則俱絕有相之流，升無相之彼岸也。』又按：六波羅蜜亦稱六度，詳見釋藏六度集經。梁簡文帝大法頌序云：『出五險之聚，升六度之舟。』」嚴式誨曰：「陳宣帝懺文：『登六度舟，入三昧海。』」盧文弨曰：「梁簡文帝唱導文：『帝釋淵廣，泛波若之舟；净居深沈，駕牛車之美。』王勃龍華寺碑：『四門幽闢，顧非相而遲迴；三駕晨嚴，臨有爲而出頓。』案：三駕即三乘，見法華經。羊車喻聲聞乘，鹿車喻緣覺乘，牛車喻菩薩乘。」向楚先生曰：「案經譬喻品：『佛説火宅，喻賜諸子，三車而出。』火宅經云：『羊車、鹿車、牛車，競共馳走，争出火宅。』偈云：『當以三車，隨汝所欲。』又云：『有大白牛，肥壯多力，形體姝好，以駕寶車，多諸儐從，而待衛之，是以妙車等賜諸子。』是三駕即三車也。」器案：楊炯盂蘭盆賦：「上可以薦元符於七廟，下可以納羣動於三車。」李紳題法華寺五言二十韻：「指喻三車覺，開迷五陰纏。」三駕三車，隨文切響，其本柢要以三乘爲正。三乘具如盧説，向氏所舉大白牛車，則以喻一佛乘，言如來以三乘導人，而以大乘爲度脱也。

〔三〕嚴式誨曰：「仁王經：『若菩薩摩訶薩住千佛剎，作忉利天，修千法名門，説十善道，化一切衆生。』」器案：千法名門，亦言百法名門，釋藏有百法名門論也。

〔四〕辯正論、崇正辨一引「惠」作「慧」，盧文弨曰：「惠與慧同。」器案：華嚴經：「若能知法永不滅，則得辯才無礙法。若得辯才無礙法，則得開演無邊法。」辯才，謂雄辯之才。

〔五〕辨僞録、崇正辨「七經」作「六經」，此蓋祥邁、胡寅習聞六經之名，尠聞七經之説而肊改之。趙曦明曰：「後漢書張純傳注：『七經謂詩、書、禮、樂、易、春秋及論語也。』」盧文弨曰：「之推此言，得罪名教也。」

〔六〕廣弘明集三、又十三此句作「明非堯、舜、周、孔、老、莊之所及也」，辨僞録作「非堯、舜、周、孔、老、莊所能及也」。案：下文言「歸周、孔」，即承此爲説，似原本無「老莊」二字，或由後代帝王崇道抑佛，釋氏弟子纂輯辯正、辨僞二論，遂并老、莊而詆之耳。

〔七〕案：内教謂佛教，外教謂儒學。晉釋道安有二教論。下文内典指佛書。外典指儒書；漢人以讖緯爲内書，則以儒家經典爲外書，其來尚矣。

〔八〕漸謂漸教，指佛理。極謂宗極，指儒學。廣弘明集十八謝靈運辨宗論：「釋氏之論，聖道雖遠，積學能至，累盡鑒生，不應漸悟。孔氏之論，聖道既妙，雖顏殆庶，體無鑒周，理歸一極。」又答法勗問：「二教不同者，隨方應物，所化異地也。大而校之：華民易於見理，難於受教，故閉其累學，而開其一極；夷人易於受教，難於見理，故閉其頓了，而開其漸悟。漸悟雖可至，昧頓了之實；一極雖知寄，絶累學之冀。良由華人悟理無漸，而誣道無學；夷人悟理有學，而誣道有漸。是故權實雖同，其用各異。」梁釋智藏奉和武帝三教詩：「安知悟云漸，究極本同倫。」

〔九〕廣弘明集三引「教五種禁」作「設五種之禁」。

〔一〇〕廣弘明集三引此句作「與外書仁義五常符同」。廣弘明集十三郗超奉法要：「五戒：一者不殺，不得教人殺，常當堅持，盡形壽；二者不盜，不得教人盜，常當堅持，盡形壽；三者不淫，不得教人淫，常當堅持，盡形壽；四者不欺，不得教人欺，常當堅持，盡形壽；五者不飲酒，不得以酒爲惠施，常當堅持，盡形壽。若以酒爲藥，當推其輕重，要於不可致醉。醉有三十六失，經教以爲深戒。不殺則長壽，不盜則常泰，不淫則清净，不欺則人常敬信，不醉則神理明治。」魏書釋老志：「又有五戒：去殺、盜、淫、妄言、飲酒，大意與仁、義、禮、智、信同，名爲異耳。」日本了尊悉曇輪略圖鈔七：「五行大義云：『五常，仁、義、禮、智、信也，行之終久恒不闕，故名爲常。以此能成其直，故云五德。』殺乖仁，盜乖義，淫乖禮，酒乖智，妄乖信，此五者不可造次而虧。」

〔一一〕「酒」，原誤作「淫」，今據廣弘明集三引校改。

〔一二〕趙曦明曰：「宋書沈約之言政如此。」器案：趙説誤，此魏書魏收之言也，已見上引。

〔一三〕廣弘明集三引「燕享刑罰」作「醼饗刑罰」。

〔一四〕「因」原作「固」，今據宋本、續家訓、傅本及廣弘明集三引改。

〔一五〕胡本「可」作「言」。廣弘明集三音義「卒」作「猝」。盧文弨曰：「卒，倉没切。」

〔一六〕後漢書梁商傳：「刑不淫濫。」國語周語下韋昭注：「淫，濫也。」

〔一七〕胡寅崇正辨一曰：「之推，先師之後也，既不能遠嗣聖門，又詆毁堯、舜、周、孔，著之于書，訓爾後裔；使當聖君賢相之朝，必蒙反道敗德之誅矣。今其説尚存，與釋氏吹波助瀾，不可以不辯。」

俗之謗者〔一〕，大抵有五：其一，以世界外事及神化無方爲迂誕也〔二〕；其二，以吉凶禍福或未報應爲欺誑也；其三，以僧尼行業〔三〕多不精純〔四〕爲姦慝也；其四，以糜費金寶減耗課役〔五〕爲損國也；其五，以縱有因緣如報善惡〔六〕，安能辛苦今日之甲，利益後世之乙乎〔七〕？爲異人也。今並釋之於下云。

〔一〕廣弘明集三引分段，今從之。

〔二〕史記孝武紀：「事如迂誕。」正義：「迂，遠也；誕，大也。」器案：迂、訏通，大也；迂誕同義字。

〔三〕三國志魏書武紀：「任俠放蕩，不拘行業。」

〔四〕文選東都賦白雉詩：「容絜朗兮於純精。」謝偃高松賦：「感天地之粹質，稟陰陽之精純。」

〔五〕隋書高祖紀：「詔以河南八州水，免其課役。」舊唐書卷二十三職官志二：「凡賦役之制有四：一曰租，二曰調，三曰役，四曰課。」廣韻三十九過：「課，稅也。」役，繇役也。

〔六〕廣弘明集三「如」作「而」。

〔七〕「益」字原無，廣弘明集三引有，與上辛苦對文，是，今據補。朱子語類一二六：「或有言修後世者。先生曰：『今世不修，却修後世，何也！』」亦顏氏此意。虛設甲乙，已注風操篇。

釋一曰：夫遥大之物〔一〕，寧可度量〔二〕？今人所知〔三〕，莫若天地〔四〕。天爲積氣，地爲積塊〔五〕，日爲陽精，月爲陰精〔六〕，星爲萬物之精，儒家所安也〔七〕。星有墜落，乃爲石矣〔八〕；精若是石，不得有光〔九〕，性又質重，何所繫屬〔一〇〕？一星之徑，大者百里〔一一〕，一宿首尾〔一二〕，相去數萬；百里之物，數萬相連，闊狹從斜〔一三〕，常不盈縮。又星與日月，形色同爾〔一四〕，但以大小爲其等差〔一五〕；然而日月又當石也〔一六〕？石既牢密，烏兔焉容〔一七〕？石在氣中，豈能獨運？日月星辰，若皆是氣，氣體輕浮，當與天合，往來環轉，不得錯違〔一八〕，其間遲疾，理宜一等〔一九〕；何故日月五星二十八宿，各有度數，移動不均〔二〇〕？寧當氣墜〔二一〕，忽變爲石？地既滓濁，法應沈厚〔二二〕，鑿土得泉，乃浮水上〔二三〕；積水之下〔二四〕，復有何物？江河百谷，從何處生〔二五〕？東流到海，何爲不溢？歸塘尾閭，渫何所到〔二六〕？沃焦之石，何氣所然〔二七〕？潮汐去還，誰所節度〔二八〕？天漢懸指，那不散落〔二九〕？水性就下，何故上騰〔三〇〕？天地初開，便有星宿；九州未劃〔三一〕，列國未分，翦疆區野〔三二〕，若爲躔次〔三三〕？封建已來，誰所制割？國有增減〔三四〕，星無進退，災祥禍福，就中不差；乾象之大〔三五〕，列星之夥，何爲分野，止繫中國〔三六〕？昴爲旄頭，匈奴之次〔三七〕；西胡、東越〔三八〕、彫題、交阯，獨棄之乎〔三九〕？以此而求，迄無了者，豈得以人事尋常，抑必宇宙外也〔四〇〕？

〔一〕廣弘明集三、法苑珠林四引「大」作「天」。

〔二〕法苑珠林「寧」作「非」。

〔三〕法苑珠林「所」作「難」。

〔四〕宋本「若」作「著」。大正藏法苑珠林四校記云：「明本『地』作『也』。」

〔五〕廣弘明集無「地爲積塊」四字。法苑珠林作「俗云天爲精氣」，「精」字涉下文而誤。

〔六〕法苑珠林無「月爲陰精」四字。

〔七〕法苑珠林「家」作「教」。

〔八〕崇正辨、王鴻儒凝齋筆語引「星有墜落乃爲石矣」作「星墜爲石」。趙曦明曰：「列子天瑞篇：『杞國有人憂天崩墜，身亡所寄，廢寢食者。又有憂彼之所憂者，曉之曰：「天，積氣耳，亡處亡氣，柰何憂崩墜乎？」其人曰：「天果積氣，日月星宿不當墜邪？」曉之者曰：「日月星宿亦積氣中之有光耀者，正使墜，亦不能有所中傷。」其人曰：「柰地壞何？」曉者曰：「地，積塊耳，充塞四虚，亡處亡塊，柰何憂其壞？」』説文：『日，實也，太陽之精。月，闕也，太陰之精。星，萬物之精，上爲列星。』左僖十六年傳：『隕石于宋五，隕星也。』」

〔九〕廣弘明集、法苑珠林「得」作「可」。

〔一〇〕崇正辨、凝齋筆語「屬」作「焉」。

〔一一〕盧文弨曰：「徐歷長曆：『大星徑百里，中星五十，小星三十，北斗七星間相去九千里，皆在日月下。』」

〔一二〕趙曦明曰：「天上一度，在地二百五十里。」

〔一三〕日本大正藏法苑珠林校記云：「宋、元、明本及日本宮内省圖書寮藏宋本『從』作『縱』。」盧文弨曰：「從，子容切。」

〔一四〕法苑珠林「形」作「光」。

〔一五〕法苑珠林此句作「但以大小差别不同」。漢書游俠傳序：「自卿大夫以至於庶人，各有等差。」謂等級差别也。

〔一六〕廣弘明集三、法苑珠林「也」作「邪」。盧文弨曰：「也與邪通。」崇正辨、凝齋筆語「當」下有「是」字。

〔一七〕趙曦明曰：「春秋元命苞：『陽數起於一，成於三，故日中有三足烏。月兩設以蟾蠩與兔者，陰陽雙居，明陽之制陰，陰之制陽。』」郝懿行曰：「案：此段意旨，本於楚辭天問，而文特汗漫。」器案：天問云：「顧兔在腹。」淮南精神篇：「日中有踆烏，而月中有蟾蜍。」高誘注：「踆猶蹲也，謂三足烏。蟾蜍，蝦蟆。」陳槃曰：「甘氏星經：『日者，陽宗之精也，爲雞二足，爲烏三足。三足鷄（槃案當作『烏』）在日中。而烏之精爲星，以司太陽之行度。……月者，陰宗之精也。爲兔四足，爲蟾蜍三足。兔在月中。而蟾蜍之精爲星，以司太陰之行度。』（楊升庵文集卷七十四引）天問：『夜光何德？死則又育。厥利維何？而顧菟在腹。』注：『言月中有菟。』淮南子精神篇：『日中有踆烏。』史記龜策列傳褚先生曰：『孔子聞之曰……日爲德，爲君於天下，辱於三足之烏。』」

〔一八〕廣弘明集三「錯」作「偕」，隨函音義云：「偕音皆，俱也。」法苑珠林作「背」。

〔一九〕廣弘明集三、法苑珠林「宜」作「寧」。

〔二〇〕胡寅曰：「謹考之六經，惟春秋書隕石於宋，不言星墜爲石也。既以星爲石，又以日月爲石，皆之推臆説，非聖人之言也。之推又曰：『日月星辰，若皆是氣，則當與天相合，安能獨運？』殊不考堯之曆象、舜之璿璣、箕子之五紀、周易之大衍也。天杳然在上，左右遲速，幾於不可考矣。然聖人步之以數，驗之以氣，正之以時物，參之以人事，自古至今，了無差忒，凡垂象之變，皆有應驗，其精者預知某日日食，某日月食，飛星彗孛，出不虛示；則天雖高也，日月星辰雖遠也，智者仰觀，若指諸掌耳。之推學博而雜，是以其惑如此。孔子曰：『蓋有不知而作者。』孟子曰：『人之易其言也，無責爾矣。』其之推之謂乎！」凝齋筆録曰：「愚謂日月星辰，皆氣之精而麗于天體，如火光不可搏執，其隕而爲石者，以得地氣故耳，非在天即石也；有隕未至地而光氣遂散者，亦不爲石也。」器案：古人爲時代所局限，對於諸天體的疑問，不能得到科學的回答，故臆説紛紜，不足致詰也。趙曦明曰：「尚書堯典正義：『六歷諸緯與周髀皆云：「日行一度，月行十三度十九分度之七。」漢書律曆志：金、水皆日行一度，木日行千七百二十八分度之百四十五，土日行四千三百二十分度之百四十五，火日行萬三千八百二十四分度之七千三百五十五。又二十八宿所載黄赤道度各不同。』」

〔二一〕法苑珠林「墜」作「墮」。

〔二二〕盧文弨曰：「『沈』俗作『沉』。」王叔岷曰：「案淮南子天文篇：『重濁者滯凝而爲地。』列子天瑞篇：『濁重者下爲地。』」

〔二三〕趙曦明曰：「晉書天文志：『天在地外，水在天外，水浮天而載地者也。』」

〔二四〕續家訓「之」作「已」，崇正論作「以」。

〔二五〕崇正辨「谷」誤「物」。盧文弨曰：「尚書洪範：『一五行：一曰水……。』正義：『易繫辭曰：「天一地二，天三地四，天五地六，天七地八，天九地十。」此即是五行生成之數，天一生水，地六成水，陰陽各有匹偶，而物得成焉。』」器案：老子：「江海所以能爲百谷王者，以其善下之。」泉出通川者爲谷。

〔二六〕法苑珠林「渫」作「渠」。盧文弨曰：「楚辭天問：『東流不溢，孰知其故？』列子湯問篇：『夏革曰：「渤海之東，不知幾億萬里，有大壑焉，實惟無底之谷，其下無底，名曰歸墟，八紘九野之水，天漢之流，莫不注之，而無增無減焉。」』張湛注曰：『歸墟或作歸塘。』」器案：列子釋文引或本、文選吴都賦注、御覽六〇、又六七引列子都作「歸塘」，與家訓合。趙曦明曰：「莊子秋水篇：『天下之水，莫大於海，萬川歸之，不知何時止而不盈；尾閭泄之，不知何時已而不虛。』案：渫與泄同。」

〔二七〕趙曦明曰：「玄中記：『天下之強者，東海之沃焦焉。沃焦者，山名也，在東海南三萬里，海水灌之而即消。』」

〔二八〕崇正辨「誰」作「何」。趙曦明曰：「抱朴子：『糜氏曰：潮者，據朝來也；夕者，言夕至也。一月之中，天再東再西，故潮水再大再小也。又夏至日居南宿，陰消陽盛，而天高一萬五千里，故夏潮大也。冬時日居北宿，陰盛陽消，而天卑一萬五千里，故冬潮小也。又春日日居東宿，天高一萬五千里，故春潮漸起也。秋日日居西宿，天卑一萬五千里，故秋潮漸減也。』」盧文弨曰：「案：此段見御覽（卷三三、又六八）所引，今抱朴子無之。」

〔二九〕崇正辨「那」作「何」。趙曦明曰：「爾雅釋天：『析木謂之津，箕木之間漢津也。』漢書天文志：『漢者亦金散氣，其本曰水。』晉書天文志：『天漢起東方，經尾箕之間，謂之天河，亦謂之漢津，分爲二道，在七星南而没。』」

〔三〇〕胡寅曰：「地之有水，猶人之有血也；故地中有水，大易八卦之明象也。若曰地浮水上，乃釋氏四輪之妄談也。水爲五行之本，其氣周流于天，萬物或升或降，或凝或散，皆氣機之自然；故草則有滋，山石則有液，人則有血，土則有水；金則水之所生，無足怪者。佛之學不明乎氣，以氣爲幻，故學之者其蔽如此。」趙曦明曰：「淮南子原道訓：『天下之物，莫柔於水，上天則爲雨露，下地則爲潤澤。』」王叔岷曰：「案孟子告子上篇：『人性之善也，猶水之就下也。』淮南齊俗篇：『譬若水之下流。』」

〔三一〕廣弘明集三、法苑珠林「劃」作「畫」。

〔三二〕廣弘明集三、隨函音義曰：「謂翦截疆界。」

〔三三〕趙曦明曰：「方言十二：『躔，歷行也，日運爲纏，月運爲逡。』禮記月令：『季冬，日窮於次。』鄭注：『次，舍也。』」盧文弨曰：「史記天官書：『角亢氐，兖州；房心，豫州；尾箕，幽州；斗，江、湖；牽牛婺女，揚州；虚危，青州；營室東壁，并州；奎婁胃，徐州；昴畢，冀州；觜觽參，益州；東井輿鬼，雍州；柳七星張，三河；翼軫，荆州。』晉書天文志載太史令陳卓言郡國所入宿度尤詳。」劉盼遂曰：「若爲，蓋柰何之轉語，若猶那也、何也，那亦柰何之短言也。唐人詩多以若爲二字連言，用爲問辭，如王維送晁監還日本詩『别離方異域，音信若爲通』、杜荀鶴宫怨詩『承恩不在貌，教妾若爲容』、羅虬比紅兒詩『虢國夫人照夜璣，若爲求得與紅兒』等，皆是也。」又引吴承仕曰：「南史二十三詔答王景文陳解揚州曰：『人居貴要，但問心若爲耳。』又五十僧遠問明僧紹曰：『天子若來，居士若爲相對？』若爲，晉、宋以來通語，猶今人之言怎麽樣矣。」器案：説文繫傳足部徐鍇曰：「躔，星之躔次，星所履行也。」劉淇助字辨略五：「若爲，猶云如何也。」

〔三四〕續家訓「有」作「不」。

〔三五〕廣弘明集三、法苑珠林「乾」作「懸」。崇正辨「象」作「坤」。

〔三六〕黄叔琳曰：「此最可疑。」趙曦明曰：「周禮春官保章氏：『掌天星以志星辰日月之變動，以觀天下之遷，辨其吉凶，以星土辨九州之地所封，封域皆有分星，以觀妖祥。』漢書地理志：『秦地於天官，東井輿鬼之分野；魏地，觜觿參之分野；周地，柳七星張之分野；韓地，角亢氏之分野；趙地，昴畢之分野；燕地，尾箕之分野；齊地，虛危之分野；魯地，奎婁之分野；宋地，房心之分野；衞地，營室東壁之分野；楚地，翼軫之分野；吳地，斗之分野；粤地，牽牛婺女之分野也。』」毛奇齡曰：「分野即是分星。第分野二字，出自周語『歲在鶉火，我有周之分野』語。分星二字，出自周禮保章氏『以星土辨九州之地，所封封域皆有分星』語。雖分星、分野兩有其名，而皆不得其所分之法。大抵古人封國，上應天象。在天有十二辰，在地有十二州。上下相應，各有分屬；則在天名分星，在地名分野，其實一也。特其說則自古有之，而其書不傳。惟鄭玄注周禮則云：『諸國封域，所分甚煩，今已亡其書。堪輿雖載郡國星度，皆非古法。惟十二次大界所分，則其存可言。』然春秋正義又謂：『即其存可言者，亦不知出自誰說。』則舊經所據，皆已滅沫無可考矣。……若今所傳者，則漢成時劉向實造爲分野之說，而班氏取之入地理志中，遂爲千秋不易之科律；即晉唐諸志及僧一行輩皆各爲增飾，以成其說。雖與鄭氏所云相表裏，而各有不同。」（西河合集經問十五）

〔三七〕趙曦明曰：「史記天官書：『昴曰旄頭，胡星也。』」

〔三八〕法苑珠林「越」作「夷」。

〔三九〕廣弘明集三、法苑珠林、崇正辨「阯」作「趾」。趙曦明曰：「史記東越傳：『閩越王無諸及越東海王搖者，其先皆越王句踐之後也。』後漢書南蠻傳：『禮記稱南方曰蠻，雕題、交阯，其俗男女同川而浴，故曰交阯。』」盧文弨曰：「雕題、交阯，禮記王制文。雕謂刻也，題謂額也，非惟雕頟，亦文身也。雕，彫，趾，阯，俱通用。」

〔四〇〕廣弘明集三、法苑珠林此句作「抑必宇宙之外乎」。

凡人之信〔一〕，唯耳與目；耳目之外〔二〕，咸致疑焉。儒家説天，自有數義：或渾或蓋，乍宣乍安〔三〕。斗極所周，管維所屬〔四〕，若所親見〔五〕，不容不同；若所測量，寧足依據？何故信凡人之臆説，迷大聖之妙旨〔六〕，而欲必無恒沙世界、微塵數劫也〔七〕？而鄒衍亦有九州之談〔八〕。山中人不信有魚大如木，海上人不信有木大如魚〔九〕；漢武不信弦膠〔一〇〕，魏文不信火布〔一一〕；胡人見錦，不信有蟲食樹吐絲所成〔一二〕；昔在江南〔一三〕，不信有千人氈帳，及來河北，不信有二萬斛船〔一四〕：皆實驗也。

〔一〕廣弘明集三、法苑珠林俱分段，今從之。法苑珠林「之」作「所」。案「之」猶「所」，訓見助字辨略。尚書無逸：「則知小人之依。」蔡沈集傳：「小人所恃以爲生。」史記樂毅傳：「薊丘之植，植于汶篁。」索隱：「言薊丘所植。」皆訓「之」爲「所」。

〔二〕廣弘明集三、法苑珠林此句作「自此之外」。

〔三〕廣弘明集三、法苑珠林作「或渾或蓋，乍穹乍安」，續家訓作「或渾或蓋，乍穹乍蒼」。何焯曰：「虞喜有安天論。」趙曦明曰：「晉書天文志：『古言天者有三家：一曰蓋天，二曰宣夜，三曰渾天。漢靈帝時，蔡邕于朔方上書，言：「宣夜之學，絶無師法。周髀術數具存，考驗天狀，多所違失，惟渾天近得其情。」蔡邕所謂周髀者，即蓋天之説也。其所傳，則周公受於殷高。其言天似蓋笠，地似覆槃，天地各中高外下。宣夜之書，漢祕書郎郗萌記先師相傳，云日月衆星，自然浮生虚空之中，無所根繫。成帝咸康中，會稽虞喜因宣夜之説，作安天論。至於渾天理妙，學者多疑，張平子、陸公紀之徒，咸以爲莫密於渾象者也。」盧文弨曰：「虞昺有穹天論，云：『天形穹窿如笠，而冒地之表。』」器案：乍亦或也，漢書叙傳：「乍臣乍驕。」三國志魏書武紀注引魏武故事：「十二月己亥令曰：『乍前乍却，以觀世事。』」義與此同。渾、蓋、宣、安，俱指説天家數，改「安」爲「蒼」，於義未當。

〔四〕續家訓、法苑珠林「斗」作「計」。廣弘明集三、法苑珠林「管」作「苑」，當是「筦」訛，音形俱近也。趙曦明曰：「史記天官書：『北斗七星，所謂璿璣玉衡以齊七政。杓攜龍角，衡殷南斗，魁枕參首。用昏建者杓，杓自華以西南；夜半建者衡，衡殷中州、河、濟之間；平旦建者魁，魁，海、岱以東北也；斗爲帝車，運于中央，臨制四鄉，分陰陽，建四時，均五行，移節度，定諸紀，皆繫於斗。』」盧文弨曰：「楚辭天問：『筦維焉繫？天極焉加？』筦一作斡，顔師古匡謬正俗：『斡、管二音不殊，近代流俗，音斡烏活切，非也。』淮南天文訓：『東北爲報德之維，西南爲背陽之維，東南爲常羊之維，西北爲蹏通之維。』張衡靈憲：『八極之維，徑二億三萬二千三百里。』」

〔五〕法苑珠林「所」作「有」。

〔六〕法苑珠林「迷」作「疑」。

〔七〕廣弘明集三、法苑珠林「也」作「乎」。崇正辨引「恒」下有「河」字。趙曦明曰：「金剛經：『諸恒河所有沙數，佛世界如是，寧爲多不？』法華經：『如人以力摩三千大千土，復盡末爲塵，一塵爲一刼，如此諸微塵數，其刼復過是。』」胡寅曰：「天地雖大，然中央者，氣之正也。以人物觀之，非東夷、西戎、南蠻、北狄所可比也。天地與人，俱是一氣，生於地者既如此，則精氣之著乎天者亦必然矣。北辰帝座，自有環域，明堂三台，儼分躔次，災祥所應，中國當之；其餘列宿分野，亦莫不然，班班可考，固非四夷之所得占也。之推於耳目所及者，尚未深曉矣，乃欲信驗宇宙之外，河沙世界，微塵數刼，不謂之自誑乎！」

〔八〕趙曦明曰：「史記孟子荀卿列傳：『騶衍著書十餘萬言，以爲儒者所謂中國者，於天下乃八十一分居其一分耳。中國名曰赤縣神州，赤縣神州內自有九州，禹之序九州是也，不得爲州數。中國外，如赤縣神州者九，乃所謂九州也。於是有裨海環之，人民禽獸莫能相通者，如一區中者，乃爲一州；如此者九，乃有大瀛海環其外，天地之際焉。』騶、鄒同。」

〔九〕御覽九三五引「有魚」、「有木」作「有大魚」、「有大木」。法苑珠林三七亦有「山中人」二語。類説引此作「釋氏戒世人，不可以耳目不及，便爲虛誕，如山中人不信有大魚如木」云云。御覽八三七、又九五二引孫綽子，有海人與山客辨其方物，嵇康答釋難宅無吉凶攝生論：「是海人所以終身無山，山客白首無大魚也。」

〔一〇〕法苑珠林、類説「武」下有「帝」字。趙曦明曰：「東方朔十洲記：『鳳麟洲在西海中央。仙家煮鳳喙及麟角，合煎作膏，名之爲續弦膠，能續弓弩斷弦；刀劍斷折之金，以膠連續之，使力士掣之，他處乃斷，所續之際，終無斷也。』漢武不信。未詳。」器案：雲笈七籤二六引十洲記鳳麟洲云：「仙家煮鳳喙及麟角，合煎作膠，名之爲續弦膠，或名連金泥。此膠能續弓弩已斷之弦，連刀劍已斷之金，更以膠連續之處，使力士掣之，他處乃斷，所續之際，終無所損也。天漢三年，帝幸北海，祠恒山，四月，西國王使至，獻靈膠四兩，及吉光毛裘，武帝受以付外庫，不知膠裘二物之妙用也，以爲西國雖遠，而上貢者不奇，稽留使者未遣。久之，武帝幸華林園射虎，而弩弦斷，使者從駕，又上膠一分，使口濡以續弩弦。帝驚曰：『異物也。』乃使武士數人，共對掣引，終日不脱，如未續時。其膠色青如碧玉。」則十洲記原載有此事，宋人猶及見之，今本出後人綴輯，蓋非完書矣。博物志二亦詳此事。

〔一一〕類説「文」下有「帝」字。趙曦明曰：「魏志三少帝紀：『景初三年，西域重譯獻火浣布。詔大將軍太尉臨試，以示百寮。』搜神記：『漢世西域舊獻此布，中間久絶。至魏初時，人疑其無有。文帝以爲火性酷烈，無含生之氣，著之典論，明其不然。及明帝立，詔刊石廟門之外及太學，永示來世。至是西域獻之，於是刊滅此論。天下笑之。』」器案：抱朴子内篇論仙：「魏文帝窮覽洽聞，自呼於物無所不經，謂天下無切玉之刀、火浣之布。及著典論，嘗據言此事。其間未期二物畢至。帝乃歎息，遽毀斯論。事無固必，殆爲此也。」列子湯問篇：「周穆王大征西戎，西戎獻錕鋙之劍、火浣之布。其劍長尺有咫，練鋼赤刃，用之切玉，如切泥焉。火浣之布，浣之必投於火，布則火色，垢則布色，出火而振之，皓然疑乎雪。皇子以爲無此物，傳者之妄。」云皇子以爲無此物云云，即本典論爲言，此亦僞列子後出之證。

〔一二〕爾雅翼二四引「樹」作「木」，紺珠集四引「樹」作「葉」，「所」作「而」。器案：類聚六五、御覽八二五引玄中記：「大月氏有牛名曰日及，割取肉三斤，明日瘡愈。漢人入國，示之，以爲珍異。漢人曰：『吾國有蟲，大如小指，名曰蠶，食桑葉，爲人吐絲。』外國復不信有之。」金樓子志怪篇亦載此事。

〔一三〕法苑珠林引此句作「吴人身在江南」。陳與義簡齋詩集一送吕欽問監酒授代歸胡穉注引「江南」下有「人」字。

〔一四〕廣弘明集三、法苑珠林「斛」作「石」。御覽八二五引「二萬斛船」作「萬石舟舡」，與上「千人氊帳」對文，較今本爲勝；胡注簡齋詩集引亦作「一萬斛」。五燈會元十一汝州葉縣廣教院歸省禪師：「問：『如何是塵中獨露身？』師曰：『塞北千人帳，江南萬斛船。』」容齋四筆九：「頃在豫章，遇一遼僧於上藍，與之閑談，曰：『南人不信北方有千人帳，北人不信南人有萬斛之舟，蓋土俗然也。』」亦本此文，俱作「萬斛」，似今本「二萬斛」乃「一萬斛」之誤也。

世有祝師及諸幻術〔一〕，猶能履火蹈刃，種瓜移井〔二〕，倏忽之間，十變五化〔三〕。人力所爲，尚能如此，何況神通感應〔四〕，不可思量，千里寶幢，百由旬座，化成净土，踊出妙塔乎〔五〕？

〔一〕續家訓及廣弘明集三俱分段，今從之。法苑珠林「世」上有「如」字。廣弘明集、隨函音義曰：「幻術，虚誑也，倒書予字是。」

〔二〕趙曦明曰：「列子周穆王篇：『穆王時，西極之國有化人來，入水火，貫金石，反山川，移城邑，乘虚不墜，觸石不硋。』張湛注：『化人，幻人也。』張衡西京賦：『奇幻儵忽，易貌分形，吞刀吐火，雲霧杳冥，畫地成川，流渭通涇。』」盧文弨曰：「御覽載孔偉七引云：『弄幻之術，因時而作，耨瓜種菜，立起尋尺，投芳送臭，賣黄售白。』硋音礙。儵與倏同。耨，耘本字。」劉盼遂曰：「御覽卷九百七十八引搜神記曰：『吴時有徐光，常行幻術。於市里從人乞瓜，其主弗與。便從索瓣，種之。俄而瓜蔓延生花實，乃取食之，因賜觀者。及視所賣，皆亡耗矣。』黄門種瓜之説，殆用此事。」又曰：「洛陽伽藍記卷一景樂寺云：『寺中雜技，剥驢投井，擲棗種瓜，須臾之間，皆得食之。』楊衒之與顔氏時代接近，故所言多相同也。抱朴子内篇對俗篇：『若道術不可學得，則變易形貌，吞刀吐火，坐在立亡，興雲起霧，召致蟲蛇，合聚魚鼈，三十六石立化爲水，消玉爲粭，潰金爲漿，入淵不沾，蹴刀不傷。幻化之事，九百有餘，按而行之，無不皆效。何爲獨不肯信仙之可得乎？』據葛説，是幻化之術，在晉已盛。」又引吴承仕曰：「抱朴子對俗篇：『變形易貌，吞刀吐火。』又云：『瓜果結實於須臾，魚龍瀺灂於盤盂。』皆方士幻化之術。」器案：漢書張騫傳：「大宛諸國發使隨漢使，來觀漢廣大，以大鳥卵及黎軒眩人獻於漢。」注：「應劭曰：『眩，相詐惑也。』師古曰：『眩讀與幻同，即今吞刀吐火、植瓜種樹、屠人截馬之術皆是也，本從西域來。』」

〔三〕廣弘明集三、法苑珠林「十變五化」作「千變萬化」，列子周穆王篇言化人變幻，亦云「千變萬化」，隋書盧思道傳載勞生論亦云：「千變萬化，鬼出神入。」

〔四〕廣弘明集三、法苑珠林「況」作「妨」。

〔五〕廣弘明集三、法苑珠林「出」作「生」。盧文弨曰：「法苑珠林：『神通感應，不可思量，寶幢百由旬，化成浄坐，踊生妙塔。』釋玄應注放光般若經：『由旬，正言踰繕那，此譯云合也應也，計合應爾許度量，同此方驛邏也。案：五百弓爲一拘盧舍，八拘盧舍爲一踰繕那，即此方三十里也，言古者聖王一日所行之里數也。』又注涅槃經云：『繕那亦有大小，或八俱盧舍，一俱盧舍，謂大牛鳴音，其聲五里。昔來俱取八俱盧舍，即四十里也。』案：兩説不同。又古者天子吉行五十里，師行乃三十里耳。顔氏以幻術相比況，然則釋氏之説，亦盡皆幻術耳，而乃篤信之，何哉？量，吕張切。幢，宅江切。塔亦作墖，西域浮屠也。」郝懿行曰：「法苑珠林：『須達爾時爲穰佉國大臣，名須達多，此園地還廣一由旬，純以七寶布地，奉施如來，起爲住處。』支僧載外國事曰：『由旬者，晉言四十里。』又一切經音義三引由旬作俞旬，而云：『五百弓爲一拘盧舍，八拘盧舍爲一踰繕那，即此方三十里也。』」器案：水經河水注一又作由巡，以係對音，故字無定準也。妙法蓮華經見寶塔品第十一云：「爾時，佛前有七寶塔，高五百由旬，縱廣二百五十由旬，從地踊出，住在空中，種種寶物而莊校之。」踊出妙塔事出於此。

釋二曰：夫信謗之徵〔一〕，有如影響〔二〕；耳聞目見，其事已多，或乃精誠不深，業緣未感〔三〕，時儻差闌〔四〕，終當獲報耳。善惡之行，禍福所歸。九流百氏〔五〕，皆同此論，豈獨釋典爲虚妄乎？項橐、顔回之短折〔六〕，伯夷、原憲之凍餒〔七〕，盗跖、莊蹻之福壽〔八〕，齊景、桓魋之富強〔九〕，若引之先業，冀以後生，更爲通耳〔一〇〕。如以行善而偶鍾禍報，爲惡而儻值福徵〔一一〕，便生怨尤〔一二〕，即爲欺詭，則亦堯、舜之云虚〔一三〕，周、孔之不實也，又欲〔一四〕安所依信〔一五〕而立身乎〔一六〕？

〔一〕廣弘明集三「徵」作「興」。

〔二〕尚書大禹謨：「惠迪吉，從逆凶，惟影響。」僞孔傳：「吉凶之報，若影之隨形，響之應聲，言不虚。」

〔三〕趙曦明曰：「王屮頭陀寺碑：『宅生者緣，業空則緣廢。』李善注引維摩經：『如影從身，業緣生見。』僧肇曰：『身，衆緣所成，緣合則起，緣散則離。』金光明經：『所謂無明緣行，行緣識，識緣名，名緣色，色緣受，受緣觸，觸緣愛，愛緣取，取緣有，有緣生，生緣老死憂悲苦惱滅聚。』」徐鯤曰：「按：元注作『如影從身，業緣生見』，乃沿選本李注之誤，今據釋藏維摩詰本經改，正作『是身如影，從業緣見』。然自來校文選者，自何義門而下多所釐訂，惟李善所引佛書，沿譌襲謬，不可縷舉，從未有爲之校改者，良由不翻閲釋氏諸書故也。予欲檢對釋藏，一一正其譌舛脱漏，俾李注復還舊觀；而衣食於奔走，苦無寧晷，未知何時得遂此願也。謹附識於此。」

〔四〕廣弘明集三「闌」作「間」，誤，蓋「闌」以形近作「閑」，又由「閑」轉寫爲「間」也。盧文弨曰：「儻本亦作黨，古同儻。差，初牙切。闌猶晚也，謂報應或有差互而遲晚也。」

〔五〕趙曦明曰：「漢書藝文志，一儒家流，二道家流，三陰陽家流，四法家流，五名家流，六墨家流，七縱横家流，八雜家流，九農家流，十小説家流，其可觀者，九家而已。范甯穀梁傳序：『九流分而微言隱。』疏不數小説家。漢書叙傳：『總百氏，贊篇章。』」

〔六〕續家訓、廣弘明集三、崇正辨「槖」作「託」。趙曦明曰：「戰國秦策：『甘羅曰：「項槖生七歲而爲孔子師。」』」盧文弨曰：「淮南脩務訓作項託，其短折未詳。家語弟子解：『顔回二十九而髮白，三十一早死。』」器案，淮南子説林篇：「項託使嬰兒矜，以類相慕。」高注：「項託年七歲，窮難孔子，而爲之作師。」新序雜事五：「秦項託七歲爲聖人師。」論衡實知篇：「夫項託年七歲，教孔子。」三國志魏書楊阜傳注引皇甫謐列女傳：「夫項槖、顔淵，豈復百年，貴義存耳。」抱朴子内篇塞難：「而項、楊無春彫之悲矣。」又外篇自叙：「故項子有含穗之嘆，楊烏有夙折之哀。」弘明集正誣論：「顔、項夙夭。」俱謂項橐短折。黄瑜雙槐歲鈔六先聖大王云：「保定滿城縣南門有先聖大王祠，神姓項，名託，周末魯人。年八歲，孔子見而奇之，十歲而亡，時人尸而祝之，號小兒神。」（又見天中記二五引圖經）十歲而亡之説，亦未知何據。陳槃曰：「顔子卒年，或曰十八，或曰三十二，或曰三十三，或曰三十七，或曰三十九，或曰四十一，或曰四十八，可參孫璧文考古録卷三，並可通。盧氏補注止引家語弟子解三十一早死之説，殆未廣也。」

〔七〕此句原作「原憲、伯夷之凍餒」，今據廣弘明集三引乙正。盧文弨曰：「韓詩外傳一：『原憲居魯，環堵之室，茨以蒿萊，蓬户甕牖，桷桑而無樞，上漏下溼，匡坐而絃歌。子貢往見之。原憲楮冠黎杖而應門，正冠則纓絶，振襟則肘見，納履則踵决。子貢曰：「嘻，先生何病也！」原憲仰而應之曰：「憲貧也，非病也。」』史記伯夷傳：『義不食周粟，隱於首陽山，采薇而食之，遂餓死。』」案：原憲事又詳莊子讓王篇。

〔八〕趙曦明曰：「伯夷傳：『盗跖日殺不辜，肝人之肉，暴戾恣睢，聚黨數千人，横行天下，竟以壽終。』跖亦作蹠，並之石切。正義：『蹠者，黄帝時大盗之名，以柳下惠弟爲天下大盗，故世倣古號之盗跖。』」案：莊子有盗跖篇。華陽國志南中志：「『南中，在昔夷、越之地。周之季世，楚威王遣將軍莊蹻泝沅水，出且蘭，以伐夜郎。既降，而秦奪楚黔中地，無路得反，遂留王滇池。蹻，楚莊王苗裔也。』」盧文弨曰：「高誘注淮南主術篇云：『莊蹻，楚威王之將軍，能大爲盜也。』蹻，其虐切，又去遥切。」器案：淮南主術篇：「明分以示之，則跖、蹻之姦止矣。」論衡命義篇：「行惡者禍隨而至，而盜跖、莊蹻横行天下，聚黨數千，攻奪人物，斷斬人身，無道甚矣！宜遇其禍，乃以壽終。夫如是，隨命之説，安所驗乎？」以跖、蹻並舉，此顔氏所本。唐孫思邈有福壽論，則福壽之説，六朝、唐人皆言之。

〔九〕盧文弨曰：「齊景公有馬千駟，見論語。桓魋，宋司馬向魋也，司馬牛之兄，宋景公嬖之，後欲害公，不能而出奔。禮記檀弓上：『桓司馬自爲石椁，三年而不成。』此足以見其富強矣。魋，杜回切。」

〔一〇〕廣弘明集三「通」作「實」。

〔一一〕本書養生篇：「但性命在天，或難鍾值。」彼以鍾值連文，此以鍾值對舉。鍾、值義同，文選劉越石勸進表：「方今鍾百王之季。」李善注：「鍾，當也。」

〔一二〕續家訓及各本「生」作「可」，廣弘明集三、法苑珠林亦作「可」，今從宋本。崇正辨引此數句作「乃以行善而偶鍾禍報，即便怨尤，爲惡而倘值福徵，乃爲欺詭」。

〔一三〕抱經堂校定本脱「亦」字，宋本、續家訓及各本都有，今據補。

〔一四〕抱經堂校定本脱「欲」字，宋本、續家訓及各本都有，今據補。

〔一五〕音辭篇：「不可依信，亦爲衆矣。」依信，謂依據信賴也。

〔一六〕胡寅曰：「夏至之日，一陰初生，而其時則至陽用事也，陰雖微，其極必有膠折墮指之寒。冬至之日，一陽初生，而其時則至陰用事也，陽雖微，其極必有爍石流金之暑。在人積善積惡，所感亦如此而已。顏回、伯夷之生也，得氣之清而不厚，故賢而不免乎夭貧；盜跖、莊蹻之生也，得氣之戾而不薄，故惡而後得其年壽，此皆氣之偏也。若四凶當舜之時，則有流放竄殛之刑，元、凱當堯之世，則有奮庸亮采之美，此則氣之正也，何必曲爲先業、後世因果之説乎？若行善有禍而怨，行惡值福而悠，此乃市井淺陋之人，計功効於旦暮間者，何乃稱於君子之前乎？盜跖膾人肝，雖得飽其身，而人惡之至今；顏子食不充口，而德名流於千古。若顏子之心，窮亦樂，通亦樂，簞瓢陋巷，何足以移之；鍾鼎廟堂，何足以淫之；威武死生，何足以動之。而鄙夫見之，乃以貧賤夭折爲顏子之宿報，嗚呼！陋哉！之推又云：『若不信報應之説，則無以立身。』然則自孟子而上，列聖羣賢，舉無以立身，而後世髡首胡服，纍纍蠢蠢，千百其羣者，皆立身之人歟？」盧文弨曰：「淮南詮言訓：『君子爲善，不能使福必來；不爲非，而不能使禍無至。福之至也，非其所求，故不伐其功；禍之來也，非其所生，故不悔其行。』論衡幸偶篇：『孔子曰：「君子有不幸，而無有幸；小人有幸，而無不幸。」』今爲釋氏之學者，大率以利誑誘人、以禍恐喝人者也，知道之君子，庶不爲所惑焉。」

釋三曰：開闢已來〔一〕**，不善人多而善人少**〔二〕**，何由悉責其精絜乎**〔三〕**？見有名**

僧高行，棄而不説；若覩凡僧流俗〔四〕，便生非毁〔五〕。且學者之不勤，豈教者之爲過？俗僧之學經律，何異士人之學詩、禮〔六〕？以詩、禮之教〔七〕，格朝廷之人〔八〕，略無全行者；以經律之禁〔九〕，格出家之輩，而獨責無犯哉〔一〇〕？且闕行之臣，猶求禄位，毁禁之侣，何慙供養乎〔一一〕？其於戒行，自當有犯〔一二〕。一披法服〔一三〕，已墮僧數，歲中所計，齋講誦持，比諸白衣，猶不啻山海也〔一四〕。

〔一〕崇正辨「已」作「以」。

〔二〕盧文弨曰：「見莊子胠篋篇。」王叔岷曰：「案劉孝標辯命論：『天下善人少惡人多。』劉子傷讒篇：『代之善人少而惡人多。』」

〔三〕顏本、程本、胡本及廣弘明集三、崇正辨「絜」作「潔」。盧文弨曰：「絜，古潔字，俗本即作潔。」案：國語周語：「有神降于莘，内史過曰：『國之將興，其君齋明衷正，精潔惠和。』」又晉語：「優施曰：『必於申生，其爲人也，小心精潔。精潔易辱。』」精潔，謂精白潔净也。

〔四〕廣弘明集三「凡僧」作「凡猥」。

〔五〕廣弘明集三「非」作「誹」。

〔六〕崇正辨無兩「之」字。案：古書率以詩、禮代表儒家經典，此蓋本於論語季氏篇，陳亢聞伯魚過庭之訓爲學詩、學禮也。莊子外物篇：「儒以詩、禮發冢。」唐書王方慶傳：「父弘直冠履詩、禮，畋獵史傳。」

〔七〕廣弘明集三無「以」字。

〔八〕廣弘明集三「人」作「士」。盧文弨曰：「格猶裁也。」

〔九〕廣弘明集三無「以」字。陳書後主紀：「太建十四年四月庚子詔：『又僧尼道士，挾邪左道，不依經律，……並皆禁絶。』」又見南史陳後主紀。經律，謂佛典佛法也，佛教三藏有經藏、律藏。

〔一〇〕崇正辨此句作「可獨責其無犯乎」。黄叔琳曰：「通論。」

〔一一〕胡寅曰：「中國聖王之治，有善則賞，有惡則刑，務爲明白。惟昏君亂世，然後覆護罪人，與之禄位，非詩、禮然也。之推言佛之化，非孔子之所及，則其化人必速，豈宜更有毁禁犯戒者哉？如其有之，則是佛化之未至也，又從而保芘之，是與惡人爲地耳。且儒者之教，養老賓祭必以肉，故畜之牧之以待用；今之推許僧毁禁，則僧坊可以爲豕牢矣。儒者之教，養老賓祭必以酒，故種秫造麴，蘗釀之以待用；今之推許僧毁禁，則僧坊可以築糟丘矣。儒者之教，男婚女嫁，以續人之大倫，故通媒妁、行親迎以成禮；今之推許僧毁禁，則僧坊可以爲家室，畜婢妾，聯姻婭，無不可者矣。世有僧食肉、飲酒、豢妻子，則人惡之尤甚；之推謂禮無慙於供養，何勇於保奸，而果於戕正，顛倒迷謬，如此其甚哉！」

〔一二〕朱軾曰：「良由儒行不興，致此譏議。然顔公何得爲墮行僧解嘲？恐並爲佛教罪人耳。」

〔一三〕廣弘明集三「披」作「被」。

〔一四〕盧文弨曰：「僧衣緇，故謂世人爲白衣。山海以喻比流輩爲高深也。顔氏此言，又顯爲犯戒者解脱矣。」器案：釋氏稱在俗人曰白衣，以天竺之婆羅門及俗人多服鮮白衣也。六朝以與緇流並稱，則曰緇素，或曰黑白。維摩詰經方便品：「雖爲白衣，奉持沙門清浄律行。」

釋四曰：内教多途，出家自是其一法耳。若能誠孝〔一〕在心，仁惠爲本，須達、流水〔二〕，不必剃落鬚髮〔三〕；豈令罄井田而起塔廟，窮編户〔四〕以爲僧尼也？皆由爲政不能節之，遂使非法之寺，妨民稼穡，無業之僧，空國賦算〔五〕，非大覺之本旨也〔六〕。抑又論之：求道者，身計也；惜費者，國謀也。身計國謀，不可兩遂〔七〕。誠臣徇主而棄親〔八〕，孝子安家而忘國，各有行也。儒有不屈王侯高尚其事〔九〕，隱有讓王辭相避世山林〔一〇〕，安可計其賦役，以爲罪人〔一一〕？若能偕化黔首〔一二〕，悉入道場〔一三〕，如妙樂之世〔一四〕，穰佉之國〔一五〕，則有自然稻米〔一六〕，無盡寶藏〔一七〕，安求田蠶之利乎〔一八〕？

〔一〕誠孝即忠孝，之推避隋諱改。

〔二〕嚴式誨曰：「須達爲舍衛國給孤獨長者之本名，祇園精舍之施主也，見經律異相。」器案：又見須達經及中阿含須達多經。向楚先生曰：「金光明經：『流水長者見涸池中有十千魚，遂將二十大象，載皮囊，盛河水置池中，又爲稱祝寶勝佛名。後十年，魚同日升忉利天，是諸天子。』清孫枝蔚溉澤物圖徙魚詩云：『東坡居士非詩人，流水長者之後身。』即引此也。」器案：范攄雲溪友議下金仙指：「李羣玉嘗斷僧結黨屠牛捕魚事曰：『遠違西天之禁戒，犯中國之條章，不思流水之心，輒舉庖丁之刃。』」葛立方韻語陽秋十二：「金光明經（卷四流水品）載流水長者子以象負水，救十千魚，生叨利天，可謂悲濟之極、報驗之速矣。厥後見於記傳，有放蝌得金、放龜得印者，其類甚多，遂使上機生無緣之慈，下士冀有因之果，皆流水長者子之慈意也。」亦舉流水長者救魚事以爲仁惠之證。

〔三〕廣弘明集三「剃」作「剔」，「鬚」作「髦」。徐鯤曰：「魏書釋老志：『諸服其道者，則剃落鬚髮，釋累辭家，結師資，遵律度，相與和居，治心修浄，行乞以自給，謂之沙門，或曰桑門，亦聲相近，總謂之僧，皆胡言也。』」器案：四十二章經：「除鬚髮而爲沙門。」妙法蓮華經序品第一：「剃除鬚髮，而被法服。」

〔四〕漢書高帝紀下：「諸將故與帝爲編户民。」師古曰：「編户者，言列次名籍也。」又梅福傳：「孔氏子孫不免編户。」師古曰：「列爲庶人。」

〔五〕宋本「空」作「失」。盧文弨曰：「漢書高帝紀：『四年八月，初爲算賦。』如淳曰：『漢儀注：民年十五以上，至五十六，出賦錢，人百二十爲一算，爲治庫兵車馬。』」

〔六〕廣弘明集三「旨」作「指」。趙曦明曰：「僧肇曰：『佛者何也？蓋窮理盡性，大覺之稱也。』」盧文弨曰：「阿育王經：『如來大覺於菩提樹下覺諸法。』佛地論：『佛者，覺也，覺一切種智，復能開覺有情。』」

〔七〕廣弘明集三「遂」作「道」。

〔八〕顔本、程本、胡本、朱本「徇」作「狗」，是後起字。誠臣即忠臣，避隋諱改。

〔九〕盧文弨曰：「易蠱上九爻辭『不屈』作『不事』。」

〔一〇〕崇正辨「隱」作「釋」。盧文弨曰：「莊子有讓王篇。辭相，如顔闔、莊周之輩皆是。」

〔一一〕廣弘明集三句末有「也」字。

〔一二〕廣弘明集三「偕」作「皆」。盧文弨曰：「史記秦始皇本紀：『二十六年，更名民曰黔首。』集解：『應劭曰：「黔亦黎黑也。」』」

〔一三〕盧文弨曰：「梁書處士傳：『庾詵，字彦寶，晚年尤遵佛教，宅内立道場，環繞禮懺。』」錢大昕恒言録五：「通典：『隋煬帝改郡縣佛寺爲道場。』是道場本寺院之别名也。今以作佛事爲道場。」

〔一四〕嚴式誨曰：「觀無量壽經：『見彼國土，極妙樂事。』」

〔一五〕續家訓及各本「穰」作「穰」，廣弘明集三作「儴」，隨函音義曰：「儴，而章反。佉，丘迦反。」盧文弨曰：「當作『儴』。」趙曦明曰：「佛説彌勒成佛經：『其先轉輪聖王名儴佉，有四種兵，不以威武，治四天下。』」郝懿行説同。崇正辨「佉」作「祛」。

〔一六〕廣弘明集三「稻」作「秔」，隨函音義曰：「秔，音庚，與粳同。」崇正辨作「粇」。器案：大樓炭經鬱華曰品：「有浄潔粳米，不耕種，自然生出一切味，欲食者取浄潔粳米炊之。有珠名燄珠，著釜下，光出熱飯。四方人來悉共食之，食未竟，亦不盡。」自然粇米，即謂無因待而自生者。山海經海外南經𢧵國，郭璞注：「大荒經云：『此國自然有五穀衣服。』」又大荒南經：「有𢧵民之國……食穀，不績不經，服也；不稼不穡，食也。」郭璞注：「言自然有布帛也，五穀自生也。」隋書王劭傳上言文獻皇后生天：「有自然種種音樂，震滿虛空。」自然義並同。

〔一七〕嚴式誨曰：「維摩詰經佛道品：『以祐利衆生，諸有貧窮者，現作無盡藏。』」器案：南史郭祖深傳：「梁武時，上封事曰：『都下佛寺，五百餘所，窮極宏麗，僧尼十餘萬，資産豐沃。所在郡縣，不可勝言。道人又有白徒，尼則皆畜養女，皆不貫人籍；天下户口，幾亡其半。向使偕化黔首，悉入道場，衣誰爲織？田誰爲耕？果有自然米稻，無盡寶藏乎？』」顔氏此文，即襲用之。

〔一八〕崇正辨「乎」作「也」。胡寅曰：「聖人之道，成己則推而仁民，仁民則推而愛物，正身則推而齊家，齊家則推而治國平天下，但有先後之序，而無不可兩遂之計也。之推不知乃祖之所學於孔子者，而馳心外求，宜其差跌之遠也。儒有不事王侯，辭榮避世，如漢祖之四皓、光武之嚴陵，舉世求之，不過數人而已。時君表異之，以風化天下，崇廉恥，興禮讓，既得優賢之禮，又無蠹民之害，何不可之有？今僧徒所在以千萬計，遊手空談，不耕不織，而庸夫愚子，十人居九，皆得免於賦役，誠爲有國之大蠹，豈可與逸民高士同科而待哉？據今之世，鬻祠部度牒爲僧，一人纔費緡錢百餘，又皆裒人之財而非出己也。以他人之財，而易終身之安逸温飽，所以奸宄愚庸之人，皆樂爲之。農夫辛勤，輸納王税，歲歲有常而無已，又有豐凶水旱之變，其苦最甚，較其利，誠不如爲僧之優也。然良民日少，賦役日減，而坐食者益衆，善爲國者，不計目前利入之微，而思耗蠹生民之大，必有覺於斯術矣。之推又曰：『使黔首皆入道場，則有自然秔米，無盡寶藏，何用田蠶之利？』夫佛以乞丐爲化，忘廉恥，棄辭讓，見人之有者，卑身下意以求之，言福田利益以誘之，張地獄酷毒以劫之，必得而後已，不顧其他也。所以積少爲多，雖貧而富，不籍耕桑，衣食自足；苟有廉恥之人必已不爲矣，又況聖人之道乎？」盧文弨曰：「今之緇徒，每艷稱極樂國世界，思衣得衣，思食得食，此理之所必無者，祇可以誑誘貪癡惰窳之庸夫耳。夫非勤身苦力，而坐獲美利，君子方以爲懼，辭而不居；即信如斯言，亦必非意之所樂也。」徐文靖管城碩記二十：「按南史郭祖深傳，梁武時上封事曰：『都下佛寺五百餘所，窮極宏麗，僧尼十餘萬，資産豐沃；所在郡縣，不可勝言。道人又有白徒，尼則皆畜養女，皆不貫人籍，天下户口，幾亡其半。向使偕化黔首，悉入道場，衣誰爲織？田誰爲耕？果有自然米稻、無盡寶藏乎？』山海經曰：『巫載民盼姓，食穀，不績不經，服也；不稼不穡，食也。』郭璞曰：『言自然有布帛也，五穀自生也。』不知其即爲極樂之世，穰佉之國否也。玄中記曰：『大月氏及西胡，有牛名日及牛，以今日割取肉三四斤，明日其肉已復，瘡已愈。』唐書中天竺傳曰：『其畜有稍割牛，黑色，角細長尺許，十日一割，不然，困且死。人食其血，或曰壽五百歲，牛壽如之。土溽熱，稻歲四熟，禾之長者没橐駝。』此固其地氣使然，非謂自然稻米也。抱朴子曰：『南海晉安有九熟之稻。』唐書南蠻傳曰：『墮婆登國，種稻，月一熟。』此亦其地氣使然，豈果有自然米稻、無盡寶藏者乎？釋氏妙法蓮花經開卷即説布施，如言：或有行施金銀、珊瑚、真珠、牟尼、硨磲、瑪瑙、金剛、奴婢、車乘、寶飾，輦輿。歡喜布施。又名衣上服價值千萬，或無價衣施佛及僧，千萬億種旃檀寶舍，衆妙卧具施佛及僧云云。如果有自然稻米、無盡寶藏，又何切切於布施爲哉？」

釋五曰：形體雖死，精神猶存。人生在世，望於後身似不相屬；及其殁後，則與前身似猶老少朝夕耳〔一〕。世有魂神〔二〕，示現夢想〔三〕，或降童妾〔四〕，或感妻孥，求索飲食〔五〕，徵須福祐，亦爲不少矣〔六〕。今人貧賤疾苦，莫不怨尤前世不修功業〔七〕；以此而論，安可不爲之作地乎〔八〕？夫有子孫，自是天地間一蒼生耳，何預身事〔九〕？而乃愛護，遺其基址，況於己之神爽〔一〇〕，頓欲棄之哉〔一一〕？凡夫蒙蔽〔一二〕，不見未來，故言彼生與今非一體耳〔一三〕；若有天眼〔一四〕，鑒其念念隨滅，生生不斷，豈可不怖畏邪〔一五〕？又君子處世，貴能克己復禮〔一六〕，濟時益物。治家者欲一家之慶，治國者欲一國之良，僕妾臣民，與身竟何親也，而爲勤苦修德乎？亦是堯、舜、周、孔虚失愉樂耳〔一七〕。一人修道，濟度幾許蒼生？免脱幾身罪累〔一八〕？幸熟思之！汝曹若觀俗計〔一九〕，樹立門户〔二〇〕，不棄妻子〔二一〕，未能出家〔二二〕；但當兼修戒行〔二三〕，留心誦讀〔二四〕，以爲來世津梁〔二五〕。人生難得〔二六〕，無虚過也。

〔一〕廣弘明集三無「似」字。崇正辨此句作「人没後與前身似朝夕爾」。

〔二〕崇正辨「魂神」作「神魂」。淮南子説山篇高注：「魄，人陰神也；魂，人陽神也。」

〔三〕廣弘明集三「示」作「亦」。

〔四〕廣弘明集三「童」作「僮」。

〔五〕顏本「求」作「取」。

〔六〕盧文弨曰：「世亦有黠鬼能效人語言。有久客在外者，其家思之，鬼即爲若人語其家，言客死之苦，求索徵須，無所不至，未幾，而其人歸矣。此焉可盡信爲真實哉！」

〔七〕廣弘明集三「業」作「德」。

〔八〕崇正辨「而論」作「論之」。廣弘明集三「安可不爲之作地乎」作「可不爲之作福地乎」。

〔九〕廣弘明集三「預」作「以」。

〔一〇〕盧文弨曰：「昭七年左氏傳：『子産曰：「人生始化曰魄，既生魄，陽曰魂。用物精多則魂魄強，是以有精爽至於神明。」』此神爽即精爽也。」器案：世説新語文學篇注引孫楚除婦服詩：「神爽登遐，忽已一周。」

〔一一〕廣弘明集三「哉」作「乎」，下有「故兩疎得其一隅，累代詠而彌光矣」二句。盧文弨曰：「疎與疏同。漢書疏廣傳：『廣字仲翁，東海蘭陵人也。地節三年立皇太子，廣爲太傅，兄子受字公子，爲少傅，在位五歲，乞骸骨，賜黄金二十斤，皇太子贈以五十斤。既歸，日令家共具設酒食，請族人故舊賓客，相與娛樂。子孫幾立産業基阯，廣曰：「自有舊田廬，足以共衣食，此金聖主所以惠養老臣也，故樂與鄉黨宗族共饗其賜。」』此云得其一隅者，蓋子孫固當愛護，而己爲尤重，兩疏則知重己矣，是得其一隅也。此兩句正與上文意相足。」胡寅曰：「轉化之説，佛氏所以恐動下愚，使之歸其教也。破其説者，散於後章，因事而言，不一而足；同志之士，宜共思其非，以趨於正，勿爲所惑也。世傳死人附語，大抵多是婦人及愚夫，其所憑者，又皆蠢然臧獲之流耳，未聞有得道正人死而附語，亦未聞剛明之士爲鬼所憑，此理灼然易見也。至於求索飲食，徵須福祐，此何等鬼耶？之推愛護神爽，爲之作地，亦可笑矣，亦可哀矣，不知死生之故甚矣，亦不知鬼神之情狀極矣，亦爲先師不肖之子孫，忝辱厥祖，無以加矣。」

〔一二〕廣弘明集三於此分段，「蒙」作「曚」。

〔一三〕廣弘明集三「今」下有「生」字。

〔一四〕趙曦明曰：「金剛經：『如來有天眼者。』涅槃經：『天眼通非礙，肉眼礙非通。』」

〔一五〕傅本、顔本、程本、胡本、何本、朱本「邪」作「耶」。

〔一六〕盧文弨曰：「見左氏昭十二年傳。」器案：傳文云：「仲尼曰：『古也有志：「克己復禮，仁也。」』」語本論語顏淵篇。

〔一七〕廣弘明集三無「耳」字。

〔一八〕本書終制篇：「殺生爲之，翻增罪累。」後漢書鄧騭傳：「終不敢横受爵，上以增罪累。」案，荀子王制篇：「累多而功少。」楊注：「累，憂累也。」

〔一九〕傳本「覲」作「顧」。續家訓「汝曹若覲俗計」作「人生居世，須顧俗計」，辨正論信毁交報篇作「人生居世，須顧存俗計」。盧文弨曰：「覲疑規字之誤。」

〔二〇〕六朝人最重門户，故顔氏此書中數以爲言，後娶篇云：「家有此者，皆門户之禍也。」治家篇云：「鄴下風俗，專以婦持門户。」皆其證也。

〔二一〕續家訓、廣弘明集三此句作「不得悉棄妻子」。

〔二二〕續家訓「未能」作「一皆」。辨正論「家」下有「者」字。廣弘明集三此句作「一皆出家者」。

〔二三〕廣弘明集「行」作「業」。辨正論此句作「猶當兼行」。

〔二四〕史記留侯世家：「良常習誦讀之。」凈土三經音義卷三：「誦讀，郭知玄曰：『誦，無本闇還也。』孫愐曰：『對文曰讀，背文曰誦。』」

〔二五〕續家訓「世」下衍「出」字。廣弘明集三、辨正論「津梁」作「資糧」。王叔岷曰：「淮南子本經篇：『瑶光者，資糧萬物者也。』」（又見文子下德篇）

〔二六〕案：北凉曇無讖譯北本涅槃經卷二三：「人身難得，如優曇花。」後漢支婁伽讖譯雜譬喻經：「有十七事，人於世間甚大難：一者值佛世難；二者正使值佛，得成爲人難；三者正使得成爲人，在中國生難；四者正使在中國生，種姓家難；五者正使種姓家，四支六情完具難；六者正使四支六情完具，財産難；七者正使得財産，善知識難；八者正使得善知識，智慧難；九者正使得智慧，善心難；十者正使得善心，能布施難；十一者正使能布施，欲得賢善有德人難；十二正使得賢善有德人，往至其所難；十三者正使至其所，得宜適難；十四正使得宜適，受聽問訊説中正難；十五正使得中正，解智慧難；十六正使得解智慧，能受深經種種難；十七正使能受深經，依行得道難。是爲十七事。」此文「人生難得」本此。黄氏日鈔七九曉諭新城縣免讐殺榜：「人生難得，中土難逢。」則又成爲勸世的口頭禪了。

儒家君子〔一〕，尚離庖廚，見其生不忍其死，聞其聲不食其肉〔二〕。高柴、折像〔三〕，未知内教，皆能不殺，此乃仁者自然用心〔四〕。含生之徒〔五〕，莫不愛命；去殺之事，必勉行之。好殺之人〔六〕，臨死報驗，子孫殃禍，其數甚多，不能悉録耳〔七〕，且示數條於末〔八〕。

〔一〕何焯曰：「宋本誤連上文。」李詳媿生叢録卷四：「顏氏家訓歸心篇後有『好殺果報』七條，法苑珠林九十一殺生部，而字句略有異同。注云：『右七驗出弘明雜傳。』案：唐釋道宣卷三十引家訓七條，題曰誡殺家訓，著之推名。道世撰珠林在道宣後，第引弘明，不引顔氏原書，改題曰弘明雜傳，非别有一書也。」器案：自此以下，至於篇末，廣弘明集二六引作「誡殺家訓」，蓋唐代家訓本，此下自爲一篇，以誡殺爲目，法苑珠林一一九著録之推誡殺訓一卷，且以之單行也。

〔二〕趙曦明曰：「見孟子梁惠王篇。」

〔三〕廣弘明集「折像」作「曾晳」，注云：「一作『折像』。」沈揆曰：「家語弟子行：『高柴啓蟄不殺，方長不折。』後漢方術傳：『折像幼有仁心，不殺昆蟲，不折萌芽。』」趙曦明曰：「後漢書：『折象，字伯武，廣漢雒川人。』」

〔四〕廣弘明集此句作「此皆仁者自然用心也」。

〔五〕拾遺記三周靈王録曰：「含生有識，仰之如日月焉。」含生猶言有生。

〔六〕廣弘明集句首有「見」字。

〔七〕廣弘明集「悉」作「具」。

〔八〕續家訓曰：「之推正言殺生報應之事甚多，意在戒殺。至於言『爲子娶婦，責婦家生資，蛇虺毒口，誣罵婦家，如此之人，鬼奪其算』。此言不俟三世，立即有報，惡之之甚也，因亦戒貪。又引高柴、折像事，所謂高柴者，啓蟄不殺，方長不折，孔子曰：『啓蟄不殺，則順人道也；方長不折，則仁恕也。成湯恭以恕，是以日躋。』蓋湯去網三面故也。折像者，父國，有貲財二億，家僮八百。像幼有仁心，不殺昆蟲，不折萌芽，感多藏厚亡之義，乃散資産，周施親疎。」

梁世有人〔一〕，常以雞卵白和沐，云使髮光〔二〕，每沐輒二三十枚〔三〕。臨死〔四〕，髮中但聞啾啾數千雞雛聲〔五〕。

〔一〕法苑珠林七三、翻譯名義集二「世」作「時」。

〔二〕翻譯名義集「光」下有「黑」字。

〔三〕續家訓、羅本、傅本、顔本、程本、胡本、何本、朱本、文津本、鮑本、汗青簃本及廣弘明集、法苑珠林、辨正論信毁交報篇陳子良注、翻譯名義集「輒」下俱有「破」字。法苑珠林九一引弘明雜傳「輒」下亦有「破」字。又法苑珠林、翻譯名義集「枚」下有「雞卵」二字，辨正論注有「雞子」二字。

〔四〕廣弘明集、法苑珠林、辨正論注、翻譯名義集「死」作「終」。

〔五〕廣弘明集、法苑珠林、辨正論注、翻譯名義集「髮中但聞」乙作「但聞髮中」，「雞雛聲」作「雞兒之聲」。

江陵劉氏〔一〕，以賣鱓羹爲業〔二〕。後生一兒頭是鱓〔三〕，自頸以下〔四〕，方爲人耳〔五〕。

〔一〕法苑珠林「江陵」上有「梁時」二字。

〔二〕廣弘明集、法苑珠林、一切經音義九九引俱無「羹」字。陳直曰：「鱔即鱓俗字，始見於集韻。」

〔三〕宋本「頭」上有「俱」字，廣弘明集、法苑珠林七三、又九一「頭」下有「具」字，御覽九三七「頭」下有「目」字，辨正論注「頭」下有「真」字。今案：有「具」字是，「俱」字、「目」字、「真」字，俱形近之誤。

〔四〕廣弘明集、辨正論注及御覽引「以」作「已」。

〔五〕辨正論注「耳」作「身」。

王克爲永嘉郡守〔一〕，有人餉羊〔二〕，集賓欲讌〔三〕。而羊繩解，來投一客，先跪兩拜，便入衣中〔四〕。此客竟不言之，固無救請〔五〕。須臾，宰羊爲羹〔六〕，先行至客〔七〕。一臠入口，便下皮内，周行徧體，痛楚號叫〔八〕，方復説之。遂作羊鳴而死〔九〕。

〔一〕廣弘明集無「守」字。法苑珠林七三「王克」上有「梁時」二字，亦無「守」字。今案：無「守」字是。趙曦明曰：「宋書州郡志：『永嘉太守，晉明帝太寧元年分臨海立。』」陳直曰：「王克見南史卷二十三王彧傳，爲彧之曾孫。又王克官主客，見酉陽雜俎卷三。」器案：北周書王褒傳：「江陵城陷，元帝出降，褒與王克等同至長安，俱授儀同大將軍。」又庾信傳：「時陳氏與朝廷通好，南北流寓之士，各許還其舊國。陳氏乃請王褒及信等數十人；高祖惟放王克、殷不害等，信及褒並留而不遣。」即此人也。

〔二〕辨正論陳注「餉」作「饟」。

〔三〕抱經堂校定本「醼」作「燕」，宋本、續家訓及各本都作「醼」，今據改。

〔四〕陳録善誘文：「王克殺羊，羊奔客而拜訴。」即本顏氏此文。

〔五〕辨正論注「固」作「因」。

〔六〕廣弘明集「羊」下衍「者」字。辨正論注「羊」作「畢」。

〔七〕三輔黄圖一：「始皇三十五年，營朝宫於渭南上林苑，庭中可受十萬人，車行酒，騎行炙。」行炙，謂以盤盛炙肉，傳遞至各客座前也。

〔八〕法苑珠林七三「叫」作「嗷」。

〔九〕廣弘明集「遂」作「還」。

梁孝元在江州時，有人爲望蔡縣令〔一〕，經劉敬躬亂〔二〕，縣廨〔三〕被焚，寄寺而住〔四〕。民將牛酒作禮〔五〕，縣令以牛繫刹柱〔六〕，屏除形像〔七〕，鋪設牀坐〔八〕，於堂上接賓〔九〕。未殺之頃，牛解，徑來至階而拜〔一〇〕，縣令大笑，命左右宰之。飲噉醉飽〔一一〕，便卧簷下。稍醒而覺體痒〔一二〕，爬搔隱疹〔一三〕，因爾成癩〔一四〕，十許年死〔一五〕。

〔一〕趙曦明曰：「宋書州郡志豫章太守下有望蔡縣，漢靈帝中平中，汝南上蔡民分徙此地，立縣名曰上蔡，晉武帝太康元年更名。」

〔二〕法苑珠林脱「亂」字。盧文弨曰：「梁書武帝紀下：『大同八年春正月，安城郡民劉敬躬挾左道以反，内史蕭詵委郡東奔。敬躬據郡，進攻廬陵，取豫章，妖黨遂至數萬，前逼新淦、柴桑。二月，江州刺史湘東王遣中兵曹子郢奪之，擒敬躬，送京師，斬于建康市。』」

〔三〕盧文弨曰：「廣韻：『廨，古隘切，公廨也。』」

〔四〕辨正論注作「寄在寺住」。

〔五〕辨正論注作「民將牛酒祖令」。

〔六〕續家訓無「剎」字。法苑珠林無「柱」字。太平廣記一三一此句作「縣令以牛擊殺」。盧文弨曰：「剎，初鎋切，旛柱也。釋玄應衆經音義：『剎，字書無此，即剎字略也。』案：開元尊勝幢作刹字。」陳直曰：「按：盧氏補注云云，證之梁大同二年孝敬寺剎銘，宗士標撰文（見古刻叢鈔），可證剎爲六朝時通行之字。又剎下銘文云：『大同六年太歲庚申，五月十五日壬戌建剎。四衆圍繞，歌唄成羣，彩鳳珠旛，含風曜日。』與盧氏補注剎爲旛柱正合。」器案：隋諸葛子恒造象記作「刹」。

〔七〕辨正論注「形像」作「佛像」。

〔八〕辨正論注作「布設牀座」，一切經音義九九「鋪」作「捕」，云：「或作『鋪』。」

〔九〕辨正論注「堂」上有「佛」字。太平廣記「賓」下有「客」字。

〔一〇〕大正藏法苑珠林校記云：「宋、元、明本及宮寮本『階』作『陛』。」劉淇助字辨略四：「徑，直也。」

〔一一〕法苑珠林「噉」作「啗」。廣弘明集、法苑珠林「醉飽」作「飽酒」，辨正論注作「飽醉」。盧文弨曰：「噉，徒濫切，亦作啗、啖，同。」

〔一二〕宋本「稍」作「投」。廣弘明集、法苑珠林、辨正論注作「投醒即覺體痒」。盧文弨曰：「玉篇：『痒，餘兩切，痛痒也。又作癢，同。』」李慈銘曰：「案：痒，説文本字作蛘。」

〔一三〕羅本、何本及辨正論注、太平廣記「爬」作「把」。廣弘明集「隱疹」作「癮疹」，太平廣記作「癮胗」，大正藏法苑珠林校記云：「宮寮本、明本作『癮疹』。」辨正論注及大正藏法苑珠林校記引宋本作「隱軫」。盧文弨曰：「玉篇：『癮疹，皮外小起也。』」

〔一四〕法苑珠林此句作「因爾須臾變成大患」。盧文弨曰：「癩，説文作癘，惡疾也。」

〔一五〕廣弘明集此句作「十餘年死」，法苑珠林作「經十餘年便死」，大正藏校記云：「宋、元、明本『年』作『日』。」辨正論注作「十年方死」。

楊思達爲西陽郡守〔一〕，值侯景亂，時復旱儉，飢民盜田中麥〔二〕。思達遣一部曲守視〔三〕，所得盜者，輒截手腕〔四〕，凡戮十餘人〔五〕。部曲後生一男，自然無手。

〔一〕續家訓無「楊」字。廣弘明集、辨正論注無「守」字。法苑珠林「楊」上有「梁」字，大正藏校記云：「宋、元、明及宮寮本『梁』上尚有『時』字。」趙曦明曰：「晉書地理志：『弋陽郡統西陽縣，故弦子國。』宋書孝武紀：『大明二年，復西陽郡。』」

〔二〕顔本、程本、胡本、朱本及法苑珠林引「飢」作「饑」，二字古多混用。

〔三〕辨正論注「視」作「捉」。盧文弨曰：「續漢書百官志：『大將軍營五部，部校尉一人，部下有曲，曲有軍候一人。』」

〔四〕「掔」原作「腕」，今據宋本校改，與誡兵篇合；辨正論注作「臂」。

〔五〕辨正論注「戮」作「截」，「人」下有「手」字。

齊有一奉朝請〔一〕，家甚豪侈，非手殺牛，噉之不美〔二〕。年三十許，病篤，大見牛來〔三〕，舉體如被刀刺〔四〕，叫呼而終〔五〕。

〔一〕廣弘明集「齊」下有「國」字，法苑珠林有「時」字。盧文弨曰：「宋書百官志下：『奉朝請，無員，亦不爲官，漢東京罷省，三公、外戚、宗室、諸侯多奉朝請。奉朝請者，奉朝會請召而已。』朝，陟遥切；請，疾政切。」

〔二〕續家訓、廣弘明集、辨正論注、太平廣記一三一引句首有「則」字。

〔三〕辨正論注「大」作「便」。

〔四〕辨正論注此句作「觸膚體如被刀刺」。

〔五〕法苑珠林「叫」作「噭」，大正藏校記引宋、元、明及宫寮本作「訆」。案：龍龕手鑑卷一言部：「訆，音口，先相口可。」與叫字義别，或是釋行均望文生訓也。辨正論注「終」作「死」。

江陵高偉〔一〕，隨吾入齊，凡數年，向幽州淀中捕魚〔二〕。後病，每見羣魚齧之而死〔三〕。

〔一〕法苑珠林作「齊時江陵高偉」。

〔二〕趙曦明曰：「淀，堂練切，玉篇：『淺水也。』案：北方亭水之地，皆謂之淀。此幽州淀，疑即今趙北口地。」

〔三〕御覽九三五引無「每」字。

世有癡人〔一〕，不識仁義，不知富貴並由天命。爲子娶婦，恨其生資〔二〕不足，倚作舅姑之尊〔三〕，虵虺其性，毒口加誣〔四〕，不識忌諱，罵辱婦之父母，卻成教婦不孝己身〔五〕，不顧他恨。但憐己之子女〔六〕，不愛己之兒婦〔七〕。如此之人，陰紀其過，鬼奪其算〔八〕。慎不可與爲鄰〔九〕，何況交結乎〔一〇〕？避之哉〔一一〕！

〔一〕器案：廣弘明集無此條，則所見本不在此篇，當從宋本入涉務篇爲是。

〔二〕事文類聚後十三「生資」作「奩資」。

〔三〕宋本及事文類聚「尊」作「大」。

〔四〕宋本及事文類聚「毒」作「惡」。

〔五〕續家訓、羅本、傅本、顔本、程本、胡本、何本、朱本、文津本此句作「卻云教以婦道，不孝己身」，事文類聚作「卻教成婦，不孝己身」。

〔六〕羅本、傅本、程本、何本「但」作「怛」。續家訓、羅本、傅本、顔本、程本、何本、朱本「憐」作「怜」。

〔七〕宋本此句作「不愛其婦」，事文類聚作「不顧其婦」。

〔八〕器案：初學記十七、御覽四〇一引河圖：「黄帝曰：『凡人生一日，天帝賜算三萬六千，又賜紀二千；聖人得三萬六千七百二十，凡人得三萬六千。一紀主一歲，聖人加七百二十。』」初學記同卷又引河圖：「孝順二親，得算二千天，司録所表事，賜算中功。」抱朴子對俗篇：「行惡事：大者司命奪紀，小者奪算，隨所輕重，故所奪有多少也。凡人之受命得壽，自有本數，數本多者，則紀算難盡而遲死；若所稟本少，而所犯者多，則紀算速盡而早死。」又微旨篇：「按：易内戒及赤松子經及河圖記命符皆云：『天地有司過之神，隨人所犯輕重，以奪其算，算減則人貧耗疾病，屢逢憂患，算盡則人死。』」感應篇：「太上曰：『禍福無門，唯人自召，善惡之報，如影隨形，是以天地有司過之神，依人所犯輕重，以奪人算，算盡則死。又有三台北斗神君在人頭上，録人罪惡，奪其紀算。」又云：「凡人有過，大則奪紀，小則奪算。」臧琳拜經日記九云：「紀算，謂年壽也，十二年謂紀，百日爲算。」

〔九〕宋本作「不得與爲鄰」，事文類聚同。

〔一〇〕續家訓及各本此句作「仍不可與爲援，宜遠之哉」，今從宋本。事文類聚「交結」作「結交」。

〔一一〕趙曦明曰：「宋本在涉務篇末，俗本在此。今案：此段亦言因果，附此爲是。」器案：唐、宋人所見歸心篇，自「儒家君子尚離庖廚」以下爲誡殺篇，此段言因果不言誡殺，仍當宋本附列涉務篇爲是，趙説非是。又鮑本、事文類聚重「避之哉」三字。

卷第六

書證

書證第十七〔一〕

詩云：「參差荇菜〔二〕。」爾雅云：「荇，接余也。」字或爲莕〔三〕。先儒解釋皆云：水草，圓葉細莖，隨水淺深。今是水悉有之〔四〕，黄花似蓴〔五〕，江南俗亦呼爲猪蓴〔六〕，或呼爲荇菜〔七〕。劉芳具有注釋〔八〕。而河北俗人多不識之，博士皆以參差者是莧菜，呼人莧爲人荇〔九〕，亦可笑之甚。

〔一〕黄叔琳曰：「此篇純是考據之學，當另爲一書，全删。」

〔二〕見詩經周南關雎。

〔三〕接，續家訓及各本作「萎」，今從宋本。趙曦明曰：「爾雅釋草：『莕，接余，其葉苻。』釋文：『莕音杏，本亦作荇。接如字，説文作菨，音同。』」器案：爾雅郭注云：「叢生水中，葉圓，在莖端，長短隨水深淺。江東菹食之。亦呼爲莕，音杏。」齊民要術九作菹藏生菜法第八十八引詩義疏：「接余，其葉白，莖紫赤，正圓，徑寸餘，浮在水上，根在水底，莖與水深淺等，大如釵股，上青下白，以苦酒浸之爲葅，脆美，可案酒，其華蒲黄色。」此即下文顔氏所謂「先儒解釋皆云」之説也。

〔四〕是水，猶言凡有水處。風操篇：「是書皆觸。」「是」字義同。

〔五〕埤雅卜五引「花」作「華」。元刊黄氏摘千家注紀年杜工部詩史卷一醉歌行黄希注引「黄花」作「花黄」，「似」下脱「蓴」字，又有「苗可爲葅」四字一句。盧文弨曰：「『蓴』亦作『蒓』，廣韻：『蓴，蒲秀。』又：『蒓，水葵也。』」

〔六〕盧文弨曰：「政和本草：『梟葵，即莕菜也。一名接余。』唐本注云：『南人名猪蓴，堪食。』别本注云：『葉似蓴，莖澀，根極長，江南人多食，云是猪蓴，全爲誤也。猪蓴與絲蓴同一種，以春夏細長肥滑爲絲蓴，至冬短爲猪蓴，亦呼爲龜蓴，此與梟葵，殊不相似也。』」郝懿行曰：「陸璣詩疏：『蓴乃是茆，非荇也，茆荇二物相似而異，江南俗呼荇爲猪蓴，誤矣。』」

〔七〕續家訓「菜」作「葉」，未可從。

〔八〕趙曦明曰：「隋書經籍志：『毛詩箋音證十卷，後魏太常卿劉芳撰。』」盧文弨曰：「魏書劉芳傳：『芳字伯文，彭城人。』傳内『音證』作『音義證』，本卷後亦云『劉芳義證』。」

〔九〕趙曦明曰：「爾雅釋草：『蕢，赤莧。』注：『今莧菜之有赤莖者。』」盧文弨曰：「本草圖經：『莧有六種，有人莧，赤莧，白莧，紫莧，馬莧，五色莧。入藥者人、白二莧，其實一也，但人莧小而白莧大耳。』」邵晉涵爾雅正義云：「夬九五云：『莧陸夬夬。』荀爽云：『莧者，葉柔而根堅且赤。』是赤莧爲易所取象也。釋文引宋衷云：『莧，莧菜也。』孔疏引董遇説，以爲人莧。案今莧菜有赤紫白三種，人莧則白莧之小者，與荀義異也。」

詩云：「誰謂荼苦〔一〕？」爾雅〔二〕、毛詩傳〔三〕並以荼，苦菜也。又禮云：「苦菜秀〔四〕。」案：易統通卦驗玄圖〔五〕曰：「苦菜生於寒秋，更冬歷春，得夏乃成。」今中原苦菜則如此也。一名游冬〔六〕，葉似苦苣而細，摘斷〔七〕有白汁，花黄似菊〔八〕。江南别有苦菜，葉似酸漿〔九〕，其花或紫或白，子大如珠，熟時或赤或黑，此菜可以釋勞。案：郭璞注爾雅〔一〇〕，此乃蘵黄蒢也〔一一〕。今河北謂之龍葵〔一二〕。梁世講禮者，以此當苦菜；既無宿根，至春子方生耳，亦大誤也。又高誘注吕氏春秋曰：「榮而不實曰英〔一三〕。」苦菜當言英，益知非龍葵也〔一四〕。

〔一〕見詩邶風谷風。盧文弨曰：「宋本即接『禮云苦菜秀』，在此句下。今案：文不順，故不從宋本。」

〔二〕爾雅釋草：「荼，苦菜。」釋文：「荼音徒，説文同。案：詩云：『誰謂荼苦。』大雅云：『堇荼如飴。』本草云：『苦菜一名荼草，一名選，生益州川谷。』名醫别録：『一名游冬，生山陵道旁，冬不死。』月令：『孟夏之月，苦菜秀。』易通卦驗玄圖云：『苦菜生於寒秋，經冬歷春，得夏乃成。』今苦菜正如此，處處皆有，葉似苦苣，亦堪食，但苦耳。今在釋草篇。本草爲菜上品，陶弘景乃疑是茗，失之矣。釋木篇有『檟苦荼』，乃是茗耳。」

〔三〕續家訓及各本無「詩」字，今從宋本。盧文弨曰：「經典序録：『河間人大毛公爲詩故訓傳，一云魯人，失其名。』初學記：『荀卿授魯國毛亨，作詁訓傳，以授趙國毛萇。』案：故與詁同。傳，張戀切。」

〔四〕趙曦明曰：「月令孟夏文。」

〔五〕盧文弨曰：「隋書經籍志：『易統通卦驗玄圖一卷。』不著撰人。」器案：爾雅釋草釋文、重修政和經史證類備用本草二七、離騷草木疏二引無「統」字。又引下文「更冬」作「經冬」。

〔六〕廣雅釋草：「游冬，苦菜也。」王念孫疏證引此及爾雅釋文，云：「案：顏、陸二家之辨，皆得其實。」

〔七〕盧文弨曰：「唐本草注引此『摘斷』作『斷之』，吴仁傑離騷草木疏引此亦有『之』字。」器案：埤雅十七、升庵文集七九引亦作「斷之」。

〔八〕趙曦明曰：「本草：『白苣，似萵苣，葉有白毛，氣味苦寒。又苦菜一名苦苣。』」盧文弨曰：「案：苦苣即苦蘧，江東呼爲苦蕒。廣雅：『蕒，蘪也。』案：蘪、苣、蘧同。唐本草注顏説與桐君略同。」升庵文集卷七十九苦菜：「顏氏家訓引易通卦驗玄圖云云。又按：唐王冰注素問引古月令『四月，吴葵華』，而無『苦菜秀』一句。本草吴葵、龍葵析爲二條，其形與性所説不殊。孫真人千金方治手腫亦用吴葵。唐本草注吴葵云：『即關、河間謂之苦菜者。』亦既曉了矣，乃復分苦菜龍葵二條，何耶？俗作鵝兒菜，又名野苦蕒。」案：廣雅釋草：「蕒，藘也。」王氏疏證：「此亦苦菜之一種也。藘或作蘧，或作苣，説文云：『蘧，菜也，似蘇者。』玉篇云：『蘧，今之苦蘧，江東呼爲苦蕒。蕒，苦蕒，菜也。』廣韻云：『蕒，吴人呼苦蘧。』顔氏家訓云：『苦菜，葉似苦苣而細。』是苦苣即苦菜之屬也。」

〔九〕盧文弨曰：「爾雅：『葴，寒漿。』注：『今酸漿草，江東呼曰苦葴。』」

〔一〇〕趙曦明曰：「隋書經籍志：『爾雅五卷，郭璞注。圖十卷，郭璞撰。』」

〔一一〕趙曦明曰：「爾雅釋草：『蘵，黄蒢。』注：『蘵草葉似酸漿，花小而白，中心黄，江東以作葅食。』」郝懿行曰：「案：顔君所説此物，即是爾雅注所謂苦葴，今京師所稱紅姑孃者也，與蘵黄蒢稍異焉。」案：納蘭性德飲水詞有眼兒媚詠紅姑娘。

〔一二〕趙曦明曰：「古今注：『苦葴，一名苦蘵，子有裹，形如皮弁，始生青，熟則赤，裹有實，正圓如珠，亦隨裹青赤。』唐本草注：『苦蘵，葉極似龍葵，但龍葵子無殼，苦蘵子有殼。』」邵晉涵爾雅正義曰：「本草陶注云：『益州有苦菜，乃是苦蘵。』唐本注云：『苦蘵即龍葵也，俗亦名苦菜，非荼也。龍葵所在有之，葉圓花白，子若牛李，子生青熟黑，但堪煮食，不任生噉。』」

〔一三〕趙曦明曰：「隋書經籍志：『吕氏春秋二十六卷，秦相吕不韋撰，高誘注。』」盧文弨曰：「此注見孟夏紀。榮而不實者謂之英，本爾雅文。」

〔一四〕續家訓無「也」字。

詩云：「有杕之杜〔一〕。」江南本並木傍施大，傳曰：「杕，獨皃也〔二〕。」徐仙民音徒計反〔三〕。説文曰：「杕，樹皃也〔四〕。」在木部。韻集音次第之第〔五〕，而河北本皆爲夷狄之狄〔六〕，讀亦如字，此大誤也〔七〕。

〔一〕有杕之杜，詩凡三見：唐風杕杜，又有杕之杜，及小雅鹿鳴杕杜也。

〔二〕盧文弨曰：「皃，古貌字，宋本即作『貌』，下並同。」郝懿行曰：「案：毛傳本作『杕，特皃』，特雖訓獨，顏君竟改作獨，非。」

〔三〕趙曦明曰：「徐仙民，名邈，晉書在儒林傳。隋書經籍志：『毛詩音十六卷，徐邈等撰；毛詩音二卷，徐邈撰。』」案：采薇序：「杕杜以勤歸也。」釋文：「杕，大計反。」

〔四〕趙曦明曰：「隋書經籍志：『説文十五卷，許慎撰。』」

〔五〕趙曦明曰：「隋書經籍志：『韻集六卷，晉安復令呂静撰。』」器案：江式上古今文字源流作「韻集五卷」。

〔六〕郝懿行曰：「釋文云：『杕，徒細反，本或作夷狄之狄，非也，下篇同。』據此，則唐風杕杜、有杕之杜兩篇，杕字皆有作狄字者，顏君、陸氏並以爲誤，是也。」案：佩觿上：「杕杜文乖。」

注：「杕，大計翻，北齊、河北毛詩本多作狄。」

〔七〕臧琳經義雜記十八：「釋文云：『杕杜本或作夷狄字，非也。下篇同。』據此，則唐風杕杜、有杕之杜兩篇，杕字皆有作狄者，顏、陸並以爲誤，是也。顏引毛傳云：『杕，獨皃也。』今杕杜篇孔、陸本皆作『特貌』，特字訓獨，顏引毛傳竟作獨，非。有杕之杜箋亦云：『特生之杜。』顏引説文：『杕，樹皃也。』今本無『也』字，大徐本有『詩曰有杕之杜』六字，小徐本即作鍇語。今據顏舉説文，不云引詩，則楚金本是。」許宗彦曰：「經學自東晉後，分爲南北。自唐以後，則有南學而無北學。……五經正義所謂定本，蓋出於顏師古（元注：『見本傳』）。師古之學，本之之推。之推家訓書證篇每是江南本而非河北本。師古爲定本時，輒引晉、宋以來之本，折服諸儒，則據南本爲定可知已。（詩疏稱定本集注，蓋指崔靈恩本。崔集衆解爲毛詩集注二十四卷。釋文亦間引定本，當是後人羼入，非其原文。）孔穎達本兼涉南北學，本傳稱其習鄭氏尚書、王氏易。至其爲正義，則已有顏氏考定本在前；且師古首董其事，遂專南學，而北學由此遂廢矣。」（鑑止水齋集十四記南北學）文廷式純常子枝語三九：「顏氏家訓書證篇每稱江南、河北本異同，孔沖遠正義亦折衷於定本，故以六朝人文字攷訂經典，雖不悉關經師家法，要以見唐以前傳本之殊別耳。」

詩云：「駉駉牡馬〔一〕。」江南書皆作牝牡之牡，河北本悉爲放牧之牧〔二〕。鄴下博士見難〔三〕云：「駉頌既美僖公牧于坰野之事，何限騲騭乎〔四〕？」余答曰：「案：毛傳〔五〕云：『駉駉，良馬腹幹肥張也。』其下又云：『諸侯六閑四種〔六〕：有良馬，戎馬，田馬，駑馬。』若作牧放之意，通於牝牡，則不容限在良馬獨得駉駉之稱。良馬，天子以駕玉輅，諸侯以充朝聘郊祀，必無騲也。周禮圉人職：『良馬，匹一人〔七〕。駑馬，麗一人〔八〕。』圉人所養，亦非騲也〔九〕；頌人舉其強駿者言之，於義爲得也。易曰：『良馬逐逐〔一〇〕。』左傳云：『以其良馬二〔一一〕。』亦精駿之稱〔一二〕，非通語也。今以詩傳良馬，通於牧騲〔一三〕，恐失毛生〔一四〕之意，且不見劉芳義證乎〔一五〕？」

〔一〕詩魯頌駉文。

〔二〕李詳曰：「案臧氏琳經義雜記：『唐石經作牡馬，驗其改刻之痕，本是牧字。』文選李少卿答蘇武書：『牧馬悲鳴。』李善注引毛詩曰：『駉駉牧馬。』藝文類聚九十三、太平御覽五十五引『駉駉牧馬』。初學記二十九、白氏六帖九十六引『駉駉牡馬』。則唐人亦兼具兩本矣。」

〔三〕盧文弨曰：「難，乃旦切。」

〔四〕續家訓「騲騭」作「驒駱」。沈揆曰：「諸本皆作『驒駱』，獨謝本作『騲騭』，考之字書：『騲，牝馬也；騭，牡馬也。』顏氏方辯『駉駉牡馬』，故博士難以『何限於騲騭』，後又言『必無騲也』，『亦非騲也』，義益明白。驒駱二字，雖見駉頌，施之於此，全無意義，故當從謝本。」趙曦明曰：「詩序：『駉，頌僖公也。公能遵伯禽之法，儉以足用，寬以愛民，務農重穀，牧于坰野，魯人尊之。於是季孫行父請命于周，而史克作是頌。』案唐石經初刻牝牡之牡，後改放牧之牧，陸德明釋文作牡，云：『説文同。』正義却改作牧。」器案：南史王融傳：「駉駉之牧，遂不能嗣。」即本魯頌，則江南書亦有作「牧」之本。爾雅釋畜：「牡曰騭，牝曰騇。」郭注：「今江東呼駁馬爲騭。騇，草馬名。」陸德明音義云：「『草』本亦作『騲』。」魏志云：「『教民畜牸牛騲馬。』」案三國志魏書杜畿傳作「草馬」。晉書涼武昭王傳：「家有騧草馬生白額駒。」顔師古匡謬正俗六草馬：「問曰：牝馬謂之草馬，何也？答曰：本以牡馬壯健，堪駕乘及軍戎者，皆伏皁櫪，芻而養之；其牝馬唯充蕃字，不暇服役，常牧于草，故稱草馬耳。淮南子曰：『夫馬之爲草駒之時，跳躍揚蹏，翹足而走，人不能制。』高誘曰：『五尺已下爲駒，放在草中，故曰草駒。』是知草之得名，主於草澤矣。」據此，則騲爲草之俗體，今猶稱家畜之牝者爲草猪、草狗、草驢、草雞；家狗交尾曰走草，又婦女生産曰坐草，蓋亦牝草引申之義。

〔五〕續家訓、傅本、顔本、胡本、何本「毛傳」作「毛詩」，今從宋本。

〔六〕抱經堂校定本原脱「四種」二字，各本俱有，今據補。

〔七〕續家訓「匹」誤「四」。

〔八〕周禮鄭玄注云：「麗，耦也。」詩鄘風干旄正義引王肅云：「夏后氏駕兩謂之麗。」

〔九〕盧文弨曰：「『所養』下當有『良馬』二字。」續家訓「騲」作「驒」。

〔一〇〕續家訓「易曰」作「易云」。趙曦明曰：「易大畜：『九三，良馬逐，利艱貞。』案：釋文：『鄭康成本作逐逐，云兩馬走也。』是此書所本。」郝懿行曰：「案：今易文云：『良馬逐。』此衍一字者，蓋從鄭易，陸氏釋文引之云：『良馬逐逐，兩馬走也。』」

〔一一〕趙曦明曰：「見宣公十二年。」

〔一二〕續家訓「駿」作「駱」。

〔一三〕續家訓「牧騲」作「驊駿」。

〔一四〕毛生，謂漢河間太守毛萇，撰詩傳十卷，今傳。史記儒林傳：「言禮，自魯高唐生。」索隱：「自漢以來，儒者皆號生。」稱毛萇爲毛生，義亦猶此。

〔一五〕趙曦明曰：「周禮夏官校人：『天子十有二閑，馬六種；邦國六閑，馬四種；家四閑，馬二種。凡馬特居四之一。』注：『鄭司農云：「四之一者，三牝一牡。」』段玉裁曰：「以周官攷之，則有牡無牝之説全非。」盧文弨曰：「案：校人職又云：『駑馬三良馬之數。』康成注：『良，善也。』則毛傳所云良馬，亦祇言善馬耳。凡執駒攻特之政，皆因其牝牡相雜處耳。坰野放牧之地，亦非駕輅朝聘祭祀可比，自當不限騲騭。鄘風干旄亦言良馬，何必定指爲牡？況毛傳以良馬、戎馬、田馬、駑馬四種爲言者，意在分配駉之四章，統言之，則皆得良馬之名；析言之，則良馬乃四種之一。左傳云：『趙旃以其良馬二濟其兄與叔父，以他馬反，遇敵不能去。』此正善與駑之別也，作傳者豈屑屑致辨於牝牡之間乎？顏君引證，亦殊未確。」

臧琳經義雜記十八曰：「魯頌：『駉駉牡馬。』正義曰：『駉駉然腹幹肥張者，所牧養之良馬也。定本牧馬字作牡馬。』釋文：『牡馬，茂后反，草木疏云：「騭馬也。」説文同，本或作牧。』顔氏家訓書證云云。據此，則六朝時本已有『牡馬』、『牧馬』兩文矣，故正義作『牧』，云：『定本作「牡」』，（今正文皆作「牡」，非。）釋文作『牡馬』，云：『本或作「牧」。』唐石經作『牡馬』，驗其改刻之痕，本是『牧』字。文選李少卿答蘇武書：『牧馬悲鳴。』李善引毛詩曰：『駉駉牧馬。』藝文類聚九十三、太平御覽五十五引『駉駉牧馬』，初學記二十九、白氏六帖九十六引『駉駉牡馬』，則唐人亦兼具兩本矣。宋呂東萊讀詩記首章猶作『牧馬』。今考之『駉駉牡馬』，傳云：『駉駉，良馬腹幹肥張也。』『在坰之野』，箋云：『牧於坰野者，避民居與良田也。』『薄言坰者』，傳云：『牧之坰野則駉駉然。』箋云：『坰之牧地，水草既美，牧人又良。』則知『在坰之野』、『薄言坰者』二句，方及牧事，首句止言馬之良駿，而未及於牧也。釋文於『牡馬』下引草木疏云：『騭馬也。』案：爾雅釋畜：『牡曰騭。』則陸氏草木蟲魚疏亦作『牡馬』矣。釋文序録：『陸機（案當作「璣」），字元恪，吴太子中庶子。』乃三國時人，非晉之陸機，遠在顔氏之前，其本更爲可據，是當作『牡馬』爲定也。（牡、牧二字，形聲皆相近。）」器案：馬瑞辰毛詩傳箋通釋仍從顔説，兩存之可也。魏書劉芳傳：「芳撰毛詩箋音義證十卷，周官、儀禮義證各五卷。」

月令云〔一〕：「荔挺出。」鄭玄注云：「荔挺，馬薤也〔二〕。」説文云：「荔，似蒲而小，根可爲刷。」廣雅〔三〕云：「馬薤，荔也。」通俗文〔四〕亦云馬藺〔五〕。易統通卦驗玄圖〔六〕云：「荔挺不出，則國多火災。」蔡邕月令章句〔七〕云：「荔似挺〔八〕。」高誘注吕氏春秋云：「荔草挺出也〔九〕。」然則月令注荔挺爲草名，誤矣〔一〇〕。河北平澤率生之。江東頗有此物，人或種於階庭，但呼爲旱蒲〔一一〕，故不識馬薤。講禮者乃以爲馬莧；馬莧〔一二〕堪食，亦名豚耳，俗名馬齒。江陵嘗有一僧，面形上廣下狹；劉緩幼子民譽〔一三〕，年始數歲，俊晤善體物〔一四〕，見此僧云：「面似馬莧。」其伯父縚因呼爲荔挺法師〔一五〕。縚親講禮名儒〔一六〕，尚誤如此。

〔一〕抱經堂校定本脱「云」字，宋本及各本俱有，今據補。

〔二〕盧文弨：「薤，本作韰，户戒切。」

〔三〕趙曦明曰：「隋書經籍志：『廣雅三卷，魏博士張揖撰。』」案：文選司馬長卿子虚賦：「其高燥則生葴菥苞荔。」郭璞注：「張揖曰：『荔，馬荔也。』」廣雅釋草：「馬韰，荔也。」王念孫疏證曰：「馬荔，猶言馬藺也，荔葉似韰而大，則馬韰之所以名矣。」

〔四〕趙曦明曰：「隋書經籍志：『通俗文一卷，服虔撰。』」

〔五〕類説「藺」作「蘭」。器案：説文艸部：「藺，莞屬。」玉篇艸部：「藺，似莞而細，可爲席，一名馬藺。」

〔六〕御覽一〇〇〇引作「易統驗玄圖」。

〔七〕趙曦明曰：「隋書經籍志：『月令章句十二卷，漢左中郎將蔡邕撰。』」

〔八〕御覽引作「荔以挺出」，以、似古通。盧文弨曰：「荔似挺，語不明，據本草圖經引作『荔以挺出』，當是也。」

〔九〕見呂氏春秋十一月紀。

〔一〇〕郝懿行曰：「謂之馬䪌者，此草葉似䪌而長厚，有似於蒲，故江東名爲旱蒲，三月開紫碧華，五月結實作角子，根可爲刷。今時織布帛者，以火熨其根，去皮，東作餬刷，名曰炊帚是矣。俗人呼爲馬藺，非也，蓋馬藺之譌爾。周書時訓篇云：『荔挺不生，卿士專權。』合之通卦驗，則知康成之讀，未可謂非也。」

〔一一〕續家訓及各本「旱」作「早」，御覽亦作「早」，今從宋本。

〔一二〕抱經堂校定本及餘本不重「馬莧」二字，今據宋本校補。

〔一三〕陳直曰：「按：之推觀我生賦自注云：『與文珪、劉民英等，與世子游處。』民英與民譽當爲弟兄輩，爲劉縚或劉緩之子無疑。」

〔一四〕羅本、傅本、顏本、程本、胡本、何本、朱本、文津本「晤」作「悟」，今從宋本。又御覽引「俊」作「儁」。體物，猶言體貌事物。文選文賦：「賦體物而瀏亮。」李善注：「賦以陳事，故曰體物。」李周翰注：「賦象事，故體物。」

〔一五〕續家訓、羅本、傅本、顏本、程本、胡本、何本、文津本、朱本及御覽引「紹」上有「劉」字，今從宋本。器案：酉陽雜俎前十六廣動植之一序：「劉紹誤呼荔挺，至今可笑，學者豈容略乎？」即本此文。

〔一六〕器案：親猶言本人或本身，即謂劉紹本人是講禮名儒也。與風操篇「是我親第七叔」、「思魯等第四舅母，親吴郡張建女也」，用法相似而微有不同。

詩云：「將其來施施〔一〕。」毛傳云：「施施，難進之意。」鄭箋云：「施施，舒行皃也〔二〕。」韓詩亦重爲施施。河北毛詩皆云施施。江南舊本，悉單爲施，俗遂是之，恐爲少誤〔三〕。

〔一〕詩王風丘中有麻文。

〔二〕案：今本鄭箋作「施施，舒行伺間獨來見己之貌」。

〔三〕抱經堂校定本「爲」作「有」，宋本、續家訓、羅本、傅本、顏本、何本、朱本作「爲」，今從之。臧琳經義雜記二八曰：「考詩丘中有麻，三章，章四句，句四字，獨『將其來施施』五字，據顏氏説，知江南舊本皆作『將其來施』，顏以傳、箋重文而疑其有誤。然顏氏述江南、河北書本，河北者往往爲人所改，江南者多善本，則此文之悉單爲施，不得據河北本以疑之矣。若以毛、鄭皆云施施，而以作施施爲是，則更誤。經傳每正文一字，釋者重文，所謂長言之也。禮記樂記曰：『詩云：「肅雝和鳴，先祖是聽。」夫肅肅，敬也；雝雝，和也。』又詩邶谷風：『有洸有潰。』傳：『洸洸，武也；潰潰，怒也。』箋云：『君子洸洸然，潰潰然，無温潤之色。』釋文引韓詩亦云：『潰潰，不然之貌。』檜匪風：『匪風發兮，匪車偈兮。』漢書王吉傳引此詩並引説曰：『是非古之風也，發發者；是非古之車也，揭揭者。』是可知毛、鄭皆云施施，與正文悉單作施，爲各成其是矣。」又二一曰：「毛詩爲古文，齊、魯、韓爲今文，古文多假借，故作詁訓傳者以正字釋之，若今文則經直作正字。毛詩丘中有麻：『將其來施。』傳：『施施，難進之意。』韓詩作『將其來施施』。是今文皆以訓詁代經也。」馬瑞辰毛詩傳箋通釋七曰：「毛詩古本止作『將其來施』，傳以『施施』釋之，猶詩『憂心有忡』，傳以『冲冲』釋之；『碩人其頎』，傳以『頎頎』釋之也。後人據傳及韓詩以改經，遂誤作『施施』耳。今按：依古本作『將其來施』，與二章『將其來食』句法正相類。二章傳言：『子國復來，我乃得食。』箋：『言其將來食，庶其親己，己得厚待之。』義皆未協。爾雅：『食，僞也。』僞、爲古通用。左氏哀元年傳：『後雖悔之，不可食已。』猶言不可爲已。尚書：『食哉維時。』食哉，猶言爲哉；爲哉，猶言勉哉也。魏志華陀傳：『陀恃能厭食事。』猶云厭爲事也。皆以食爲爲。此詩『來食』，猶云『來爲』，與鳧鷖詩『福禄來爲』同義。爲者，助也。『來施』，猶言『來食』，施亦爲也，助也。傳、箋訓爲『施施』，失之。」徐鼒讀書雜釋三曰：「孟子：『施施從外來。』施施連文，似本此詩。且趙岐注云：『施施，猶扁扁，喜説之貌。』與鄭箋『舒行伺間』意略同。張揖廣雅釋訓亦云：『施施，行也。』此皆在顏之推所見江南舊本以前，則毛詩之連文，無可疑矣。又孟子音義曰：『施，丁依字，詩曰：「將其來施施。」張音怡。』」

詩云：「有渰萋萋，興雲祁祁〔一〕。」毛傳云：「渰，陰雲皃。萋萋，雲行皃。祁祁，徐皃也〔二〕。」箋云：「古者，陰陽和，風雨時，其來祁祁然，不暴疾也。」案：渰已是陰雲，何勞復云「興雲祁祁」耶？「雲」當爲「雨」，俗寫誤耳。班固靈臺詩〔三〕云：「三光宣精〔四〕，五行布序〔五〕，習習祥風〔六〕，祁祁甘雨〔七〕。」此其證也〔八〕。

〔一〕續家訓「雲」作「雨」，未可從。宋本原注：「詩：『興雨祁祁。』注云：『興雨如字，本作興雲，非。』」趙曦明曰：「案：此乃陸德明釋文中語，非顏氏所注。」器案：此詩經小雅大田文。

〔二〕金石録引「徐」下無「皃」字。段玉裁説文解字注十一篇上二渰篆下云：「雨雲貌。各本作雲雨貌，今依初學記、太平御覽正。毛傳曰：『渰，雲興貌。』顏氏家訓定本集注作『陰雲』，恐許所據徑作『雨雲』。『渰』，漢書作『黤』。按：有渰淒淒，謂黑雲如鬊，淒風怒生，此山雨欲來風滿樓之象也；既而白雲瀰漫，風定雨甚，則興雲祁祁，雨我公田也。詩之體物瀏亮如是。」

〔三〕案：班固靈臺詩，見文選班孟堅東都賦後。

〔四〕東都賦李善注：「淮南子曰：『夫道紘宇宙而章三光。』高誘曰：『三光，日月星也。』」

〔五〕東都賦李善注：「尚書曰：『五行：一曰水，二曰火，三曰木，四曰金，五曰土也。』」

〔六〕東都賦李善注：「毛詩曰：『習習谷風。』禮斗威儀：『君乘火而王，其政頌平，則祥風至。』宋均曰：『即景風也，其來長養萬物。』」

〔七〕東都賦李善注：「尚書考靈耀曰：『熒惑順行甘雨時也。』」

〔八〕段玉裁曰：「雲自下而上，雨自上而下，故素問曰：『地氣上爲雲，天氣下爲雨。』諸書皆言興雲、作雲，無有言興雨者。韓詩外傳、吕氏春秋、漢書皆作『興雲祁祁』，『興雲祁祁，雨我公田』，如言『英英白雲，露彼菅茅』也。」又詩經小學卷二曰：「按詩人體物之工於此二句可見。凡夏雨時行，始暴而後徐，其始陰氣乍合，黑雲如鬌，淒風怒生，衝波掃葉，所謂有渰淒淒也。繼焉暴風稍定，白雲漫汗，彌布宇宙，雨脚如繩，所謂興雲祁祁，雨我公田也。有渰淒淒，言雲而風在其中。興雲祁祁，言雲而雨在其中。雨字分上去聲，後儒俗説，古無是也。上句言興雨，又言雨我公田，則無味矣。英英白雲，露彼菅茅。興雲祁祁，雨我公田。其字法正同，雨我之雨，必讀去聲，則露彼之露，又將讀何聲耶？於此知善善惡惡之類，皆俗儒分別而戾於古矣。」盧文弨曰：「案：鹽鐵論水旱篇、後漢書左雄傳皆作『興雨祁祁』，觀箋『其來不暴疾』之語，自指雨言，金石録及隸釋載無極山碑作『興雲』，洪氏謂：『漢代言詩者自不同。』斯言得之。」臧琳經義雜記二十曰：「案：説文水部云：『渰，雲雨皃，從水弇聲。』與毛傳『陰雲貌』正合，未嘗訓渰爲雲也。箋云『其來祁祁然不暴疾』者，蓋雲興即雨降，孟子梁惠王下：

『若大旱之望雲霓也。』荀子雲賦：『友風而子雨。』何邵公云：『雲實出於地，而施於上乃雨。』故箋云『其來』，明此雲是雨之先來者也。經如作『雨』，則止言風雨不暴疾可矣，何又追論其來乎？顔氏引傳、箋爲經作『興雨』之證，余審傳、箋，知經必作『興雲』也。正義曰：『經「興雨」或作「興雲」，誤也，定本作「興雨」。』釋文：『「興雨」如字，本或作「興雲」，非也。』又吕氏春秋務本引詩『興雲祁祁』，漢書食貨志引詩『興雲祁祁』。（器案：唐寫本漢書食貨志上作「興雨」。）隸釋載無極山碑云：『觸石膚寸，興雲祁祁。』韓詩外傳八亦作『興雲』，則知自秦未焚書以前，及兩漢、六朝至於唐初，皆作『興雲』，無有作『興雨』者。（孟子：「天油然作雲。」注：「油然，興雲之貌。」顧寧人金石文字記載開母廟石闕銘云：「穆清興雲降雨。」）顔氏説詩『有杕之杜』，『駉駉牧馬』，『將其來施』，及毛傳『叢木，寂木』，『青衿，青領』，皆引河北本、江南本爲證，則當時猶有兩書，獨此止云『雲當爲雨』，而不言有本作『雨』，可見此條出自顔氏臆説，絶無憑據，而頓欲輕改千年已來相傳之本，甚矣，其誤也！陸、孔所見本有作『興雲』，而以『興雨』爲是，開成石經亦作『興雨』，皆爲顔氏所惑也。又吕覽務本、後漢書左雄傳，今作『興雨』，蓋後人據近本毛詩所改，王伯厚詩考引吕覽作『興雲』，此其明證。」器案：清人正顔氏失言，甚是，故詳列之。揚雄少府箴：「祁祁如雲。」則所見本亦作「興雲」。御覽一〇引纂要：「雨雲曰滃雲，亦曰油雲。」

禮云[一]：「定猶豫，決嫌疑[二]。」離騷曰：「心猶豫而狐疑[三]。」先儒未有釋者[四]。案：尸子曰：「五尺犬爲猶[五]。」説文云：「隴西謂犬子爲猶。」吾以爲人將犬行，犬好豫在人前，待人不得，又來迎候，如此往還，至於終日，斯[六]乃豫之所以爲未定也，故稱猶豫[七]。或以爾雅曰：「猶如麂，善登木[八]。」猶，獸名也，既聞人聲，乃豫緣木，如此上下，故稱猶豫[九]。狐之爲獸，又多猜疑，故聽河冰無流水聲，然後敢渡[一〇]。今俗云：「狐疑[一一]，虎卜[一二]。」則其義也[一三]。

〔一〕愛日齋叢鈔、永樂大典一〇四八三引「禮云」作「禮記云」。

〔二〕盧文弨曰：「『決嫌疑，定猶與』，禮記曲禮上文，釋文：『與音預，本亦作豫。』」

〔三〕劉盼遂曰：「按：猶豫與狐疑皆雙聲連綿字，以聲音嬗衍，難可據形立訓也。猶豫，于説文作冘淫，宀部冘字説解云：『冘淫，行皃。』即遲遲其行之意。於易作由豫，易豫卦九四爻象傳：『由豫大有得，志大行也。』馬融注：『由猶疑也。』於禮作猶與，作猶豫，曲禮：『卜筮者，先聖之所以使民決嫌疑、定猶與也。』釋文：『與音預，本亦作豫。』於楚辭作夷猶，作容與，作夷由，九歌湘君：『君不行兮夷猶。』王逸章句：『夷猶，猶豫也。』九章：『然容與而狐疑。』涉江：『船容與而不進兮。』張銑文選注云：『容與，徐動貌。』後漢書馬融傳：『或夷由未殊。』李賢注引楚辭作『夷由』，於後漢書作冘豫，馬援傳：『計冘豫未決。』案：冘豫亦猶豫也。於水經注作滪預，江水第一：『江中有孤石爲滪預石，冬出水二十餘丈，夏則没，亦有裁出處矣。』今案：此堆特險，舟子所忌，夏水洄洑，沿泝滯阻，故受滪預之名矣。俗亦作灩預字。凡此皆尢滛二字之因聲演變，第同喉音斯可矣。狐疑者，史記淮陰侯傳云：『猛虎之猶豫，不若蜂蠆之致螫；騏驥之蹢躅，不如駑馬之安步；孟賁之狐疑，不如庸夫之必致也。』狐疑與猶豫，蹢躅，皆雙聲字，狐疑與嫌疑爲一聲之轉，顔氏誤以猶豫爲犬子豫在人前，狐疑爲狐聽河冰，特望文生訓，而不知難溝通于羣籍也。」器案：劉氏此説，本之王觀國，詳後注〔九〕。

〔四〕羅本、顔本、程本、胡本、朱本「者」誤「書」，何本空白。

〔五〕抱經堂校定本「五」誤「六」，宋本及各本，以及洪興祖楚辭離騷補注、永樂大典引俱作「五」，今據改正。趙曦明曰：「隋書經籍志：『尸子二十卷，秦相衛鞅上客尸佼撰。』」盧文弨曰：「今新出尸子廣澤篇作『犬大爲豫，五尺』。」案：尸子已佚，今以汪繼培輯本爲佳，其卷上廣澤篇無文，卷下據家訓、爾雅釋獸釋文、止觀輔行宏決四之四、文選養生論注引：「五尺大犬爲猶。」

〔六〕洪興祖引「斯」作「此」。

〔七〕洪興祖引作「故謂不決曰猶豫」。

〔八〕此爾雅釋獸文，郭璞注：「健上樹。」

〔九〕王觀國學林九：「字書猷亦作猶，離騷：『心猶豫而狐疑兮，欲自適而不可。』漢書蒯通傳：

『猛虎之猶與，不如蜂蠆之致蠚；孟賁之狐疑，不如童子之必至。』此析離騷之句以爲之文也。漢書高后紀曰：『祿然其計，使人報産及諸呂，老人或以爲不便，計猶豫。』顔師古注曰：『猶，獸名，性疑慮，善登木，故不決者稱猶豫。』顔氏家訓曰：『爾雅：「猶如麂，善登木。」』猶對狐，以獸對獸也。觀國案：猶豫者，心不能自決定之辭也。爾雅釋言曰：『猶，圖也。』釋獸曰：『猶如麂，善登木。』所謂猷圖者，圖謀之而未定也。猶豫者，爾雅釋言所謂猷圖是已，顔師古注漢書，與顔氏家訓，不悟爾雅釋言自有猷圖之訓，而乃引釋獸『猶如麂』以訓之，誤矣。廣韻去聲曰：『猶音救。』注引爾雅：『猶如麂，善登木。』然則猶獸音救也。且先事而圖之爲猶，後事而圖之爲豫，故曲禮曰：『卜筮者，所以使民決嫌疑、定猶豫也。』以嫌疑對猶豫，則猶非獸也。離騷：『心猶豫而狐疑兮。』此一句文也，非以猶豫對狐疑也。猶或爲冘，後漢書馬援傳曰：『諸將多以王師之重，不宜遠入險阻，計冘豫未決。』廣韻曰：『冘豫，不定也。』以此觀之，則猶非獸益明矣。爾雅曰：『猷，圖也。』郭璞注曰：『周禮：「以猷鬼神示。」謂圖畫。』觀國按：周禮春官：『凡以神仕者，掌三神之灋，以猷鬼神示之居。』鄭氏注曰：『猷，圖也。』謂制神之位次，而爲之牲器時服以圖之，乃謀圖之圖，非圖畫也，郭璞誤矣。猶、猷、冘三字通用，豫、預、與三字通用。」盧文弨曰：「顔師古注漢書高后紀猶豫，即同此二義。史記呂后本紀作猶與，索隱：『猶，鄒音以獸切。與亦作豫。崔浩云：「猶，猿類也，卬鼻長尾。」又説文云：「猶，獸名，多疑。」故比之也。按：狐性亦多疑，度冰而聽水聲，故云狐疑也。今解者又引老子「與兮若冬涉川，猶兮若畏四鄰」，以爲猶與是常語。且按狐聽而云「若冬涉川」，則與是狐類不疑，「猶兮若畏四鄰」，則猶定是獸，自保不同類，故云畏四鄰也。』曲禮上正義：『説文云：「猶，獸名，玃屬。」與亦是獸名，象屬。此二獸皆進退多疑。人多疑惑者似之。』」器案：酉陽雜俎前十二語資：「梁遣黄門侍郎明少遐、秣陵令謝藻、信威長史王纘冲、宣城王文學蕭愷、兼散騎常侍袁狎、兼通直散騎常侍賀文發宴魏使李騫、崔劼，温涼畢……狎曰：『河冰上有狸迹，便堪人渡。』劼曰：『狸當爲狐，應是字錯。』少遐曰：『是狐性多疑，鼬性多預，因此而傳耳。』劼曰：『鵲以巢避風，雉去惡政，乃是鳥之一長，狐疑鼬預，可謂獸之一短也。』」則猶豫又有鼬預之説，皆望文生訓耳，姑存之，以廣異聞。

〔一〇〕各本都無「敢」字，今從宋本，大典本亦有。水經河水注一：「述征記曰：『盟津，河津，恒濁，方江爲狹，比淮、濟爲闊，寒則冰厚數丈。冰始合，車馬不敢過，要須狐行，云此物善聽，冰下無水乃過，人見狐行方渡。』」

〔一一〕水經河水注一：「且狐性多疑，故俗有狐疑之説。」埤雅：「狐性疑，疑則不可以合類，故從孤省。」

〔一二〕趙曦明曰：「虎苑：『虎知衝破，每行以爪畫地卜食，觀奇偶而行。今人畫地卜曰虎卜。』」器案：説郛本李淳風感應經、北户録二、御覽七二六、又八九二引博物志：「虎知衝破，又能畫地卜。今人有畫物上下者，推其奇偶，謂之虎卜。」今博物志佚此文，黄省曾獸經及王穉登虎苑上俱本此爲説，而不出博物志之名。埤雅三：「虎奮衝波，又能畫地卜食。……類從曰：『虎行以爪圻地，觀奇耦而行。今人畫地觀奇耦者，謂之虎卜。』」

〔一三〕續家訓「也」作「矣」。

左傳曰〔一〕：「齊侯痎，遂痁〔二〕。」説文云：「痎，二日一發之瘧〔三〕。痁，有熱瘧也〔四〕。」案：齊侯之病，本是間日一發，漸加重乎故〔五〕，爲諸侯憂也。今北方猶呼痎瘧〔六〕，音皆〔七〕。而世間傳本多以痎爲疥，杜征南〔八〕亦無解釋，徐仙民音介〔九〕，俗儒就爲通〔一〇〕云：「病疥，令人惡寒，變而成瘧〔一一〕。」此臆説也。疥癬小疾，何足可論，寧有患疥轉作瘧乎〔一二〕？

〔一〕抱經堂校定本脱「左傳曰」三字，宋本及各本都有，今據補。

〔二〕器案：説文繫傳十四痎下引此「痎」作「疥」，左傳昭公二十年作「疥」，改「疥」爲「痎」，見釋文引梁元帝及正義引袁狎説。之推從梁元帝甚久，此即用其説，繫傳改家訓爲「疥」，失其本真。

〔三〕續家訓「瘧」作「虐」，下並同，未可從。

〔四〕羅本、傅本、顔本、程本、胡本「瘧」作「虐」，未可從。

〔五〕向宗魯先生曰：「『故』字疑當重，『乎故』句絶。」

〔六〕羅本、傅本、顔本、程本、胡本、朱本「瘧」作「虐」，未可從。

〔七〕案左傳釋文：「痎又音皆。」

〔八〕趙曦明曰：「晉書杜預傳：『預字元凱，位征南大將軍，自稱有左傳癖。』」

〔九〕案：左傳正義云：「徐仙民音，作痎。」蓋言據徐仙民音，則字作痎也。釋文云：「舊音戒。」即用徐讀也。

〔一〇〕通，猶言解説也。漢書夏侯勝傳：「先生通正言。」師古曰：「通謂陳道之也。」案：續漢書五行志五注引風俗通曰「劭故往觀之，何在其有人也。……劭又通之曰」云云。又引風俗通曰「光和四年四月，南宮中黄門寺有一男子長九尺」云云。臣昭注曰：「檢觀前通，各有未直。」世説新語文學篇：「支道林、許掾諸人共在會稽王齋頭。支爲法師，許爲都講。支通一義，四座莫不厭心；許送一難，衆人莫不抃舞。」又：「支道林、許、謝盛德共集王家，謝顧謂諸人：『今日可謂彦會。時既不可留，此集固亦難常，當共言詠，以寫其懷。』許便問主人：『有莊子不？』正得漁父一篇。謝看題，便各使四坐通。支道林先通，作七百許語，叙致精麗，才藻奇拔，衆咸稱善。」通皆解説之意。然則此亦漢魏六朝恒言也。

〔一一〕宋本「瘧」作「痁」。

〔一二〕段玉裁曰：「改『痎』爲『痎』，其説非是，見陸德明釋文，正義則主痎説居多。」臧琳經義雜記十六曰：「正義曰：『後魏之世，嘗使李繪聘梁，梁人袁狎與繪言及春秋，説此事云：「『疥』當爲『痎』，痎是小瘧，痁是大瘧，⿸疒尔（此蓋「弥」字之譌，或云俗疹字。）患積久，以小致大，非疥也。」狎之所言，梁主之説也。案説文：「疥，搔也。瘧，熱寒並作。痁，有熱瘧。痎，二日一發瘧。」今人瘧有二日一發，亦有頻日發者，俗人仍呼二日一發久不差者爲痎瘧，則梁主之言，信而有徵也。是齊侯之瘧，初二日一發，後遂頻日熱發，故曰痎（舊譌「疥」）遂痁。以此久不差，故諸侯之賓問疾者多在齊也。若其不然，疥搔小患，與瘧不類，何云「疥遂痁」乎？徐仙民音作疥，是先儒舊説皆爲「疥遂痁」，初疥後痁耳。今定本亦作「疥」。』又釋文云：『齊侯疥，舊音戒，梁元帝音該，依字則當作「痎」，説文云：「兩日一發之瘧也。」痎又音皆，後學之徒，僉以疥字爲誤。案傳例，因事曰遂；若痎已是瘧疾，何爲復言「遂痁」乎？』」案説文疒部痁下引春秋傳曰：『齊侯疥遂痁。』則左氏古文本作『疥』，杜云：『痁，瘧疾。』以疥搔俗所共知，故不釋，如作『痎』，亦爲瘧，杜氏安得專訓痁爲瘧疾乎？顔云：『世間傳本多爲「疥」，徐仙民音介。』孔云：『徐仙民音作「疥」，今定本亦作「疥」。』陸云：『舊音戒。』是漢、晉以及唐初皆作『疥』矣。陸云：『梁元帝音該，依字則當作「痎」。』袁狎云：『「疥」當爲「痎」。』顔云：『世間傳本多以「痎」爲「疥」。』是梁人雖作痎音，於傳文尚未擅改，故陸、孔及定本皆作『疥』，亦不言有作『痎』者。顔氏誤從梁主説，私改爲『痎』，誤矣，正義雖知舊作『疥』，而誤以『痎』爲是；惟釋文則以『痎』爲非，援傳例以證明之，是也。顔氏引俗儒云：『病疥，令人惡寒，變而成痁。』案：今人病疥，亦多寒熱交發，俗呼爲瘧寒，轉變成瘧，勢所固有；若作『痎』字，説文爲二日一發瘧，謂三日之中歇二日一發。瘧有頻日發者爲輕，間日一發稍重，二日一發難愈爲最重，故孔云：『俗人仍呼二日一發久不差者爲痎瘧。』可見瘧疾輕重，古今同名。痁爲有熱瘧，蓋是頻日發者，若云『痎而痁』，是重者轉輕矣。顏引説文，又云：『齊侯之病，本間日一發，漸加重乎故。』是誤解説文二日一發爲二日之中一發矣。袁狎云：『痎是小瘧，痁是大瘧。』孔云：『齊侯之瘧，初二日一發，後遂頻日熱發。』是皆未知瘧之輕重而倒置之也。」郝懿行曰：「顏氏欲改『疥』爲『痎』，説本梁元帝，陸德明釋文已辨其非。近日臧琳經義雜記卷十六駁之，是矣。」李慈銘越縵堂日記丙上曰：「幼讀左傳『齊侯疥遂痁』，竊疑癬疥豈能化熱症，杜征南無注，林注（案謂林堯叟春秋左傳句解）謂『疥』當作『痎』，又恐其臆説，近閲顏之推家訓，言古本固作『痎』云云，然則其誤亦古矣，而林注亦何可厚非耶。」案：林注多臆説，不脱宋人空言積習；李氏於此，不檢舊説，而爲之張目，亦疏矣。

尚書曰：「惟影響〔一〕。」周禮云：「土圭測影，影朝影夕〔二〕。」孟子曰：「圖影失形〔三〕。」莊子云：「罔兩問影〔四〕。」如此等字，皆當爲光景之景。凡陰景者，因光而生，故即謂爲景〔五〕。淮南子呼爲景柱〔六〕，廣雅云：「晷柱挂景〔七〕。」並是也。至晉世葛洪字苑〔八〕，傍始加彡〔九〕，音於景反。而世間輒改治尚書、周禮、莊、孟從葛洪字，甚爲失矣〔一〇〕。

〔一〕宋本「影」作「景」，續家訓及各本都作「影」，今據改。趙曦明曰：「尚書大禹謨文。」

〔二〕宋本「影」都作「景」，續家訓及各本都作「影」，今據改。趙曦明曰：「地官大司徒：『以土圭之法測土深，正日景以求地中，日南則景短多暑，日北則景長多寒，日東則景夕多風，日西則景朝多陰。』深，尺鴆切。」

〔三〕宋本「影」作「景」，續家訓及各本都作「影」，今據改。沈揆曰：「未詳，或恐是外書。」盧文弨曰：「孟子外書孝經第三：『傳言失指，圖景失形，言治者尚覈實。』」孫志祖讀書脞録二曰：「近刻孟子外書四篇，……掇拾子書中所引孟子逸篇以成文，詞旨深陋，通儒疑之。余謂即其篇題之謬誤，尤可直斷其爲僞而無疑。王充論衡云：『孟子作性善之篇，以爲人性皆善。』是篇名性善，非性善辨也。孟子道性善、性惡當辨，性善何辨之有？孝經一書，孔子以授曹子。豈有孟子著書亦以孝經名篇之理？蓋四篇之目，當以性善爲一；辨文次之；説孝經，則必其中有推闡孝經名篇之説，而惜乎其書之久佚也。今作僞者，並此篇名之句讀尚誤，又何論其它乎？或曰：宋劉昌詩蘆浦筆記云：『予鄉新喻謝氏多藏古書，有性善辨一帙。』則以性善辨爲篇題，古矣，安見其僞？予曰：謝氏所藏即僞書也。後人不察，或即因此一帙而附益以三篇，亦未可知。其一篇既以性善辨標題，則不得不以文説爲二、孝經爲三矣。然總之皆僞也。……僞孟子外書，宋以後人僞之也。……孟子之有外書，僞書也。趙邠卿已譏其不能閎深……蓋作是書者，較之僞古文尚書，學愈疏而心愈狡也。」

〔四〕宋本「影」作「景」，續家訓及各本都作「影」，今據改。盧文弨曰：「見齊物論，郭注：『罔兩，景外之微陰也。』」器案：釋文：「『景』本或作『影』，俗也。」

〔五〕宋本脱「謂」字，續家訓及各本俱有，今據補。翻譯名義集卷五引此句作「即謂景也」。

〔六〕盧文弨曰：「俶真訓：『以鴻蒙爲景柱，而浮揚乎無畛崖之際。』」器案：淮南繆稱篇：「列子學壺子，觀景柱而知持後矣。」許慎注：「先有形而後有影，形可亡，而影不可傷。」事見列子説符篇，今本列子無「柱」字，當補。

〔七〕趙曦明曰：「釋天：『晷柱，景也。』無『挂』字，此疑衍。」

〔八〕趙曦明曰：「洪傳及隋書經籍志皆不載所撰字苑，南史劉杳傳嘗引其書。」器案：兩唐志都著録葛洪要用字苑一卷，今有任大椿輯本。佩觿：「葛洪字苑，景字加彡。」楚辭九章：「入景響之無應兮。」洪興祖補注：「景，於境切，物之陰影也。葛洪始作影。」

〔九〕宋本原注：「彡，音杉。」孫志祖讀書脞録四曰：「顔氏家訓書證篇：『景字至晉世葛洪字苑，傍始加彡。』而惠氏九經古義乃云：『高誘淮南子注曰：「景，古影字。」誘，漢末人，當時已有作景旁彡者，非始于葛洪字苑。』志祖案：高誘淮南注並無此語，俗刻原道篇注有之，乃明人妄加。唯大戴禮曾子天圓篇注有『景古以爲影字』語，盧辯固在葛洪後也。段懋堂則云：『惠定宇説漢張平子碑即有影字，不始于葛洪。』然則古義之説，蓋誤據俗本淮南子，當改引張平子碑方合。」陳直曰：「按：或説漢張平子碑即有影字，不始於葛洪。張碑原石久佚，殊不可據。東晉末爨寶子碑云：『影命不長。』此影字之始見。又東魏武定六年邑主造石像銘云：『台鈞相望，珪璋疊影。』景之作影，在六朝時始盛行耳。葛洪字苑久佚，今影字始見於廣韻。」

〔一〇〕段玉裁曰：「惠定宇説漢張平子碑即有影字，不始於葛洪；漢末所有之字，洪亦采集而成，非自造也。」

太公六韜〔一〕，有天陳、地陳、人陳、雲鳥之陳〔二〕。論語曰：「衛靈公問陳於孔子〔三〕。」左傳：「爲魚麗之陳〔四〕。」俗本多作阜傍車乘之車〔五〕。案諸陳隊〔六〕，並作陳、鄭之陳〔七〕。夫行陳之義，取於陳列耳，此六書爲假借也〔八〕，蒼、雅及近世字書〔九〕，皆無別字，唯王羲之小學章〔一〇〕，獨阜傍作車，縱復俗行，不宜追改六韜、論語、左傳也。

〔一〕趙曦明曰：「隋書經籍志：『太公六韜五卷，文韜、武韜、龍韜、虎韜、豹韜、犬韜。』」

〔二〕盧文弨曰：「六韜：『武王問太公曰：「凡用兵，爲天陣、地陣、人陣，奈何？」太公曰：「日月星辰斗杓，一左一右，一迎一背，此謂天陣；丘陵水泉，亦有左右前後之利，此謂地陣；用馬用人，用文用武，此謂人陣。」』又：『武王問曰：「引兵入諸侯之地，高山磐石，其避無草木，四面受敵，士卒迷惑，爲之奈何？」太公曰：「當爲雲鳥之陣。」』案此書，作陣字俗。」又曰：「注引六韜，見三陳篇。又下所引，今本在鳥雲山兵篇，下又有鳥雲澤兵篇，云：『鳥散而雲合，變化無窮者也。』凡烏皆鳥字之譌。案：握奇經：『八陣：天、地、風、雲爲四正，飛龍、翼虎、鳥翔、蛇蟠爲四奇。』杜少陵詩：『共説總戎雲鳥陳。』正本此，可知烏爲誤字也。」

〔三〕見衛靈公篇。

〔四〕趙曦明曰：「見桓五年。」盧文弨曰：「麗，力知切。」器案：文選張平子東京賦：「鵝鸛魚麗，箕張翼舒。」薛綜注：「鵝鸛、魚麗，並陣名也，謂武士發於此，而列行如箕之張、如翼之舒也。」

〔五〕盧文弨曰：「乘，實證切。」

〔六〕續家訓及各本「隊」作「字」，今從宋本。

〔七〕盧文弨曰：「陳、鄭之陳並如字，下陳列同。」陳直曰：「陣字始見於玉篇及廣韻，據本文則晉時已有作陣者。又東魏武定六年邑主造石像銘云：『入衛鈎陣，出宰藩岳。』陣字亦書作陣。」

〔八〕續家訓「此」下有「於」字，較是。何焯曰：「攷諸説文，則𢿱字從攴陳聲者列也，此爲行𢿱字，古字少，通借作陣字。」盧文弨曰：「周禮地官保氏：『養國子以道，教之六藝，五曰六書。』

注：『鄭司農曰：「六書：象形，會意，轉注，處事，假借，諧聲也。」』許慎説文：『假借者，本無其字，依聲託事，令長是也。』」

〔九〕續家訓句首有「諸」字。蒼謂蒼頡篇，雅謂爾雅。

〔一〇〕抱經堂校定本「王羲之」作「王義」，今仍從宋本。趙曦明曰：「隋書經籍志：『小學篇一卷，晉下邳内史王義撰。』諸本並作『王羲之』，乃妄人謬改，而佩觿及唐志皆從之，失攷之甚。」徐鯤曰：「魏書任城王雲傳：『彝兄順，字子和，年九歲，師事樂安豐，初書王羲之小學篇數千言，晝夜誦之，旬有五日，一皆通徹。豐奇之。』唐書藝文志：『王羲之小學篇一卷。』孫志祖讀書脞録七：「案：王羲之爲會稽内史，非下邳，故注以爲誤。然王羲之小學篇，亦見北史任城王雲傳，安知非隋志誤邪？恐當仍以舊本爲是。」器案：左傳昭公二十六正義引王羲之，蓋亦出小學章。佩觿上：「軍陳爲陣，始于逸少（小學章）。」王楙野客叢書二一：「古之陰影字用景字，如周禮『以土圭測景』之類是也，自葛洪撰字苑，始加彡爲陰影字。古之戰陣字用陳字，如『靈公問陳』之類是也，至王羲之小學章，獨自旁作車爲戰陣字。而今魏、漢間書，或書影字、陣字，後人改之耳，非當時之本文也。」即本顔氏此文爲説，亦作「王羲之」。

詩云：「黄鳥于飛，集于灌木〔一〕。」傳云：「灌木，叢木也。」此乃爾雅之文〔二〕，故李巡〔三〕注曰：「木叢生曰灌。」爾雅末章又云：「木族生爲灌。」族亦叢聚也〔四〕。所以江南詩古本皆爲叢聚之叢，而古叢字似冣字，近世儒生因改爲冣〔五〕，解云：「木之冣高長者。」案：衆家爾雅及解詩無言此者，唯周續之毛詩注音爲徂會反〔六〕，劉昌宗詩注〔七〕音爲在公反，又祖會反〔八〕：皆爲穿鑿〔九〕，失爾雅訓也〔一〇〕。

〔一〕周南葛覃文。

〔二〕見釋木。

〔三〕經典釋文叙録：「爾雅，李巡注三卷，汝南人，後漢中黄門。」隋書經籍志：「梁有漢中黄門李巡爾雅注三卷，亡。」器案：李巡見後漢書宦者吕强傳。巡此注，亦見詩經皇矣正義引，作「木叢生曰灌木」。

〔四〕盧文弨曰：「郭注：『族，叢。』」器案：詩正義引孫炎云：「族，叢也。」吕氏春秋辯土篇高注：「族，聚也。」莊子養生主郭注：「交錯聚結爲族。」

〔五〕續家訓作「皆爲藂藂之叢，而藂字似冣字，近世儒生，因改爲冣」，字有譌脱；羅本、傅本、顔本、程本、胡本、何本、朱本、文津本「皆爲叢聚之叢」作「皆爲藂聚之藂」，今從宋本。趙曦明曰：「案：藂俗叢字，而漢書息夫躬傳已有之。又有菆字，見東方朔傳，師古曰：『古叢字也。』其下皆從取。段氏則以爲詩傳本是『冣木』，冣與聚與叢古通用，説文在冖部，才句切，積也。又冃部：『最，祖會切，犯而取也。』俗作冣，故易與冣混。」段玉裁説文解字注七篇下最篆：「最，犯取也。鍇曰：『犯而取也。』按：犯而取，猶冢而前，冣之字訓積，最之字訓犯取，二字義殊而音亦殊。顏氏家訓謂『冣爲古聚字』。手部撮字从最爲音義，皆可證也。今小徐本此下多『又曰會』三字，係淺人增之，韵會無之，是也。『最』俗作『冣』，六朝如此作。」郝懿行曰：「古叢字作菆，或作蕺，並似冣字，故俗儒因斯致誤。太玄經云：『烏托巢于菆，人寄命于公。』漢書東方朔傳云：『蕺珍怪。』此皆古叢字也。」

〔六〕宋本原注：「又音祖會反。」趙曦明曰：「五字似衍。」錢馥曰：「祖會反，即毛詩音義之徂會反，何所見而謂『又音祖會反』五字衍乎？豈以徂會、祖會爲一乎？徂，從母；祖，精母。」器案：續家訓「徂」作「祖」，無注文「又音祖會反」五字，佩觿亦作「祖」，見下引。趙曦明曰：「宋書隱逸傳：『周續之，字道祖，鴈門廣武人。年十二，詣豫章太守范寧受業，通五經並緯候。高祖踐阼，爲開館東郊外，招集生徒。素患風痺，不復堪講，乃移病鍾山，景平元年卒。通毛詩六義及禮、論、公羊傳，皆傳於世。』」馬瑞辰毛詩傳箋通釋一魏晉宋齊傳詩各家考：「序録言：宋徵士雁門周續之、豫章雷次宗……並爲詩義序。……周續之所著詩義序，不見隋志。據鄭氏箋標題下釋文云：『續之釋題已如此。』是德明固嘗見道祖書者；而顏氏家訓及顏師古匡謬正俗並引續之毛詩音，則續之之書唐時猶存，不知隋志何以失載耳。」陳直曰：「唐貞觀二十一年思順坊造彌勒像記云：『松柱樌叢。』陸德明爾雅正義作樌，云：『字又作灌。』造像記作樌叢，以證陸氏之有本，是唐初灌又作樌也。」器案：陳氏引陸德明爾雅正義誤，當作爾雅釋文。阮元爾雅注疏校勘記云：「灌木叢木，唐石經、單疏本、雪牕本同。釋文：

『樌，古亂反，字又作灌，音同。』按下『木族生爲灌』，釋文：『樌，古半反，或作灌。』玉篇：『樌，木叢生也。今作灌，文在釋文。』當從陸本作樌。毛詩作灌，假借字，蓋今本所據改，或郭氏引詩作灌，後人援注改之。」

〔七〕盧文弨曰：「劉昌宗，經典釋文載之於李軌、徐邈之間，當是晉人，有周禮、儀禮音各一卷，禮記音五卷。其毛詩音，匡謬正俗引兩條：一，鵲巢箋『冬至加功』，劉、周等音加爲架；一，采蘩傳『山夾水曰澗』，劉、周又音夾爲頰。集韻又引其尚書音、左傳音，而隋書經籍志皆不載。」

〔八〕宋本「祖」作「狙」。

〔九〕漢書王吉傳：「以意穿鑿，各取一切，權譎自在。」後漢書徐防傳：「不依章句，妄生穿鑿。」

〔一〇〕吴承仕經籍舊音辨證一曰：「經典釋文：『灌木，叢木也，才公反，俗作藂，一本作最，作外反。』顔氏家訓云云。段玉裁、陳奂、嚴元照等，並以叢之異文應作冣，誤冣作最，故有徂會、祖會之音。承仕案：諸家説是也。叢從取聲；冣從冖取，取亦聲；聚從取聲；叢冣聚族，皆屬古侯部，音近義同。侯對轉東，叢得音在公反；冣在侯部，本音才句反。此四文者，隨用其一，理皆可通。若最字從冃取會意，本屬泰部，聲義並殊，劉昌宗、周續之、陸德明等所下徂會、祖會、作外等反，皆最字本音，與灌木義無涉，之推斥之，其識卓矣。」器案：佩觿上：「菆木用最。」原注：「灌木爲菆木，周續毛詩注音祖會翻，或別本作最，皆非也。」即本之推此文。

「也」是語已〔一〕及助句〔二〕之辭，文籍備有之矣。河北經傳，悉略此字，其間字有不可得無者，至如「伯也執殳〔三〕」，「於旅也語〔四〕」，「回也屢空〔五〕」，「風，風也，教也〔六〕」，及詩傳云〔七〕：「不戢，戢也；不儺，儺也〔八〕。」「不多，多也〔九〕。」如斯之類，儻削此文，頗成廢闕〔一〇〕。詩言：「青青子衿〔一一〕。」傳曰：「青衿，青領也，學子之服〔一二〕。」按：古者，斜領下連於衿，故謂領爲衿。孫炎、郭璞注爾雅，曹大家注列女傳〔一三〕，並云：「衿，交領也〔一四〕。」鄴下詩本，既無「也」字，羣儒因謬說云：「青衿、青領，是衣兩處之名，皆以青爲飾。」用釋「青青」二字，其失大矣！又有俗學，聞經傳中時須也字，輒以意加之，每不得所，益成可笑〔一五〕。

〔一〕語已，即語尾。說文只部：「只，語已詞也。」又矢部：「矣，語已詞也。」則語已之說，漢人已有之。廣雅釋詁：「曰，吹……也，乎，些，只，詞也。」

〔二〕助句，即語助詞。禮記檀弓上：「檀弓曰：『何居？』」鄭注：「居讀爲姬姓之姬，齊、魯之間語助也。」正義曰：「何居是語詞。」千字文：「謂語助者，焉哉乎也。」說文曰部：「曰，詞也。」徐鍇曰：「凡稱詞者，虛也，語氣之助也。」

〔三〕趙曦明曰：「詩衛風伯兮文。」

〔四〕趙曦明曰：「儀禮鄉射禮記文。」

〔五〕趙曦明曰：「論語先進文。」

〔六〕趙曦明曰：「詩小序文。」

〔七〕續家訓無「及」字。

〔八〕續家訓「儺」作「難」，趙曦明曰：「見小雅桑扈篇。」

〔九〕趙曦明曰：「見大雅卷阿篇。」器案：又見桑扈篇。

〔一〇〕續家訓句末有「也」字。

〔一一〕器案：説文無衿字，「裣，交衽也」，即衿字。

〔一二〕趙曦明曰：「見鄭風。」

〔一三〕羅本、傅本、顔本、程本、胡本、何本「列」作「烈」，今從宋本。隋書經籍志：「列女傳十五卷，劉向撰，曹大家注。」曾鞏序録曰：「劉向序列女傳，凡八篇，隋志及崇文總目皆稱向列女傳十五篇，曹大家注；以頌義考之，蓋大家所注，離其七篇爲十四，與頌義凡十五篇，而益以陳嬰母及東漢以來凡十六事耳。」器案：大家注今已佚。曾謂「大家所注，離其七篇爲十四」，是，昭明文選原三十卷，注家分爲六十卷，正其比也。

〔一四〕趙曦明曰：「郭注見爾雅釋器『衣眥謂之襟』下，曹注今已亡。」

〔一五〕宋本、續家訓及各本「成」都作「誠」，今從抱經堂校定本。器案：六朝、唐人鈔本古書多有虛字，後人往往加以删削，日本島田翰古文舊書考卷一於春秋經傳集解下言之甚詳，其言曰：「又是書『之也』、『矣也』、『也矣』之類極多，詩小雅四月：『六月徂暑。』毛傳：『六月火星中暑盛而往矣。』玉燭寶典引『矣』下有『也』字。羣書治要引書君陳：『爾無忿疾于頑。』注：『無忿疾之也。』宋本以下皆去『也』字。（元和活字本羣書治要校讐頗粗，多不足據，誤脱「之也」二字，今從祕府舊鈔原本。）周官春官：『以冬至日，致天神人鬼。』鄭注：『致人鬼於祖廟。』寶典引『廟』下有『之也矣哉也乎也』七字，（黎純齋古逸叢書所收寶典以影貞和鈔本爲藍本，而頗有校改，貞和本本子「致」字並作「鼓」，又無「於」字，黎本蓋依注疏本改，今據舊鈔卷子十二卷足本。又案：如此七字語詞，更無意義，是恐書語辭以取句末整齊，以爲觀美耳。但古書實多語辭，學者宜分别見之也。）地官：『日至景尺有五寸，謂之地中。』鄭注：『今潁川陽城爲然。』寶典引『然』下有『之者也』三字。（貞和本無「今」字，「潁」譌「頭」，黎本作「潁」，是據注疏本改也，今依卷子本。）寶典引禮記月令：『天子乃難以達秋氣。』鄭注：『王居明堂禮曰：「仲秋，九門磔禳，以發陳氣，禦止疾疫之者耳也。」』而附釋音本以下，皆删『之者耳也』四字。（祕府舊鈔注疏七十卷本有「也」字，貞和本「止」譌「王」，無「疫」字，黎本從注疏本改，今依卷子本。）寶典引易通卦驗玄曰：『反舌者，反舌鳥之矣。』（「驗」下疑脱「注」字，上「反」字當作「百」字，貞和本「曰」作「口」，「也」上無「之矣」二字，黎本校改「口」作

「曰」，今從卷子本。案：此蓋通卦驗鄭玄注文也，（案：此說非是。）而藝文類聚引此文，亦不爲注語，恐非是。貞和本無下「舌」字，藝文類聚引有，卷子本同類聚，今從之。）陸善經文選音決鈔（音決鈔已佚，今據金澤稱名寺舊藏文選集注所引。）及藝文類聚引，並省『之矣』二字，隸釋載熹平石經殘碑云：『鳳兮鳳兮，何而德之衰也。』與莊子人間世所載同，自開成石本始脱『而』字，而後來印本，並删『而也』二字。尚書大傳：『在外者皆金聲。』注：『金聲其事煞。』寶典引『煞』下有『矣也』二字。（貞和本「煞」作「然」，「煞」即「殺」字俗體，黎本從本書改，今據卷子本。）寶典引尚書考靈曜：『仲夏一日，日出於寅，人於戌。』而五行大義、七緯所引，則無二『於』字。（貞和本作「夏仲」，卷子本作「仲夏」，案上下例，卷子本似是。）白虎通：『萬物乎甲，種類分也。』（貞和本無「甲」字，黎本據本書補，卷子本有「甲」字。）寶典引『分』下有『之』字，與卷子本集注文選所引合。然則之也者，蓋漢、隋之語辭，又傳注之體乃然也。（又案：間有增置語助，以爲句末整齊者，然不可爲例。）至唐初遺意頗存，李隆基開元初注本孝經事君章：『進思盡忠。』注：『進見於君，則思盡忠節之也。』而石、臺以下，皆省『之也』二字。其他，唐鈔本楊雄傳注、金澤文庫卷子本集注文選等，皆多有語辭。由是而觀，其書愈古者，其語辭極多；其語辭益尠者，其書愈下。蓋先儒注體，每於句絶處，迺用語辭，以明意義之深淺輕重，漢、魏傳疏，莫不皆然；而淺人不察焉，迺擅删落、加之。及刻書漸行，務略語辭，以省其工，並不可無者而皆删之，於是蕩然無復古意矣。顏之推北齊人，而言：『河北經傳，悉略語辭。』然則經傳之災，其來亦已久矣。」

易有蜀才注〔一〕，江南學士，遂不知是何人。王儉四部目録〔二〕，不言姓名，題云：「王弼後人。」謝炅〔三〕、夏侯該〔四〕並讀數千卷書，皆疑是譙周〔五〕；而李蜀書一名漢之書〔六〕，云：「姓范名長生，自稱蜀才〔七〕。」南方以晉家渡江後〔八〕，北間傳記，皆名爲僞書，不貴省讀〔九〕，故不見也〔一〇〕。

〔一〕趙曦明曰：「隋書經籍志：『周易十卷，蜀才注。』」朱亦棟羣書札記曰：「案：揚子法言問明篇：『蜀莊沉冥，蜀莊之才之珍也。』則蜀才乃嚴君平也。豈范長生自比君平，故稱蜀才與？考唐書藝文志：『常璩華陽國志十三卷，漢之書十卷，李蜀書九卷。』則漢之書似别是一種，非李蜀書也。」

〔二〕趙曦明曰：「南齊書王儉傳：『儉字仲寶，瑯邪臨沂人，專心篤學，手不釋卷，解褐祕書郎，太子舍人，超遷祕書丞。上表求校墳籍，依七略撰七志四十卷，上表獻之。又撰定元徽四部書目。』隋書經籍志：『魏氏代漢，采掇遺亡，藏在祕書中外三閣，祕書郎鄭默始制中經，祕書監荀勗更著新簿，分爲四部：一曰甲部，二曰乙部，三曰丙部，四曰丁部。其後，中朝遺書稍流江左。宋元嘉八年，祕書監謝靈運造四部目録，大凡六萬四千五百八十二卷。元徽元年，王儉又造目録，大凡一萬五千七百四卷。』」

〔三〕盧文弨曰：「炅，古迥切。」陳直曰：「按：炅字有三音，在人名應正讀爲古迥切。或爲寒熱之熱字，見素問王砅注及居延漢簡。又爲貴字簡文，見於杭州鄒氏所藏大富炅鐸。桂未谷謂炅爲桂字變文，其説可商。」器案：元和姓纂卷八：「昋音桂，或作炅，漢衛尉昋横，彭城，漢上計掾昋景雲，見姓苑。城陽，後漢陳球碑：『城陽炅横被誅，有四子守墳墓，改姓炅氏；一子居徐州郡，雲之先也，姓昋氏；一子居幽州，姓桂氏；一子居華陰，姓炔氏，皆九畫，以避難也。』」案：「九畫」當作「八畫」。又案：兩唐書姚思廉傳：「思廉受詔，與魏徵共修梁史，思廉又採謝炅等衆家梁史，以成梁書五十卷。」此人即撰梁史之謝炅也。尋隋書經籍志有梁書四十九卷，梁中書郎謝吴撰，本一百卷。又梁皇帝實録五卷，梁中書郎謝吴撰紀元帝事。南史蕭韶傳謂所撰太清紀中之議論，多出於謝吴。史通史官篇舉梁之修史學士有謝吴，正史篇又云「梁史……祕書監謝吴」云云。「謝吴」俱「謝炅」之誤也。

〔四〕宋本原注：「一本『該』字下注云：『五代和宫傅凝本作「諺」、作「詠」未定。』」趙曦明曰：「案：隋書經籍志：『漢書音二卷，夏侯詠撰。』作『詠』爲是。」劉盼遂曰：「案：『該』爲『詠』之形誤，切韻序敦煌本云：『夏侯詠韻略。』今本廣韻亦誤作『該』。隋書經籍志：『四聲韻略十三卷，夏侯詠撰。』李涪刊誤曰：『梁夏侯詠撰四聲韻略十二卷。』皆不作『該』。」

〔五〕趙曦明曰：「蜀志譙周傳：『周字允南，巴西西充國人。耽古篤學，研精六經，尤善書札。丞相亮領益州牧，命爲勸學從事。』」

〔六〕趙曦明曰：「隋書經籍志：『漢之書十卷，常璩撰。』」嚴式誨曰：「案：『一名漢之書』五字，顏氏自注語，當旁注。據此，則李蜀書即漢之書，而唐志乃有蜀李書九卷，又有漢之書十卷，蓋未見其書而據舊文録之耳。」器案：史通古今正史篇：「蜀初號成，後改稱漢，李勢散騎常侍常璩撰漢書十卷，後入晉祕閣，改爲蜀李書。」

〔七〕宋景文筆記中：「易家有蜀才，顏之推曰：『范長生自稱蜀才。』則蜀人也。」徐文靖管城碩記二八：「楊氏（升庵集）曰：『注疏中有蜀才姓名，宋儒謂蜀才即范長生，蓋别無所見也。陳子昂集：東海王霸、西山蜀才，皆避人養德，躬耕求志。由此觀之，范長生與蜀才自是二人。』按後魏書：昭帝十年，李雄僭稱成都王，年號建興。時涪陵人范長生頗有術數，勸雄即真；十二年，僭稱皇帝，拜長生爲天地太師，領丞相、西山王。陳子昂集所謂西山蜀才也。唐書藝文志有蜀才注易十卷，陸氏釋文所引易有蜀才本。王應麟玉海曰：『蜀才，人多不識，顏之推曰：范長生也。』以蜀才爲范長生，非宋儒之説，亦非二人。」趙熙曰：「范長生，見晉書載記。」器案：經典釋文叙録：「蜀才注，十卷。蜀李書云：『姓范，名長生，一名賢，隱居青城北，自號蜀才。李雄以爲丞相。』」華陽國志李特雄壽勢志：「建元太武，迎范賢爲丞相。賢既至，尊爲天地太師，封西山侯，復其部曲，軍征不預，租税皆入賢家。賢名長生，一名延久，又名九重，一曰支，字元，涪陵丹興人也。」後魏書李雄傳：「昭帝十年，雄僭稱成都王，號年建興，置百官。時涪陵人范長生頗有術數，雄篤信之，勸雄即真。十二年，僭稱皇帝，號大成，改年爲晏平，拜長生爲天地太師，領丞相、西山王。」楊升庵文集四八曰：「蜀音葵。」器案：據此，則字當作蜀，元和姓纂十二齊：「蜀，見纂要。」

〔八〕續家訓及各本無「家」字，今從宋本，此猶言周家、漢家也。本書稱梁亦曰梁家，風操篇：「梁家亦有孔翁歸。」終制篇：「吾年十九，值梁家喪亂。」皆謂其本朝耳。

〔九〕續家訓「貴」作「肯」。

〔一〇〕朱軾曰：「陸氏釋文時有引列。」

禮王制云：「贏股肱〔一〕。」鄭注云：「謂擐衣出其臂脛〔二〕。」今書皆作擐甲之擐〔三〕。國子博士蕭該〔四〕云：「擐當作擐，音宣，擐是穿著之名，非出臂之義〔五〕。」案字林，蕭讀是〔六〕，徐爰〔七〕音患，非也。

〔一〕盧文弨曰：「贏，力果切。」

〔二〕朱本注云：「擐，音宣，引也。」續家訓「擐」誤「捋」。

〔三〕朱本注云：「擐，音患，貫也。」郝懿行曰：「案禮注雖作『擐』字，陸氏釋文云：『擐舊音患，今讀宜音宣，依字作擐，字林云：「擐臂也，先全反。」是。』據陸氏之意，以擐擐通也。然攷儀禮士虞禮『鉤袒』注云：『如今擐衣。』則知『擐』當爲『擐』矣。」器案：說文手部：「擐，貫也。」引春秋成二年傳：「擐甲執兵。」

〔四〕顏本、程本、胡本、何本、朱本「蕭」誤「玄」。盧文弨曰：「隋書儒林何妥傳附：『蘭陵蕭該者，梁鄱陽王恢之孫也，少封攸侯。梁荆州陷，與何妥同至長安。性篤學，詩、書、春秋、禮記並通大義，尤精漢書，甚爲貴游所禮。開皇初，賜爵山陰縣公，拜國子博士。奉詔與妥正定經史，然各執所見，遞相是非，久而不能就；上譴而罷之。該後撰漢書及文選音義，咸爲當時所貴。』」

〔五〕盧文弨曰：「著，張略切。」

〔六〕段玉裁曰：「捋，説文只作援，其云『纕援臂也』，纕即攘臂字。」

〔七〕隋書經籍志：「禮記音二卷，宋中散大夫徐爰撰。」

漢書：「田肎賀上〔一〕。」江南本皆作「宵」字〔二〕。沛國劉顯〔三〕博覽經籍，偏精班漢，梁代謂之漢聖〔四〕。顯子臻，不墜家業〔五〕。讀班史，呼爲田肎。梁元帝嘗問之，答曰：「此無義可求，但臣家舊本，以雌黄改『宵』爲『肎』。」元帝無以難之〔六〕。吾至江北〔七〕，見本爲「肎」。

〔一〕續家訓及各本「肎」作「肯」，乃俗字，今從宋本。引漢書見高紀六年。陳直曰：「按：東魏武定六年邑主造像銘云：『方琢是肎，樹此福堂。』肎字六朝人寫法，極與宵字相似，故易致誤。」

〔二〕續家訓「宵」作「霄」，下同。佩觿上：「田肯云宵。」原注：「漢書『田肯』，是，作『宵』者非。」即本之推此文。史記高紀：「田肯賀。」索隱：「漢紀及漢書作『宵』，劉顯云：『相傳作「肯」也。』」

〔三〕趙曦明曰：「梁書劉顯傳：『顯字嗣芳，沛國相人。博涉多通。顯有三子：莠，荏，臻。臻早著名。』」器案：隋書經籍志云：「梁時明漢書有劉顯、韋稜，陳時有姚察，隋代有包愷、蕭該，並爲名家。」又著録：「漢書音二卷，梁尋陽太守劉顯撰。」

〔四〕器案：北史文苑劉臻傳：「精於兩漢書，時人謂之漢聖。」以漢聖爲顯子臻，恐誤。王觀國學林一：「古之人精通一事者，亦或謂之聖……隋劉臻精兩漢，謂之漢聖，唐衞大經邃于易，謂之易聖……蓋言精通其事，而他人莫能及也。」

〔五〕趙曦明曰：「隋書文學劉臻傳：『臻字宣摯，梁元帝時遷中書舍人。江陵陷没，入周，冢宰宇文護辟爲中外府記室，軍書羽檄，多成其手。』」器案：隋書楊汪傳：「受漢書於劉臻。」

〔六〕盧文弨曰：「難，乃旦切。」

〔七〕何焯改「江北」爲「河北」，云：「『河』字以意改。」

漢書王莽贊云：「紫色蠅聲〔一〕，餘分閏位。」蓋謂非玄黄之色，不中律吕之音也。近有學士，名問〔二〕甚高，遂云：「王莽非直鳶髆虎視，而復紫色蠅聲〔三〕。」亦爲誤矣〔四〕。

〔一〕續家訓、羅本、顏本、程本、胡本、何本、朱本、文津本、奇賞本「繩」作「蛙」，今從宋本，下同。

〔二〕韓非子亡徵篇：「不以功伐課試，而好以名問舉錯。」名問亦言名聞，莊子人間世：「名聞不爭，未達人心。」俱謂以名聞於人，莊子德充符篇所謂「彼且蘄以諔詭幻怪之名聞」是也。

〔三〕續家訓、羅本、顏本、程本、胡本、何本、朱本、文津本、奇賞本無「而」字。

〔四〕顏本「亦」誤「外」，朱本作「誠」。趙曦明曰：「此條已見前勉學篇，『鳶髆虎視』，彼作『鴟目虎吻』，與漢書合。」

簡策字，竹下施朿〔一〕，末代隸書，似杞、宋之宋〔二〕，亦有竹下遂爲夾者〔三〕；猶如刺字之傍應爲朿〔四〕，今亦作夾〔五〕。徐仙民春秋、禮音〔六〕，遂以筴爲正字〔七〕，以策爲音，殊爲顛倒〔八〕。史記又作悉字〔九〕，誤而爲述，作妬字，誤而爲姤，裴、徐、鄒皆以悉字音述〔一〇〕，以妬字音姤〔一一〕。既爾，則亦可以亥爲豕字音〔一二〕，以帝爲虎字音乎〔一三〕？

〔一〕宋本原注：「朿，七賜反。」

〔二〕趙曦明曰：「書斷：『隸書，下邽人程邈所作也。邈始爲縣吏，得罪始皇，幽繫雲陽獄中，覃思十年，損益大小篆方員，而爲隸書三千字，奏之始皇。始皇善之，用爲御史。以奏事繁多，篆字難成，乃用隸字，以爲吏人佐書，務趨便捷，故曰隸書。』」王叔岷曰：「案論語雍也篇：『將入門，策其馬。』日本正平本『策』作『筞』，正所謂『似杞、宋之宋』也。」

〔三〕徐鯤曰：「按魯語：『臧文仲聞柳下季子之言，使書以爲三夾。』莊子駢拇篇：『問臧奚事，則挾筴讀書。』管子海王篇：『海王之國，謹正鹽筴。』皆爲簡策之策。」王叔岷曰：「案莊子馬蹄篇：『前有橛飾之患，而後有鞭筴之威。』文選司馬相如上書諫獵一首注、一切經音義八四、御覽三五九、八九六、記纂淵海六一引，『筴』皆作『策』，此正所謂『竹下爲夾』者也。」

〔四〕續家訓、傅本、鮑本、汗青簃本「字」作「史」，未可從。

〔五〕段玉裁曰：「曲禮挾訓箸，字林作筴，則筴不可以代策，明矣。」徐鯤曰：「按：史記封禪書：『使博士諸生剌六經中作王制。』索隱曰：『小顏云：「剌作刺，謂采取之也。」』又毛詩魏風葛屨篇：『是以爲刺。』魯詩作剌，見顧炎武石經考。」陳直曰：「自南北朝至唐初策字無不作筞，確與宋字相似。惟梁永陽王太妃墓誌仍書作策，是用正體，比較少見。又案：安定王元燮造像：『官華州剌史。』刺正作剌，與之推所説當時字體正合。（僅舉一例。）」

〔六〕趙曦明曰：「隋書經籍志：『春秋左氏傳音三卷，禮記音三卷，並徐邈撰。』」

〔七〕顏本「正」作「宜」，未可從。

〔八〕郝懿行曰：「案：簡策字當爲冊，古文从竹爲笧，經傳以夾爲筴，徐仙民以策爲音，得之矣。策，馬箠也，俗借爲冊字，顏君顧譏徐邈，何耶？」左氏定四年傳曰：『備物典筴。』釋文云：

『本或冊，或作篇。』」

〔九〕朱本分段。

〔一〇〕宋本「裴」作「衮」，秦曼青校宋本作「斐」，鮑本、汗青簃本作「裴」，段玉裁曰：「當作『裴』。」今從之。續家訓（後人補寫作「衮」）、羅本、傅本、程本、胡本、何本、文津本、朱本作空白，顏本遂於「徐」字跳行另起，皆非也。趙曦明曰：「隋書經籍志：『史記八十卷，宋南中郎外兵參軍裴駰注。史記音義十二卷，宋中散大夫徐野民撰。史記音三卷，梁輕車録事參軍鄒誕生撰。』」器案：裴駰見宋書裴松之傳。駰字龍駒，河東聞喜人。父松之字世期，注三國志。徐野民即徐廣，東莞人，唐書藝文志：「徐廣史記音義十三卷。」鄒誕生，司馬貞史記索隱序及後序，俱以爲南齊輕車録事，與隋志異。

〔一一〕器案：姡者，妒之俗體，妒作姡，又以形近誤爲姡耳。此事郭忠恕亦言之，其佩觿下去聲自相對云：「姡姡：上，丁故翻，嫉姡，説文作『妒』；下，古候翻，卦名。」

〔一二〕續家訓及各本無「則」字，今從宋本。趙曦明曰：「家語弟子解：『子夏反衛，見讀史志者，云：「晉師伐秦，三豕渡河。」子夏曰：「非也，己亥耳。」讀史志者問諸晉史，果曰己亥。』」王叔岷曰：「案吕氏春秋察傳篇：『子夏之晉，過衛，有讀史記者，曰：晉師三豕涉河。子夏曰：非也，是己亥也。夫己與三相近，亥與豕相似。至於晉而問之，則曰：晉師己亥涉河也。』風俗通正失篇：『晉師己亥渡河，有三豕之文，非夫大聖至明，孰能原析之乎！』」

〔一三〕趙曦明曰：「抱朴子遐覽篇：諺曰：『書三寫，魚成魯，帝成虎。』」

云：張揖云：「虙，今伏羲氏也〔一〕。」孟康漢書古文注亦云：「虙，今伏〔二〕。」而皇甫謐〔三〕云：「伏羲或謂之宓羲。」按諸經史緯候〔四〕，遂無宓羲之號。虙字從虍〔五〕，宓字從宀〔六〕，下俱爲必，末世傳寫，遂誤以虙爲宓，而帝王世紀因誤更立名耳〔七〕。何以驗之？孔子弟子虙子賤爲單父宰〔八〕，即虙羲之後〔九〕，俗字亦爲宓，或復加山〔一〇〕。今兗州永昌郡城，舊單父地也〔一一〕，東門有子賤碑，漢世所立，乃曰：「濟南伏生〔一二〕，即子賤之後。」是虙之與伏〔一三〕，古來通字〔一四〕，誤以爲宓〔一五〕，較可知矣〔一六〕。

〔一〕續家訓、羅本、傅本、顏本、程本、胡本、何本、朱本、文津本「虙」作「宓」。漢書序例：「張揖，字稚讓，清河人，一云河間人，魏太中博士。」案：張揖著作，兩唐志著録有廣雅四卷、埤蒼三卷、三蒼訓詁三卷、雜字一卷、古文字訓三卷。廣韻五質：「宓，美畢切，埤蒼云：『祕宓。』又音謐。」又一屋：「虙，房六切，古虙犧字，說文云：『虎皃。』又姓，虙子賤是也。」是二字固有別也。

〔二〕續家訓、羅本、傅本、顏本、程本、胡本、何本、朱本、文津本「虙」作「宓」。嚴式誨曰：「案：『古文』二字，疑當在『亦云』二字下。」趙曦明曰：「隋書經籍志：『梁有漢書孟康音九卷。』」

陳直曰：「漢武梁祠畫像題字云：『伏戲倉精，初造王業。』知東漢時已寫『虙』作『伏』，與張揖、孟康稱爲『虙』今『伏』，正相吻合。」器案：三國志魏書杜恕傳注引魏略：「孟康，字公休，安平人。黄初中，以於郭后有外屬，并受九親賜拜，遂轉爲散騎侍郎。是時，散騎皆以高才英儒充其選，而康獨緣妃嬙，雜在其間，故于時皆共輕之，號爲阿九。康既無才敏，因在宂官，博讀書傳，後遂有所彈駁，其文義雅而切要，衆人乃更加意。正始中，出爲弘農，領典農校尉。……嘉平末，徙渤海太守，徵入爲中書令，後轉爲監。」又案：佩觿上：「不齊之稱宓賤。」原注引李涪說：「案：不齊姓虙，音調伏之伏，作宓者非。」與之推説同。王叔岷曰：「案御覽七八引帝王世紀作『或謂之密犧』，下有注云：『一解云：宓，古伏字，後誤以宓爲密，故號曰密犧。』（鮑刻本『宓』並作『虙』。）又引易坤靈圖、易通卦驗並作『宓犧』。（鮑刻本『宓』亦作『虙』。）」

〔三〕晉書皇甫謐傳：「皇甫謐，字士安，幼名静，安定朝那人。……所著詩賦誄頌論難甚多，又撰帝王世紀、年歷、高士、逸士、列女等傳、玄晏春秋，並重於世。」

〔四〕續家訓無「按」字。

〔五〕宋本原注：「虍音呼。」

〔六〕顔本、程本、胡本、朱本「宀」作「宩」，未可從。宋本原注：「宀音綿。」

〔七〕趙曦明曰：「帝王世紀即皇甫謐所著。」

〔八〕續家訓「虙」作「宓」。史記仲尼弟子列傳：「宓不齊，字子賤，少孔子三十歲。孔子謂：『子賤，君子哉！魯無君子，斯焉取斯。』子賤爲單父宰，反命於孔子，曰：『此國有賢不齊者五人，教不齊所以治者。』孔子曰：『惜哉！不齊所治者小；所治者大，則庶幾矣。』」盧文弨曰：「單父音善甫。」

〔九〕續家訓「虙」作「宓」。

〔一〇〕雲麓漫鈔九引「復」作「宓」。李詳曰：「案：梁玉繩漢書人表攷：『密轉訛爲宓，其由來已久。晉書李密，華陽國志作李宓，蜀志秦宓，後漢書方術董扶傳作秦密，淮南泰族以宓子賤作密子賤。路史敘伏羲後有密氏。』（此隱括梁氏之言，與梁原旨微異。）又案：陸機演連珠：『蒲密之黎。』善注辨或説『密爲宓子賤』之非，不知此二字以音相通久矣！（庾子山哀江南賦：『豺牙密厲。』『宓』，一本作『密』。）陳直曰：「按：唐滎陽令盧正道清德文頌云：『琴鳴密賤。』『虙』作『宓』，正之推所謂當時『或復加山』也。」

〔一一〕史記仲尼弟子傳正義引「父」下有「縣」字。

〔一二〕趙曦明曰：「漢書儒林傳：『伏生，濟南人。故爲秦博士。孝文時，求能治尚書者，時伏生年九十餘，老不能行，於是詔太常使掌故鼂錯往受之，得二十八篇。』」

〔一三〕各本「是」下有「知」字，楚辭辯證上亦有。史記正義引無「知」字，與抱經堂校定本同。續家訓「虙」作「宓」。

〔一四〕雲麓漫鈔、楚辭辯證「字」作「用」。

〔一五〕續家訓、雲麓漫鈔、楚辭辯證「宓」作「密」，未可從。

〔一六〕史記正義引「知」作「明」，又云：「虙字从虍，音呼，宓从宀，音緜，下俱爲必，世傳寫誤也。」楚辭辯證：「『虙妃』一作『宓妃』。説文：『虙，房六反，虎行皃。』『宓，美畢反，安也。』集韻云：『虙與伏同。虙犧氏，亦姓也。宓與密同，亦姓，俗作密，非是。』補注引顏之推説云：『虙字本从虍，虙子賤，即伏犧之後，而其碑文説濟南伏生，又子賤之後，是知古字伏虙通用，而俗書作宓，或復加山，而並轉爲密音耳。』此非大義所繫，今亦姑存其説，以備參考。」案：王觀國學林四論伏勝非子賤後一條，亦襲用顏氏此文，不悉録也。尋段玉裁説文解字注五篇上虙篆下云：「顏氏家訓云：『張揖、孟康皆云『虙、伏古今字』，而皇甫謐帝王世紀云：『伏羲或謂之宓羲。』案諸經史緯候，遂無宓羲之號，虙宓二字下俱爲必，是以誤耳。孔子弟子虙子賤即虙羲之後，俗字亦爲宓。今兗州永昌郡城東門子賤碑，漢世所立，云：濟南伏生即子賤之後，是虙之與伏，古來通字，誤以爲宓，較可知矣。』顏語謂虙音房六切，與伏音同，而宓音綿一切，與虙音殊，故謂宓羲、宓子賤皆誤字，不知虙宓古音正同，故虙羲或作宓羲，其爲伏羲者，如毛詩苾字，韓詩作馥，語之轉也。宓子賤之當爲虙子賤，則出黄門臆測，而陸氏釋文、張氏五經文字從之，蓋古未有作虙子賤者；若論其同從必聲，則作虙子賤，亦無不可。」

太史公記〔一〕曰：「寧爲雞口，無爲牛後〔二〕。」此是删戰國策耳〔三〕。案：延篤戰國策音義〔四〕曰：「尸，雞中之王。從，牛子〔五〕。」然則，「口」當爲「尸」，「後」當爲「從」，俗寫誤也〔六〕。

〔一〕孫奕示兒編二三引無「記」字。器案：漢、魏、南北朝人稱司馬遷史記爲太史公記，如漢書楊惲傳、論衡道虚篇、漢紀孝武紀、風俗通義皇霸篇、又聲音篇、又祀典篇、穆天子傳序及抱朴子論仙篇等俱是也。俞正燮癸巳類稿十一太史公釋名曰：「史記本名太史公書，題太史以見職守，而復題曰公，古人著書稱子，漢時稱生稱公也。」

〔二〕趙曦明曰：「見蘇秦傳。」案：張守節正義曰：「雞口雖小猶進食，牛後雖大乃出糞也。」案：文選爲曹公作書與孫權呂向注作「雞口」、「牛後」。

〔三〕趙曦明曰：「見韓策。」

〔四〕趙曦明曰：「隋書經籍志：『戰國策論一卷，漢京兆尹延篤撰。』」郝懿行曰：「延篤，見後漢書，其戰國策音義，本傳所無，存以俟考。」案：後漢書延篤傳：「延篤，字叔堅，南陽犨人也。少從潁川唐溪典受左氏傳，旬日能諷之，典深敬焉。又從馬融受業，博通經傳及百家之言，能著文章，有名京師。……永康元年卒於家。鄉里圖其形于屈原之廟。篤論解經傳，多所駁正，後儒服虔等以爲折中。所著詩論銘書應訊表教令，凡二十篇云。」

〔五〕類説作「尸者雞中之主，從者牛之子」。案：史記蘇秦傳索隱引戰國策延篤注曰：「尸，雞中主也；從，謂牛子也。言寧爲雞中之主，不爲牛之從後也。」文選阮元瑜爲曹公作書與孫權注引延叔堅戰國策注曰：「尸，雞中主也；從，牛子也。『從』或爲『後』，非也。」張萱疑耀四：「蘇秦說韓：『寧爲雞口，無爲牛後。』今本戰國策、史記皆同，惟爾雅翼釋豵篇：『寧爲雞尸，無爲牛從。尸，主也，一羣之主，所以將衆者。從，從物者也，隨羣而往，制不在我也。』此必有據，且於縱横事相合。今本『口』字當是『尸』字之誤，『後』字當是『從』字之誤也。」洪頤煊讀書叢録十曰：「犍，從牛也。案：說文新坿：『犍，犗牛也。』一切經音義卷十四引通俗文：『以刀去陰曰犍。』淮南氾論訓：『禽獸可羈而從也。』凡牛已犗者即訓從，故亦謂之從牛。顏氏家訓書證篇引戰國策『寧爲雞尸，無爲牛從』，延篤以爲牛子，非是。」王念孫讀書雜志戰國策三亦以「雞尸」「牛從」爲是，不悉録也。

〔六〕盧文弨曰：「案：口、後韻協。秦正以牛後鄙語激發韓王，安得如延篤所言乎？且雞尸之語，别無他證，奈何信之。」梁玉繩史記志疑二九曰：「索隱及羅願爾雅翼釋豵、沈括筆談並言之，然非也。餘冬叙録云：『口、後韻叶，如「寧爲秋霜，毋爲檻羊」之類，古語自如此。』（案：閔元京湘煙録十六引弭子元說同。）」朱亦楝曰：「按：口與後叶，與漢書『寧爲秋霜，無爲檻羊』正同，若尸、從則不叶矣。補正引正義云：『雞口雖小，乃啄食；牛後雖大，乃出糞。此蓋以惡語侵韓，故昭侯怒而從之也。』最爲得解。」李慈銘越縵堂日記丙集曰：「此說不可從。尸字之義，不見所據。況口、後協韻，古語如是；牛子爲從，尤所未聞。」器案：佩鱅上：「雞尸虎穴之議。」原注：「太史公記曰：『寧爲雞口。』戰國策音義曰：『尸，雞之主。』則『口』當爲『尸』。」即本之推此文。七修類稿二〇亦謂史記口、後爲是，亦不悉録也。

應劭風俗通〔一〕云：「太史公記〔二〕：『高漸離變名易姓，爲人庸保〔三〕，匿作於宋子〔四〕，久之作苦，聞其家堂上有客擊筑〔五〕，伎癢〔六〕，不能無出言。』」案：伎癢者，懷其伎而腹癢也。是以潘岳射雉賦亦云：「徒心煩而伎癢〔七〕。」今史記並作「徘徊〔八〕」，或作「徬徨〔九〕不能無出言」，是爲俗傳寫誤耳〔一〇〕。

〔一〕宋本「劭」作「邵」。案：古劭、邵多混，如晉書陳邵有傳，隋書經籍志禮類作陳劭，即其證。應劭，後漢書有傳，字仲遠，汝南南頓人。趙曦明曰：「隋書經籍志：『風俗通義三十一卷，録一卷，應劭撰，梁三十卷。』案：今止存十卷。」器案：此所引見聲音篇。

〔二〕見史記刺客荊軻傳。

〔三〕史記刺客荊軻傳索隱：「欒布傳曰：『賣庸於齊，爲酒家人。』漢書作『酒家保』。案：謂庸作於酒家，言可保信，故云庸保。鶡冠子曰：『伊尹保酒。』」案：庸、傭通，杜甫八哀詩趙次公注引作「爲人傭保」。

〔四〕趙曦明曰：「史記刺客傳集解：『徐廣曰：「宋子，縣名，今屬鉅鹿。」』」

〔五〕宋本、續家訓作「聞其家堂客有擊筑」，杜詩趙注又引作「聞其家堂有擊筑」。趙曦明曰：「宋本譌。」案：文選荆軻歌注引應劭漢書注曰：「筑狀似琴而大頭，安弦以竹擊之，故名曰筑。」

〔六〕續家訓、文選射雉賦李善注、緗素雜記二引「癢」作「養」。林思進先生曰：「技癢二字，非西漢時所有，於史公文尤不類，不得遽以應劭所云，謂爲俗寫誤也。」

〔七〕案：潘賦見文選。盧文弨曰：「潘賦本作『伎懩』，徐爰注：『有伎藝而欲逞曰伎懩。音養。』」

〔八〕宋本「徘徊」作「俳佪」。

〔九〕案：今史記作「傍偟不能去每出言」。

〔一〇〕杜詩趙注引作「是爲俗寫傳誤也」。

太史公論英布〔一〕曰：「禍之興自愛姬，生於妬媢，以至滅國〔二〕。」又漢書外戚傳亦云：「成結寵妾妬媢之誅〔三〕。」此二「媢」並當作「娼」，娼亦妬也，義見禮記、三蒼〔四〕。且五宗世家亦云：「常山憲王后妬媢〔五〕。」王充論衡云：「妬夫媢婦生，則忿怒鬭訟〔六〕。」益知媢是妬之别名。原英布之誅爲意賁赫耳〔七〕，不得言媢〔八〕。

〔一〕趙曦明曰：「史記黥布傳：『布，六人也，姓英氏。背楚歸漢，立爲淮南王。信、越誅，布大恐，陰聚兵候伺旁郡警急。所幸姬疾，請就醫。醫家與中大夫賁赫對門，赫自以爲侍中，乃厚餽遺，從姬飲醫家。姬侍王，譽赫長者，具説狀。王疑其與亂，欲捕赫。赫詣長安上變，言布謀反有端。漢繫赫，使案驗布。布族赫家，發兵反。上自將擊布，布數與戰不利，走江南。長沙王使人紿布，之番陽，番陽人殺之，遂滅黥布。』」

〔二〕盧文弨曰：「今史記作『禍之興自愛姬殖，妒媢生患，竟以滅國』，妒本字，亦作妬，通。」器案：佩觿上：「妒媢提福之殊。」原注：「英布之禍，興自愛姬，成於妒媢。『媢』當作『娼』（音冒），妒也，義見世家。」即本之推此文。

〔三〕趙曦明曰：「傳云：『孝成趙皇后女弟趙昭儀姊妹專寵十餘年，卒皆無子。帝暴崩，皇太后詔大司馬莽與御史、丞相、廷尉問發病狀，昭儀自殺。哀帝即位，尊皇后爲皇太后。司隸解光奏言，趙氏殺後宮所産諸子，請事窮究。哀帝爲太子，亦頗得趙太后力，遂不竟其事。哀帝崩，王莽白太后，詔貶爲孝成皇后，又廢爲庶人，就其園自殺。』案：所引是議郎耿育疏中語。今本漢書仍作『媢』，史記黥布傳索隱引作『娼』。」

〔四〕盧文弨曰：「禮記大學：『媢疾以惡之。』鄭注：『媢，妬也。』史記五宗世家索隱：『郭璞注三蒼云：「娼，丈夫妒也。」又云：「妒女爲娼。」』」

〔五〕趙曦明曰：「世家：『常山憲王舜，以孝景中五年，用皇子爲常山王。王有所不愛姬生長男棁，王后脩生太子勃。王内多幸姬，王后希得幸。及憲王病，王后亦以妬媢不常侍病，輒歸舍；醫進藥，太子勃不自嘗藥，又不宿留侍病；及王薨，王后、太子乃至。憲王雅不以棁爲人數，太子代立，又不收恤棁。棁怨王后、太子。漢使者視憲王喪，棁自言王病時，王后、太子不侍，及薨六日出舍，及勃私姦等事。有司請廢王后脩，徙王勃，以家屬處房陵。上許之。』」

〔六〕盧文弨曰：「論死篇：『妒夫媢妻，同室而處，淫亂失行，忿怒鬭訟。』」

〔七〕宋本原注：「賁音肥。」

〔八〕沈揆曰：「説文：『媢，夫妒婦也。』益可明顔氏之説。」器案：史記黥布傳索隱：「案：王邵音冒，媢亦妒也。漢書外戚傳亦云：『成結寵妾妬媢之誅。』又論衡云：『妬夫媢婦。』則媢是妬之別名。今原英布之誅，爲疑賁赫與其妃有亂，故至滅國，所以不得言妬媢是媚也。一云：『男妬曰媢。』」小司馬蓋即據顔氏此文爲説。漢書五行志第七中之下：「桓公八年十月雨雪。周十月，今八月也，未可以雪。劉向以爲時夫人有淫齊之行，而桓有妬媢之心。」師古曰：「媢謂夫妬婦也。」

史記始皇本紀：「二十八年，丞相隗林、丞相王綰等〔一〕議於海上〔二〕。」諸本皆作山林之「林〔三〕」。開皇〔四〕二年五月，長安民掘得秦時鐵稱權〔五〕，旁有銅塗鐫銘二所〔六〕。其一所曰：「廿六年，皇帝盡併兼天下諸侯，黔首〔七〕大安，立號爲皇帝，乃詔丞相狀、綰，灋度量鼎不壹歉疑者〔八〕，皆明壹之〔九〕。」凡四十字。其一所曰：「元年，制詔丞相斯、去疾〔一〇〕，灋度量，盡始皇帝爲之，皆□刻辭焉〔一一〕。今襲號而刻辭不稱始皇帝〔一二〕，其於久遠也〔一三〕，如後嗣爲之者，不稱成功盛德，刻此詔□左〔一四〕，使毋疑。」凡五十八字，一字磨滅，見有五十七字，了了分明〔一五〕。其書兼爲古隸。余被敕寫讀之，與内史令李德林〔一六〕對，見此稱權〔一七〕，今在官庫；其「丞相狀」字，乃爲狀貌之「狀」，爿旁作犬〔一八〕；則知俗作「隗林」，非也，當爲「隗狀」耳〔一九〕。

〔一〕史記始皇本紀索隱曰：「隗姓，林名，有本作『狀』者，非。顏之推云云，王劭亦云然，斯遠古之證也。」

〔二〕海上，謂東海之濱。時始皇帝撫東土，至於琅邪，與羣臣議於海上。

〔三〕沈濤銅熨斗齋隨筆三：「丞相隗林，索隱云云，案：小司馬既云作『狀』者非，何以又引顏氏家訓爲證？蓋索隱本亦作『隗狀』，云『有本作林者非』，故引顏、王二家之説，以證是『狀』非『林』，今本『林』『狀』二字傳寫互易，遂矛盾不可通矣。」器案：沈説是。佩觿上：「丞相之林是狀。」原注：「始皇本紀：『二十八年，丞相隗狀、王綰等議於海上。』俗作『隗林』者，非也。」即本之推此文，字正作「狀」。宋董逌廣川書跋四作「疾」，當是形近之誤。

〔四〕趙曦明曰：「開皇，隋文帝年號。」郝懿行曰：「開皇是隋文帝紀年，顏公又爲隋官矣。」

〔五〕續家訓「稱」作「秤」。史記秦始皇本紀索隱引作「京師穿地，得鑄稱權」。玉海八引史記正義「民」作「人」，「掘」作「穿地」二字，「稱」作「秤」。

〔六〕玉海作「有銘二所」。歐陽修集古録跋尾一：「秦度量銘。右秦度量銘二，按顏氏家訓：『隋開皇二年，之推與李德林見長安官庫中所藏秦鐵稱權，傍有鐫銘二。』其文正與此二銘同，之推因言：『司馬遷秦始皇本紀書丞相隗林，當依此作隗狀。』遂録二銘，載之家訓。余之得此二銘也，廼在祕閣校理文同家。同，蜀人，自言嘗遊長安，買得二物，其上刻二銘，出以示余。其一乃銅鍰，不知爲何器，其上有銘，循環刻之，乃前一銘也。其一乃銅方版，可三四寸許，所刻乃後一銘也。考其文，與家訓所載正同。然之推所見是鐵稱權，而同所得乃二銅器，余意秦時茲二銘刻於器物者非一也。及後又於集賢殿校理陸經家得一銅版，所刻與前一銘亦同，益知其然也，故並録之云。嘉祐八年七月十日書。」器案：梅堯臣陸子履示秦篆寶詩題注載銘文，亦前一銘也。

〔七〕史記秦始皇本紀：「更名民曰黔首。」集解：「應劭曰：『黔，亦黎黑也。』」

〔八〕宋本原注：「⿰鼎刂音則。」梅堯臣作「法度量則不一嫌疑者」。廣川書跋曰：「家訓所傳則從鼎，而此從貝爲異。許慎説文兼有二字，蓋籀書文異。」喬松年蘿摩亭札記四曰：「此拓本予見之，諦審『歉疑』之『歉』，蓋是『嫌』字，其『女』旁在右耳。」器案：喬説是。予藏秦銅權，其銘文正是「兼」旁右安「女」字。梅堯臣作「嫌」，不誤。

〔九〕羅本、傅本、顏本、程本、胡本、朱本、廣川書跋、紺珠集四「皆明壹之」作「皆壹明之」，非是；予藏秦銅權銘文正作「皆明壹之」，梅堯臣作「皆明一之」。廣川書跋曰：「壹從壺，昆吾圜器，其從吉，聲也。壹爲專，非數也。其以權量專明之，所以一度量于天下。」

〔一〇〕器案：元年，謂二世元年也。史記秦始皇本紀：「三十七年十月癸丑，始皇出游，左丞相斯從，右丞相去疾守，少子胡亥愛慕請從，上許之。……三十有七年，親巡天下……七月丙寅，始皇崩於沙丘平臺。……二世皇帝元年春，二世東巡郡縣，李斯從，到碣石，竝海南至會稽，而盡刻始皇所立刻石，石旁著大臣從者名，以章先帝成功盛德焉。皇帝曰：『金石刻，盡始皇帝所爲也，今襲號，而金石刻辭不稱始皇帝，其於久遠也，如後嗣爲之者，不稱成功盛德。』丞相臣斯、臣去疾、御史大夫臣德昧死言云云。」集解：「徐廣曰：『去疾，姓馮。』」尋漢書馮奉世傳：「其先馮亭爲韓上黨守……戰死於長平。……及秦滅六國，而馮亭之後馮毋擇、馮去疾、馮劫皆爲秦將相焉。」則馮去疾乃馮亭之後也。權銘稱「丞相斯、去疾」，據秦始皇本紀則李斯爲左丞相，馮去疾爲右丞相也。又秦始皇本紀云：「(二世)二年冬，下去疾、斯、劫吏，案責他罪。去疾、劫曰：『將相不辱。』自殺。」蓋是時去疾爲左丞相，李斯爲右丞相，故名次在斯之上也。劫則御史大夫馮劫也，亦馮亭之後也。

〔一一〕宋本空一格，拓本及廣川書跋、沈揆攷證作「有」。

〔一二〕趙曦明曰：「『而』本作『所』，沈氏改。」器案：廣川書跋作「而」，續家訓作「所」。

〔一三〕趙曦明曰：「『也』本作『世』，沈氏改。」案：廣川書跋作「也」，續家訓作「世」。段玉裁説文解字注十二篇下：「𢀳，秦刻石也字。」秦始皇本紀：『二世元年，皇帝曰：金石刻，盡始皇帝所爲也，今襲號，而金石刻辭不稱始皇帝，其於久遠也，如後嗣爲之者，不稱成功盛德。』顏氏家訓載開皇二年，長安掘得秦鐵稱權，有鐫銘，與史記合，『其於久遠也』『也』字正作『乜』，俗本譌作『世』。薛尚功歷代鐘鼎款識載秦權一、秦斤一，文與家訓大同，而權作『乜』，斤作『殹』，又知『也』『殹』通用，鄭樵謂『秦以殹爲也』之證也。『殹』蓋與『兮』同，『兮』『也』古通，故毛詩『兮』『也』二字，他書所稱或互易，石鼓『汧殹沔沔』，『汧殹』即『汧兮』。」

〔一四〕刻此詔□左，廣川書跋此句作「刻此銘故刻左」，「銘」當是「詔」字之誤。續家訓、沈氏攷證本、羅本、程本、胡本、何本、鮑本□不空，拓本作「故刻」二字，傅本、朱本作「于」字，顔本跳行另起，今從宋本。

〔一五〕沈揆曰「蜀有秦權二銘，篆文明具，因備載之，以考顔氏之異。『廿六年，皇帝盡併兼天下諸侯，黔首大安，立號爲皇帝，乃詔丞相狀、綰，灋度量鼎不壹歉疑者，皆明壹之。』凡四十字，顔氏亦四十字，而今本有四十一字，蓋誤以『廿』爲『二十』字。『明壹之』，顔氏誤作『壹明之』，義未安，當從篆本（永樂大典八二六九「本」作「文」）。鼎，古則字，謝本音制，非。壹，古壹字。『元年，制詔丞相斯、去疾，灋度量，盡始皇帝爲之，皆有刻辭焉，今襲號，而刻辭不稱始皇帝，其於久遠也，如後嗣爲之者，不稱成功盛德，刻此詔，故刻左，使毋疑。』凡六十字。顔氏稱『五十八字』，一字磨滅，見有五十七字，了了分明』。『皆有刻辭焉』，顔氏無『有』字。『而刻辭不稱』，顔氏誤以『而』字作『所』字。『其於久遠也』，顔氏誤以『也』字作『世』字，說文乜注云：『秦刻石也字。』權銘正作乜字。『刻此詔故刻左』，顔氏缺『故刻』二字，而云『一字磨滅』。字數不同，恐顏氏所見秦權，自有異同，故仍從顏氏。若『而』字『也』字則真誤，故改焉。」盧文弨曰：「案：今家訓亦作『明𡁒之』，當是後人所改正。海鹽張燕昌芑堂云：『鄭夾漈以石鼓文殹字，與秦權殹字同，遂疑石鼓文爲秦制，則秦權似當作殹。』文弨案：顏所見是『廿』字，與『世』形近，故誤作『世』，必非『殹』字。或鄭所見之權又不同。」

〔一六〕趙曦明曰：「隋書李德林傳：『德林字公輔，博陵安平人。除中書侍郎。齊主召入文林館，又令與黄門侍郎顏之推同判文林館事。高祖受顧命，爲丞相府屬。登阼之日，授内史令。』」

〔一七〕胡本「此」作「在」，未可從。

〔一八〕續家訓「作」作「施」。

〔一九〕陳直曰：「之推所云『秦鐵稱權，旁有銅塗』，當爲以銅片嵌置在鐵質之上，其制造手法，與甘肅慶陽所出鐵權形式正同。史記秦始皇本紀索隱引顏之推云：『隋開皇初，京師穿地得鐵稱權，有銘云始皇時量器，丞相隗狀、王綰二人列名，其作狀貌之字，時令校寫，親所按驗。王劭亦云然，斯遠古之證也。』索隱所引，當即出於家訓，與今本事實雖同，文字則差異甚遠。本書稱與李德林共校，索隱則作王劭，此爲唐時古本，故備録之。以見傳世各古籍，與古本往往有絶大之距離。」又按：「秦代權量，刻始皇廿六年詔書者，共四十字，刻二世元年詔書者，共六十字，而兩詔共一百字，千篇一律，絶無差異。二世詔書文云：『元年制詔丞相斯、去疾，灋度量，盡始皇帝爲之，皆有刻辭焉。今襲號，而刻辭不稱始皇帝，其於久遠也（或作毆字)，如後嗣爲之者，不稱成功盛德。刻此詔，故刻左，使毋疑。』之推記爲共五十八字，本因模糊之字而錯誤。而沈氏考異謂顏氏所見秦權自有異同。盧氏補注更以鄭樵之秦權又不同，皆屬支離之談。其争論焦點，在也毆二字之不同，殊不知本爲『於其久遠也』一句之變文，特各權量多數作也字，少數作毆耳。」器案：顏氏此文，實開後代以金石文證史之先例。史記高祖本紀：「母曰劉媪。」索隱：「近今有人云：母温氏。貞時打得班固泗水亭長古石碑文，其字分明作『温』字，云『母温氏』。貞與賈膺復、徐彦伯、魏奉古等執對，反復沈對，古人未聞。」案：此文碑序文也，銘載古文苑及藝文類聚卷十。又儒林列傳：「伏生者，濟南人也。」集解：「張晏曰：『伏生名勝，伏氏碑云。』」自宋以來，金石之學專門名家矣。

漢書云：「中外禔福〔一〕。」字當從示〔二〕。禔，安也，音匙匕之匙，義見蒼雅、方言〔三〕。河北學士皆云如此。而江南書本〔四〕多誤從手〔五〕，屬文者對耦，並爲提挈之意，恐爲誤也〔六〕。

〔一〕趙曦明曰：「見司馬相如傳。」案：史記司馬相如傳同。

〔二〕續家訓「示」誤「是」。

〔三〕案：説文示部説同。

〔四〕抱經堂校定本脱「本」字，宋本、續家訓及各本都有，今據補。書本爲六朝、唐人習用之詞，本篇下文云：「江南書本『穴』皆誤作『六』。」玉燭寶典引字訓解淪字曰：「其草或草下，或水旁，或火旁，皆依書本。」晁公武古文尚書詁訓傳引劉炫尚書述義曰：「『四隩既宅』，今書本『隩』皆作『墺』。」漢書孔光傳：「犬馬齒載。」顏師古注：「讀與耋同，今書本有作『截』者，俗寫誤也。」又外戚孝成趙皇后傳：「赫蹏紙。」顏師古注：「今書本『赫』字或作『擊』。」慧琳一切經音義七七引風俗通：「案：劉向別録：『讎校：一人讀書，校其上下，得謬誤，爲校。一人持本，一人讀書，若怨家相對，爲讎。』」又引集訓：「二人對本校書曰讎。」則書本之説，漢代已有之，且有區別，本者猶今言底本，書者猶今言副本。爰及趙宋，刻板大行，名義遂定，如岳珂九經三傳沿革例遂以書本爲一例焉。

〔五〕趙曦明曰：「下云『恐爲誤』，則此處『誤』字衍。」案：佩觿上：「妒媢、提福之殊。」原注：「漢書禔福，上字從示，音匙匕之匙，俗或從手，誤也。」即本之推此文爲説。

〔六〕續家訓及各本無「也」，今從宋本。

或問〔一〕：「漢書注：『爲元后父名禁，改禁中爲省中〔二〕。』何故以『省』代『禁』？」答曰：「案：周禮宮正：『掌王宮之戒令糾禁〔三〕。』鄭注云：『糾，猶割也，察也〔四〕。』李登云：『省，察也〔五〕。』張揖云：『省，今省詧也〔六〕。』然則小井、所領二反，並得訓察。其處既常有禁衛省察〔七〕，故以『省』代『禁』。詧，古察字也。」

〔一〕續家訓「問」下有「曰」字。

〔二〕器案：此昭紀「共養省中」下伏儼注引蔡邕文，今見獨斷上。三輔黃圖六雜録及漢書昭紀顏注，説俱與蔡邕同。

〔三〕趙曦明曰：「紖，今書作『糾』，乃正字，注同。」

〔四〕續家訓無「割」下「也」字。宋本原注：「一本無『猶割也』三字。」趙曦明曰：「本注元有。」

〔五〕器案：此蓋出聲類，今佚。隋書經籍志：「聲類十卷，魏左校令李登撰。」

〔六〕段玉裁曰：「此蓋出古今字詁，謂『⿱少囧』今字作『省』。」器案：古今字詁今佚，任大椿小學鉤沈古今字詁收此文，王念孫校云：「案上『省』字當作『⿱少囧』，説文：『⿱少囧，古文省字。』」

〔七〕續家訓「常」作「當」。

漢明帝紀：「爲四姓小侯立學〔一〕。」按：桓帝加元服〔二〕，又賜四姓及梁、鄧小侯帛〔三〕，是知皆外戚也。明帝時，外戚有樊氏、郭氏、陰氏、馬氏爲四姓〔四〕。謂之小侯者，或以年小獲封〔五〕，故須立學耳〔六〕。或以侍祠猥朝〔七〕，侯非列侯，故曰小侯〔八〕，禮云：「庶方小侯〔九〕。」則其義也。

〔一〕趙曦明曰：「『漢』上當有『後』字。」盧文弨曰：「在永平九年。」

〔二〕羅本、傅本、顏本、程本、胡本、何本、朱本、文津本「按」作「校」，屬上句讀，與後漢書明紀合；

今從宋本。後漢書安紀：「永初三年春正月庚子，皇帝加元服。」李賢注：「元服，謂加冠也。士冠禮曰：『令月吉辰，加爾元服。』鄭玄云：『元，首也。』」

〔三〕盧文弨曰：「後漢書桓帝紀：『建和二年春正月甲子，皇帝加元服，賜四姓及梁、鄧小侯、諸夫人以下帛，各有差。』四姓見下。皇后紀：『和熹鄧皇后，諱綏，太傅禹之孫，父訓，護羌校尉。順烈梁皇后，諱妠，大將軍商之女。』」

〔四〕文選爲范尚書讓吏部封侯第一表注引「爲」上有「是」字。

〔五〕器案：漢書外戚傳下：「哀帝即位，遣中郎謁者張由，將醫治中山小王。」小王、小侯義同，蓋俱謂其以年小獲封也。

〔六〕趙曦明曰：「後漢書樊宏傳：『宏字靡卿，南陽湖陽人，世祖之舅。』皇后紀：『光武郭皇后，諱聖通，真定槀人。父昌，仕郡功曹。光烈陰皇后，諱麗華，南陽新野人。兄識爲將。明德馬皇后，伏波將軍援之小女。』」

〔七〕爲范尚書讓吏部封侯第一表注引應劭漢官典職有四姓侍祠侯。

〔八〕案：此説本袁宏，見後漢紀明紀。陳直曰：「按：續漢書百官志云：『中興以來，唯以功德賜位特進者，次車騎將軍；賜位朝侯，次五校尉；賜位侍祠侯，次大夫。』劉昭注引胡廣制度曰：『是爲猥諸侯。』與本文吻合。五十年前，西安曾出朝侯小子殘碑，亦其證也。」

〔九〕趙曦明曰：「禮記曲禮下：『庶方小侯，入天子之國曰某人，於外曰子，自稱曰孤。』」

後漢書云：「鸛雀銜三鱓魚〔一〕。」多假借爲鱣鮪之鱣；俗之學士，因謂之爲鱣魚。案：魏武四時食制〔二〕：「鱣魚大如五斗匳〔三〕，長一丈。」郭璞注爾雅〔四〕：「鱣長二三丈〔五〕。」安有鸛雀能勝一者〔六〕，況三乎〔七〕？鱣又純灰色，無文章也。鱓〔八〕魚長者不過三尺，大者不過三指，黄地黑文，故都講云：「蛇鱓，卿大夫服之象也〔九〕。」續漢書及搜神記〔一〇〕亦説此事，皆作「鱓」字。孫卿云：「魚鼈鰌鱣〔一一〕。」及韓非〔一二〕、説苑〔一三〕皆曰：「鱣似蛇，蠶似蠋。」並作「鱣」字。假「鱣」爲「鱓」，其來久矣〔一四〕。

〔一〕宋本原注：「鱓音善。」御覽九三七、山樵暇語五引都有「音善」二字。案：引後漢書見楊震傳。

〔二〕盧文弨曰：「案：魏武食制，唐人類書多引之，而隋、唐志皆不載；唐志有趙武四時食法一卷，非此書。」器案：和名類聚鈔四引四時食制經，當即此書。

〔三〕御覽引「斗」作「升」。案：自漢以來，俗寫「斗」作「什」，即許慎所譏「人持十爲斗」者。「什」、「升」二字形近，因此古書多混。

〔四〕御覽引「雅」下有「云」字。

〔五〕續家訓及各本無「三」字，今從宋本，御覽及重修政和證類本草二〇引都有「三」字，與爾雅釋魚郭注原文合。又御覽「丈」誤「尺」。趙曦明曰：「郭注：『鱣，大魚，似鱏而短鼻，口在頷下，體有邪行甲，無鱗，肉黄，大者長二三丈。今江東呼爲黄魚。』」

〔六〕盧文弨曰：「勝音升。」案：楊震傳注：「案：續漢及謝承書，『鱣』字皆作『鱓』，然則鱣、鱓古字通也。鱣魚長不過三尺，黄地黑文，故都講云：『蛇鱓，卿大夫之服象也。』郭璞云：『鱣魚長二三丈，音知然反。』安有鸛雀能勝二三丈乎？此爲鱣明矣。」李賢即本此文爲説。

〔七〕續家訓、羅本、傅本、顔本、程本、胡本、何本、朱本、文津本及御覽、靖康緗素雜記四、山樵暇語引「三」下都有「頭」字，今從宋本。

〔八〕御覽作「鱣」。

〔九〕趙曦明曰：「後漢書楊震傳：『震字伯起，弘農華陰人。常客居於湖，不答州郡禮命數十年。後有冠雀銜三鱣魚，飛集講堂前，都講取魚進曰：「蛇鱣者，卿大夫服之象也；數三者，法三台也。先生自此升矣。」』注：『冠，音貫，即鸛雀也。鱣、鱓字古通，長不過三尺，黄地黑文，故都講云然。』案：都講，高第弟子之稱也。」

〔一〇〕續家訓無「及」字。御覽引「書」誤「記」。趙曦明曰：「隋書經籍志：『續漢書八十三卷，晉祕書監司馬彪撰。搜神記三十卷，晉干寶撰。』」器案：今搜神記無此文，能改齋漫録四引靖康緗素雜記引此文，「搜神記」作「謝承書」，楊震傳李賢注亦云：「案續漢及謝承書。」而御覽九三七引謝承後漢書正有此文，疑當作「謝承書」爲是。

〔一一〕御覽「鰌鱣」作「鱣鰌」。盧文弨曰：「荀子富國篇：『黿鼉魚鱉鰌鱣，以别一而成羣。』」

〔一二〕趙曦明曰：「隋書經籍序：『韓非子二十卷，韓公子非撰。』」盧文弨曰：「韓非説林下：『鱣似蛇，人見蛇則驚駭，漁者持鱣。』」

〔一三〕趙曦明曰：「隋書經籍志：『説苑二十卷，漢劉向撰。』」盧文弨曰：「説苑談叢篇：『鱓欲類蛇。』今本不作鱣。」器案：「鱣似虵，蠶似蠋」云云，見韓非子内儲説上，盧氏漫引説林下爲證，非是。又見淮南子説林篇，「鱣」作「鱓」。

〔一四〕御覽「矣」作「乎」。郝懿行曰：「案：後漢書注有辨，即本此條而爲説。又案：玉篇有䱇字，解云：『魚似蛇，同鱓。』大戴禮勸學篇云：『非虵䱇之穴，而無所寄托。』山海經：『灌河之水，其中多䱇。』注云：『亦鱓魚字。』然則後漢書三鱣之鱣，蓋本作䱇，俗人不識，妄增其上爲鱣爾。至于韓非、説苑，皆曰鱣蛇，荀子書中亦有鰌鱣，並同斯誤，字形乖謬，非鱓鱣可以假借也。」器案：郝説是。御覽九三七鱓魚類下注云：「與䱇同，音善。」「䱇」即「䱇」之誤。又引謝承後漢書楊震事，則作「三鱣」。又九三六鱣類引後漢書楊震事作「三鱣」，殆即顏氏所謂「假鱣爲鱓，其來久矣」者也。佩觿上：「楊震之鱓非鱣。」原注：「鱓音善，是也；作鱣、陟連翻者，非。」即本之推此文。

後漢書：「酷吏樊曄爲天水郡守〔一〕，涼州爲之歌曰：『寧見乳虎穴，不入冀府寺〔二〕。』」而江南書本「穴」皆誤作「六」。學士因循，迷而不寤。夫虎豹穴居，事之較者〔三〕，所以班超云：「不探虎穴，安得虎子〔四〕？」寧當論其六七耶〔五〕？

〔一〕趙曦明曰：「隋書地理志：『天水郡統縣六，有冀城。』」盧文弨曰：「案：續漢書郡國志：『涼州漢陽郡。』劉昭注：『武帝置爲天水，永平十七年更名。』」

〔二〕各本「冀府」都作「曄城」，今從抱經堂校定本改正。趙曦明曰：「酷吏傳：『樊曄，字仲華，南陽新野人。爲天水太守，政嚴猛。』章懷注：『乳，產也。猛獸產乳，護其子，則搏噬過常，故以爲喻。』釋名：『寺，嗣也，官治事者，相嗣續於其內也。』」盧文弨曰：「案：諸本皆作『曄城寺』，譌，今據本傳改。其歌曰：『游子常苦貧，力子天所富。寧見乳虎穴，不入冀府寺。大笑期必死，忿怒或見置。嗟我樊府君，安可再遭值！』」器案：冀爲天水太守治所。佩觿上：「『雞尸、虎穴之議。』原注：『後漢樊曄爲天水守，涼州歌曰：「寧見乳虎穴，不入曄城寺。」齊代江南本「穴」皆誤作「六」，並傳寫失也。』」即本之推此文，亦誤作「曄城」。

〔三〕盧文弨曰：「較，音教，明著貌。」

〔四〕趙曦明曰：「後漢書班超傳：『超字仲升，扶風平陵人。使西域，到鄯善，王禮敬甚備，後忽疎懈，召問侍胡曰：「匈奴使來，今安在？」胡具服其狀。超乃會其吏士三十六人激怒之，官屬皆曰：「今在危亡之地，死生從司馬。」超曰：「不入虎穴，不得虎子。因夜以火劫虜，必大震怖，可盡殄也。」』」

〔五〕續家訓、羅本、傅本、顏本、程本、胡本、何本、朱本、文津本「耶」作「乎」，今從宋本。

後漢書楊由傳云：「風吹削肺〔一〕。」此是削札牘之柿耳〔二〕。古者，書誤則削之，故左傳云「削而投之」是也〔三〕。或即謂札爲削，王褒童約〔四〕曰：「書削代牘。」蘇竟書云：「昔以摩研編削之才〔五〕。」皆其證也。詩云：「伐木滸滸〔六〕。」毛傳云：「滸滸，柿貌也。」史家假借爲肝肺字〔七〕，俗本因是悉作脯腊之脯〔八〕，或爲反哺之哺〔九〕。學士因解〔一〇〕云：「削哺，是屏障之名。」既無證據，亦爲妄矣！此是風角占候耳〔一一〕。風角書〔一二〕曰：「庶人風者〔一三〕，拂地揚塵轉削〔一四〕。」若是屏障，何由可轉也？

〔一〕續家訓及各本「肺」作「胏」，今從宋本。趙曦明曰：「方術傳：『楊由，字哀侯，成都人。有風吹削哺，太守以問由。由對曰：「方當有薦木實者，其色黃赤。」頃之，五官掾獻橘數包。』章懷注：『「哺」當作「胏」。』」案：宋本後漢書李賢注作「『哺』當作『柹』，音孚廢反」。

〔二〕續家訓及各本「柿」作「柹」，今從宋本。盧文弨曰：「柹，說文作杮，『削木札樸也，从木朩聲，陳、楚謂櫝爲杮，芳吠切』。案：今人皆作『柹』，說文以爲赤實果也。」案：段玉裁說文解字注六篇上：「杮，削木朴也。各本作『削木札樸也』，今依玄應書卷十九正。朴者，木皮也。樸者，木素也。杮安得有素？則作『朴』是矣。知『札』爲衍文者，玄應引倉頡篇曰：『杮，札也。』此下文云：『陳、楚謂之札杮。』玄應曰：『江南名杮，中國曰札，山東名朴豆。』廣韵『杮』注曰：『斫木札。』然則札非簡牒之札，乃杮之一名耳。許以札、杮系諸陳、楚方言，則此云

『削木朴』已足。小雅『伐木許許』，許書作『所所』，毛云：『許許，柹貌。』泛謂伐木所斫之皮。許云『削木』，猶斫木也。顔氏家訓必云『削札牘之柹』，又廣之證，恐非許意。晉書：『王濬造船，木柹蔽江而下。』柹之證也。漢書中山靖王、劉向、田蚡傳，多言肺附，謂斫木之柹札也，已於帝室親近，猶柹札附於大木材也，此柹之假借字也。後漢楊由傳：『風吹削肺。』亦『柹』之假借也。一譌爲脯，再譌爲哺，釋之者曰：『削哺，是屏障之名。』絶無證據。」器案：漢書禮樂志：「削則削。」師古曰：「削者，謂有所删去，以刀削簡牘也。」簡者竹簡，札者木牘也。

〔三〕趙曦明曰：「左氏襄廿七年傳：『宋向戌欲弭諸侯之兵以爲名，晉、楚皆許之。既盟，請賞，公與之邑六十，以示子罕。子罕曰：「天生五材，民並用之，聖人以興，亂人以廢，皆兵之由也；而子求去之，不亦誣乎？以誣道蔽諸侯，罪莫大焉；縱無大討，而又求賞，無厭之甚也。」削而投之。左師辭邑。』」

〔四〕盧文弨曰：「『童』，宋本作『僮』。案：説文：『童，奴也。僮，幼也。』則俗本作『童』是，從之。」器案：予所見宋本、海昌沈氏静石樓藏影宋鈔本及秦曼青校宋本，「童」不作「僮」，唯鮑本作「僮」耳，翁方綱譏盧氏未見宋本，此又其證矣。

〔五〕趙曦明曰：「後漢書蘇竟傳：『竟字伯況，扶風平陵人。建武五年，拜侍中，以病免。初，延岑護軍鄧仲況擁兵據南陽陰縣爲寇，而劉歆兄子龔爲其謀主，竟與龔書曉之曰：「走昔以摩研編削之才，與國師公從事出入，校定祕書，竊自依依，末由自遠。」』云云。」器案：李賢注云：「編，次也。削謂簡也。」東觀漢記蘇竟傳正作「摩研編簡之才」。

〔六〕詩經小雅伐木文，今本「湑湑」作「許許」。

〔七〕陳直曰：「按：此指史記魏其武安傳『上初即位，富於春秋，蚡以肺腑爲京師相』而言。顔師古注漢書：『一説肺，碎木札也。』」

〔八〕續家訓、羅本、傅本、顔本、程本、胡本、何本、朱本、文津本無「因是」二字，今從宋本。佩觿上：「削柹（一作「杮」）施脯。」原注：「柹，芳吠翻。風吹削柹，是；作『脯』，非。」即本之推此文。

〔九〕宋本句末有「字」字。

〔一〇〕楊由傳注引無「解」字。

〔一一〕後漢書郎顗傳注：「風角，謂候四方四隅之風，以占吉凶也。」

〔一二〕趙曦明曰：「隋書經籍志：『風角要占十二卷。』餘不勝舉。」

〔一三〕文選宋玉風賦：「夫庶人之風，塕然起於窮巷之間，堀堁揚塵，勃鬱煩冤，衝孔襲門，動沙堁，吹死灰，駭溷濁，揚腐餘，邪薄入甕牖，至於室户。故其風中人，狀直憞溷鬱邑，毆温致濕，中心慘怛，生病造熱，中脣爲胗，得目爲蔑，啗齰嗽獲，死生不卒，此所謂庶人之雌風也。」

〔一四〕楊由傳注引作「庶人之風，揚塵轉削」。案：益部耆舊傳：「文學冷豐持雞酒以奉由。時有客，不言。客去，豐起，欲取雞酒，由止之曰：『向風吹轉柹，當有持雞酒來者，度是二人。』豐曰：『實在外，須客去，乃取耳。』」即此事而異傳。

三輔決録〔一〕云：「前隊大夫〔二〕范仲公，鹽豉蒜果共一筩〔三〕。」「果」當作魏顆之「顆」〔四〕。北土通呼物一凷〔五〕，改爲一顆，蒜顆是俗間常語耳。故陳思王鷂雀賦〔六〕曰：「頭如果蒜〔七〕，目似擘椒〔八〕。」又道經云：「合口誦經聲璅璅，眼中淚出珠子磦〔九〕。」其字雖異，其音與義頗同。江南但呼爲蒜符，不知謂爲顆〔一〇〕。學士相承，讀爲裹結之裹〔一一〕，言鹽與蒜共一苞裹〔一二〕，内筩中耳。正史削繁〔一三〕音義又音蒜顆爲苦戈反，皆失也〔一四〕。

〔一〕趙曦明曰：「隋書經籍志：『三輔決録七卷，漢太僕趙岐撰，摯虞注。』」案：書今佚，有張澍、茆泮林輯本。

〔二〕林思進先生曰：「漢書王莽傳中：『河東、河内、弘農、河南、潁川、南陽爲六隊郡，置大夫，職如太守。』」器案：師古注：「隊音遂。」又地理志上：「南陽郡，莽曰前隊。」漢書王莽傳有前隊大夫甄阜。又案：漢書百官公卿表下：「天漢四年，弘農太守沛范方、渠中翁爲執金吾。」師古曰：「中讀曰仲。」翁、公字亦通；但籍貫年代俱不合，當是另一人。

〔三〕御覽八五五、九七七引三輔決録：「平陵范氏，南陵舊語曰：『前隊大夫范仲公，鹽豉蒜果共一箪。』言其廉儉也。」器案：北堂書鈔一四六、太平御覽八五五引謝承後漢書：「羊續爲南陽太守，鹽豉共壺。」亦言其廉儉也。又案：左昭二十年：「和如羹焉，水火醯醢鹽梅。」孔穎達疏：「醯，酢也。醢，肉醬也。梅，果實似杏而醋。禮記内則炮豚之法云：『調之以醯醢。』尚書説命云：『若作和羹，爾惟鹽梅。』是古人調鼎用鹽梅也。此説和羹而不言豉，古人未有豉也。禮記内則、楚辭招魂備論飲食，而不言及豉，史游急就篇乃有『蕪荑鹽豉』，蓋秦、漢以來始爲之耳。」史記貨殖列傳：「蘖麴鹽豉千答。」索隱：「三倉云：『楕，盛鹽豉器，音他果反。』」則盛鹽豉自有專器，今范仲公乃以鹽豉蒜顆共一箪，以言其廉儉也。又齊書張融傳：「融食炙始畢，行人便去，融欲求鹽蒜，口終不言。」以鹽蒜並言，蓋二物常置以備用也。

〔四〕續家訓「魏」作「塊」。趙曦明曰：「魏顆，晉大夫，見宣十五年左氏傳。」郝懿行曰：「果字古有顆音，不須改字。莊子逍遥遊篇云：『三餐而反，腹猶果然。』釋文云：『果，徐如字，又苦火反。』是果有顆音也。」器案：郝説是，莊子闕誤引文如海本「果」作「顆」，是其證。蓋顆亦果聲，古通用。

〔五〕顔本、程本、胡本、朱本「土」作「士」。御覽引「甴」作「段」，無「改」字。朱本注：「甴，塊同。」趙曦明曰：「音塊。」桂馥札樸四曰：「案：漢書賈山傳：『使其後世，曾不得蓬顆蔽冢而託葬焉。』顔注：『顆謂土塊。』」郝懿行曰：「呼物一甴爲一顆者，漢書賈山傳注：『晉灼曰：

「東北人名土塊爲蓬顆。」師古曰：「顆謂土塊，蓬顆言塊上生蓬者耳。」」是呼塊爲顆，北人通語也。顆與塊一聲之轉。」

〔六〕鷁雀賦，續家訓作「陳王雀雛賦」，誤。趙曦明曰：「説文：『鷁，摯鳥也。』」盧文弨曰：「此賦，藝文類聚卷九十一載之。」案：又見御覽九二八、九六五引。

〔七〕續家訓「果蒜」作「蒜果」，御覽作「蒜顆」。沈揆曰：「諸本皆作『雀鷁賦』。」又云：「『蒜果』者非。」

〔八〕何本、朱本、文津本「擘」作「花」，程本、胡本空白一字，今從宋本。

〔九〕盧文弨曰：「玉篇：『碟，烏火反。』」劉盼遂曰：「按敦煌出土唐寫本老子化胡經載老子十六變詞云：『一變之時，生在南方亦如火，出胎墮地獨能坐，合口誦經聲璅璅，眼中淚出珠子碟。父母世間驚怪我，復畏寒凍來結果，身著天衣謹知我。』黄門所云道經，斥老子化胡經而言也。」

〔一〇〕續家訓無「知」字。

〔一一〕劉盼遂引吴承仕曰：「蒜符之符，殆爲誤字，既云『學士讀爲包裹之裹』，則其音必與裹近，符字从付，絶非其類，以是明之。」陳直曰：「江南人至今呼蒜頭一個爲一顆，蒜頭莖部稱爲浮（與符同音），分爲二名，與之推所言符顆爲一名稍異。」

〔一二〕續家訓此句作「言鹽豉與蒜共苞一裹」，羅本、傅本、顏本、程本、胡本、何本、朱本、文津本作

「言鹽與蒜共一裹苞」，今從宋本。

〔一三〕趙曦明曰：「隋書經籍志：『正史削繁九十四卷，阮孝緒撰。』」

〔一四〕盧文弨曰：「今人言顆，俱從苦戈切，又言蒜蒲，疑上符字當爲『苻』，苻有蒲音，左傳『萑苻』是也。」案：廣韻三十四果：「顆，苦果反。」又左傳昭公二十年作「萑蒲」，不作「萑苻」。

有人訪吾曰：「魏志蔣濟上書云『弊攰之民〔一〕』，是何字也〔二〕？」余應之曰：「意爲攰即是攱倦之攱耳〔三〕。張揖、呂忱〔四〕並云：『支傍作刀劍之刀，亦是剞字。』不知蔣氏自造支傍作筋力之力，或借剞字，終當音九僞反〔五〕。」

〔一〕趙曦明曰：「魏志蔣濟傳：『濟字子通，楚國平阿人。爲護軍將軍，加散騎常侍。景初中，外勤征役，內務宮室，而年穀飢儉，濟上疏曰：「今雖有十二州，民數不過漢時一大郡，農桑者少，衣食者多。今其所急，唯當息耗百姓，不至甚弊；弊攰之民，儻有水旱，百萬之衆，不爲國用。」』」

〔二〕續家訓及各本無「是」字，今從宋本。

〔三〕宋本原注：「要用字苑云：『攱音九僞反，字亦見埤蒼、廣雅及陳思王集。』」續家訓及各本原注「攱」作「𤿍」，無「亦」字及「埤蒼」二字，「集」下有「也」字。盧文弨曰：「𤿍，集韻作攱。要用字苑，即葛洪之書。」郝懿行曰：「𤿍音垝，集韻作攱，疲極也。」器案：集韻五寘：「攱，攰，疲極也，或作㔟。」廣雅釋言下：「𡯌，券也。」券與倦同。𡯌即𢾾也。

〔四〕器案：隋書經籍志：「字林七卷，晉弦令吕忱撰。」史記會注本魏公子傳正義：「忱字伯雍，任城人，吕姓，晉弦令，作字林七卷。」字林今有任大椿、陶方琦輯本。

〔五〕郝懿行曰：「玉篇云：『𠝹同剞，居蟻切，刃曲也。』是𠝹字支傍作刀，與剞字音義俱同之證。」俞正燮癸巳類稿卷七：「集韻云：『攲，疲極也。亦作㔟，居僞切。』又云：『𠝹，刀取物也，紀披切。又曲刀也，舉綺切。』案：顏氏家訓書證篇謂：『獘㔟之民，是攲倦義。張揖、吕忱並云：𠝹，支旁着刀，亦是剞字。』然則魏志蔣濟言獘㔟，或是借剞之𠝹。六朝人𠝹㔟字俱不分晰，實俱假借，𠝹剞則曲刀，㔟攲則崎嶇，非倦疲也。漢書司馬相如傳子虛賦：『徼𠃬受詘。』注云：『蘇林曰：𠃬音倦谻之谻。』似分𠃬谻爲兩字。宋婁機班馬字類二十四職列『徼𤭛受屈』字，又從瓦，上林賦『窮極倦谻』注云：『郭璞曰：倦谻，疲憊也。』𠃬谻𤭛谻，俱不成字。疲㔟獘𠝹倦谻，均當作御，從人郤聲，徼御，受屈也。通作踦谻之谻，從丮谷聲。」陳直曰：「按：𠝹字支旁从刀，蔣濟作从力。之推意爲蔣氏自造之字。但六朝時功字或作㓛，見楊大眼造像，是當時刀與力兩字，在俗體上本不區分也。」

晉中興書〔一〕：「太山羊曼常頹縱任俠〔二〕，飲酒誕節，兖州號爲𪇆伯〔三〕。」此字皆無音訓〔四〕。梁孝元帝常謂吾曰：「由來不識。唯張簡憲見教，呼爲嚃羹之嚃〔五〕。自爾便遵承之，亦不知所出。」簡憲是湘州刺史張纘謚也〔六〕，江南號爲碩學。案：法盛世代殊近，當是耆老相傳〔七〕；俗間又有黯黯語〔八〕，蓋無所不施〔九〕、無所不容之意也〔一〇〕。顧野王玉篇〔一一〕誤爲黑傍沓。顧雖博物〔一二〕，猶出簡憲、孝元之下，而二人皆云重邊〔一三〕。吾所見數本，並無作黑者。重沓是多饒積厚之意〔一四〕，從黑更無義旨〔一五〕。

〔一〕趙曦明曰：「隋書經籍志：『晉中興書七十八卷，起東晉，宋湘東太守何法盛撰。』」器案：吳仁傑兩漢刊誤補遺八、王觀國學林四俱稱顏氏家訓黯字用盛弘之晉書云云。案：此乃引何法盛晉中興書，下文所云「法盛世代殊近」者是也，吳、王之説非也。

〔二〕史記季布傳集解：「如淳曰：『相與信爲任，同是非爲俠。』」續家訓「任俠」作「宏任」，不可據。

〔三〕趙曦明曰：「晉書羊曼傳：『曼字祖延，任達頹縱，好飲酒。温嶠等同志友善，並爲中興名士。時州里稱陳留阮放爲宏伯，高平郗鑒爲方伯，太山胡毋輔之爲達伯，濟陰卞壺爲裁伯，陳留蔡謨爲朗伯，阮孚爲誕伯，高平劉綏爲委伯，而曼爲黯伯，號兖州八伯，蓋擬古之八儁。其後更有四伯：大鴻臚陳留江泉以能食爲穀伯，豫章太守史疇以太肥爲笨伯，散騎郎高平張嶷以狡妄爲猾伯，而曼弟聃字彭祖，以狼戾爲瑣伯，蓋擬古之四凶。』」

〔四〕續家訓及各本、又靖康緗素雜記四引「皆」都作「更」，今從宋本。

〔五〕盧文弨曰：「禮記曲禮上：『毋嚃羹。』音他合切。」

〔六〕趙曦明曰：「梁書張緬傳：『纘字伯緒，緬第三弟也，爲岳陽王詧所害。元帝承制，贈侍中中衛將軍開府儀同三司，謚簡憲。』」

〔七〕抱經堂定本「是」作「時」，宋本、續家訓及各本都作「是」，今從之。

〔八〕靖康緗素雜記「俗間」作「世間」。宋本「𪒠𪒠」下有「音沓」二字小注，趙曦明以爲二大字，非是。續家訓及各本無此注。段玉裁曰：「『音沓語』，謂音沓語之沓也。」盧文弨曰：「段氏之説，古誠有之，顏氏却無此文法。且方辯𪒠伯之音，何必於俗間之言先爲之作音乎？此本謂俗間有𪒠𪒠之語耳，宋本不當從。」案：學林引有「𪒠𪒠然無賢不肖之辨」一句，今本無之。

〔九〕宋本「施」作「見」，續家訓及各本、又靖康緗素雜記引都作「施」，今從之。

〔一〇〕靖康緗素雜記引「容」作「用」。盧文弨曰：「案：今謂多言者爲佗佗諸諸。荀子正名篇：『愚者之言，芴然而粗，嘖然而不類，諸諸然而沸。』與顏氏所解不同；顏氏自謂當時人語意如此，必不誤也。今人堆物亦云沓沓，與無所不容意頗近之。若無所不施，與孟子所言，似亦相近也。」案：孟子離婁上：「詩（大雅板）曰：『天之方蹶，無然泄泄。』泄泄猶沓沓也。事君無義，進退無禮，言則非先王之道者猶沓沓也。」

〔一一〕趙曦明曰：「隋書經籍志：『玉篇三十一卷，陳左將軍顧野王撰。』唐書經籍志：『三十卷。』」案：今本同唐志。

〔一二〕左傳昭公元年：「晉侯聞子産之言，曰：『博物君子也。』」

〔一三〕抱經堂校定本「云」作「曰」，宋本、續家訓及各本都作「云」，今據改。

〔一四〕兩漢刊誤補遺作「𨤲者多饒積厚之貌」，學林作「𨤲者多饒積厚」，都作「𨤲」，不作「重沓」。廣韻二十七合：「𨤲，積厚。」即用顏說。陳直曰：「晉書羊曼傳：『稱爲中興名士，兖州八伯，蓋擬古之八儁。』頽縱任俠，正表述其名士行動。之推解重沓是多饒厚積之義，未知所本。」

〔一五〕靖康緗素雜記曰：「唐常袞室賣官之路，一切以公議格之，非文辭者，皆擯不用，世謂之𨤲伯，以其𨤲𨤲無賢不肖之辨云，蓋兖州之遺意也。」學林引顏氏家訓此文曰：「䵵從黑，𨤲從重，二字雖同音榻，而義各不同。玉篇、廣韻皆曰：『䵵，羊曼爲䵵伯也。𨤲，積厚也。』蓋羊曼爲䵵伯從黑，而顏氏家訓乃用從重之𨤲，是以顏氏推其義不行也。顏氏所引乃盛弘之晉書，用從重之𨤲已爲誤；今世所行晉書，乃唐太宗所修，於羊曼傳用從黑之䵵爲不誤矣。」又引晉書羊曼傳曰：「以此觀之，則䵵者乃美稱，是八儁之中居一儁也。若如顏氏家訓所稱，則多饒積厚，與夫𨤲𨤲無賢不肖之辨，皆非美稱矣；非美稱，則豈容在八儁之列邪？今案羊曼以任達頽縱好飲酒而得䵵伯之名，則䵵者豁達不拘小節之稱也。顏氏所訓，與此皆不合矣。」又曰：「（新唐書）常袞傳謂：『懲元載敗，室賣官之路，一切以公議格之。』蓋其進退人才，皆出於朝廷之公論，而以賄者不容於濫進，非文詞者皆擯不用，則俗吏不在所用也。爲宰相而能如此，是真賢宰相也。而史乃以𨤲𨤲無賢不肖之辨而加之，何以史辭之自紊如此？蓋史臣引顏氏家訓釋䵵伯之語，而不知於常袞傳之意則不合也。」臧琳經義雜記卷十八：「案：説文曰部：『沓，語多沓沓也。从水从曰。臣鉉等曰：語多沓沓，若水之流，故从水會意。』（水部又有涾字，云：「涫溢也。今河朔方言謂沸溢爲涾。从水沓聲。」）顏氏引俗間有𨤲𨤲之語，自注音沓。則𨤲當作沓矣。語多沓沓，義與羊曼任俠誕節之行亦合，从水已爲多義，俗人復加重旁。煩沓則鮮有潔者，故又或从黑旁也。即論羊曼之行，與潔己者正相反。玉篇黑部：『䵬，丑合切，晉書有䵬伯。』與顏所見本同。廣韻廿七合：『䵬，晉書有兗州八伯，太山羊曼爲䵬伯。』以𨤲爲積厚字，是所據晉書亦从黑而不从重也。今晉書羊曼傳云：『曼字祖延，任達頹縱，好飲酒，州里稱曼爲𨤲伯。』蓋從顏氏説用何法盛書也。」

古樂府歌詞〔一〕，先述三子，次及三婦，婦是對舅姑之稱。其末章云：「丈人且安坐〔二〕，調絃未遽央〔三〕。」古者，子婦供事舅姑，旦夕在側，與兒女無異〔四〕，故有此言〔五〕。丈人亦長老之目，今世俗猶呼其祖考爲先亡丈人〔六〕。又疑「丈」當作「大」〔七〕，北間風俗，婦呼舅爲大人公。「丈」之與「大」，易爲誤耳。近代文士，頗作三婦詩〔八〕，乃爲匹嫡並耦己之羣妻之意〔九〕，又加鄭、衞之辭，大雅君子〔一〇〕，何其謬乎〔一一〕？

〔一〕類説「歌詞」作「詞調」。

〔二〕類説「坐」作「在」，未可據。

〔三〕愛日齋叢鈔「未遽央」作「渠未央」。趙曦明曰：「樂府清調曲相逢行：『相逢狹路間，道隘不容車。不知何年少，夾轂問君家。君家誠易知，易知復難忘。黄金爲君門，白玉爲君堂；堂上置尊酒，作使邯鄲倡。中庭生桂樹，華燈何煌煌。兄弟兩三人，中子爲侍郎。五日一來歸，道上自生光，黄金絡馬頭，觀者盈道傍。入門時左顧，但見雙鴛鴦，鴛鴦七十二，羅列自成行。音聲何噰噰，鶴鳴東西廂。大婦織綺羅，中婦織流黄，小婦無所爲，挾瑟上高堂，丈人且安坐，調絲方未央。』案：又一首長安有狹邪行末云：『丈人且徐徐，調絃詎未央。』」段玉裁説文解字注五篇下央字篆云：「央，央中也。央，逗，複舉字之未删者也。月令曰：『中央土。』詩箋云：『夜未渠央。』古樂府：『調弦未詎央。』顔氏家訓作『未遽央』，皆即『未渠央』也。渠央者，中之謂也，詩言未央，謂未中也。毛傳：『央，且也。』且者，薦也，凡物薦之則有二，至於艾而爲三矣。下文『夜未艾』。艾者，久也。箋云：『芟末曰艾。』以言夜先雞鳴時，合初昏與艾言之，是央爲中也。」盧文弨曰：「案：『詎未央』必本是『未渠央』，『渠』與『遽』音義同，故顔即引作『未遽央』，若詎之訓爲豈，豈未央則是已過中矣，不與詩意大相左乎？詩小雅庭燎曰：『夜未央。』箋云：『夜未央，猶言夜未渠央。』詩意本此。若巨字亦可讀爲渠，漢書高帝紀：『項伯告羽曰：「沛公不先破關中，公巨能入乎？」』服虔曰：『巨音渠，猶未應得入也。』案：服氏之解最妙，言公遽能入乎？乃顔師古轉以服説爲非，而讀巨爲詎，言公豈能入乎？語索然矣。與改詩爲詎未央者，其見解正相似耳。」郝懿行曰：「未遽央，古語也，或稱未渠央，説見顏師古匡謬正俗。」

〔四〕類説、新編事文類聚翰墨大全後丙一引「兒」作「男」。

〔五〕續家訓曰：「案：漢武祠太一於甘泉，祭后土於汾陰，乃立樂府。樂府之名，始起於此。是時，舉相如等數十人，造爲詩篇，以合八音，祠事，使童男女歌之。通一經之士，不能獨知其詞，集五經家乃能知其意。後世慕古而賤之，或不知古義，若三婦詞是也。三婦詞，之推言：『古者，子婦供事舅姑，朝夕在側，與兒女無異。』言古者，明之推時不如此也。之推既居江南，又寓河朔；今江左風俗，多與之推時同，河南北亦大抵如古，亦或家各有異。」

〔六〕郝懿行曰：「案：先亡丈人，非宜稱於祖考，顏君疑『丈』當爲『大』，是也。」

〔七〕續家訓「作」作「爲」。類説此句作「『丈人』疑當爲『大人』」。陳直曰：「孔雀東南飛古詩云：『三日斷五匹，大人故嫌遲。』似古代子婦對舅稱爲丈人，或稱爲大人，對姑只稱爲大人耳。又按：玉臺新詠載梁武帝長安有狹邪十韵云：『丈人少徘徊。』王筠三婦艷云：『丈人且安卧。』據此詠三婦詩，作丈人者居多耳。」

〔八〕何焯曰：「然則三婦艷『艷』乃是曲調，猶昔昔鹽『鹽』字，非艷冶也。」

〔九〕續家訓「意」作「妾」，未可從。

〔一〇〕續家訓曰：「班固彈射遷之臧否多矣，亦不究三五之世次，何也？然固以遷爲小雅巷伯之倫，遷雖昧於知人，高譽李陵，不及大雅之明哲，然所論著，裴駰稱遷：『雖時有紕繆，總其大較，信命世之宏才。』而固便比之閹寺，此固之短也。而固倚權貴，失兢慎，卒亦不免，蓋有甚焉。用智猶目，信乎！後世因固之論，遂目賢者爲『大雅』，孔文舉稱禰衡曰『正平大雅』是也。」器案：文選西都賦：「大雅宏達，於茲爲羣。」李善注：「大雅，謂有大雅之才者，詩有大雅，故以立稱焉。」又上林賦：「揜羣雅。」注：「張揖曰：『詩小雅之材七十四人，大雅之材三十一人，故曰羣雅也。』」又爲曹公作書與孫權：「大雅之人。」李善注：「班固漢書贊曰：『大雅卓爾不羣，河間獻王近之矣。』」張銑注：「大雅，謂君子。」又檄吳將校部曲文：「大雅君子，於安思危。」

〔一一〕續家訓「其」作「得」。盧文弨曰：「宋南平王鑠始仿樂府之後六句作三婦艷詩，猶未甚猥褻也。梁昭明太子、沈約俱有『良人且高卧』之句。王筠、劉孝綽尚稱『丈人』，吳均則云『佳人』，至陳後主乃有十一首之多，如『小婦正横陳，含嬌情未吐』等句，正顏氏所謂鄭、衛之辭也。張正見亦然，皆大失本指。梁元帝纂要：『楚歌曰艷。』」案：文體明辨雜體詩十四：「三婦艷體，齊王融詩曰：『大婦織羅綺，中婦織流黄，小婦獨無事，挾瑟上高堂，丈夫且安坐，調絃詎未央。』又梁蕭統詩曰：『大婦舞輕巾，中婦拂華茵，小婦獨無事，紅黛潤芳津，良人且高卧，方欲薦梁塵。』是也。」

古樂府歌百里奚詞〔一〕曰：「百里奚，五羊皮。憶别時〔二〕，烹伏雌，吹扊扅〔三〕；今日富貴忘我爲〔四〕！」「吹」當作炊煮之「炊」〔五〕。案：蔡邕月令章句〔六〕曰：「鍵，關牡也〔七〕，所以止扉〔八〕，或謂之剡移〔九〕。」然則當時貧困，并以門牡木作薪炊耳。聲類作扊〔一〇〕，又或作扂〔一一〕。

〔一〕黄山谷戲書秦少游壁詩任淵注、陳后山和黄預久雨詩任淵注引此都作「樂府載百里奚妻辭」。

〔二〕陳后山詩注「别」作「昔」。

〔三〕盧文弨曰：「扊扅，余染、余之二切。」

〔四〕趙曦明曰：「樂府解題引風俗通：『百里奚爲秦相，堂上樂作，所賃澣婦，自言知言。呼之，搏髀援琴撫絃而歌者三。問之，乃其故妻，還爲夫婦也。』此所舉乃其首章。」

〔五〕能改齋漫録七：「予謂作『吹』，其義亦通。扊扅作薪以爲火，則有吹之義。漢書：『趙氏無吹火焉。』木華海賦曰：『熺炭重燔，吹烱九泉。』李善曰：『吹猶然也。烱，光也，言火之光，下照九泉。』」器案：吹、炊古通，荀子仲尼篇：「可炊而僨也。」楊倞注：「炊與吹同。」莊子逍遥遊篇：「生物之以息相吹也。」釋文：「吹，崔本作炊。」又在宥篇：「而萬物炊累焉。」釋文：「炊本作吹。」是其證。

〔六〕趙曦明曰：「隋書經籍志：『月令章句十二卷，漢中郎將蔡邕撰。』」器案：蔡書已佚，今有王謨、蔡雲、陸堯春、臧庸、馬國翰、黄奭、馬瑞辰、葉德輝諸家輯本，巴縣向宗魯先生有月令章句疏證，其敘録已由商務印書館印行。

〔七〕宋本句末衍「牡」字，續家訓及各本、又類説、紺珠集、靖康緗素雜記二、黄山谷詩注、陳后山詩注引都不衍，今從之。

〔八〕宋本句末衍「也」字，續家訓及各本、又類説、紺珠集、靖康緗素雜記、黄山谷詩注、陳后山詩注引都不衍，今從之。

〔九〕「或謂」以下，紺珠集作「謂之庡廖，謂其貧無薪，以門作爨耳，吹當作炊」。

〔一〇〕宋本「庡」下衍「廖」字，續家訓及各本都不衍，今從之。趙曦明曰：「隋書經籍志：『聲類十卷，魏左校令李登撰。』」器案：李書已佚，今有任大椿、陳鱣、馬國翰輯本。

〔一一〕趙曦明曰：「玉篇：『居同庡。』」器案：靖康緗素雜記曰：「庡或作居，余染反；廖或作庵，余之反。」

通俗文，世間題〔一〕云「河南服虔字子慎造〔二〕」。虔既是漢人，其敘乃引蘇林〔三〕、張揖；蘇、張皆是魏人。且鄭玄以前，全不解反語〔四〕，通俗反音〔五〕，甚會近俗〔六〕。阮孝緒又云「李虔所造〔七〕」。河北此書，家藏一本，遂無作李虔者〔八〕。晉中經簿及七志〔九〕並無其目，竟不得知誰制。然其文義允愜，實是高才。殷仲堪常用字訓〔一〇〕亦引服虔俗説，今復無此書，未知即是通俗文，爲當〔一一〕有異？近代或更有服虔乎？

不能明也〔二二〕。

〔一〕續家訓「間」下有「皆」字。隋書經籍志著録有服虔通俗文，今有臧鏞堂、馬國翰輯本。

〔二〕後漢書儒林傳：「服虔，字子慎，初名重，又名祇，後改爲虔，河南滎陽人也。」漢書先儒注解名姓：「服虔，後漢尚書侍郎，高平令，九江太守。」

〔三〕三國志魏書劉劭傳注引魏略：「蘇林字孝友，博學多通古今寄指，凡諸書傳文間危疑，林皆釋之。建安中，爲五官將文學，甚見禮待。黄初中，爲博士給事中。文帝作典論所稱蘇林者是也。以老歸第，國家每遣人就問之，數加賜遺。年八十餘卒。」宋景祐校刊本漢書附秘書丞余靖奏文内云：「蘇林，字孝友（一云彦友），陳留外黄人。魏給事中、領祕書監、散騎常侍、永安衛尉、太中大夫，黄初中，遷博士，封安成侯。」陳直曰：「姚振宗隋書經籍志考證云：『蘇林、張揖，並在魏初。林建安中爲五官中郎將文學，揖太和中爲博士，揖卒年無考。林年八十餘，景初末卒，當建安之初，林年將四十矣，揖年當相去不遠。此二人必及見於服子慎，服序及蘇、張，不足疑也。』姚説雖不十分正確，然可用備參考。」

〔四〕盧文弨曰：「反與翻同，下同。」郝懿行曰：「案漢書注有服虔及應劭，並有反音，不一而足，疑未能明也。」

〔五〕續家訓「音」誤「意」。

〔六〕會，各本作「爲」，今從宋本及續家訓改正。會猶言合也，下文「皆取會流俗」意同。張宗泰謂或是「附會近俗」，非是。

〔七〕阮孝緒有七録，云通俗文李虔所造，當出其中。李虔通俗文，隋志不載，兩唐志云：「李虔續通俗文二卷。」則是李虔續子慎之書也。今有臧鏞堂、馬國翰輯本，然兩書却不分。

〔八〕段玉裁曰：「李密一名虔，見李善文選注。」器案：段氏引文選注，見李令伯陳情事表注引華陽國志。李密名虔，亦見晉書本傳。

〔九〕趙曦明曰：「晉中經簿已見前。隋書經籍志：『王儉又撰七志：一曰經典志，紀六藝、小學、史記、雜傳；二曰諸子志，紀古今諸子；三曰文翰志，紀詩賦；四曰軍書志，紀兵書；五曰陰陽志，紀陰陽圖緯；六曰術藝志，紀方技；七曰圖譜志，紀地域及圖書；其道、佛附見，合九條。』」

〔一〇〕趙曦明曰：「隋書經籍志：『梁有常用字訓一卷，殷仲堪撰，亡。』」

〔一一〕器案：爲，抑辭也。詩周頌思文正義：「太誓之注，不能五至……不知爲一日五來？爲當異日也？」

〔一二〕臧琳經義雜記十七曰：「案隋書經籍志：『通俗文一卷，服虔撰。』次在梁沈約四聲、李槩音譜、釋静洪韻英之下，則隋志亦不以爲漢之服子慎所撰。唐志無服書，有李虔續通俗文二卷，初學記器物部舟第十一下引李虔通俗曰：『晉曰舶，音泊。』則阮氏七録所言，信有徵矣。然唐人書中所引，皆作服虔；太平御覽、廣韻或譌作風俗通，又作風俗論。文選琴賦：『嘔噱終日。』李注引服虔通俗篇：『樂不勝謂之嗢噱。嗢，烏没切；噱，巨略切。』名雖不同，要即一書也。」夾注引錢大昕曰：「案：晉書孝友傳：『李密一名虔。』未審即其人否。」臧鏞堂拜經堂文集卷二刻通俗文序：「顏黄門謂『通俗文世題河南服虔子慎造』，魏書江式表次此於方言、埤、蒼之間，是北人悉以此爲漢服子慎所著。然梁阮氏七録本言李虔造，徵之初學記，阮録爲信。唐志稱『李虔續通俗文』，殆蹈北人之見，惑於爲有兩書，遂誤以李氏爲續篇歟？鏞堂核之，斷此非漢人之書，有三證焉：凡漢、魏古籍，悉登晉志，今中經籍及七志並無其目，此一證也；自孫叔然以前，未解反切，而通俗文反音，頗近時俗，此二證也；叙引蘇林、張揖皆魏人，論世在子慎之後，此三證也。既至阮氏始爲著録，則此書當出自晉、宋間人，豈因北方學者咸尊服氏，遂以名同而易姓乎？梁劉昭注續漢書始見徵引，傳至唐季而亡，此係六朝以前小學家，爲釋名、廣雅之流，先儒注經史，多所援據，不第通俗而已。且古今土俗不同，名物互易，由古目之爲俗者，由今目之爲古矣。爰采一切經音義諸書，略次其先後，以存一家絶學，署曰服虔，仍其舊也。稿始己酉仲夏，迄今十有一年，時有補正，本無定本也。己未秋，甘泉林君仲雲客南海，林君見斯編，喜之，欲取以付梓，因爲校正若干條，足以補鏞堂所未逮，此書自是有定本矣；遂叙宿昔所聞，及今之論定者於篇末以詒之。」

或問：「山海經，夏禹及益所記〔一〕，而有長沙、零陵、桂陽、諸暨〔二〕，如此郡縣不

少，以爲何也〔三〕？」答曰：「史之闕文〔四〕，爲日久矣；加復秦人滅學〔五〕，董卓焚書〔六〕，典籍錯亂，非止於此。譬猶本草神農所述〔七〕，而有豫章、朱崖、趙國、常山、奉高、真定、臨淄、馮翊等郡縣名〔八〕，出諸藥物；爾雅周公所作〔九〕，而云「張仲孝友〔一〇〕」；仲尼修春秋，而經書孔丘卒〔一一〕；世本左丘明所書〔一二〕，而有燕王喜、漢高祖〔一三〕；汲冢瑣語〔一四〕，乃載秦望碑〔一五〕；蒼頡篇李斯所造，而云「漢兼天下，海內并廁，豨黥韓覆〔一六〕，畔討滅殘〔一七〕」；列仙傳劉向所造，而贊云七十四人出佛經〔一八〕；列女傳亦向所造，其子歆又作頌〔一九〕，終于趙悼后〔二〇〕，而傳有更始韓夫人〔二一〕、明德馬后〔二二〕及梁夫人嫕〔二三〕：皆由後人所羼〔二四〕，非本文也。」

〔一〕梁玉繩史記志疑卷三十五曰：「劉秀上山海經奏、吴越春秋無余外傳、論衡別通、路史後紀，並謂『山海經益作』，隋志及顏氏家訓書證云『禹、益所記』，水經注敘及濁漳水注並云『禹著』，史通雜述篇言『夏禹敷土，實著山經』，尤袤以爲『恢誕不經』，定爲先秦之書，朱子以爲『緣楚辭天問而作』（見通考），吾丘衍閒居録謂『凡政字皆避去，知秦時方士所著』，楊慎升庵集以爲『出於太史終古、孔甲之流』，疑莫能定，文多冗複，似非一時一手所爲。」器案，博物志六文籍考亦謂：「山海經或云禹所作。」

〔二〕趙曦明曰：「漢書地理志：『長沙國，秦郡。零陵郡，武帝元鼎六年置。桂陽郡，高帝置。會稽郡，秦置，有諸暨縣。』」徐鯤曰：「案海内經云：『舜之所葬，在長沙零陵界中。』海内東經云：『潢水出桂陽西北山。』『諸暨』當爲『餘暨』，海内東經云：『浙江出三天子都，在其東，在閩西北入海，餘暨南。』」

〔三〕續家訓曰：「論衡言：『禹之治水，以益爲佐。益又主記物，窮天之廣，極地之長，表三十五國，通海内外。其在海外者，若大人國、君子國、穿胸民、不死民之類，皆在絶域，人迹所不至，而禹、益能至者，故謂之神禹。而後人於山海經乃益以秦、漢郡縣名者，何也？』」案：此見別通篇。

〔四〕論語衛靈公篇：「子曰：『吾猶及史之闕文也。』」集解：「包曰：『古之良史，于書字有疑則闕之，以待知者。』」

〔五〕趙曦明曰：「史記秦始皇本紀：『丞相李斯請史官非秦記皆燒之；非博士官所職，天下敢有藏詩、書、百家語者，悉詣守、尉雜燒之；有敢偶語詩、書者，棄市。令下三十日不燒，黥爲城旦。』」

〔六〕趙曦明曰：「後漢書董卓傳：『遷天子西都長安，悉燒宗廟官府居家，二百里内，無復孑遺。』」徐鯤曰：「風俗通逸文：『光武車駕徙都洛陽，載素簡紙經，凡二千兩。董卓盪覆王室，天子西移，中外倉卒，所載書七十車，於道遇雨，分半投棄。卓又燒燔觀閣，經籍盡作灰燼，所有餘者，或作囊帳。先王之道，幾湮滅矣。』」

〔七〕趙曦明曰：「隋書經籍志：『神農本草八卷，又四卷，雷公集注。』」

〔八〕趙曦明曰：「漢書地理志：豫章郡，高帝置。合浦郡，武帝元鼎六年開，縣五，有朱盧。（續志作「朱崖」。）趙國，故秦邯鄲郡，高帝四年爲趙國。常山郡，高帝置。泰山郡，高帝置，縣二十四，有奉高。真定國，武帝元鼎四年置。齊郡，縣十二，有臨淄，師尚父所封。左馮翊，故秦内史，武帝太初元年更改。孫星衍校定神農本草序：「陶弘景亦云：『所出郡縣乃後漢時制，疑仲景、元化等所記。』按薛綜注張衡賦引本草：『太一禹餘糧一名石腦，生山谷。』是古本無郡縣名。太平御覽引經上云生山谷或山澤，下云生某山某郡。明生山谷，本經文也……其下出郡縣，名醫所益。今大觀本草本俱作黑字，或合其文云某山川谷、某郡川澤，恐傳寫之誤，古本不若此。」（問字堂集卷三）陳直曰：「本草之名，始見於漢書平帝紀及樓護傳。陶弘景本草序略云：『今之所藏，有此四卷，是其本經。所出郡縣，乃後漢時制，疑仲景、元化等所記。』之推所疑，陶弘景已先言之，但朱厓郡在元帝時已罷棄，趙國在東漢亦廢，蓋此書由兩漢人陸續增補，弘景專指爲後漢人所附益，亦未必然。」器案：正統道藏「尊」字一號華陽陶隱居集卷上本草序：「至於藥性所主，當以識識相因，不爾，何由得聞？至於桐，雷乃著在於編簡；此書應與素問同類，但後人多更脩飾之爾。秦皇所焚，醫方卜術不預，故猶得全録。而遭漢獻遷徙，晉懷奔迸，文籍焚靡，千不遺一，今之所存，有此四卷，是其本經，所出郡縣，乃後漢時制，疑仲景、元化等所記。又云有桐君採藥録，説其花葉形色；藥對四卷，論其佐使相須。魏、晉已來，吴普、李當之等更復損益，或五百九十五，或四百四十一，或三百一十九，或三品混揉，冷熱舛錯，草石不分，蟲獸無辨。」唐書于志寧傳：「初，志寧與司空李勣修定本草並圖合五十四篇。帝曰：『本草尚矣，今復修之，何也？』對曰：『昔陶弘景以神農經合名醫别録，江南偏方，不能周曉，藥石往往紕繆，四百餘物，今考定之，又增後世所用百物，此其所以異也。』帝曰：『本草、别録，何爲而異？』對曰：『班固載黄帝内、外經，不記本草，至梁七録，乃始載之，世稱神農本草，以拯人疾；而黄帝已來，文字不傳，以識相付，至于桐、雷，乃載篇册。乃所記郡縣，多在漢時，疑仲景、華陀，竄記其語。别録者，魏、晉已來，吴普、李當之所記，其言花葉形色，佐使相須，附經以説，故仲景合而録之。』帝曰：『善。』其書遂大行。」掌禹錫嘉祐補注本草序：「或疑其間所録生出郡縣，有後漢地名者，以爲張仲景、華陀輩所爲，是又不然也。」

〔九〕趙曦明曰：「唐陸德明經典釋文序録：『爾雅釋詁一篇，蓋周公所作；釋言以下，或言仲尼所增，子夏所足，叔孫通所益，梁文所補：張揖論之詳矣。』」器案：此當直引張揖上廣雅表，不當引釋文序録，陸氏所謂「釋詁一篇，爲周公所作」，亦誤解張義，邵晉涵、王念孫已辨之矣。爾雅序邢昺疏云：「春秋元命苞曰：『子夏問夫子：「何春秋不以初哉首基爲始何？」』是以知周公所造也。率斯以降，超絶六國，越踰秦、楚，爰及帝劉，魯人叔孫通撰置禮記，文不違古。今俗所傳三篇爾雅，或言仲尼所增，或言子夏所益，或言叔孫通所補，或言是沛郡梁文所著，皆解家所傳，既無正驗云云。」

〔一〇〕趙曦明曰：「小雅六月篇。」陳直曰：「按：仁和譚復堂謂爾雅爲魯詩未成之訓詁傳，其説是也。故『張仲孝友』、『有客宿宿』，皆直引詩句。」器案：西京雜記上：「郭威，字文偉，茂陵人也。好讀書，以謂：『爾雅，周公所制，而爾雅有「張仲孝友」，張仲，宣王時人，非周公之制明矣。』余嘗以問揚子雲，子雲曰：『孔子門徒游、夏之儔所記，以解釋六藝者也。』（器案：鄭玄駁五經異義説同。）家君以爲外戚傳稱史佚教其子以爾雅，爾雅，小學也。又記言孔子教魯哀公學爾雅。爾雅之出遠矣。舊傳學者，皆云周公所記也，『張仲孝友』之類，後人所足耳。」

〔一一〕趙曦明曰：「春秋：『哀公十有六年，夏四月己丑，孔丘卒。』杜注：『仲尼既告老去位，猶書卒者，魯之君臣宗其聖德，殊而異之。』」器案：王觀國學林二曰：「公羊經止獲麟，而左氏經止孔丘卒。蓋小邾射不在三叛人之數，則自小邾射以下，皆魯史記之文，孔子弟子欲記孔子卒之年，故録以續孔子所修之經也。顔氏家訓曰：『春秋絶筆於獲麟，而經稱孔丘卒。』顔氏以此爲疑，蓋非所疑也。」案：觀國之説，可補征南之注，釋黄門之疑，時因而最録之。

〔一二〕原注：「此説出皇甫謐帝王世紀。」趙曦明曰：「漢書藝文志：『世本十五篇，古史官記黄帝以來訖春秋時諸侯大夫。』」器案：史記集解序索隱引劉向曰：「世本，古史官明於古事者之所記也，録黄帝已來帝王諸侯及卿大夫系謚名號，凡十五篇也。」隋志：「世本二卷，劉向撰。」周禮春官小史：「掌邦國之志，奠繫世，辨昭穆。」注：「鄭司農云：『繫世謂帝繫、世本之屬是也。』」疏：「天子謂之帝繫，諸侯謂之世本。」史通正史篇：「楚、漢之際，有好事者，録自古帝王公卿大夫之世，終乎秦末，號曰世本，十五篇。」則世本或有續書，今有孫馮翼、雷學淇、茆泮林、張澍、秦嘉謨輯本。

〔一三〕秦嘉謨世本輯補曰：「案：世本乃周時史官相承著録之書，劉向別録（案：即前注引史記索隱所引之劉向説）周官鄭注、（案：見小史注）已明言之，故有燕王喜耳。若漢高祖乃漢人補録系代，非原文也。以世本爲左丘明所作，亦自顔書始發之，其實漢書司馬遷傳、後漢書班彪傳中未之明言。」器案：史記趙世家集解引世本云：「孝成王丹生悼襄王偃。偃生今王遷。」稱遷爲今王，則世本蓋戰國末趙人之所作也。史通古今正史篇云：「楚、漢之際，有好事者，録自古帝王公侯卿大夫之世，終乎秦末，號曰世本。」此言實得其當。而意林引傅子云：「楚、漢之際，有好事者作世本，上録黄帝，下逮漢末。」此又爲知幾所本。其「漢末」當作「秦末」，既云「楚、漢之際」，何得「下逮漢末」也，明其爲誤文矣。又案：之推詆世本載燕王喜、漢高祖事，當出宋衷補綴，隋志載世本四卷，宋衷撰。蓋衷既爲之注，又加綴續也。史記燕召公世家索隱：「案：今系本無燕代系，宋衷依太史公書以補其闕。」顔氏所謂「後人所羼」是也。陳槃曰：「槃案：雷學淇曰：『隋書經籍志謂宋衷亦撰世本。因其作注且補燕繫。』（介菴經説二帶繫説）是則世本之有燕王世繫，宋衷所補。然雷氏此説，今未詳所出。張澍曰：『隋志又有世本四卷，宋衷篹。宋衷蓋注而廣之也。』又曰：『或又以爲宋衷所編。

不知仲子（衷）實廣其注。故劉昫以爲經秦漢儒者改易，斯爲確論。』（世本後序）案張説蓋是也。」

〔一四〕趙曦明曰：「晉書束皙傳：『太康二年，汲郡人不準盜發魏襄王墓，或言安釐王冢，得竹書數十車，有瑣語十一篇，諸國卜夢妖怪相書也。』」器案：隋志：「古文瑣語四卷，汲冢書。」兩唐志同，宋以後不見著録，今有洪頤煊、馬國翰、嚴可均輯本。

〔一五〕趙曦明曰：「史記秦始皇本紀：『三十七年，上會稽，祭大禹，望于南海，而立石刻頌秦德。』」陳直曰：「按：秦望碑之名，他無所見，後代通稱爲會稽刻石耳。秦望蓋山名也。」器案：墨池編曰：「斯善書，自趙高以下，或見推伏，刻諸名山碑璽銅人，並斯之筆。斯書秦望紀功石云：『吾死後五百三十年間，當有一人，替吾跡焉。』」續家訓作「秦皇碑」，誤。法書要録二引庾元威論書所載百體書，有秦望汲冢書，亦指此。

〔一六〕器案：法書要録二載庾元威論書云：「夫蒼、雅之學，儒博所宗，自景純注解，轉加敦尚。漢、晉正史及古今字書，並云：『蒼頡九篇，是李斯所作。』今竊尋思，必不如是。其第九章論豨、信、京劉等，郭云：『豨、信是陳豨、韓信，京劉是大漢，西土是長安。』此非讖言，豈有秦時朝宰談漢家人物？牛頭馬腹，先達何以安之？」庾説可與此互參，此即漢志所云「里閭書師所續」者耳。今有孫星衍、任大椿、梁章鉅、陶方琦、王幹臣、李滋然輯本。

〔一七〕宋本注云：「一本『戚殃』。」盧文弨曰：「陽湖孫淵如定作『殘滅』，以顏氏爲非。」案：此四句居延木觚所寫者亦有之，詳勞榦居延漢簡釋文頁五六一。原文分甲乙丙三面，存五十四字。陳直曰：「居延漢簡釋文頁五六一有蒼頡篇第五章殘簡，存『漢兼天下，海内並廁』八字，孫星衍蒼頡篇輯本對於『叛討滅殘』句，以意改校爲『殘滅』，因廁滅二字爲韻，比較理長，所惜木簡只存上兩句，究不能定其孰是。」

〔一八〕盧文弨曰：「今所傳本七十人，分江妃二女爲二，亦止七十二人。贊無『出佛經』之語。」徐鯤曰：「按劉孝標注世説新語文學篇引列仙傳曰：『歷觀百家之中，以相檢驗，得仙者百四十六人，其七十四人，已在佛經，故撰得七十二人，可以多聞博識焉，遐觀焉。』又釋藏冠字唐釋法琳破邪論云：『前漢成帝時，都水使者光禄大夫劉向著列仙傳云：「吾搜檢藏書，緬尋太史，創撰列仙圖，自黄帝以下六代迄到于今，得仙道者七百餘人，向檢虚實，定得一百四十六人。」又云：「其七十四人，已見佛經矣。」』推劉向言藏書者，蓋始皇時人間藏書也。尋道安所載十二賢者，亦在七十四之數，今列仙傳見有七十二人，據上二書，則列仙傳人數當有七十二，而今本止得七十。又其贊中無『出佛經』之語，蓋係後人捃摭類書而成，故多所刊削竄改，非復劉向之原書，更非復顔所見之舊本矣。」俞正燮癸巳類稿卷十四僧徒僞造劉向文考云：「弘明集宋宗炳明佛論，一名神不滅論，引劉向列仙傳序云：『七十四人，在於佛經。』又云：『佛爲黄面夫子。』其言欲證佛在劉向前。時劉義慶世説注亦引劉子政列仙傳云：『列觀百家之中，以相檢驗，得仙者百四十六人，其七十四人，已在佛經，故撰得七十，可以爲多聞博識者遐覽焉。』」梁僧佑弘明論引漢元之時，劉向序列仙云：『七十四人，出在佛經。』」一若劉向實有此文也者。顔氏家訓書證篇引劉向列仙傳贊云：『七十四人出佛經。此由後人所羼，非本文也。』」顔氏通矣。唐則向書又增，破邪論又引列仙傳云：『其七十四人，已見佛經矣。』」辨正論内九箴篇引劉向古舊二録云：『佛經流於中夏百五十年，後老子方説五千文。』」又引劉向古録云：『惠王時已漸佛教。』」法苑珠林卷二十引劉向列仙傳云：『吾搜檢太史藏書，辨撰列仙圖，黄帝以下迄於今，定檢實録百四十六人，其七十四人，已見佛經矣。』」破邪論又引劉向傳云：『吾偏尋典策，往往見於佛經。』」法苑珠林亦引劉向傳云：『博觀史册，往往見有佛經。』」案所引向言，俱似辨諍；向時尚無人知有佛者，向何用辨？是知作僞者之非賢矣。」案：俞氏證成之推之説詳矣，玉燭寶典四云：「漢成帝時，劉向删列仙傳，得一百卌六人。其七十四人，已見佛經，餘七十二爲列仙傳。」亦襲道士僞書爲説者。而南宋時，僧志磐撰佛祖統記，謂其所見之傳，猶有此語，但佛經已改爲仙經，詳佛祖統記卷三十四，則緇流僞造劉向文，至宋時尚有加無已也。余嘉錫四庫提要辨證卷十九謂：「今本無此語，乃宋以後黠道士所删。」

〔一九〕趙曦明曰：「隋書經籍志：『列女傳十五卷，劉向撰，曹大家注。列女傳頌一卷，劉歆撰。』」器案：漢書藝文志諸子略：「劉向所序六十七篇。」原注：「新序、説苑、世説、列女傳頌、圖也。」初學記卷二十五引别録：「臣向與黄門侍郎歆所校列女傳，種類相從爲七篇。」劉向所序云者，蓋班固以命劉氏父子所著書之名也。

〔二〇〕盧文弨曰：「趙悼后，趙悼襄王之后也。史記趙世家集解徐廣引列女傳曰：『邯鄲之倡。』」

〔二一〕趙曦明曰：「後漢書劉聖公傳：『聖公爲更始將軍，後即皇帝位，寵姬韓夫人尤嗜酒，每侍飲，見常侍奏事，輒怒曰：「帝方對我飲，正用此時持事來乎？」起，抵破書案。』列女傳所載略同。」

〔二二〕趙曦明曰：「已見。」

〔二三〕趙曦明曰：「列女傳：『梁夫人嫕者，梁竦之女，樊調之妻，漢孝和皇帝之姨，恭懷皇后之同産姊也。恭懷后生和帝，竇后欲專恣，乃誣陷梁氏，後竇后崩，嫕從民間上書訟焉。』」陳直曰：「之推叙列女傳終卷，與續補列女傳次第相吻合，知今本去古未遠。」

〔二四〕沈揆曰：「説文：『羼，羊相厠也。一曰相出前也。初限切。』」案：段玉裁説文解字注四篇上羼篆下云：「羼，羊相厠也。……一曰相出前也。相厠者，雜厠而居；相出前者，突出居前也。顔氏家訓曰：『典籍錯亂，皆由後人所羼。』此相出前引伸之義。」

或問曰：「東宫舊事〔一〕何以呼鴟尾爲祠尾〔二〕？」答曰：「張敞者，吴人〔三〕，不甚稽古，隨宜記注〔四〕，逐鄉俗訛謬〔五〕，造作書字耳。吴人呼祠祀爲鴟祀，故以祠代鴟字〔六〕；呼紺爲禁，故以糸傍作禁代紺字〔七〕；呼盞爲竹簡反，故以木傍作展代盞字〔八〕；呼鑊字爲霍字，故以金傍作霍代鑊字〔九〕；又金傍作患爲鐶字，木傍作鬼爲魁字〔一〇〕，火傍作庶爲炙字〔一一〕，既下作毛爲髻字〔一二〕；金花則金傍作華，窗扇則木傍作扇〔一三〕：諸如此類，專輒〔一四〕不少〔一五〕。」

〔一〕趙曦明曰：「隋書經籍志：『東宮舊事，十卷。』」器案：東宮舊事，隋志不著撰人，唐書經籍志：「東宮舊事，十卷，張敞撰。」新唐書藝文志：「張敞晉東宮舊事十卷。」説郛卷五十九收一卷，題晉張敞撰。

〔二〕蘇鶚蘇氏演義上：「蚩者，海獸也。漢武帝作柏梁殿，有上疏者，云：『蚩尾，水之精，能辟火災，可置之堂殿。』今人多作鴟字，見其吻如鴟鳶，遂呼爲鴟吻。顔之推亦作此鴟。劉孝孫事始作蚩尾，既是水獸，作蚩尤之蚩是也。蚩尤銅頭鐵額，牛角牛耳，獸之形也；作鴟鳶字，即少意義。」

〔三〕郝懿行曰：「余問：『張敞寧是畫眉京兆者耶？』牟默人答曰：『非也。其書多言晉事，蓋是晉人耳。』懿行案：京兆張敞，河東平陽人，徙杜陵，非吴人也。」器案：張敞，晉吴郡吴人，仕至侍中尚書、吴國内史，見宋書張茂度傳。

〔四〕隨宜，隨順時宜。本書雜藝篇：「武烈太子，偏能寫真，坐上賓客，隨宜點染，即成數人。」宋書庾悦傳：「劉毅表曰：『屬縣彫散，調役送迎，不得休止，亦應隨宜併減，以簡衆費。』」

〔五〕續家訓、顏本、程本、胡本「逐」作「遂」，今從宋本。靖康緗素雜記一引亦作「逐」。逐鄉俗，猶言徇俗。

〔六〕顏本「祠」作「祀」，未可從。續家訓及羅本以下各本無「字」字，今從宋本。蘇鶚蘇氏演義上：「蚩者，海獸也。漢武帝作柏梁殿，有上疏者云：『蚩尾，水之精，能辟火災，可置之殿堂。』今人多作鴟字，見其吻如鴟鳶，遂呼之爲鴟吻。顏之推亦作此鴟。劉孝孫事始作此蚩尾。既是水獸，作蚩尤之蚩是也。蚩尤銅頭鐵額，牛角牛耳，獸之形也。作鴟鳶字，即少意義。」黄朝英緗素雜記一：「古老傳云：『蚩聳尾出于頭上，遂謂之鴟尾。』顏氏家訓云……。余按倦游雜録云：『漢以宫殿多災，術者言：天上有魚尾星，宜爲其象冠于屋，以禳之。今亦有。自唐以來，寺觀舊殿宇尚有爲飛魚形尾上指者，不知何時易名爲鴟吻，狀亦不類魚尾。』又按陳書：『舊制：三公黄閣，廳事置鴟尾。後主時，蕭摩訶以功授侍中，詔摩訶閣門，施行馬，廳事寢堂並置鴟尾。』又北史宇文愷傳云：『自晉以前，未有鴟尾，用鴟字。』宋子京詩云：『久叨鴟尾三重閣。』兼撰新唐書，皆用鴟字。又江南野録云：『和臺殿閣，各有鴟吻。自乾德之後，天王使至則去之，使還復用，至是遂除。』此又用鴟吻，竟未詳其旨。」

〔七〕盧文弨曰：「説文：『糸，讀若硯，莫狄切。』各本作『系』，乃繫字，譌。」

〔八〕宋本、續家訓及各本「展」下有「以」字，抱經堂本無，今據删。俞正燮癸巳類稿卷七曰：「南史劉杳傳云：『杳在任昉坐，人餽昉格酒，字作榐，昉問：此字是否？杳曰：非也。葛洪字苑作木旁吝。』按顏氏家訓書證篇云：『張敞東宮舊事以木旁作榐代盞字，竹簡反。』則榐自音盞。宋書謝靈運傳山居賦注云：『橎酒味甘，兼以療病治癰核。』魏賈勰齊民要術卷七作橎酒法云：『取橎葉合花釀之。』唐皮日休詩：『橎酒三瓶寄夜航。』注云：『橎酒出沈約集，音式徑反，木名，汁甘可爲酒。』是謝靈運、賈勰、沈約自作橎，葛洪、任昉、劉杳自作格，梁人自作榐，俱於篆文無以下筆，正當作杒也。』器案：梁書劉杳傳：「在任昉坐，有人餉楉酒而作榐字，昉問杳：『此字是不？』杳對曰：『葛洪字苑作木傍若，今據廣雅：「楉，榴柰也。」此非本義。』」今案：作榐酒者，乃謂盞酒，即此所謂鄉俗訛謬所造之字，是言量，非言質，任、劉不識俗別字，乃以楉字解之，非是。抑據此知東宮舊事所有別字，誠如顏氏所謂「逐鄉俗造作」，非自我作故也。

〔九〕宋本「霍」作「隺」。案：從蒦從霍之字，古以音近互注或叠用，故六朝俗別字以金傍作霍代鑊字也。白虎通巡狩篇：「南方爲霍山者何？霍之爲言護也，言太陽用事，護養萬物也。」太平御覽二一引三禮義宗：「南嶽謂之霍，霍者，護也，言陽氣用事，盛夏之時，護養萬物，故以爲稱。」文選魯靈光殿賦：「濯濩燐亂。」又琴賦：「霍濩紛葩。」即其例證。

〔一〇〕續家訓及羅本以下諸本，「魁」作「槐」，今從宋本作「魁」。何焯曰：「然則木傍鬼之槐，乃俗字之不可用者也。」趙曦明曰：「案：說文，槐从木，鬼聲，則是正體當如此。宋本作『魁』，說文：『羹斗也。』今以槐爲魁方是誤，故定從宋本。」李慈銘曰：「案：郭忠恕佩觿序云：『襟榐鑵鏸，代紺盞鑊鐶之字；氀祠槐爊，作髻鴟魁炙之文。』自注：『已上出顏氏家訓。』則本爲『魁』無疑。」器案：慧琳一切經音義五二：「魁取苦廻反，説文：『羹斗曰魁。』經文從木作槐、棡二形，非體也。」據此，則六朝、唐代寫經生書「魁」正作「槐」。

〔一一〕陳槃曰：「賈子匈奴篇：『美胾臇炙肉。』俞樾曰：『臇即炙之異文。炙從火從肉，此變從火爲從炙，則以義而兼聲矣，故炙亦作爊。……庶與炙同聲。周官庶氏注曰：庶讀如藥煑之煑。然則臇從炙聲，猶爊從庶聲矣。』」

〔一二〕續家訓「髻」作「暨」，未可從。

〔一三〕佩觿上：「金華則金畔著華，牎扇則木旁作扇。」原注：「此二句出顏氏家訓。」

〔一四〕專輒，亦本書習用詞，本篇下文：「但令體例成就，不爲專輒耳。」「後人專輒加傍日耳。」又雜藝篇：「加以專輒造字，猥拙甚於江南。」晉書劉弘傳：「敢引覆餗之刑，甘受專輒之罪。」段玉裁説文解字注以爲「凡人有所倚恃而妄爲之」。札樸卷三：「顏氏家訓多用『專輒』字，蓋習語也。王濬上書：『案春秋之義，大夫出疆，由有專輒。』桓溫上表：『義存社稷之利，不顧專輒之罪。』王弘上表：『敢引覆餗之刑，甘受專輒之罪。』范甯傳：『甯若以古制宜崇，自當列上，而敢專輒，惟在任心。』北史楊愔傳：『專輒之失，罪合萬死。』又崔鴻傳：『愚賤無因，不敢輕輒。』南齊書廬陵王傳：『凡諸服章，自今不啟吾知，復專輒作者，後有所聞，當復得痛杖。』檀弓：『汏哉叔氏，專以禮許人。』正義云：『專輒許諾。』匡謬正俗：『劉周之徒音夾爲頰，亦爲專輒。』晉王藴爲吴興太守，郡荒人飢，開倉贍恤，主簿執諫，藴曰：『專輒之愆，罪在太守。』」

〔一五〕陳直曰：「本段文字，皆言張敞吴人，訛謬造作書字，以下例舉䌨、㧰、鑵、鍶、槐、㷼、𣯶、鏵、㮯等字，似合張敞及蕭子雲、邵陵王創作之僞體而言。上述皆由東晉末至南朝之俗字，與北朝之俗體别字，屬於異體同工。南朝碑刻，流傳絶少，現無從印證。（梁陵各闕，及蕭憺、蕭秀碑，所用尚係正體。）吾鄉北固山甘露寺梁代鐵鑊，現已久佚，不知是否亦作鑵耳。（墨莊漫録只録全文，不依原書字體。）但隋當陽玉泉道場鐵鑊題字及東魏邑主造石像銘，鑊字均用正體，並不作鑵。」

又問：「東宫舊事『六色罽緄』〔一〕，是何等〔二〕物？當作何音？」答曰：「案：説文云：『莙，牛藻也，讀若威。』音隱：『塢瑰反〔三〕。』即陸機所謂『聚藻，葉如蓬』者也〔四〕。又郭璞注三蒼〔五〕亦云：『藴，藻之類也，細葉蓬茸生。』然〔六〕今水中有此物，一節長數寸，細茸如絲，圓繞可愛〔七〕，長者二三十節，猶呼爲莙〔八〕。又寸斷五色絲〔九〕，横著線股間繩之〔一〇〕，以象莙草，用以飾物，即名爲莙；於時當紺〔一一〕六色罽，作此莙以飾緄帶，張敞因造糸旁畏耳〔一二〕，宜作隈〔一三〕。」

〔一〕鮑本注：「『緦』疑是『隈』字。」

〔二〕何等，漢、魏、六朝人習用語，猶今言什麽。史記三王世家：「王夫人曰：『陛下在，妾又何等可言。』」後漢書東平憲王蒼傳：「日者問東平王：『處家何等最樂？』」孟子公孫丑篇：「敢問夫子惡乎長？」趙岐注：「丑問孟子才志所長何等。」吕氏春秋愛類篇：「其故何也？」高誘注：「爲何等故也。」藝文類聚八五引笑林：「問人可與何等物？」左延年從軍行：「從軍何等樂？」俱其例證。

〔三〕宋本「音隱」下有「疑是隈字」四字。續家訓「瑰」作「塊」，朱本於「音」字斷句，御覽九九九引無「隱」字及「反」字，俱非是。沈揆曰：「説文：『莙，牛藻也，從艸君聲，讀若威。渠隕切。』與顔氏所引不同，未詳。」盧文弨曰：「隋書經籍志：『説文音隱，四卷。』宋本此書『音隱』下有『疑是隈字』四字，此不知音隱是書名，誤認爲莙字作音耳。沈氏攷證亦但疑『渠隕』與『塢瑰』有異，則此當又在沈之後校者所加，亦非出沈氏，今故删去。至『渠隕切』，乃徐鉉等所加，不可爲據；音隱所音，正與讀若威合，當從之。」段玉裁説文解字注一篇下莙篆：「從艸君聲，讀若威。渠殞切，十三部。按君聲而讀若威，此由十三部轉入十五部，張敞之變爲緦隈，説文音隱之音塢瑰反，字林窘亦音巨畏反，皆是也。唐韵渠殞切，則不違本部，地有南北，時有古今，語言不同之故。竊疑左傳藴藻即莙字，藴與藻爲二，猶筐與筥、錡與釜皆爲二也。」郝懿行曰：「按：爾雅釋文云：『莙，其隕反，孫居筠反。』則當讀爲君若菌矣；而説文讀若威，顏氏音以塢瑰反，是已。」沈濤銅熨斗齋隨筆三：「音隱，書名，隋書經籍志有説文音隱四卷，之推引是書音莙爲塢瑰反耳，舊校『隱』字下注云：『疑是隈字。』誤認隱爲莙字之音，以爲莙不當音隱，疑爲隈字之誤，非也。」器案：君、威二字，古聲近通用，如君姑亦作威姑，即其例證，故許慎讀莙若威。説文音隱，今有畢沅輯本。

〔四〕宋本「機」作「璣」，御覽「璣」作「機」，「聚」作「蘊」，「即」上有「竊」字。四庫全書考證曰：「刊本『璣』譌『機』，據書録解題改。」趙曦明曰：「隋書經籍志：『毛詩草木蟲魚疏二卷，烏程令吴郡陸機撰。』」盧文弨曰：「經典釋文序録：『陸璣，字元恪，吴太子中庶子，烏程令。』案：諸書多有作陸機者，無妨二人同名。顏氏所引語，在詩召南『于以采藻』句下。」陳直曰：「按：吴陸璣毛詩草木疏，經典釋文作陸璣字元恪，吴太子中庶子，烏程令，是正確的。其他各本作陸機者，均爲誤字。本文宋本原作陸璣，趙注依俗本逕改作陸機則大謬。」器案：詩正義引陸機云：「藻，水草也，生水底，莖大如釵股，葉如蓬蒿，謂之聚藻。」左傳隱公元年：「蘋蘩蘊藻之菜。」

〔五〕續家訓及羅本以下諸本無「又」字，今從宋本。

〔六〕御覽「然」字在「生」字上，是。

〔七〕朱本「圓」作「圜」。

〔八〕盧文弨曰：「今人俱呼爲薀，與威音亦一聲之轉。」

〔九〕羅本、顏本、朱本「又」作「尺」。

〔一〇〕盧文弨曰：「著，側略切。」案：段玉裁説文解字注「繩」作「繞」，見下注〔一三〕。

〔一一〕御覽「紺」作「紲」，未可據。

〔一二〕顏本、程本、胡本「糸」作「絲」，宋本、羅本、傅本、何本作「系」，今從抱經堂校定本。盧文弨曰：「『糸』，别本訛『絲』，宋本作『系』，亦訛，今改正。」

〔一三〕續家訓「作」作「音」，是。盧文弨曰：「『限』字似當作『莙』。」段玉裁説文解字注一篇下莙篆：「莙，牛藻也，見釋艸。按藻之大者曰牛藻，凡艸類之大者多曰牛曰馬，郭云：『江東呼馬藻矣。』陸機（璣）云：『藻二種：一種葉如雞蘇，莖大如箸，長四五尺。一種莖大如釵股，葉如蓬，謂之聚藻，扶風人謂之藻，聚爲發聲也。』牛藻當是葉如雞蘇者；但析言則有别，統言則皆謂之藻，亦皆謂之莙。顏氏家訓云：『莙艸細細葉，蓬茸水中，一節長數寸，細茸如絲，圓繞可愛。東宮舊事所云，六色罽緄者，凡寸斷五色絲，橫著線股間繞之，以象莙艸，用以飾物，即名爲莙；於時當縛六色罽，作此莙以飾緄帶，張敞因造糸旁畏耳。』據此，則莖如釵股者亦謂之莙也。」陳槃曰：「漢書藝文志：『蒼頡多古字，俗師失其讀。宣帝時，徵齊人能正讀者，張敞從受之。』楊樹達曰：『郊祀志記敞辨識美陽鼎刻書，顏氏家訓書證篇記敞造緄字，與此記敞從受倉頡正讀，皆敞篤志古文之事也。』（漢書管窺三）槃案據周氏補正引郝、洪二氏説，則此作東宮舊事之張敞，東晉人。此君不甚稽古，與漢宣時『篤志古文』之張敞不類。楊氏當誤，用附識於此。」

柏人城東北有一孤山〔一〕，古書〔二〕無載者。唯闞駰十三州志〔三〕以爲舜納於大麓，即謂〔四〕此山，其上今猶有堯祠焉；世俗或呼爲宣務山，或呼爲虚無山〔五〕，莫知所出。趙郡士族有李穆叔、季節兄弟〔六〕、李普濟〔七〕，亦爲學問，並不能定鄉邑此山〔八〕。余嘗爲趙州佐〔九〕，共太原王邵讀柏人城西門内碑。碑是漢桓帝時柏人縣民〔一〇〕爲縣令徐整所立，銘曰〔一一〕：「山有巏嵍〔一二〕，王喬所仙〔一三〕。」方知此巏嵍山也〔一四〕。巏字遂無所出。嵍字依諸字書〔一五〕，即旄丘之旄也；旄字〔一六〕，字林一音亡付反〔一七〕，今依附俗名，當音權務耳〔一八〕。入鄴，爲魏收説之，收大嘉歎。值其爲趙州莊嚴寺碑銘，因〔一九〕云：「權務之精〔二〇〕。」即用此也〔二一〕。

〔一〕盧文弨曰：「柏人，漢縣，晉以前皆屬趙國，隋書地理志改爲柏鄉，屬趙郡。」陳直曰：「按：漢書地理志栢人縣屬趙國。北魏延昌中始改爲栢仁，見魏寧遠將軍栢仁男楊翬碑，北齊李清報德碑亦作栢仁。栢人，漢高祖附會解爲迫人，其地當因産栢子仁藥味而得名。金匱要略藥方中杏仁、桃仁皆作杏人、桃人，故在北魏時逕改爲栢仁。之推在當時仍寫作栢人，不從時尚也。」

〔二〕雲谷雜記三無「書」字。

〔三〕趙曦明曰：「闞駰十三州志，隋書經籍志十卷。」器案：闞駰，字玄陰，敦煌人，魏書有傳。所纂十三州志，今有張澍輯本。

〔四〕雲谷雜記「謂」作「爲」，古通。

〔五〕路史發揮五：「今柏人城之東北有孤山者，世謂虀山，所謂巏嵍山也。記者以爲堯之納舜在是。十三州志云：『上有堯祠。俗呼宣務山，謂舜昔宣務焉。或曰虛無，訛也。』」陳漢章曰：「水經濁漳水注引應劭説云：『尚書曰：「堯將禪舜，納之大麓之野。」鉅鹿縣取目焉。』」器案：李雲章朴村詩集六送王思遠之任唐山：「干言鄰衞俗，巏務古堯封。」原注云：「巏務，今名宣務，闞駰十三州志以爲舜納于大麓即此山。」則字又作「巏務」。

〔六〕北史李公緒傳：「公緒，字穆叔，性聰敏，博通經傳……雅好著書，撰典言十卷、禮質疑五卷、喪服章句一卷、古今略紀二十卷、趙紀八卷、趙語十二卷，並行於世。……公緒弟槩，字季節，少好學……撰戰國春秋及音譜，並行於世。」又崔贍傳：「李概與清河崔贍爲莫逆之友，概將東還，贍遺之書曰：『仗氣使酒，我之常弊；詆訶指切，在卿尤甚。足下告歸，吾於何聞過也。』」北齊書文苑荀仲舉傳：「仲舉與趙郡李概交款，概死，仲舉因至其宅，爲五言詩十六韻以傷之，詞甚悲切，世稱其美。」

〔七〕北史李雄傳：「映子普濟，學涉有名，性和韻，位濟北太守，時人語曰：『入麤入細李普濟。』」朱本「普」作「莊」，誤。

〔八〕續家訓無「並」字。

〔九〕宋本「佘」作「佘」，誤；雲谷雜記作「佘」，不誤。趙曦明曰：「通典：『趙國，後魏爲趙郡，明帝兼置殷州，北齊改殷州爲趙州。』」案：隋書百官志中：「上上州刺史置府，屬官有長史、司馬、録事、功曹、倉曹、中兵等參軍事。」

〔一〇〕朱本無「碑」字。顔本此句誤作「是漢師市高相人縣民」。

〔一一〕續家訓及羅本以下諸本「曰」並作「云」，説文繫傳十八敄下引亦作「云」。

〔一二〕宋本、續家訓、羅本、傅本、程本、何本、朱本「山」並作「土」，顔本、胡本誤作「士」。顔本「巏」誤作「諸」。續家訓及羅本以下諸本「嵍」作「務山」二字，宋本無「山」字。雲谷雜記此句作「土有巏嵍山」。抱經堂校定本定作「山有巏嵍」，今從之。段玉裁曰：「『嵍』當作『敄』。」盧文弨曰：「案：隋地理志作『巏嵍山』，然正字當作『敄』。」陳直曰：「段説是也。猶左氏傳之公叔務人，鄀公鐘則作鄀公敄人也。」器案：説文繫傳引作「魏郡有小山，名敄，又名巏，古碑云：『山有巏敄，王喬所僊。』」盧改及段説，並與之合；唯以巏敄爲一山二名，説又有別。若楊升庵文集卷七十八作「上有巏務山，王橋所僊」，則又以譌傳譌也。

〔一三〕顔本「王喬」誤作「不高」。趙曦明曰：「列仙傳：『王子喬者，周靈王太子晉也，遊伊、洛之間，道人浮丘公接以上嵩高山。』」

〔一四〕宋本及羅本以下諸本「敄」作「務」，下同，抱經堂本按文義校定，今從之。續家訓此句作「方知此巏字也」，雲谷雜記作「方知此巏敄字也」。

〔一五〕續家訓「敄」作「務」，與諸本同。「字書」，宋本及續家訓如此作，它本都譌作「子書」。

〔一六〕「即旄丘之旄也旄字」八字，續家訓作「即髦丘之字」，雲谷雜記作「即旄丘之旄字」。吴承仕經籍舊音辨證一曰：「『字林』上『旄也』二字疑衍。」

〔一七〕盧文弨曰：「詩旄丘釋文：『字林作堥，亡周反，又音毛。』山部又有嵍字，亦云：『嵍丘，亡付反，又音旄。』」郝懿行曰：「案：爾雅釋丘：『前高，旄丘。』釋文引字林『旄』作『嵍』，又作『堥』，俱亡付反。然則此巏務之『務』，依字林當作『嵍』，或作『堥』，今本疑傳寫之誤爾。」徐文靖曰：「案：瑣言：『唐韓定辭爲鎮州王鎔書記，聘燕帥劉仁恭，舍於賓館，命幕客馬彧延接，馬有詩贈韓云：「邃（器案：全唐詩話六作「燧」。）林芳草緜緜思，盡日相攜陟麗譙；別後巏嵍山上望，羨君將復見王喬。」』神仙傳：『王喬爲柏人令，於東北巏嵍山得道。』或詩所用正此也。巏嵍『嵍』字作平聲，玉篇音藋旄，是也，後漢書『務光』一作『牟光』，則務有牟音矣。」器案：東坡題跋卷二書韓定辭馬郁詩：「韓定辭不知何許人，爲鎮王鎔書記，聘燕帥劉仁恭，舍於賓館，命幕客馬郁延接，馬有詩贈韓曰：『燧林芳草綿綿思，盡日相逢陟麗譙；別後巏嶔山上望，羨君時復見王喬。』郁詩雖清秀，然意在試其學問。韓即席酬之：『崇霞臺上神仙客，學辨癡龍藝更多，盛德好將銀筆述，麗辭堪與雪兒歌。』座中賓客，靡不欽訝，稱爲妙句，然疑其銀筆之僻也。他日，郁從容問韓以雪兒銀筆之事，韓曰：『昔梁元帝爲湘東王時，好學著書，常記録忠臣義士及文章之美者。筆有品，或以金銀飾，或用班竹爲管；忠孝全者用金管書之，德行清粹者用銀筆書之，文章贍麗者用班竹管書之，故湘東王之譽，振於九江。雪兒，李密之愛姬，能歌舞，每見賓僚文章有奇麗中意者，即付雪兒協奇律歌之。』又問：『癡龍出自何處？』曰：洛下有洞穴，曾有人誤墜其中，因行數里，漸見明曠，見有宮殿人物凡九處；又有大羊，髯有珠，人取食之不知。後出，以問張華，華曰：『此九仙館也。大羊名癡龍耳。』定辭後問郁：『巏嵍山今當在何處？』郁曰：『此隋郡之故事，何謙光而下問？』由是兩相悦服，結交而去。」此所言，較瑣言、全唐詩話爲備，故詳録之。

〔一八〕段玉裁説文解字注九篇下嵍篆：「按此篆許書本無，後人增之；許書果有是山，則當廁於山名之類矣。顔氏家訓：『柏人城東有山，世或呼爲宣務山。予讀柏人城内漢桓帝時所立碑銘：上有巏嵍，王喬所仙。巏字遂無所出，嵍字依諸字書，即旄丘之旄矣。嵍字，字林一音忘付反，今依附俗名，當音權務。』經典釋文曰：『字林有堥，亡周反，一音毛，堥，丘也。又有嵍，亡附反，一音毛，亦云嵍，丘也。』據顔、陸之書，字林乃有嵍字，則許書之本無此顯然矣。旄丘見詩，爾雅曰：『前高曰旄丘。』劉成國曰：『如馬舉頭垂髦。』依字林嵍丘即旄丘。乃丘名，非山名也。」吴承仕曰：「案：旄丘字正作『嵍』，或作『堥』，『旄』則假字也。周書牧誓『羌髳』，即角弓之『如蠻如髦』，柏舟『髧彼兩髦』，説文引作『鬏』，皆其比。敄在幽部，毛在宵部，部居相近，故有亡周、亡付等音；而蕭該漢書音義以務音爲乖僻，未爲審諦。（蕭該説，見清官本漢書叙傳。）」器案：漢書陳餘傳：「斬餘泜水上。」注：「晉灼曰：『問其方人，音柢。』師古曰：『晉音根柢之柢，音丁計反；今其土俗呼水則然。』」案：以俗呼定古地名，取諸目驗，六朝、唐人多如此者，尤以水經注爲習見不尠，家訓此文，亦其一例也。

〔一九〕續家訓及羅本以下各本無「因」字，雲谷雜記同。

〔二〇〕雲谷雜記「權務」作「嚾嵍」。何焯曰：「『權』疑作『嚾』。」案：嚴可均輯全北齊文，失收魏收此文，當據補。

〔二一〕路史發揮五注：「寰宇記云：『邢州堯山縣有宣務山，一曰虛無山，在西北四里，高一千一百五十尺。城冢記云「堯登此山，東瞻淇水，務訪賢人」者也。』嚾嵍，王喬所仙，顏之推與王劭見之，以示魏收；收大驚嘆，及作莊嚴寺碑用之。而之推遂以入廣韻，（此說欠妥）音爲權務。然嵍本音旄，故亦用旄，字林乃爲亡付、亡夫二切，故玉篇止音藿旄。瑣言載馬郁贈韓定辭云：『別後嚾嵍山上望，羡君無語對王喬。』蘇子瞻愛之，不知爲平聲矣。列仙傳：『王喬爲柏人令，於東北嚾嵍山得道。』故詩銘及之。」

或問：「一夜何故五更？更何所訓〔一〕？」答曰：「漢、魏以來，謂爲甲夜、乙夜、丙夜、丁夜、戊夜〔二〕，又云鼓〔三〕，一鼓、二鼓、三鼓、四鼓、五鼓，亦云一更、二更、三更、四更、五更〔四〕，皆以五爲節〔五〕。西都賦亦云：『衞以嚴更之署〔六〕。』所以爾者，假令正月建寅〔七〕，斗柄夕則指寅，曉則指午矣；自寅至午，凡歷五辰。冬夏之月〔八〕，雖復長短參差〔九〕，然辰間遼闊，盈不過六〔一〇〕，縮不至四，進退常在五者之間〔一一〕。更，歷也，經也，故曰五更爾〔一二〕。」

〔一〕盧文弨曰：「五更，古衡切；下更，古孟切，除此一字外，下皆古衡切。」嚴式誨曰：「『更何所訓』更字，似亦應讀古衡切。」

〔二〕盧文弨曰：「文選陸佐公新刻漏銘：『六日無辨，五夜不分。』李善注引衛宏漢舊儀曰：『晝漏盡，夜漏起，省中用火，中黄門持五夜：甲夜，乙夜，丙夜，丁夜，戊夜也。』」

〔三〕趙曦明曰：「句，或可省。」盧文弨曰：「句本讀斷，然語不甚明，今改作『此鼓字衍』，則易明矣。」案嚴本「句或可省」四字，據盧説改作「此鼓字衍」。又案：類説、文昌雜録一、杜甫和賈至舍人早朝大明宫元刊集千家注分類本引王洙注引，正無此「鼓」字。

〔四〕苕溪漁隱叢話前十一引此二句作「又謂之五鼓，亦謂之五更」。

〔五〕漁隱叢話、杜工部草堂詩箋十三書堂飲既夜復邀李尚書下馬月下賦絶句注引句末有「也」字。

〔六〕趙曦明曰：「西都賦，班固作，薛綜注西京賦曰：『嚴更，督行夜鼓也。』」器案：緗素雜記引作「西都賦亦云重以虎威章溝嚴更之署」，乃西京賦文。

〔七〕盧文弨曰：「令，力呈切。」

〔八〕緯略十、紺珠集四引「月」作「晷」。

〔九〕盧文弨曰：「復，扶又切。參差，初金、初宜二切。」

〔一〇〕續家訓及羅本以下諸本、類説、文昌雜録「過」作「至」，緯略、紺珠集作「盡」。

〔一一〕緯略、紺珠集「者」作「時」。

〔一二〕塵史下引家訓曰：「何名五更？曰：正月建寅，斗柄昏在寅中，曉則午中矣，歷五辰也。更，歷也。」與今本微異，蓋出節引。緗素雜記、杜甫集王洙注引仍同今本。

爾雅云：「朮，山薊也〔一〕。」郭璞注云：「今朮似薊而生山中。」案：朮葉〔二〕其體似薊，近世文士，遂讀薊爲筋肉之筋〔三〕，以耦地骨用之〔四〕，恐失其義。

〔一〕盧文弨曰：「朮，徒律切。薊，古帝切。」錢馥曰：「朮本作茉，或省艸，廣韻、集韻、韻會並直律切，舌上音，澄母；若作徒律切，則是舌頭音，定母。」又曰：「隔標亦可，然究不若直律之音和也。」器案：引爾雅釋草文。盧音徒律切，「徒」蓋「徙」之誤。

〔二〕續家訓、顏本、程本、胡本「朮」作「木」，誤。

〔三〕盧文弨曰：「筋，居勤切。」陳直曰：「按：自漢以來，隸書從魚與從角之字，往往不分，曹全碑鰥寡作觶寡，正同此例。從月亦然，本文筋字，南北朝時俗寫作葪，與薊字極相似，故易致誤。」

〔四〕盧文弨曰：「本草：『枸杞，一名地骨。』」

或問：「俗名傀儡子爲郭禿，有故實乎〔一〕？」答曰：「風俗通云：『諸郭皆諱禿〔二〕。』當是前代人有姓郭而病禿者〔三〕，滑稽戲調〔四〕，故後人爲其象〔五〕，呼爲郭禿，猶文康象庾亮耳〔六〕。」

〔一〕續漢書五行志注引風俗通：「靈帝時，京師賓婚嘉會，皆作魁櫑，酒酣之後，續以挽歌。魁櫑，喪家之樂。」通典一四六云：「窟礧子，亦曰魁礧子，作偶人以戲，善歌舞。本喪樂也，漢末始用之嘉會。北齊後主高緯尤所好。」陳漢章曰：「説文：『傀，偉也。儡，相敗也。』非此義。今俗謂木偶戲爲傀儡，本此。梅鼎祚字彙有櫆字，吴任臣字彙補有櫑字，皆俗。其説云：『起於喪家，後行之嘉會。』又唐段安節樂府雜録云：『傀儡子起於漢祖平城之圍，陳平造。』」器案：窟礧子，一作窟籠子，亦曰魁礧子，作偶人以戲，即傀儡也，見唐書音訓。郭禿又作郭公，酉陽雜俎前八：「宋元素右臂上刺胡蘆，上出人首，如傀儡戲郭公者。」樂府詩集八七邯鄲郭公歌解題引樂府廣題曰：「北齊後主高緯雅好傀儡，謂之郭公。時人戲爲郭公歌云云。」歌曰「邯鄲郭公九十九，技兩漸盡入滕口」云云。

〔二〕趙曦明曰：「此語今逸。」龔向農先生曰：「玉燭寶典五引風俗通云：『俗説：五月蓋屋，令人頭禿。謹案：易、月令，五月純陽，姤卦用事，齊麥始死。夫政趣民收穫，如寇盜之至，與時競也。』又云：『除黍稷，三豆當下，農功最務，間不容息，何得晏然除覆蓋室寓乎？今天下諸郭皆諱禿，豈復家家五月蓋屋耶？』」

〔三〕趙曦明曰：「『代人』二字，宋本作『世』。」器案：事文類聚前四三、羣書通要乙九、事文大全壬九引同宋本；續家訓、類説同今本。

〔四〕盧文弨曰：「調，徒弔切，宋本誤倒作『調戲』，今不從。」器案：事文類聚同宋本，續家訓作「戲調」。

〔五〕盧文弨曰：「段安節樂府雜録：『傀儡子，自昔傳云，起於漢祖在平城爲冒頓所圍，陳平造木偶人，舞於陴間。冒頓妻閼氏謂是生人，慮下其城，冒頓必納妓女，遂退軍。後樂家翻爲戲，其引歌舞，有郭郎者，髮正秃，善優笑，閭里呼爲郭郎，凡戲場必在俳兒之首也。』」器案：類説「象」作「像」。事物紀原九：「風俗通曰：『漢靈帝時，京師賓昏嘉會，皆作魁𡔞。』梁散樂亦有之。北齊後主高緯尤所好也。顔氏家訓云：『古有秃人，姓郭，好諧謔。』今傀儡郭郎子是也。」

〔六〕沈揆曰：「晉書亮本傳，謚文康。」趙曦明曰：「文康亦當時樂曲名。宋本連下不分段，今從俗間本。」盧文弨曰：「通典樂六：『禮畢者，本自晉太尉庾亮家，亮卒，其後追思亮，因假爲其面，執翳以舞，象其容，取謚以號之，謂文康樂。每奏九部樂歌則陳之，故以禮畢爲名。』」嚴式誨曰：「案：此出隋書音樂志下，通典非根柢。又『其後追思亮』，『後』字當依隋書、通典作『伎』。」（器案：「樂歌則陳之」，「歌」字亦當依隋書作「終」。）劉盼遂曰：「案：此句與上文『傀儡子爲郭秃』相對，『文康』應亦爲戲劇名。考梁武帝命周捨作上雲樂詞云：『西方老胡，厥名文康，遨遊六合，傲誕三皇。西觀濛汜，東戲扶桑，南泛大蒙之海，北至無通之鄉。昔與若士爲友，共弄彭祖扶牀。往年暫到崑崙，復值瑶池舉觴。周帝迎以上席，王母贈以玉漿。故乃壽如南山，老若金剛。青眼眢眢，白髮長長。蛾眉臨髭，高鼻垂口。非直能俳，又善飲酒。簫歌從前，門徒從後，濟濟翼翼，各有分部。鳳凰是老胡家雞，師子是老胡家狗。陛下撥亂反正，再朗三光，澤與雨施，化與風翔。覘雲候吕，來遊大梁。重駟修路，始屆帝鄉。伏拜金闕，瞻仰玉堂。從者小子，羅列成行，悉知廉節，皆識義方。歌管愔愔，鏗鼓鏘鏘，響震鈞天，聲若鵷凰，前却中規矩，進退得宫商，舉技無不佳，胡舞最所長。老胡寄篋中，復有奇樂章，齎持數萬里，願以奉聖皇。乃欲次第説，老耄多所忘。但願明陛下，壽千萬歲，歡樂未渠央。』據周詩觀之，則『文康』爲一戲劇名色必矣。隋書樂志：『梁三朝樂第四十四，設寺子導安息孔雀鳳凰文鹿，胡舞連登上雲樂歌舞伎。』更足證上雲樂爲歌舞之名，而『文康』又爲劇中主要脚色也。庾亮字文康，胡俳雖名文康，然而實非元規，猶傀儡子名郭禿，而實非郭禿也。」陳直曰：「盧氏之説是也。與上云樂之老胡文康，不能混爲一事。」器案：李太白文集二有上雲樂，原注云：「老胡文康辭，或云范雲及周捨所作，今擬之。」其辭曰：「金天之西，白日所没。康老胡雛，生彼月窟，巉巖容儀，戌削風骨。碧玉炅炅雙目瞳，黄金拳拳兩鬢紅。華蓋垂下睫，嵩岳臨上脣。不覩詭譎貌，豈知造化神。大道是文康之嚴父，元氣乃文康之老親。撫頂弄盤古，推車轉天輪。云見日月初生時，鑄冶火精與水銀，陽烏未出谷，顧兔半藏身，女媧戲黄土，團作愚下人，散在六合間，濛濛若沙塵，生死了不盡，誰明此胡是仙真。西海栽若木，東溟植扶桑，别來幾多時，枝葉萬里長。中國有七聖，半路頽鴻荒。陛下應運起，龍飛入咸陽。赤眉立盆子，白水興漢光。叱咤四海動，洪濤爲簸揚。舉足蹋紫微，天關自開張。老胡感至德，東來進仙倡，五色師子，九苞鳳凰，是老胡雞犬，鳴舞飛帝鄉，淋漓颯沓，進退成行。能胡歌，獻漢酒，跪雙膝，並兩肘，散花指天舉素手，拜龍顔，獻聖壽。北斗戾，南山摧，天子九九八十一萬歲，長傾萬歲杯。」李白此篇，係擬周詩而作，辭義尤爲詼詭，故全録之，以見此種俳樂，至唐猶盛行，而顔氏「文康象庾亮」之説之爲無稽也。又續家訓分段，今從之。

或問曰：「何故名治獄參軍爲長流乎〔一〕？」答曰：「帝王世紀云：『帝少昊崩，其神降于長流之山〔二〕，於祀主秋〔三〕。』案：周禮秋官，司寇主刑罰、長流之職〔四〕，漢、魏捕賊掾〔五〕耳。晉、宋以來，始爲參軍，上屬司寇，故取秋帝所居爲嘉名焉〔六〕。」

〔一〕趙曦明曰：「隋書百官志：『後齊制，上上州刺史，有外兵、騎兵、長流、城局、刑獄等參軍事。』」陳直曰：「按：北史序傳：『李撝字道熾，魏武定中司空長流參軍。』又東魏李仲璇修孔子廟碑有平南將軍長流參軍徐柒保題名，東魏太公吕望表碑陰有輔國將軍長流參軍督新縣事尚□□題名。據此，長流之名，起於東魏，隋書百官志謂起於北齊，非也。」器案：宋書百官志上：「今諸曹則有録事、記室、户曹、倉曹、中直兵、外兵、騎兵、長流賊曹、刑獄賊曹、城局賊曹、法曹、田曹、水曹、鎧曹、車曹、士曹、集右户、墨曹，凡十八曹參軍，不署曹者無定員。江左初，晉元帝鎮東丞相府有録事記室，……凡十三曹，今闕所餘十二曹也。其後又有直兵、長流、刑獄、城局、水曹、右户、墨曹七曹，高祖爲相，合中兵、直兵置一參軍，曹則猶二也。今小府不置長流參軍者，置禁防參軍。」趙注引後齊制，尚未得其本柢。

〔二〕原注：「此事本出山海經，『流』作『留』。」案：御覽二一五引注作「事出山海經」。通鑑一四五胡三省注引原注作正文。盧文弨曰：「西山經：『長留之山，其神白帝，少昊居之。』」器案：御覽三八八引山海經，「留」作「流」，古通。

〔三〕原注：「此説本於月令。」案：抱經堂校定本「主」作「爲」，宋本、續家訓及羅本以下各本都作「主」，御覽、通鑑注、楊升庵文集五〇亦作「主」，今從之。朱亦棟曰：「案：長流二字，切音爲秋，即秋官之謂也；顏氏所引，毋乃迂曲與？」

〔四〕御覽「職」下有「也」字。

〔五〕陳直曰：「捕賊掾，當爲『賊捕掾』顛倒之誤字。兩漢有賊捕掾，見漢書張敞傳及李孟初神祠碑。晉有賊捕掾，見晉書職官志。」

〔六〕楊慎曰：「古呼治獄參軍爲長流。帝王世紀云：『少昊崩，其神降於長流之山，於祀主秋。』秋官司寇主刑罰也，故取秋帝所居爲嘉名也，亦猶今稱刑官曰白雲司也。」見升庵文集卷五十。盧文弨曰：「晉書職官志，縣有獄小吏、獄門亭長、都亭長、賊捕掾等員。」器案：通鑑一四五胡注：「職官分紀：『長流參軍，主禁防。晉從公府有長流參軍，小府無長流參軍，置禁防參軍。』」又案：漢書薛宣傳有賊曹掾張扶，後漢書岑晊傳有中賊曹吏張牧，續漢書百官志一：「賊曹主盜賊事。」

客有難主人曰〔一〕：「今之經典，子皆謂非〔二〕，説文所言〔三〕，子皆云是〔四〕，然則許慎勝孔子乎？」主人拊掌大笑〔五〕，應之曰：「今之經典，皆孔子手迹耶？」客曰：「今之説文，皆許慎手迹乎？」答曰：「許慎檢以六文，貫以部分〔六〕，使不得誤，誤則覺之〔七〕。孔子存其義而不論其文也〔八〕。先儒尚得改文從意〔九〕，何況書寫流傳耶〔一〇〕？必如左傳止戈爲武〔一一〕，反正爲乏〔一二〕，皿蟲爲蠱〔一三〕，亥有二首六身之類〔一四〕，後人自不得輒改也，安敢以説文校其是非哉〔一五〕？且余亦不專以説文爲是也，其有援引經傳，與今乖者，未之敢從〔一六〕。又相如封禪書曰：『導一莖六穗於庖，犧雙觡共抵之獸〔一七〕。』此導訓擇〔一八〕，光武詔云『非從有豫養導擇之勞』是也〔一九〕。而説文云：『䆃是禾名〔二〇〕。』引封禪書爲證〔二一〕；無妨自當有禾名䆃〔二二〕，非相如所用也。『禾一莖六穗於庖〔二三〕』，豈成文乎？縱使相如天才鄙拙，強爲此語〔二四〕，則下句當云『麟雙觡共抵之獸』，不得云犧也。吾嘗笑許純儒，不達文章之體，如此之流，不足憑信〔二五〕。大抵服其爲書，隱括有條例〔二六〕，剖析窮根源，鄭玄〔二七〕注書，往往引以爲證〔二八〕；若不信其說，則冥冥不知一點一畫，有何意焉〔二九〕。」

〔一〕盧文弨曰：「難，乃旦切。」

〔二〕抱經堂校定本「謂」作「爲」，宋本、續家訓及羅本以下諸本、少儀外傳上皆作「謂」，今從之。

〔三〕宋本「言」作「明」，續家訓及羅本以下諸本、少儀外傳、示兒編二二引都作「言」，今從之。

〔四〕續家訓「云」上有「言」字，當衍其一。

〔五〕續家訓及羅本以下諸本「拊」作「撫」，古通，詩小雅蓼莪「拊我育我」，後漢書梁竦傳引作「撫我畜我」，即其例證。王叔岷曰：「後漢書方術左慈傳：『操大拊掌笑。』」

〔六〕盧文弨曰：「六文即六書。分，扶問切。許慎說文序：『周禮：八歲入小學，保氏教國子，先以六書：一曰指事，視而可識，察而可見，上下是也；二曰象形，畫成其物，隨體詰詘，日月是也；三曰形聲，以事爲名，取譬相成，江河是也；四曰會意，比類合誼，以見指撝，武信是也；五曰轉注，建類一首，同意相受，考老是也；六曰假借，本無其字，依聲託事，令長是也。』又曰：『分別部居，不相雜廁，凡十四篇，五百四十部，九千三百五十三文，重一千一百六十三，解說凡十三萬三千四百四十一字。其建首也，立一爲耑，方以類聚，物以羣分，同條牽屬，共理相貫，雜而不越，據形系聯，引而申之，以究萬原，畢終於亥，知化窮冥。』」

〔七〕郝懿行曰：「案：此許氏説文所以考信往古、有驗來今、永爲不刊之書也。然傳寫至今，亦或有部分雜厠，點畫淆譌，而令人不覺其誤者矣。好學深思之士，所以孜孜矻矻，必於此究心焉爾。」

〔八〕莊子齊物論：「六合之外，聖人存而不論。」

〔九〕趙曦明曰：「『改』俗本作『臨』，今從宋本。」器案：續家訓、羅本、傅本及少儀外傳、示兒編引亦作「改」。

〔一〇〕盧文弨曰：「鄭康成注易，苞蒙，苞當作彪，苞荒，荒當作康，枯楊之枯，讀爲无姑，皆甲宅之皆，讀爲倦解。其於三禮，或從古文，或從今文。杜子春、二鄭於周禮，亦時以意屬讀。此所謂改文從意者也。」

〔一一〕趙曦明曰：「左宣十二年傳：『楚重至於邲，潘黨曰：「君盍築武軍而收晉尸，以爲京觀？臣聞克敵必示子孫，以無忘武功。」楚子曰：「非爾所知也。夫文止戈爲武。」』」

〔一二〕趙曦明曰：「左宣十五年傳：『伯宗曰：「天反時爲災，地反物爲妖，民反德爲亂，亂則妖災生，故文反正爲乏。」』」

〔一三〕趙曦明曰：「左昭元年傳：『晉侯有疾，秦伯使醫和視之，曰：「是謂近女室，疾如蠱。」趙孟曰：「何謂蠱？」對曰：「淫溺惑亂之所生也。於文皿蟲爲蠱，穀之飛亦爲蠱，在周易『女惑男、風落山謂之蠱☶☴』，皆同物也。」』」

〔一四〕趙曦明曰：「左襄三十年傳：『晉悼夫人食輿人之城杞者。絳縣人或年長矣，無子，而往與於食。疑年，使之年，曰：「臣生之歲，正月甲子朔，四百有四十五甲子矣。其季於今三之一也。」吏走問諸朝，史趙曰：「亥有二首六身，下二如身，是其日數也。」士文伯曰：「然則二萬六千六百有六旬也。」』」

〔一五〕宋景文筆記下：「學者不讀說文，余以爲非是。古者有六書，安得不習？春秋『止戈爲武』，『反正爲乏』，『亥二首六身』，韓子『八厶爲公』，子夏辨『三豕渡河』，仲尼登泰山，見七十二家字皆不同，聖賢尚爾，何必爲固陋哉！」

〔一六〕趙曦明曰：「俗本分段，今從宋本連。」器案：續家訓亦分段。少儀外傳、示兒編引省略「又相如封禪書曰」云云一段，直接下文「大抵服其爲書」云云，則所見亦不分段。

〔一七〕趙曦明曰：「漢書司馬相如傳：『相如既病免，家居茂陵，天子使所忠往求其書，而相如已死，其妻曰：「長卿未死時，爲一卷書，曰：有使來求書，奏之。」其書言封禪事。』注：『鄭氏曰：「導，擇也。一莖六穗，謂嘉禾之米於庖廚以供祭祀。」服虔曰：「犧，牲也；觡，角也；抵，本也。武帝獲白麟，兩角共一本，因以爲牲也。」』」盧文弨曰：「案：作『導』者，漢書也，文選從之，史記則作『䆃』字。觡，古百切。」

〔一八〕說文繫傳卷三十六袪妄篇引作「導，擇禾也」。

〔一九〕趙曦明曰：「後漢光武紀：『建武十三年正月，詔曰：「往年已有豫養導擇之勞，至乃煩擾道上，疲費過所；其令太官勿復受。」』」器案：後漢書和熹鄧皇后紀：「自非供陵廟稻粱米，不得導擇。」亦以導擇連文爲義。

〔二〇〕各本「䆃」都作「導」，下同，抱經堂校定本作「䆃」，今從之。胡本「禾」譌「未」。四庫全書考證曰：「『禾名』，刊本『禾』訛『未』，今改。」

〔二一〕說文繫傳引「引」上有「乃」字。段玉裁說文解字注七篇上䆃篆：「䆃，䆃米也。從禾道聲。司馬相如曰：『䆃一莖六穗也。』䆃米也，三字句，各本刪『䆃』字，改『米』爲『禾』，自呂氏字林、顏氏家訓時已然，今正。䆃，擇也，擇米曰䆃米，漢人語如此，雅俗共知者，漢書百官表、後漢殤帝、和帝紀皆有䆃官，注皆云：『䆃官主擇米。』鄧后詔曰：『減大官䆃官，自非共陵廟稻粱米，不得䆃擇。』光武詔曰：『郡國異味，有豫養䆃擇之勞。』凡作『導』者，譌字也。䆃米是常語，故以䆃米釋䆃篆，如河下云河水、嶲下云嶲周之比，淺人槩謂複字而刪之，又改『米』爲『禾』，呂忱、徐廣、顏之推、司馬貞皆執誤本說文，謂䆃是禾名，豈知䆃果禾名，則許書之例，當與穖、穆、私三篆爲伍，而不廁於此。」又曰：「史、漢司馬相如傳封禪文曰：『囿騶虞之珍羣，徼麋鹿之怪獸，䆃一莖六穗於庖，犧雙觡共柢之獸，獲周餘珍，放龜於岐，招翠黄乘龍於沼。』鄭德云：『䆃，擇也。一莖六穗，謂嘉禾之米。』鄭語最明憭。言於庖者，擇米作飯，必於庖也。呂忱乃云『禾一莖六穗謂之䆃』，蓋不讀封禪文，而誤斷許書之句度矣。」

〔二二〕續家訓「䆃」訛「道」。

〔二三〕胡本「穗」訛「稳」。

〔二四〕盧文弨曰：「強，其兩切。」

〔二五〕盧文弨曰：「案：䆃是禾名，亦有擇義。凡一字而兼數義者，説文多不詳備；若如顔氏之説，則其書之窒礙難通者多矣，豈獨此乎？」學林五曰：「詳觀封禪書四句，每句首一字皆虚字，非實字，曰囿、曰徼、曰䆃、曰犧，乃一類也，其義可見。若以䆃爲瑞禾，則其句曰禾一莖六穗于庖，于句法爲無義矣。前漢百官公卿表少府屬官有導官令，顔師古注曰：『導官主擇米。』唐書百官志有䆃官令二人，掌䆃擇米麥而供。在漢書用導字，在唐書用䆃字，而其官皆以擇米麥爲職，則導、䆃皆訓擇，又可知也。」黄生字詁曰：「漢時相如、楊雄皆通古文，許氏多取其説，此䆃字特引相如，則知封禪本作䆃，漢書導字，或傳寫之誤爾。索隱引鄭訓擇䆃字，乃知相如自以擇米爲䆃，而以爲嘉禾之名，則諸家皆承説文之誤也。（據索隱所引，則今説文訓内脱一「嘉」字。）又案導字本訓引，無擇義，漢少府導官主擇米，以導爲擇，必漢時之通語，特相如識其本字宜爲䆃耳，後遂通作導。釋名：『導，所以櫟鬢，齊主衣中玉導。』古擇米必有其器，櫟鬢之器似之，故以爲名。唐百官志有䆃官令，尚用此䆃字。」黄承吉字詁附校曰：「按：犧即是牲，不過祭祀牲之美者，而謂之爲犧，其實牲也。封禪文下句云：『犧雙角共觝之獸。』而上句云：『䆃一莖六穗於庖。』以下句例上句，則可見䆃即是禾，不過祭祀禾之美者，而謂之䆃，其實禾也。必如此而後相如上下句之文義乃爲相當適合，非是則辭義不合。然則説文訓䆃爲禾，實不誤也。凡實象之字，必先起於虚義，相如用䆃犧二字，乃以實象而當爲虚義用之，許氏所訓之禾也，是解䆃字之實象，下文引相如云『䆃一莖六穗』，兼解䆃字之虚義；鄭氏之訓，專是訓其虚義。然字中有禾，而泛訓爲擇，不屬於禾，已非䆃字之全解，不逮許矣。䆃乃實是擇禾，不擇何以成爲美禾，以供祭祀？猶之犧字，未有不擇而成爲美牲，以供祭祀者。若竟訓犧爲擇，亦不可矣。蓋非凡牲皆謂之犧，乃於衆牲中獨别擇此牲，而謂之犧，則一舉犧，而别擇之義自在其中，以非别擇，先無以爲犧也，所謂虚義也。然雖别擇，而犧固原是牲，不得謂犧因别擇而遂非牲也，所謂實象也。然則犧字因原當訓牲矣。犧既原即牲，則其牲雖由别擇而來，然不能以别擇爲其牲名號之實象，亦斷不得以其所以名號此牲之字，反屬於别擇之虚義；然則犧字亦必不得訓之爲擇牲矣。以犧字例䆃字，則䆃字即明，犧既仍當訓牲，則䆃自然仍當訓禾，封禪文之䆃與犧，乃謂以之爲䆃、以之爲犧耳，説文固不誤也。」器案：黄氏説是，所謂實象，即今之所謂名詞，所謂虚義，即今之所謂名詞動用，以其時尚無文法專業，故爾不覺辭費耳。陳直曰：「按：漢代少府屬官有導官令。西安胡氏藏有『䆃丞』印，（現存陝西省博物館。）蓋䆃爲正字，導爲假借字。之推以導字專訓擇，猶狹義。」器案：北堂書鈔五五引環濟帝王要略：「䆃官令掌諸御米飛麪也。」與唐志言「䆃擇米麪」説合。王叔岷曰：「案説文繫傳引『憑』作『馮』，（馮憑古今字。）並云：臣鍇以爲導訓擇治，乃從寸。故漢書有導官，字不從禾也。相如云：䆃一莖六穗於庖。猶言此禾也，則有一莖六穗在庖。此犧也，則有雙觡共抵之獸。雖今之作者，對屬之當，何以過此！況在古乎？上句末有於庖字，乃云禾一莖六穗於庖。下句末有之獸字，所以云犧雙觡共抵之獸。猶言殺此雙觡共抵之獸，交互對之爾。若依之推云：導，擇也。則是擇一莖六穗於庖，麟雙觡共抵之獸，非徒鄙陋，乃不成文，豈相如之意哉！屬對允愜，文字相避，近自陳、隋爾。封禪書又云：招翠黄乘龍於沼，鬼神按靈圉賓於閒館。（乘下舊脱龍字，圉舊誤囿。）如此者不可勝數，豈鄙拙乎？」

〔二六〕示兒編引「隱」作「櫽」。少儀外傳「有」作「其」，疑「具」之誤。説文木部：「櫽，栝也。栝，櫽也。」徐鍇曰：「按尚書有隱栝之也。隱，審也；栝，檢栝也，此即正邪曲之器也。荀卿子曰『隱栝之側多曲木』是也。（見法行篇。）古今皆借隱字。」

〔二七〕少儀外傳「玄」作「氏」。

〔二八〕以，原作「其」，今據少儀外傳、玉海四四引改。郝懿行曰：「鄭氏雜記注明引許氏説文解字一條，其它隨類援證，難以悉數。又陸璣詩疏『山有栲』下亦引説文爲證。」器案：儀禮既夕禮、禮記雜記注都引説文解字「有輻曰輪，無輻曰輇」。周禮考工記注引「鋝，鍰也」。其它相合，而未揭櫫説文之名者，尚非一二端也。

〔二九〕趙曦明曰：「下當分段。」器案：續家訓、少儀外傳、示兒編都連寫不分段。

世間小學者，不通古今，必依小篆，是正書記；凡爾雅、三蒼、說文，豈能悉得蒼頡本指哉？亦是隨代損益，㸦有同異〔一〕。西晉已往字書，何可全非？但令體例成就，不爲專輒耳〔二〕。考校是非，特須消息〔三〕。至如「仲尼居」，三字之中，兩字非體，三蒼「尼」旁益「丘」〔四〕，說文「尸」下施「几」〔五〕：如此之類，何由可從〔六〕？古無二字，又多假借，以中爲仲，以說爲悅，以召爲邵，以閒爲閑：如此之徒，亦不勞改。自有訛謬，過成鄙俗〔七〕，「亂」旁爲「舌」〔八〕，「揖」下無「耳」〔九〕，「黿」、「鼉」從「龜」，「奮」、「奪」從「雚」〔一〇〕，「席」中加「帶」〔一一〕，「惡」上安「西」〔一二〕，「鼓」外設「皮」，「鑿」頭生「毁」〔一三〕，「離」則配「禹」〔一四〕，「壑」乃施「豁」，「巫」混「經」旁〔一五〕，「皋」分「澤」片〔一六〕，「獵」化爲「獦」〔一七〕，「寵」變成「竉」〔一八〕，「業」左益「片」〔一九〕，「靈」底著「器」，「率」字自有律音〔二〇〕，強改爲別；「單」字自有善音，輒析成異〔二一〕：如此之類，不可不治〔二二〕。吾昔初看說文，蚩薄世字〔二三〕，從正則懼人不識〔二四〕，隨俗則意嫌其非，略是不得下筆也〔二五〕。所見漸廣，更知通變，救前之執〔二六〕，將欲半焉。若文章著述，猶擇微相影響者行之，官曹文書，世間尺牘，幸不違俗也〔二七〕。

〔一〕㸦，宋本如此作，續家訓及羅本以下諸本作「各」，少儀外傳上、示兒編二二引亦作「各」。又示兒編「同異」作「異同」。趙曦明曰：「㸦、互同。」郝懿行曰：「㸦，俗互字。」

〔二〕本書雜藝篇：「加以專輒造字，猥拙甚於江南。」晉書劉弘傳：「敢引覆餗之刑，甘受專輒之罪。」又王濬傳：「案春秋之義，大夫出疆，由有專輒。」説文段注云：「凡人有所倚恃而妄爲之。」

〔三〕續家訓「特」作「時」。消息注見風操篇。王叔岷曰：「案卷子本玉篇言部：『劉向別録：讎校中經。』野王案，謂考校之也。」

〔四〕郝懿行曰：「説文亦有㞗字，不獨三蒼。」説文：「㞗，反頂受水丘也。」段玉裁注曰：「釋丘曰：『水潦所止泥丘。』釋文曰：『依字又作㞗。』郭云『頂上洿下』者，孔子世家：『叔梁紇與顏氏女禱於尼丘，得孔子，生而首上圩頂，故因名曰丘，字仲尼。』按白虎通曰：『孔子反宇，是謂尼丘，德澤所興，藏元通流。』蓋頂似尼丘，故以類命爲象，㞗是正字，泥是古通用字，尼是假借字。水潦所止，是爲泥淖，儀禮注曰：『淖者，和也。』劉瓛述張禹之説：『仲者中也，尼者和也，孔子有中和之德，故曰仲尼。』張固從泥淖得解。顏氏家訓乃曰：『至如仲尼居三字之中，兩字非體，三蒼尼旁益丘，説文尸下施几，如此之類，何由可從？』玉裁謂：『若言駭俗，則難依；若言古義，則不可不知也。』又漢碑有作『仲泥』者，淺人深非之，豈知其合古義哉？」器案：漢碑作「仲泥」，見隸釋夏堪碑。

〔五〕宋本、續家訓及羅本以下諸本，「尸」都作「居」，今從抱經堂校定本。盧文弨曰：「説文：『凥，處也。從尸，得几而止。孝經曰：「仲尼凥。」凥謂閒凥如此。』案：今之居字，説文以爲蹲踞字。」嚴式誨曰：「案：居字不誤，猶下文所謂『席中加帶，惡上安西』也。」

〔六〕少儀外傳及示兒編引省略「考校是非」至「何由可從」一段。盧文弨曰：「顔氏此言，洵通人之論也。庸俗之人，全不識字，固無論已；有能留意者，率欲依傍小篆，盡改世間傳授古書，徒然駭俗，益爲不學者所藉口，顔氏所云『特須消息』者，吾甚韙其言。且以漢人碑版流傳之字亦多互異，何可使之盡遵説文？晉、魏已降，鄙俗尤多，若盡改之，凡經昔人所指摘者，轉成虚語矣。故頃來所梓書，非甚謬者，不輕改也。」器案：宋景文筆記中：「仲尼居，三蒼作尼，説文作屔。」本此。

〔七〕少儀外傳「過」作「適」。

〔八〕劉盼遂曰：「以下十四句，黄門所舉諸俗字，具見於邢澍金石文字辨異、楊紹廉金石文字辨異續篇、趙之謙六朝别字記、楊守敬楷法溯源、羅振玉六朝碑别字諸書，而陸德明經典釋文叙録條例云：『五經文字，乖替者多，至如黿鼉從龜，亂辭從舌，席下爲帶，惡上安西，析傍著片，離邊作禹，直是字譌，不亂餘讀。如寵字作寵，錫字爲鍚，用支代文，將无混旡，若斯之流，便成兩失。』張守節史記正義論字例云：『若其黿鼉從龜，亂辭從舌，覺學從與，泰恭從小，匱匠從走，巢藻從果，耕耤從禾，席下爲帶，美下爲大，裹下爲衣，極下爲點，析傍著片，惡上安西，餐側出頭，離邊作禹，此之等類，直是字譌。寵錫爲鍚，以支代文，將无混旡，若兹之流，便成兩失。』陸、張所舉，與黄門大同小異，殆即轉襲此文歟？」

〔九〕程本「下」作「右」。徐鯤曰：「案：後魏弔殷比干墓文『揖』作『捐』，所謂『下無耳』者也。顧炎武金石文字記所載諸碑別體字，如『緝』作『絹』、『葺』作『⿱艹肙』之類甚多，不獨『揖』字爲然。又考『肙』爲『胥』之別體，乃更有『胥』誤爲『咠』者，如『壻』作『⿰土咠』、『揟』作『揖』之類，輾轉譌謬，即『咠』之一字，已不可致詰。」

〔一〇〕徐鯤曰：「案：此非正作『⿱艹隺』字，如後魏弔比干墓文『奮』作『⿱大⿱隺田』，曹娥碑『奪』作『⿱大⿱隺寸』，皆從『⿱艹隺』之破體耳。」⿱艹隺，原注：「胡官反。」宋本「反」作「切」，秦曼青校宋本仍作「反」。續家訓及羅本以下諸本「胡官反」作「音館」。

〔一一〕器案：文選上林賦：「逡巡避廗。」李善注：「『廗』與『席』古字通。」隸書「席」作「廗」，見漢司隸從事郭究碑、益州太守高朕脩周公禮殿碑。王叔岷曰：「案莊子寓言篇：『其家公執席，……舍者避席，……舍者與之争席矣。』日本舊鈔卷子皆作廗。」

〔一二〕王叔岷曰：「案莊子庚桑楚篇：『若是而萬惡至者，皆天也。』日本舊鈔卷子本惡作悪。」

〔一三〕韓非子外儲説左上：「鄭縣人卜子使其妻爲袴，……妻子因毁新。」太平御覽六九五引「毁」作「鑿」。淮南子説林篇：「毁瀆而止水。」意林「毁」作「鑿」。則俱以「鑿頭生毁」之故也。

〔一四〕王叔岷曰：「案莊子外物篇：『任公子得若魚，離而腊之。』日本舊鈔卷子本離作離。」

〔一五〕徐鯤曰：「案：太公呂望碑『巫』作『坙』，而諸碑中『經』字旁多有作『𢀖』者，『坙』與『巠』相似，『𢀖』與『坙』亦相似，故以爲混也。」

〔一六〕續家訓及宋景文筆記上「片」作「外」。盧文弨曰：「家語困誓篇：『望其壙，睪如也。』荀子大略篇作『皋如也』，如此尚多。」郝懿行曰：「『皋』、『睪』古通用，大戴禮及荀子書並有此字。」器案：古「皋」、「澤」字相同，孫叔敖碑云：「收九睪之利。」婁壽以爲「澤」字；但「皋」爲白下本（土刀切），「睪」爲四下卒，本一字，漢碑從四下芊者誤矣。詩大雅鶴鳴：「鶴鳴于九臯。」毛傳：「臯，澤也。」釋文引韓詩以爲「九折之澤」。左傳襄公十七年：「澤門之晳。」詩大雅緜正義引作「皋門之晳」，釋文：「『澤』本作『皋』。」史記范雎傳：「舉兵而攻滎陽，則鞏、成皋之道不通。」戰國策秦策三作「舉兵而攻滎陽，則成睪之路不通」。史記封禪書澤山，集解徐廣曰：「『澤』一作『皋』。」此俱「皋」、「澤」古字同之證。

〔一七〕原注：「獦，音葛，獸名，出山海經。」鮑本「葛」誤作「曷」，宋景文筆記、少儀外傳、示兒編引注都作「音葛」。佩觿上：「獸名之獦（音葛，見山海經）爲田獵（力業翻）。」即本之推此文，亦作「音葛」。

〔一八〕原注：「竉，音郎動反，孔也，故從穴。」盧文弨曰：「從穴者，窟竉字，五經文字音籠，今兩音俱有。」

〔一九〕「片」，今從秦曼青校宋本；顏本作「阜」，續家訓及餘本誤作「土」，宋景文筆記誤同。段玉裁曰：「『土』字誤，當本是『片』字；『業』俗作『牒』，見廣韻。」嚴式誨曰：「爾雅釋宮：『大版謂之業。』釋文所據本正作『牒』。」

〔二〇〕器案：御覽十六引春秋元命包：「律之爲言率也，所以率氣令達也。」又引蔡邕月令章句曰：「律，率也。」廣雅釋言：「律，率也。」

〔二一〕郝懿行曰：「案：篇海：『单，時戰切，音善，姓也。』廣韻：『單，單襄公之後。』然則单、單二文，作字雖異，音訓則同，輒析成異，非通論也。又姓亦有讀單複之單者，廣韻云『可單氏後改爲單氏』是也。」

〔二二〕盧文弨曰：「治，直之切。」案：少儀外傳引「治」作「知」。陳直曰：「按：顏氏列舉當時之俗體字，今以六朝碑刻證之，無不吻合。如亂字作乱，見於龍藏寺碑。揖字作揖，見於東魏敬使君碑。席字作㡾，見於北周寇臻墓志。惡字作悪，見於東魏邑主造石像銘。鼓字作皷，見於孫秋生造像。鑿字作鑿，見於唐思順坊造彌勒像記。離字作離，見於龍藏寺碑。壑字作壑，見敬使君碑。皋字作睾，見於吊比干文之翱翔。獵字作獦，見於隋陳詡墓志（見古刻叢鈔）及唐皇甫君碑。寵字作寵，見漢樊安碑、鄭文公碑及唐李文碑。靈字作霊，見於邑主造石像銘。上列各字，僅各舉一二例，只有乱字，現今仍如此寫法。至於獵作獦，漢張遷碑腊字已作臈，賈誼書勢卑篇逕作『不獦猛獸』，疑出六朝人之傳寫。寵作寵者，在六朝人從穴與從宀之字，往往不區分，猶寅之作寅、宦之作宦也。」

〔二三〕少儀外傳、示兒編引「蚩」作「嗤」，古通。

〔二四〕續家訓「識」作「及」。

〔二五〕少儀外傳「略」作「爲」。

〔二六〕胡本「救」誤「赦」。

〔二七〕盧文弨曰：「今常行文字，如中間從日，緜亘亦從日，苐但從艸，准許從兩點去十，橘柹從市之類，亦難違俗也。案：下當分段。」器案：示兒編引止此，則以爲當分段也，今從之。

案：彌亘字從二間舟，詩云「亘之秬秠」是也〔一〕。今之隸書，轉舟爲日；而何法盛中興書乃以舟在二間爲舟航字，謬也。春秋說以人十四心爲德〔二〕，詩說以二在天下爲酉〔三〕，漢書以貨泉爲白水真人〔四〕，新論以金昆爲銀〔五〕，國志以天上有口爲吳〔六〕，晉書以黃頭小人爲恭〔七〕，宋書以召刀爲邵〔八〕，參同契以人負告爲造〔九〕：如此之例〔一〇〕，蓋數術謬語，假借依附，雜以戲笑耳。如猶轉貢字爲項〔一一〕，以叱爲七〔一二〕，安可用此定文字音讀乎？潘、陸諸子離合詩、賦〔一三〕，栻卜、破字經〔一四〕，及鮑昭謎字〔一五〕，皆取會流俗〔一六〕，不足以形聲論之也。

〔一〕趙曦明曰：「大雅生民之篇。」盧文弨曰：「亘，古鄧反，本作𠄢。」器案：宋景文筆記中：「亘從二間舟，隸改舟爲日，何法盛以再一爲舟航字。」即本此文，而字有譌舛，當據此訂正。

〔二〕續家訓、海録碎事十九「說」下衍「文」字。

〔三〕盧文弨曰：「春秋説、詩説皆緯書也，今多不傳。德本作悳，乃直心也；西本作丣。二説所言，皆非本誼。」陳直曰：「按：德本作悳，乃直心也。今以人十四心爲德，則應作德。東魏武定六年邑主造石像銘字正作德。此蓋北朝之俗字，當時从人从彳，本不區分，故儀字繁作儀，（見元寧造像記。）徒字省作徒，（見北齊丈八大像記。）彼字省作彼也。（見東魏李洪演造像記。）春秋説雖爲古緯書，又經北朝人竄改也。」

〔四〕趙曦明曰：「後漢書光武帝紀論：『王莽篡位，忌惡劉氏，以錢文有金刀，故改爲貨泉；或以貨泉爲白水真人。』」盧文弨曰：「案：真字，説文從匕，乃變化字，從目，從乚（音偃），八所乘載也；貨字下從貝，與真字不同。」陳直曰：「按：泉字秦篆作□，王莽變作□，（在錢文及「宜泉撲滿」、「左作貨泉」陶片上皆相同。）中竪筆斷，故以爲白水二字。又貨字作□，盧氏以爲从化从貝，與真字不同；竊以爲此反對王莽篡漢，演出讖緯之説，本非解六書之義也。」

〔五〕盧文弨曰：「桓譚新論今不傳。錕乃錕鋙字，本亦作昆吾，非銀也。」龔向農先生曰：「御覽八百十二引桓譚新論：『鈆則金之公，而銀者金之昆弟也。』」于省吾雙劍誃殷契駢枝續篇：「漢龍氏竟：『和己昆易清且明。』『昆易』即『銀錫』，顏氏家訓書證篇：『新論以金昆爲銀。』是其證。」器案：正統道藏「似」字二號石藥爾雅：「鉛精一名金公。鉛白一名金公。」銀下無文，蓋不以爲从昆也。

〔六〕趙曦明曰：「吴志薛綜傳：『綜下行酒，勸西使張奉曰：蜀者何也？有犬爲獨，無犬爲蜀，橫眉句身，虫入其腹。奉曰：不當復説君吴邪？綜應聲曰：無口爲天，有口爲吴，君臨萬邦，天子之都。』」盧文弨曰：「案：吴字下從夨，阻力切，説文：『傾頭也。』今以爲天，謬矣；惜張奉不能舉而正之。」郝懿行曰：「『國志』上疑脱『三』字。」德案：「裴松之上三國志表已簡稱國志，非有脱誤也。」器案：文選袁彦伯三國名臣序贊：「余以暇日，常覽國志。」亦簡稱國志，晉書袁宏傳同。陳直曰：「按：吴字在谷朗碑、赤烏七年吴家吉祥磚（見八瓊室金石補正卷八頁十二）及晉三臨辟雍碑皆作吴，不作天上有口。至吴衡陽太守葛府君碑額（此當爲梁人書），及梁吴平侯反書神道闕、隋吴公女尉富娘墓志，始皆作吴，結體爲天上有口，與魏志薛綜傳所記正合。蓋俗體在晉以前尚不能施於碑刻也。」

〔七〕抱經堂校定本「人」作「兒」，他本及海録碎事都作「人」，今改。趙曦明曰：「宋書五行志：『王恭在京口，民間忽云：「黄頭小人欲作賊，阿公在城下指縛得。」又云：「黄頭小人欲作亂，賴得金刀作蕃扞。」黄字上，恭字頭也；小人，恭字下也。尋如謡者言焉。』」盧文弨曰：「案：恭字上從共，下從心；黄字本作黄，説文從田，從芨，芨，古文光；今以恭爲黄頭小人，非字義。又案宋志，『忽云』當作『忽謡云』，脱一『謡』字。」陳直曰：「按：恭字下本从心，但歐陽詢書隋皇甫君碑『長樂恭侯』、『恭孝爲基』兩恭字均正作恭，簡心爲小，與晉末謡諺黄頭小兒正合。知唐人所寫別體，必本於六朝時代。」

〔八〕傳本、顏本、胡本、海録碎事「刀」作「力」。「卲」，各本及海録碎事都作「劭」，抱經堂本作

「邵」，云：「諸書多作『劭』，譌，案文義當作『邵』。」趙曦明曰：「宋書二凶傳：『元凶劭，字休遠，文帝長子。始興王濬素佞事劭，與劭並多過失，使女巫嚴道育爲巫蠱，上大怒，搜討不獲，謂劭、濬已當斥遣道育，而猶與往來，惆悵惋駭，欲廢劭，賜濬死。濬母潘淑妃以告濬，濬馳報劭。劭與腹心張超之等數十人及齋閣，拔刀徑上，超之手行弑逆，劭即僞位。世祖及南譙王義宣、隨王誕、諸方鎮並舉義兵，劭、濬及其子並梟首暴尸，其餘同逆皆伏誅。』南史：『文帝諒闇中生劭，初命之曰邵，在文爲召刀，後惡焉，改刀爲力。』」盧文弨曰：「案：召旁作刀，只有刟字，廣雅：『斷也。』音貂，必不以此爲名。蓋本是卲字，從卩，子結切，高也。而隸書之卩，文頗近刀，故改從力以易之。應卲、王卲，亦本從卩，今多有力旁作者。從卩訓高，從力訓勉，兩字皆說文所有，而當時以卩爲刀，故顏氏以爲謬爾。今南史亦皆誤。」器案：宋景文筆記上：「春秋說以人十四心爲德，詩說以二在天下爲酉，漢書以貨泉爲白水真人，新論以金昆爲銀，國志以天上有口爲吳，晉書以黃頭小人爲恭，宋書以召力爲劭。」即本此文。

〔九〕盧文弨曰：「參同契下篇魏伯陽自叙，寓其姓名，末云：『柯葉萎黃，失其華榮，吉人乘負，安穩長生。』四句（當云二句）合成造字。今顏氏云『人負告』，豈『人負吉』之訛歟？」孫詒讓曰：「漢隸『造』字或變『告』爲『吉』（見韓勒、禮器、孔龢諸碑），故參同契有『吉人』之語，顏氏家訓書證篇云云，於形雖合，而『告人負造』義不可通，疑後人妄改。」鄭珍曰：「漢碑『造』作『造』。」陳直曰：「按：造字从辵告聲，參同契原文作『吉人乘負，安穩長生』。在魏伯陽字謎爲『人負吉』，本文則作『人負告』。蓋吉告二字，在東漢隸書即往往混同，武梁祠畫像題字帝佶即帝嚳，是从告變爲从吉之證。」器案：佩觿上：「中興書舟在二間爲舟，（彌亘字從二間舟，今之隸書，轉舟爲日，而何法盛中興書乃以舟在二間爲舟航字，謬也。）春秋説人十四心爲德，詩説二在天下爲酉，國志口在天上爲吴，晉書黄頭小人爲恭，參同以人負告爲造，新論之金昆配物，（謂銀字從金昆。）後漢之白水稱祥。（時王莽作翦勿錢，文曰貨泉，有類白水真人字，應漢光武中興。自「中興」已下至此，皆出顏氏家訓。）」俞正燮癸巳類稿卷七緯字論：「漢人言緯讖非聖人所作，中多近鄙別字，頗類世俗之辭，恐貽誤後生。今檢五行大義釋名引元命包云：『水立字兩人交一從中出者爲水。一者數之始，兩人譬男女，陰陽交以起一也。』開元占經地名體引元命包云：『地者，易也，言萬物懷任易變化，含吐應節，故其爲字，土力於乚者爲地。（此真鄙誤。）』日名體引元命包云：『四合共一者爲日。』太平御覽引元命包云：『日者，口合共一。』又云：『兩口御士爲喜。』又云：『屈中挾乚而起者爲史。』又云：『仁者情志好生人，故其爲人以仁，其立字二人爲仁。』又云：『八推十爲木，八者陰，合十者陽數。』（亦不可解）又云：『十加一爲土。』廣韻十月引元命包云：『罔言爲詈，刀詈爲罰。』初學記引元命包云：『人散二者爲火。』説郛載元命包云：『廷尉立字，士垂一人（以篆形言），詰屈折著爲廷，示戴尸首，以寸者爲尉，言寸度治法數之分，惟尸稽於十，舍則法有分（未詳），故爲尉示與尸寸。』一切經音義分別業報略集引春秋元命包云：『荆字從刀從井，井以飲人，人入井争水，陷於泉，以刀守之，割其情欲，人畏慎以全命也，故從刀從井也。』月令正義、藝文類聚並引説題辭云：『星精，陽之榮也，陽精爲日，日分爲星，故其字日下生也。』法苑珠林引説題辭云：『天合爲大一，分爲殊名，故立字一大爲天。』太平御覽引説題辭云：『唫字爲言口含也。（别字）』又云：『覀米爲粟，覀者，金所立，米者陽精。』又云：『黍者，緒也，故其立字禾入水爲黍。』又引考異郵云：『其字蟲動於凡中者爲風。』注云：『虫動於凡中，言陽氣無不周也。』文選西都賦注引春秋漢含孳云：『劉季握卯金刀，卯在東方，陽所立，仁且明。金在西方，陰所立，義成功。刀居右，字成章，刀擊秦，枉矢東流。』顔氏家訓書證篇引春秋説云：『人十四心爲德。』詩説云：『二在天下爲酉。』其言或是或否，緯直記之而已。漢以泉爲白水，董爲千里草，魏以角爲刀下用，秦以田斗爲卑，晉以亨爲二月了，恭爲黄頭小人，宋以劉有兩口，齊以桑爲四十而有二點，梁以瑱爲一十一十月一八，以侯景爲小人百日，侯景以侯爲天一人，周以宣政爲宇文亡日，隋以業爲苦來，唐以元吉合成唐字，李爲十八子，遼以永爲潰土二水，史皆記之，緯記言而已，豈能日持六書之義執談字形，述謡讖之人而一一代之改訂也。隋志言：『東漢俗儒趨時增廣。』史緯之體應爾，不得云『俗儒趨時』也。」

〔一〇〕抱經堂校定本「例」臆改爲「類」。

〔一一〕趙曦明曰：「『如猶』二字疑倒。」

〔一二〕續家訓「叱」誤「匕」。徐鯤曰：「御覽九百六十五東方朔别傳曰：『武帝時，上林獻棗，上以所持杖擊未央前殿楹，呼朔曰：「叱叱，先生來來，先生知此篋中何等物？」朔曰：「上林獻棗四十九枚。」上曰：「何以知之？」朔曰：「呼朔者，上也；以杖擊楹兩木，兩木者，林也；來來者，棗也；叱叱，四十九枚。」上大笑，賜帛十匹。』」郝懿行曰：「以叱爲七，疑用東方朔對漢武帝語也。」陳直曰：「按：齊民要術敘棗引東方朔傳曰：『武帝時，上林獻棗，上以杖擊未央殿檻，呼朔曰：叱叱，先生來來，先生知此篋裡何物？朔曰：上林獻棗四十九枚。上曰：何以知之？朔曰：呼朔者上也；以杖擊檻，兩木林也；朔來來者，棗也；叱叱者，四十九也。上大笑，賜帛十匹。』叱字本从匕，現正以叱爲七，與之推所言當日俗體字正合。本段東方朔外傳以『兩來來』爲棗字謎，亦爲六朝人寫法，此傳當爲六朝人所依託無疑。」

〔一三〕趙曦明曰：「晉潘岳離合詩云：『佃漁始化，人民穴處。意守醇樸，音應律呂。桑梓被源，卉木在野。錫鸞未設，金石弗舉。害咎蠲消，吉德流普。谿谷可安，奚作棟宇。嫣然以憙，焉懼外侮？熙神委命，己求多祜。嘆彼季末，口出擇語。誰能默誡，言喪厥所。壟畝之諺，龍潛巖阻。尠義崇亂，少長失叙。』乃『思楊容姬難堪』六字。陸詩未見。」陳直曰：「按：離合詩體始創於東漢末孔融。潘岳所作離合詩，爲思楊容姬難堪六字，楊容姬則爲晉荆州刺史楊肇之女也。」

〔一四〕「栻」原作「拭」，今據段玉裁、徐鯤説校改。沈揆曰：「隋書經籍志有破字要訣一卷，又有式經一卷，拭卜破字經未詳。」段玉裁曰：「『拭』乃『栻』之訛，是卜者所用之盤，楓天棗地，漢書王莽傳内有此字，本亦作式，漢書藝文志有羡門式法。破字即今之拆字也。」徐鯤曰：「按栻卜與破字經當係兩種，不連讀也。段云云，鯤案：史記日者列傳：『旋式正棊。』索隱：『案：式即栻也。』又宋書蔡廓子興宗傳：『爲郢州府參軍，彭城顔敬以式卜曰：「亥當作公，官有大字者不可受也。」及有開府之授，而太歲在亥，果薨於光禄大夫之號焉。』據此，則式卜乃自爲一術明矣。其破字經，段以爲即今之拆字也，當攷。」

〔一五〕趙曦明曰：「宋鮑照集字謎三首云：『二形一體，四支八頭，四八一八，飛泉仰流。』乃『井』字。『頭如刀，尾如鉤，中央横廣，四角六抽，右面負兩刃，左邊雙屬牛。』乃『龜』字。『乾之一九，隻立無偶，坤之二六，宛然雙宿。』乃『土』字。」郝懿行曰：「潘岳離合詩及鮑照謎字，並見藝文類聚。」

〔一六〕取會，猶言迎合也。文心雕龍諧隱：「辭淺會俗。」王叔岷曰：「案鍾嶸詩品序：『故云會於流俗。』」

云：河間邢芳語吾云〔一〕：「賈誼傳云：『日中必熭〔二〕。』注：『熭，暴也。』曾見人解云：『此是暴疾之意，正言日中不須臾，卒然便昃耳。』此釋爲當乎〔三〕？」吾謂邢曰：「此語本出太公六韜〔四〕，案字書，古者暴曬字與暴疾字相似〔五〕，唯下少異，後人專輒加傍日耳。言日中時，必須暴曬，不爾者，失其時也。晉灼已有詳釋〔六〕。」芳笑服而退〔七〕。

〔一〕盧文弨曰：「語，牛倨切。」

〔二〕朱軾曰：「熭，音衞。」器案：漢書賈誼傳注：「孟康曰：『熭，音衞。日中盛者必暴熭也。』臣瓚曰：『太公曰：「日中不熭，是謂失時；操刀不割，失利之期。」言當及時也。』師古曰：『此語見六韜，熭謂暴曬之也。』」

〔三〕臭，篇海類編：「同昃。」盧文弨曰：「卒與猝同。當，丁浪切。」

〔四〕太公六韜，今存六卷。「日中必熭」，語見卷一文韜守土七。

〔五〕㬥、暴字，鮑本、抱經堂校定本如此作，今從之，餘本都作暴。郝懿行曰：「㬥曬字從米，暴疾字從夲，故云相似。」

〔六〕新唐書藝文志有晉灼漢書集注十四卷，又音義十七卷。今漢書誼本傳顔注未引晉灼。顔師古漢書注敍例：「晉灼，河南人，晉尚書郎。」

〔七〕續家訓「芳」誤「方」。器案：續家訓於「芳笑服而退」下，尚有如下一條：「禮樂志云：『給太官挏馬酒。』李奇注以馬乳爲酒也，揰挏乃成，二字並從手，揰（都統反）挏（達孔反）此謂撞擣挺挏之；今爲酪（器案：當作「酪」）酒亦然。向學士又以爲種桐時，大官釀馬酒乃熟，極孤陋之甚也。」凡三行餘，文與勉學篇大致相同。黄丕烈跋云：「顔氏家訓，以廉臺田家印本爲最舊，謂出於嘉興沈揆本，余向有之，疑是元翻宋槧，今取此刻校之，書證篇十七顔氏正文多

『禮樂志云給太官挏馬酒』云云一條，計三行有奇，此沈本所無，而先列正文於前，向來著録家多不載此語，月霄特爲拈出，俾世之見此志，如見此書矣。復見心翁又記。」器案：宋時顏氏家訓有異本，尚得一證，佩觿上云：「雞尸虎穴之議，妒媚提福之殊，楊震之鱓非鱣，丞相之林是狀，摎毐變嫪，（摎音劉，是；作嫪，郎到翻，非。）田肯云宵，削柹施脯，菽木用最。」原注云：「自雞口已下，顏氏家訓説。」案：佩觿所舉，俱見此篇，惟「摎毐」無文，亦不見他篇，則宋人所見本，有軼出今本之外者矣。

卷第七

音辭　雜藝　終制

音辭第十八〔一〕

夫九州之人，言語不同，生民已來，固常然矣。自春秋標齊言之傳〔二〕，離騷目楚詞之經〔三〕，此蓋其較明之初也。後有揚雄著方言，其言大備〔四〕。然皆考名物之同異，不顯聲讀之是非也〔五〕。逮鄭玄注六經〔六〕，高誘解吕覽、淮南〔七〕，許慎造説文，劉熹製釋名〔八〕，始有譬況假借以證音字耳〔九〕。而古語與今殊别，其間輕重清濁〔一〇〕，猶未可曉；加以内言外言〔一一〕、急言徐言、讀若之類〔一二〕，益使人疑。孫叔言創爾雅音義〔一三〕，是漢末人獨知反語〔一四〕。至於魏世，此事大行。高貴鄉公不解反語，以爲怪異〔一五〕。自兹厥後〔一六〕，音韻鋒出〔一七〕，各有土風〔一八〕，遞相非笑，指馬之諭〔一九〕，未知孰是。共以帝王都邑，參校方俗，考覈古今〔二〇〕，爲之折衷。搉而量之〔二一〕，獨金陵與洛下耳〔二二〕。南方水土和柔，其音清舉而切詣〔二三〕，失在浮淺，其辭多鄙俗。北方山川深厚，其音沈濁而鈋鈍〔二四〕，得其質直〔二五〕，其辭多古語〔二六〕。然冠冕君子，南方爲優；閭里小人，北方爲愈。易服而與之談，南方士庶，數言可辯；隔垣而聽其語，北方朝野，終日難分。而南染吴、越，北雜夷虜，皆有深弊，不可具論〔二七〕。其謬失輕微者，則南人以錢爲涎〔二八〕，以石爲射〔二九〕，以賤爲羨〔三〇〕，以是爲舐〔三一〕；北人以庶爲戍〔三二〕，以如爲儒〔三三〕，以紫爲姊〔三四〕，以洽爲狎〔三五〕。如此之例，兩失甚多〔三六〕。至鄴已來〔三七〕，唯見崔子約、崔瞻叔姪〔三八〕，李祖仁、李蔚兄弟〔三九〕，頗事言詞，少爲切正。李季節著音韻決疑，時有錯失〔四〇〕；陽休之造切韻，殊爲疎野〔四一〕。吾家兒女〔四二〕，雖在孩稚，便漸督正之；一言訛替〔四三〕，以爲己罪矣。云爲品物〔四四〕，未考書記者〔四五〕，不敢輒名，汝曹所知也。

〔一〕此篇，黄本全删。續家訓七曰：「昔齊永明中，沈約撰四聲譜；而周顒善識聲韻，始以平上去入四聲制韻。原其制韻，本協者爲文，而音辭由此出焉。然五方之人，各各不同，格以四聲，灼然可見，吴、楚則多輕淺，燕、趙則傷重濁，秦、隴則去聲爲入，梁、益則平聲似去。至於君子之音辭，自然多同矣。春秋傳曰：『楚武授師子焉。』楊雄方言：『子者，戟也。』言授衆以戟也。……自周顒以來，制韻皆本於律，不可差之毫忽，如東冬、清青之類，不相通也。音辭之間，總其大較，固難如此之拘矣。」

〔二〕宋本及續家訓「標」作「摽」，非是，今不從；從木從扌之字，古書多混也。趙曦明曰：「春秋公羊隱五年傳：『公曷爲遠而觀魚？登來之也。』注：『登來，讀言得來。得來之者，齊人語也；齊人名求得爲得來，其言大而急，由口授也。』又桓六年正月『寔來』傳：『曷爲謂之寔來？慢之也。曷爲慢之？化我也。』注：『行過無禮謂之化，齊人語也。』詳見困學紀聞七。」案：清人淳于鴻恩著公羊方言疏箋一卷，言之綦詳，有光緒戊申金泉精舍刊本。

〔三〕抱經堂校定本「楚詞」作「楚辭」，宋本、續家訓及餘本都作「楚詞」，今據改正。趙曦明曰：「史紀屈原傳：『憂愁幽思而作離騷。離騷者，猶離憂也。』王逸離騷經序：『經，徑也，言己放逐離別，中心愁思，猶依道徑以風諫君也。』案：逸説非是，經字乃後人所加耳。此言離騷多楚人之語，如羌字、些字等是也。」

〔四〕續家訓及各本、玉海四五「其言」作「其書」，今從宋本。趙曦明：「隋書經籍志：『揚子方言十三卷，郭璞注。』」

〔五〕宋本、玉海無「也」字，今從餘本。

〔六〕趙曦明曰：「後漢書鄭玄傳：『玄字康成，北海高密人。黨事禁錮，遂隱修經業，杜門不出。凡玄所注：周易、尚書、毛詩、儀禮、禮記、論語、孝經、尚書大傳、中候、乾象曆等，凡百餘萬言。』」器案：顏文言六經，范書所舉者才五經，通志玄傳、册府元龜六〇五於范書所舉五者之外，尚有周官禮注，史承節鄭公祠堂碑亦有之，而周官禮注十二卷，今固赫然具存矣，此蓋范書之傳寫者偶然脱之耳。

〔七〕趙曦明曰：「隋書經籍志：『吕氏春秋二十六卷，淮南子二十一卷，並高誘注。』」器案：誘，涿人，見水經易水注。淮南子叙目載誘少從同縣盧植學，建安十年，辟司空掾，除東郡濮陽令，十七年遷監河東。吕氏春秋序載誘正孟子章句，作淮南、孝經解，畢訖，復爲吕氏春秋解。

〔八〕「熹」，續家訓作「喜」，不可從。盧文弨曰：「隋書經籍志：『釋名八卷，劉熙撰。』册府元龜：『漢劉熙爲安南太守，撰禮謚法八卷，釋名八卷。』直齋書録解題稱漢徵士北海劉熙成國撰，此書作劉熹，文選注引李登聲類：『熹與熙同。』世説新語言語篇：『王坦之令伏滔、習鑿齒論青、楚人物。』注：『滔集載其論略，青士有才德者，後漢時有劉成國。』又後漢書文苑傳：『劉珍字秋孫，一名寳，南陽蔡陽人，撰釋名三十篇。』篇數不同，非此書也。」郝懿行曰：「劉成國名熙，或言熹者，蓋古字通用。」

〔九〕盧文弨曰：「此不可勝舉，聊舉一二以見意。鄭注易大有『明辯遰』，讀如明星晳晳，晉初爻摧讀如南山崔崔，周禮太宰斿讀如囿游之游，疾醫祝讀如注病之注，儀禮士冠禮缺讀如有頍者弁之頍，鄉飲酒禮疑讀爲仡然從於趙盾之仡，禮記檀弓居讀如姬姓之姬，中庸人讀如人相偶之人；高誘注吕覽貴公篇鞼讀車笓之笓，功名篇茹讀如船漏之茹；注淮南原道訓悦讀如人空頭扣之扣，屈讀秋雞無尾屈之屈；許慎説文辵讀若春秋公羊傳曰辵階而走，㕡讀若鏗鏘之鏗；劉熙釋名，皆以音聲相近者爲釋。熙有孟子注七卷，今不傳，文選注引『獻猶軒，軒在物上之稱也』。又『螬者，齊俗名之如酒槽也』。亦是譬況假借。」器案：玉海無「耳」字。陸德明釋文叙録：「古人音書，止爲譬況之説，孫炎始爲反語。」張守節史記正義論例：「先儒音字，比方爲音，至魏秘書孫炎，始作反音。」

〔一〇〕左傳昭公二十年，晏子曰：「先王之濟五味、和五聲也，以平其心、成其政也。聲亦如味，一氣，二體，三類，四物，五聲，六律，七音，八風，九歌，以相成也。清濁大小，短長疾徐，哀樂剛柔，遲速高下，出入周疏，以相濟也。」此爲最早言聲音之清濁者。漢書律曆志：「古者，黄帝合而不死，名察發斂，定清濁。」孟康曰：「清濁，謂聲律之清濁也。」續漢書律曆志：「量有輕重，平以權衡；聲有清濁，協以律吕。」宋書范曄傳載獄中與諸甥書以自序：「性别宫商，識清濁。」又謝靈運傳論：「一簡之内，音韻盡殊；兩句之中，輕重悉異。」詩品序：「但令清濁通流，口吻調利。」切韻序：「欲廣文路，自可清濁皆通；若賞知音，即須輕重有異。」悉曇藏卷二引沈約四聲譜：「韻有二種：清濁各别爲通韻，清濁相和爲落韻。」又引韻詮商略清濁例云：「先代作文之士，以清濁之不足，則兼取協韻以會之；協韻之不足，則仍取並韻以成之。」釋中算妙法蓮華經釋文卷上：「今案華字有三音，平聲輕重與去聲也。平聲輕則花也；重則榮華，美也；去則華山，西岳也。今爲取花，用平輕也。不空三藏儀軌作花字者，蓋此意焉。」夢溪筆談卷十五：「每聲復有四等，謂清、次清、濁、平也，如顛天田年、邦胮龐庬之類是也。」日本見在書目小學家有清濁音一卷。

〔一一〕「内言外言」，續家訓及各本作「外言内言」，今從宋本，玉海同。

〔一二〕盧文弨曰：「漢書王子侯表上：『襄嚵侯建。』晉灼曰：『音内言毚菟。』（原誤作史記云云，今據宋本漢書校改。）又『猇節侯起』。晉灼云：『猇音内言鴞。』爾雅釋獸釋文：『猰，晉灼音内言餉。』而外言未見，如何休注宣八年公羊傳云：『言乃者，内而深，言而者，外而淺。』亦可推其意矣。又莊二十八年公羊傳：『春秋伐者爲主，伐者爲客。』何休於上句注云：『伐人者爲客，讀伐長言之。』於下句注云：『見伐者爲主，讀伐短言之，皆齊人語也。』高誘注吕氏春秋慎行論：『鬨，鬭也，讀近鴻，緩氣言之。』又注淮南本經訓：『蛩，兖州謂之螣。螣讀近殆，緩氣言之。』此所謂徐言也。又注地形訓：『旄讀近綢繆之繆，急氣言乃得之。』余謂如詩大雅文王『豈不顯』、『豈不時』，但言『不顯』『不時』，公羊隱元年傳注『不如』即『如』，亦是其比。讀若之例，説文爲多。他若鄭康成注易乾文言：『慊讀如羣公溓之溓。』高誘注淮南原道訓：『抗讀扣耳之扣。』類皆難解。又劉熙釋名：『天，豫，司，兖，冀以舌腹言之，天，顯也；青，徐以舌頭言之，天，坦也。』『風，兖，豫，司，冀横口合脣言之，風，氾也；青，徐踧口開脣推氣言之，風，放也。』古人爲字作音，類多如此。」周祖謨曰：「案：内言外言，急言徐言，前人多不能解。今依音理推之，其義亦可得而説。考古人音字，言内言外言者，凡有四事：公羊傳宣公八年：『曷爲或言而，或言乃？』何休注：『言乃者内而深，言而者外而淺。』此其一；漢書王子侯表上：『襄嚵侯建。』晉灼：『嚵音內言毚兔。』（各本譌作「嚵菟」，今正。）此其二；『猇節侯起。』晉灼：『猇音內言鴞。』此其三；爾雅釋獸釋文：『㹫，晉灼音內言鵃。』此其四。推此四例推之，所謂內外者，蓋指韻之洪細而言。言內者洪音，言外者細音。何以知言內者爲洪音？案：嚵，唐王仁昫切韻在琰韻，音自染反（敦煌本、故宮本同），篆隸萬象名義、新撰字鏡並音才冉反，與王韻同；惟顏師古此字作士咸反（今本玉篇同），則在咸韻也。如是可知嚵字本有二音：一音自染反，一音士咸反。自染即漸字之音，漸三等字也；士咸即毚字之音，毚二等字也。江永音學辨微辯等列云：『音韻有四等：一等洪大，二等次大，三四皆細，而四尤細。』是三四等與一二等有洪細之殊。以今語釋之，即三四等有i介音，一二等無i介音。有i介音者，其音細小；無i介音者，其音洪大。晉灼音嚵爲毚兔之毚，是作洪音讀，不作細音讀也。顏注士咸反，正與之合。蓋音之侈者，口腔共鳴之間隙大；音之歛者，口腔共鳴之間隙小。大則其音若發自口內，小則其音若發自口杪。故曰嚵音內言毚兔。是內外之義，即指音之洪細而言無疑也。依此求之，猇節侯之猇，晉灼音內言鴞，鴞，唐寫本切韻在宵韻，音于驕反。（王國維抄本第三種。以下言切韻者並同，凡引用第三種者，始分別標明。）考漢書地理志濟南郡有猇縣，應劭音箎，蘇林音爻。爻，切韻胡茅反，在肴韻，匣母二等字也。鴞則爲喻母三等字。喻母三等，古歸匣母，是鴞爻聲同，而韻則有弇侈之異。今晉灼猇音內言鴞，正讀爲爻，與蘇林音同。（切韻此字亦音胡茅反。）此藉內言二字可以推知其義矣。復次，爾雅釋獸：『猰貐，類貙，虎爪，食人，迅走。』釋文云：『猰字亦作猰，諸詮之烏八反，韋昭烏繼反，服虔音瞖，晉灼音内言餇。案：字書餇音噎。』今案：噎，切韻烏結反，在屑韻，四等字；餇，曹憲博雅音作於結反（見釋言），與字書音噎同。（考淮南子本經篇：『猰貐鑿齒。』高誘云：『猰讀車軋履人之軋。』軋，切韻音烏黠反，在黠韻，二等，今晉灼此字音内言餇，正作軋音，與高誘注若合符節。（切韻猰音烏黠反，即本高誘、晉灼也。）然則内言之義，指音之洪者而言，已明確如示諸掌矣。至如外言所指，由何休公羊傳注可得其確解。何休云：『言乃者内而深，言而者外而淺。』乃，切韻音奴亥反，在海韻，一等字也。而，如之反，在之韻，三等字也。乃，屬泥母。而，屬日母。乃、而古爲雙聲，惟韻有弇侈之殊。『乃』既爲一等字，則其音侈；『而』既爲三等字，則其音弇。『乃』無ｉ介音，『而』有ｉ介音。故曰言乃者内而深，言而者外而淺。是外言者，正謂其音幽細，若發自口杪矣。夫内外之義既明，可進而推論急言徐言之義矣。考急言徐言之説，見於高誘之解吕覽、淮南。其言急氣者，如：淮南俶真篇：『牛蹏之涔，無尺之鯉。』注：『涔讀延祜曷問（此四字當有誤），急氣閉口言也。』地形篇：『其地宜黍，多旄犀。』注：『旄讀近綢繆之繆，急氣言乃得之。』氾論篇：『太祖軵其肘。』注：『軵，擠也，讀近茸，急察言之。』説山篇：『牛車絶轔。』注：『轔讀近藺，急舌言之乃得也。』説林篇：『亡馬不發户轔。』注：『轔，户限也。楚人謂之轔。轔讀近鄰，急氣言乃得之也。』修務篇：『腃睽哆噅。』注：『腃讀權衡之權，急氣言之。』（腃，正文及注刻本均誤作啳，今正。）此皆言急氣者也。其稱緩氣者，如：淮南子原道篇：『蛟龍水居。』注：『蛟讀人情性交易之交，緩氣言乃得耳。』本經篇：『飛蛩滿野。』注：『蛩，一曰蝗也，沇州謂之螣。讀近殆，緩氣言之。』（呂覽仲夏紀：『百螣時起。』注：『螣讀近殆，兗州人謂蝗爲螣。』與此同。）修務篇：『胡人有知利者，而人謂之駤。』注：『駤讀似質，緩氣言之，在舌頭乃得。』呂覽愼行篇：『相與私闀。』注：『闀讀近鴻，緩氣言之。』此皆言緩氣者也。即此諸例觀之，急氣緩氣之説，似與聲母聲調無關，其意當亦指韻母之洪細而言。蓋凡言急氣者，多爲細音字，凡言緩氣者，多爲洪音字。如涔，山海經北山經：『管涔之山。』郭璞注：『涔音岑。』故宫本王仁昫切韻鋤簪反，在侵韻，與郭璞音合。案：岑三等字也。旄讀綢繆之繆（切韻：旄，莫袍反），繆，切韻武彪反，在幽韻，四等字也。軵讀近茸，（説文亦云：軵讀茸。廣韻而容、而隴二切。）茸，切韻（王䆁第二種）而容反，在鍾韻，三等字也。轔讀近藺若鄰，（切韻：轔，力珍反。）藺，廣韻良刃切，在震韻。鄰，切韻力珍反，在真韻。鄰藺皆三等字也。腃讀若權衡之權（敦煌本王仁昫切韻及廣韻字作臛，音巨員反），權，切韻巨員反，在仙韻，三等字也。以上諸例，或言急氣言之，或言急察言之，字皆在三四等。至如蛟讀人情性交易之交（蛟，切韻古肴反），交，切韻古肴反，在肴韻，二等字也。螣讀近殆，螣，廣韻徒得切，在德韻，殆，徒亥切，在德韻，螣殆雙聲，皆一等字也。（呂覽任地篇高注：「兗州謂蜮爲螣，音相近也。」蜮，廣韻音或，與螣同在德韻，廣韻螣音徒得切，與高注相合。）闀讀近鴻（廣韻：闀，胡貢切。），鴻，切韻（王摹本第二種）音胡籠反，在東韻，一等字也。以上諸例，同稱緩氣，而字皆在一二等。夫一二等爲洪音，三四等爲細音，故曰凡言急氣者皆細音字，凡言緩氣者皆洪音字。惟上述之駤字，高云：『讀似質，緩氣言之。』適與此説相反。蓋駤廣韻音陟利切，在至韻，與交質之質同音，（質又音之日切。）駤質皆三等字也。三等爲細音，而今言緩氣，是爲不合。然緩字殆爲急字之誤無疑也。如是則急言緩言之義已明。然而何以細音則謂之急，洪音則謂之緩？嘗尋繹之，蓋細音字爲三四等字，皆有·i介音，洪音字爲一二等字，皆無·i介音。有·i介音者，因·i爲高元音，且爲聲母與元音間之過渡音，而非主要元音，故讀此字時，口腔之氣道，必先窄而後寬，而筋肉之伸縮，亦必先緊而後鬆。無·i介音者，則聲母之後即爲主要元音，故讀之輕而易舉，筋肉之伸縮，亦極自然。是有·i介音者，其音急促造作，故高氏謂之急言。無·i介音者，其音舒緩自然，故高氏謂之緩言。急言緩言之義，如是而已。此亦與何休、晉灼所稱之内言外言相似。（晉灼，晉尚書郎，其音字稱内言某，内言之名，當即本於何休。）蓋當東漢之末，學者已精於審音。論發音之部位，則有横口在舌之法。論韻之洪細，則有内言外言急言緩言之目。論韻之開合，則有蹴口籠口之名。論韻尾之開閉，則有開脣合脣閉口之説。（横口蹴口開脣合脣，並見劉熙釋名。）論聲調之長短，則有長言短言之别。（見公羊傳莊公二十八年何休注。）剖析毫釐，分别黍絫，斯可謂通聲音之理奥，而能精研極詣者矣。惜其學不傳，其書多亡，後人難以窺其用心耳。嘗試論之，中國審音之學，遠自漢始，迄今已千有餘年。於此期間，學者審辨字音，代有創獲。舉其大者，凡有七事：一，漢末反切未興以前經師之審辨字音。二，南朝文士讀外典知五音之分類。三，齊、梁人士之辨别四聲。四，唐末沙門之創製字母。五，唐末沙門之分韻爲四等。六，宋人之編製韻圖。七，明人之辨析四呼。此七事者，治聲韻學史者固不可不知也。」器案：論衡詰術篇：「口有張歙，聲有内外。」亦言讀音口有開合，聲有洪細也。此又漢人之言内言外言之可考見者。又案：唐沙門不空譯孔雀明王經卷上自注云：「此經須知大例：若是尋常字體旁加口者，即彈舌呼之；但爲此方無字，故借音耳。」彈舌呼借音字，即兩漢以來轉讀外語對音之發展，此又治聲韻學史者不可不知之事也。又案：盧文弨所舉難解之鄭、高二讀，則鄭注之「羣公溓」，當即公羊傳文十三年之「羣公廩」，廩溓不同，蓋即嚴、顔之異，清人類能言之（詳陳立公羊義疏）。至高注之「扣耳」，蓋爲「扣首」（向宗魯先生説）或「扣馬」（李哲明説）之誤。則一爲異文，一爲譌字，至爲明白，而曰「類皆難解」，何耶！又案：段玉裁周禮漢讀考序：「漢人作注，於字發疑正讀，其例有三：一曰讀如、讀若，二曰讀爲、讀曰，三曰當爲。讀如、讀若者，擬其音也；讀爲、讀曰者，易其字也；……當爲者，定爲字之誤、聲之誤而改其字也。」尋周禮天官序官：「六曰主，以利得民。」注：「玄謂利讀如『上思利民』之利。」漢讀考云：「漢人注經必兼讀如、讀爲二者，有讀爲而後經可通也。説文解字之例有讀如，無讀爲，衹釋其本字，不必易字也。又讀如之下必用他字而不用本字，蓋字書之體，一字而包數音數義，不爲分别之詞。」此言讀如、讀爲之分，因明白矣。

〔一三〕何焯校改「言」爲「然」，云：「宋本譌『言』。」王應麟玉海小學類曰：「世謂倉頡製字，孫炎作音，沈約撰韻，同爲椎輪之始。」趙曦明曰：「隋書經籍志：『爾雅音義八卷，孫炎撰。』」盧文弨曰：「案：魏志王肅傳稱孫叔然，以名與晉武帝同，故稱其字。陸德明釋文亦云：『炎字叔然。』今此作『叔言』，亦似取莊子『大言炎炎』爲義。得無炎本有兩字耶？故仍之。」劉盼遂引吴承仕曰：「按：炎字叔然，義相應。盧説本作『叔言』者，取『大言炎炎』之義，古來有此體例乎？明『言』爲誤字矣。」

〔一四〕盧文弨曰：「反音翻，下同。」郝懿行曰：「案：反語非起於孫叔然，鄭康成、服子慎、應仲遠年輩皆大於叔然，並解作反語，具見儀禮、漢書注，可考而知。余嘗以爲反語，古來有之，蓋自叔然始暢其説，而後世因謂叔然作之爾。」周祖謨曰：「案反切之興，前人多謂創自孫炎。然反切之事，決非一人所能獨創，其淵源必有所自。章太炎國故論衡音理篇即謂造反語者非始於孫叔然，其言曰：『案：經典釋文序例謂漢人不作音，而王肅周易音，則序例無疑辭，所録肅音用反語者十餘條。尋魏志肅傳云：「肅不好鄭氏，時樂安孫叔然授學鄭玄之門人，肅集聖證論以譏短玄，叔然駁而釋之。」假令反語始于叔然，子雍豈肯承用其術乎？又尋漢地理志廣漢郡梓潼下應劭注：「潼水所出，南入墊江。墊音徒浹反。」遼東郡沓氏下應劭注：「沓水也，音長答反。」是應劭時已有反語，則起于漢末也。』由是可知反語之用，實不始于孫炎。顔師古漢書注中所録劭音，章氏亦未盡舉，而應劭音外，復有服虔音數則。如惴音章瑞反，鯫音七垢反，臑音奴溝反（廣韻人朱切），痏音於鬼反（廣韻榮美切），踢音石臭反（廣韻他歷切），是也。故唐人亦謂反切肇自服虔。如景審慧琳一切經音義序云：『古來反音，多以旁紐而爲雙聲，始自服虔，原無定旨。』唐末日本沙門安然悉曇藏引唐武玄之韻詮反音例亦云：『服虔始作反音，亦不詰定。』（大正新修大藏經）是皆謂反切始自服虔也。服、應爲漢靈帝、獻帝間人，是反切之興，時當漢末，固無疑矣。然而諸書所以謂始自孫炎者，蓋服、應之時，直音盛行，反切偶一用之，猶未普徧。及至孫炎著爾雅音義，承襲舊法，推而廣之，故世以孫炎爲創製反切之祖。至若反切之所以興於漢末者，當與象教東來有關。清人乃謂反切之語，自漢以上即已有之，近人又謂鄭玄以前已有反語，皆不足信也。」

〔一五〕趙曦明曰：「魏志三少帝紀：『高貴鄉公諱髦，字彦士，文帝孫，東海定王霖子，在位七年，爲賈充所弑。』」周祖謨曰：「案：經典釋文叙録謂高貴鄉公有左傳音三卷。此云『高貴鄉公不解反語，以爲怪異』，事無可考。釋文所録高貴鄉公反音一條，或本爲比況之音，而後人改作者也。」案：經典釋文周禮「其浸波溠」下云：「音詐，左傳音曰：『李莊加反，字林同。』劉昨雖反，云與音大不同，故今從高貴鄉公。」吴承仕經籍舊音辨證二曰：「案：劉音昨雖反，韻部甚遠；釋文以昨雖之音爲不切，故從高貴鄉公之音。左傳莊四年：『除道梁溠。』釋文：『高貴鄉公音側嫁反。』即此之首音詐也。又按：顔氏家訓稱『高貴鄉公不解反語，以爲怪異』，而左氏釋文乃引其反語，與顔説不相應。今疑高貴鄉公於左傳『梁溠』字直音詐，而陸德明改爲側嫁反耳。」

〔一六〕文心雕龍變通篇：「自茲厥後。」尚書無逸：「自時厥後。」今言從此以後。

〔一七〕荀子王制篇：「嘗試之説鋒起。」楊倞注：「鋒起，謂如鋒刃齊起，言鋭而難拒也。」漢書東方朔傳：「舍人所問，朔應聲輒對，變作鋒出，莫能窮者。」鋒即鋒字。徐陵皇太子臨辟雍頌：「音辭鋒起。」義同。

〔一八〕左傳成公九年：「使與之琴，操南音。……范文子曰：『樂操土風，不忘舊也。』」土風，謂土音也。此則作方言解，應劭風俗通義序所謂：「風者，天氣有寒煖，地形有險易，水泉有美惡，草木有剛柔也。俗者，含血之類，像之而生，故言語歌謳異聲，鼓舞動作殊形，或直或邪，或善或淫也。」此土風之真詮也。

〔一九〕趙曦明曰：「莊子齊物論：『以指喻指之非指，不若以非指喻指之非指也；以馬喻馬之非馬，不若以非馬喻馬之非馬也。天地，一指也。萬物，一馬也。』」

〔二〇〕錢馥曰：「覈，下革切。」

〔二一〕各本「搉」作「權」，續家訓作「摧」，今從宋本。文心雕龍通變篇：「搉而論之。」

〔二二〕景定建康志四二「獨」作「唯」。盧文弨曰：「金陵，今江南江寧府，吴、東晉、宋、齊、梁、陳咸都之；洛下，今之河南開封府，周、漢、魏、晉、後魏咸都之，故其音近正，與鄉曲殊也。」嚴式誨曰：「洛下爲河南府，非開封府。」劉盼遂説同。周祖謨曰：「金陵即建康，爲南朝之都城。洛下即洛陽。世説新語雅量篇稱謝安作洛生詠，劉注引宋明帝文章志云：『安能作洛下書生詠？』是俗稱洛陽爲洛下。洛陽爲魏、晉、後魏之都城。蓋韻書之作，北人多以洛陽音爲主，南人則以建康音爲主，故曰搉而量之，獨金陵與洛下耳。」器案：隋書經籍志小學類有河洛語音一卷，王長孫撰。蓋即以帝王都邑之音爲正音，參校方俗，考覈古今，爲之折衷者。

〔二三〕景定建康志無「詣」字，非是。文心雕龍樂府篇：「奇辭切至。」切詣猶切至也。

〔二四〕續家訓「鈋鈍」作「訛鈍」，義較勝。盧文弨曰：「鈋，五禾切，説文：『圜也。』」

〔二五〕續家訓「其」作「在」。論語顔淵篇：「質直而好義。」

〔二六〕盧文弨曰：「淮南地形訓：『清水音小，濁水音大。』陸法言切韻序：『吴、楚則時傷輕淺，燕、趙則多傷重濁，秦、隴則去聲爲入，梁、益則平聲似去。』」郝懿行曰：「案：北方多古語，至今猶然。市井閭閻，轉相道説，按之雅記，與古不殊，學士老死而不喻，里人童幼而習知，奚獨樵夫笑士，不談王道者也？余著證俗文，頗詳其事。」周祖謨曰：「案：經典釋文叙録云：『方言差别，固自不同，江北、江南，最爲鉅異。或失在浮清，或滯於重濁。』與顔説相同。顔謂南人之音辭多鄙俗者，以其去中原雅音較遠，而言辭俗俚，於古無徵故也。」王叔岷曰：「案鍾嶸詩品中評陶潛詩：『世歎其質直。』評應璩詩：『善爲古語。』」

〔二七〕周祖謨曰：「此論南北士庶之語言各有優劣。蓋自五胡亂華以後，中原舊族多僑居江左，故南朝士大夫所言，仍以北音爲主。而庶族所言，則多爲吴語。故曰：『易服而與之談，南方士庶，數言可辨。』而北方華夏舊區，士庶語音無異，故曰：『隔垣而聽其語，北方朝野，終日難分。』惟北人多雜胡虜之音，語多不正，反不若南方士大夫音辭之彬雅耳。至於閭巷之人，則南方之音鄙俗，不若北人之音爲切正矣。」（參見陳寅恪先生東晉南朝之吴語一文。）

〔二八〕段玉裁曰：「錢，昨先切，在一先；涎，夕連切，在二仙。分斂侈。」錢馥曰：「案：一先昨先切，前、歬、湔、騚、箾、灊六字，錢在二仙，昨仙切，與涎同部，而母各别，錢，從母，涎，邪母。」

〔二九〕段玉裁曰：「石，常隻切；射，食亦切：同在二十二昔而有别。」王叔岷曰：「案淮南子兵略篇：『合戰必立矢射之所及。』王念孫雜志云：『矢射當爲矢石，聲之誤也。意林引此正作矢石，劉晝新論兵術篇同。』此所謂『以石爲射』也。」

〔三〇〕段玉裁曰：「賤，才線切；羨，似面切：同在三十三線而有别。」

〔三一〕段玉裁曰：「是，承紙切；舐，神紙切：同在四紙而音别。」周祖謨曰：「此論南人語音，聲多不切。案：錢，切韻昨仙反，涎，叙連反，同在仙韻；而錢屬從母，涎屬邪母，發聲不同。賤，唐韻（唐寫本，下同）才線反，羨，似面反，同在線韻；而賤屬從母，羨屬邪母，發聲亦不相同。南人讀錢爲涎，讀賤爲羨，是不分從邪也。石，切韻常尺反，射，食亦反，同在昔韻；而石屬禪母，射屬牀母三等。是，切韻承紙反，舐，食氏反，同在紙韻；而是屬禪母，食屬牀母三等。南人誤石爲射，讀是爲舐，是牀母三等與禪母無分也。」

〔三二〕段玉裁曰：「庶在九御，戍在十遇，二音分大小。」

〔三三〕段玉裁曰：「如在九魚，人諸切；儒在十虞，人朱切。」

〔三四〕段玉裁曰：「紫，將此切，在四紙；姊，將几切，在五旨；二韻古音大分別。」

〔三五〕段玉裁曰：「洽，侯夾切，入韻第三十一；狎，胡甲切，入韻第三十二。」

〔三六〕周祖謨曰：「此論北人語音，分韻之寬，不若南人之密。案：庶、戍同爲審母字，廣韻庶在御韻，戍在遇韻，音有不同。庶，開口，戍，合口。如、儒同屬日母，如在魚韻，儒在虞韻，韻亦有開合之分；北人讀庶爲戍，讀如爲儒，是魚、虞不分也。又紫、姊同屬精母，而紫在紙韻，姊在旨韻，北人讀紫爲姊，是支、脂無別矣。又洽、狎同爲匣母字，切韻分爲兩韻；北人讀洽爲狎，是洽、狎不分也：由此足見北人分韻之寬。」又曰：「以上所論，爲南北語音之大較。然亦有爲之推所未論及者。如南人以匣、于爲一類，北人以審母二三等爲一類，是也。南人不分匣、于者，如原本玉篇云作胡勳反，屬作胡甫反，經典釋文論語爲政章尤切爲下求，唐寫本尚書釋文殘卷猾反爲于八，皆是。北人審二審三不分者，如北史魏收傳博陵崔巖以雙聲語嘲收曰：『愚魏衰收。』洛陽伽藍記李元謙嘲郭文遠婢曰：『凡婢雙聲。』皆是。蓋衰、雙爲審母二等，收、聲爲審母三等，今以衰收、雙聲爲體語，是審母二三等無別也。且魏收答崔巖曰：『顏巖腥瘦。』腥屬心母，瘦屬審母二等，魏以腥瘦爲雙聲，是心、審二母更有相混者矣。至於韻部，則北音鍾、江不分，删、寒不分，燭、覺不分，均可由北朝人士詩文之協韻考覈而知，與南朝蕭梁之語音迥別，此皆顏氏之所未及論，故特表而出之。」

〔三七〕周祖謨曰：「案：之推入鄴，當在齊天保八年，觀我生賦自注云：『至鄴便值陳興。』是也。」

〔三八〕趙曦明曰：「北齊書崔㥄傳：『子瞻，字彥通。聰明強學，所與周旋，皆一時名望。叔子約，司空祭酒。』」周祖謨曰：「『崔瞻』，北史卷二十四作『崔贍』，贍與彥通義相應，當不誤。若作『瞻』，則不倫矣。贍，㥄子，清河東武城人。北史云：『贍清白善容止，神采嶷然，言不妄發。齊大寧元年除衛尉少卿，使陳還，遷吏部郎中，天統末卒。』崔子約見同卷崔儦傳，傳云：『子約長八尺餘，姿神儁異，魏定武中爲平原公開府祭酒。與兄子贍俱詣晉陽，寄居佛寺。贍長子約二歲，每退朝久立，子約憑几對之，儀望俱華，儼然相映；諸沙門竊窺之，以爲二天人也。齊廢帝乾明中爲考功郎，病卒。』」

〔三九〕周祖謨曰：「李祖仁、李蔚，見北史卷四十三李諧傳。諧，頓丘人，仕魏終秘書監。史稱：『諧長子岳，字祖仁，官中散大夫。岳弟庶，方雅好學，甚有家風。庶弟蔚，少清秀，有襟期倫理，涉觀史傳，專屬文辭，甚有時譽。仕齊，卒於秘書丞。』弟若，即與劉臻、顏之推同詣陸法言門宿，共論音韻者也。見法言切韻序。」

〔四〇〕續家訓「音韻」作「音譜」。趙曦明曰：「隋書經籍志：『修續音韻決疑十四卷，李槩撰。』又『音譜四卷』。」周祖謨曰：「案：李季節見北史卷三十三李公緒傳。公緒，趙郡平棘人。史云：『公緒弟槩，字季節，少好學，然性倨傲。爲齊文襄大將軍府行參軍，後爲太子舍人，爲副使聘于江南，後卒於并州功曹參軍。撰戰國春秋及音譜，並行於世。』槩平生與清河崔瞻爲莫逆之交，槩將東還，瞻遺之書曰：『仗氣使酒，我之常弊，詆訶指切，在卿尤甚。足下告歸，吾於何聞過也。』（見北史崔瞻傳。）足見相欸之密。其所著音韻決疑及音譜皆亡。音譜之分韻，敦煌本王仁昫切韻猶記其梗槩。如佳、皆不分，先、仙不分，蕭、宵不分，庚、耕、青不分，尤、侯不分，咸、銜不分，均與切韻不合。音韻決疑，文鏡秘府論（天册）所録劉善經四聲論中，嘗引其序云：『案：周禮，凡樂，圜鍾爲宮，黄鍾爲角，太族爲徵，姑洗爲羽。商不合律，蓋與宮同聲也。五行則火土同位，五音則宮商同律，闇與理合，不其然乎？呂静之撰韻集，分取無方，王微之製鴻寶，詠歌少驗。平上去入，出行閭里，沈約取以和聲，律吕相合。竊謂宫商徵羽角，即四聲也，羽讀如括羽之羽，以之和同，以位羣音，無所不盡。豈其藏理（一作「埋」）萬古，而未改於先悟者乎？』此論五音與四聲相配之次第，爲後人之所宗，故附著之。」器案：「音韻決疑」，續家訓作「音譜決疑」，文鏡秘府論天册四聲論所録劉善經四聲論引音韻決疑序云云（已見周祖謨氏所引），又曰：「經每見當世文人論四聲者衆矣，然其以五音配偶，多不能諧；李氏忽以周禮證明，商不合律，與四聲相配便合，恰然懸同。愚謂鍾、蔡以還，斯人而已。」音韻決疑原作音譜決疑，余撰文鏡祕府論校注，據正智院本定爲音韻決疑。隋書經籍志小學類箸録：「修續音韻決疑十四卷，李槩撰。音譜四卷，李槩撰。」則音韻決疑與音譜爲兩書明矣。而日本見在書目有音譜決疑十卷，注：「齊太子舍人李節撰。」又音譜決疑二卷，注：「李槩撰。」作者不知前之音譜決疑當作音韻決疑，而後之音譜決疑則又涉上文而誤衍「決疑」二字，乃分别列李節、李槩之名以别之，不知割裂古人名字，如介之推一作介推，維昔而然矣。陸法言切韻序云：「陽休之韻略、周思言音韻、李季節音譜、杜臺卿韻略等，各有乖互。」真旦韻詮序云：「李季節之輩，定音譜於前，陸法言之徒，修切韻於後。」音譜、音韵決疑二書俱亡。音譜之分韵部，敦煌本王仁昫切韻猶存其梗概，如佳、皆不分，先、仙不分，蕭、宵不分，庚、耕、青不分，尤、侯不分，咸、銜不分，皆與切韻不合也。凡切韵目録所注分部之陽、吕、夏、杜、李，陽即陽休之，吕即吕静，夏即夏侯詠，杜即杜臺卿，李即李季節槩也，亦可見其書之大要也。

〔四二〕趙曦明曰：「隋書經籍志：『韻略一卷，陽休之撰。』」周祖謨曰：「北齊書卷四十二陽休之傳云：『休之，字子烈，右北平無終人。父固，魏洛陽令。休之儁爽有風槩，少勤學，愛文藻，仕齊爲尚書右僕射。周武平齊，除開府儀同。隋開皇二年終於洛陽。』其所著韻略已亡。（器案：今有任大椿、馬國翰輯本。）劉善經四聲論云：『齊僕射陽休之，當世之文匠也。乃以音有楚、夏，韻有訛切，辭人代用，今古不同，遂辨其尤相涉者五十六韻，科以四聲，名曰韻略。制作之士，咸取則焉。後生晚學，所賴多矣。』據此可知其書體例之大概。王仁昫切韻亦記其分韻之部類，如冬、鍾、江不分，元、痕、魂不分，山、先、仙不分，蕭、宵、肴不分，皆與切韻不合。其分韻之寬，尤甚於李季節音譜，此顔氏之所以譏其疎野也。」器案：陸法言切韻序：

「陽休之韻略、周思言音韻、李季節音譜、杜臺卿韻略等，各有乖互。」切韻之作，之推「多所決定」，宜二家之論定陽、李之書，講若畫一也。

〔四二〕宋本「兒女」作「子女」。

〔四三〕訛替，訛誤差替。本書雜藝篇：「訛替滋生。」拾遺記二：「扶婁之國，故俗謂之婆猴技，則扶婁之音，訛替至今。」顔延之爲齊世子論會稽表：「頃者以來，稍有訛替。」

〔四四〕云爲，猶言所爲。漢書王莽傳中：「帝王相改，各有云爲。」又：「災異之變，各有云爲。」「品物」，續家訓作「器物」。

〔四五〕傳本、何本「考」作「可」。

古今言語，時俗不同；著述之人，楚、夏〔一〕各異。蒼頡訓詁〔二〕，反稗爲逋賣〔三〕，反娃爲於乖〔四〕；戰國策音刎爲免〔五〕，穆天子傳音諫爲間〔六〕；説文音戛爲棘〔七〕，讀皿爲猛〔八〕；字林音看爲口甘反〔九〕，音伸爲辛〔一〇〕；韻集以成、仍〔一一〕、宏、登合成兩韻〔一二〕，爲、奇、益、石分作四章；李登聲類以系音羿〔一三〕，劉昌宗周官音讀乘若承〔一四〕：此例甚廣，必須考校〔一五〕。前世反語，又多不切〔一六〕，徐仙民毛詩音反驟爲在遘〔一七〕，左傳音切椽爲徒緣〔一八〕，不可依信，亦爲衆矣。今之學士，語亦不正；古獨何人，必應隨其謂僻乎〔一九〕？通俗文曰：「入室求曰搜〔二〇〕。」反爲兄侯〔二一〕。然則兄當音所榮反〔二二〕。今北俗通行此音，亦古語之不可用者〔二三〕。璵璠，魯人寶玉〔二四〕，當音餘煩〔二五〕，江南皆音藩屏之藩〔二六〕。岐山當音爲奇，江南皆呼爲神祇之祇〔二七〕。江陵陷没，此音被於關中，不知二者何所承案〔二八〕。以吾淺學，未之前聞也〔二九〕。

〔一〕文選魏都賦：「音有楚、夏。」吕向注：「音，人語音也。夏，中國也。」山海經海内東經郭璞注：「歷代久遠，古今變易，語有楚、夏，名號不同。」文鏡秘府論天册引劉善經四聲論：「音有楚、夏，韻有訛切。」

〔二〕周祖謨曰：「蒼頡訓詁，後漢杜林撰，見舊唐書經籍志。」

〔三〕段玉裁曰：「案：廣韻稗，傍卦切，與逋賣音異。一説，曹憲廣雅音賣，麥稼切，入禡韻，逋賣一反，蓋亦入禡韻也。」錢馥曰：「賣，吴下俗音麥稼切，入禡韻，稗亦入禡韻，然固並母，不讀幫母也。逋，博孤切。」錢大昕十駕齋養新録五：「廣韻稗，傍卦切，與逋異母。」喬松年蘿藦亭札記四：「案：稗在集韻讀旁卦切，又步化切，是當讀作罷也，今人皆讀作敗，作薄邁切，即之推所讀逋賣反也，洪武正韻從之。」周祖謨曰：「此音不知何人所加。稗爲逋賣反，逋爲幫母字，廣韻作傍卦切，則在并母，清濁有異。顏氏以爲此字當讀傍卦切，故不以蒼頡訓詁之音爲然。」

〔四〕段玉裁曰：「娃，於佳切，在十三佳，以於乖切之，則在十四皆。」

〔五〕段玉裁曰：「國策音當在高誘注内，今缺佚不完，無以取證。」錢大昕曰：「當是高誘音，古無輕唇。」（「輕」原作「重」，從李慈銘校改。）郝懿行曰：「案：説文無刎字，禮記檀弓釋文云：『刎，勿粉反，徐亡粉反。』其免字，唐韻亡辨切，而檀弓及内則釋文並有問音，春秋傳：『陳侯免，擁社。』徐邈讀免無販切，音萬。然則古音通轉，音刎爲免，亦未大失也。」喬松年曰：「刎之音免，殆因免可讀問而致然。蓋讀免爲問，因以爲刎音也。」周祖謨曰：「案：刎，切韻音武粉反，在吻韻，免音亡辨反，在獮韻，二音相去較遠，故顔氏不得其解。考刎之音免，殆爲漢代青、齊之方音。如釋名釋形體云：『吻，免也，入之則碎，出則免也。』吻、刎同音，劉成國以免訓刎，取其音近，與高誘音刎爲免正同。又儀禮士喪禮：『衆主人免于房。』注云：『今文免皆作絻。』釋文：『免音問。』禮記内則：『枌榆免薨。』釋文免亦音問。是免有問音也。刎、問又同爲一音，惟四聲小異。高誘之音刎爲免，正古今方俗語音之異耳，又何疑焉。顔氏固不知此，即清儒錢大昕、段玉裁諸家，亦所不寤，審音之事，誠非易易也。」

〔六〕趙曦明曰：「穆天子傳三：『道里悠遠，山川閒之。』郭注：『閒音諫。』」段玉裁曰：「案顔語，知本作『山川諫之』，郭讀諫爲閒，用漢人易字之例，而後義可通也。後人援注以改正文，又援正文以改注，而『閒音諫』之云，乃成弔詭矣。若山海經郭傳亦作『山川閒之』，則自用其説也。漢儒多如此。讀諫爲閒，於六書則假借之法，於注家則易字之例，不當與上下文一例稱引。」盧文弨鍾山札記三：「文弨讀韓非子内儲説下六微云：『文王資費仲而遊於紂之旁，令之諫紂而亂其心。』淩瀛初本獨改諫爲閒；不知此亦讀諫爲閒，正與穆天子傳一例。意林引風俗通：『陳平諫楚千金。』太平御覽三百四十六引零陵先賢傳：『劉備謂劉璋將楊懷曰：「汝小子何敢諫我兄弟之好。」』亦皆以諫爲閒。」周祖謨曰：「案：段氏之言是也。詩大雅板：『是用大諫。』左傳成公八年引作簡，簡即閒之上聲，是諫、閒古韻相同。唐韻諫古晏反，在諫韻，閒古莧反（去聲），在襉韻，諫、閒韻不同類，故顏氏以郭注爲非。然不知删、山兩韻，（舉平聲以賅上去入。）郭氏固讀同一類也。如切韻菅音古顏反，在删韻，閒音古閑反，在山韻，而山海經北山經『條菅之水出焉』，郭傳：『菅音閒。』是其證矣。」器案：韓非子十過篇：「內史廖曰：『君其遺之女樂，以亂其政，而後爲由余請期，以疏其諫；彼君臣有閒，而後可圖也。』」諫、閒並用，史記秦本紀、説苑反質篇並改諫爲閒矣。白虎通諫諍篇：「諫者何？諫者，閒也，更也，是非相閒，革更其行也。」論衡譴告篇：「故諫之爲言閒也。」諫、閒古音相近，故得假借爲用也。

〔七〕錢大昕曰：「今分黠、職兩韻。」周祖謨曰：「案：唐韻戛音古黠反，在黠韻，棘音紀力反，在職韻。二音韻部相去甚遠，故顏氏深斥其非。今考説文音戛爲棘，自有其故。蓋『戛』説文訓『戟也』。又『戟』訓『有枝兵也，讀若棘』。是戛、戟同音。戟之讀棘，由於音近義通。詩斯干『如矢斯棘』，左氏傳隱公十一年『子都拔棘以逐之』，禮記明堂位『越棘大弓』，箋、注並訓棘爲戟，是棘戟一物也。棘本謂木叢生有刺，而戟亦謂之棘者，蓋以形旁出兩刃，如木之有刺，故亦曰棘。今戛既與戟、棘同義，故亦讀若棘矣。考説文之讀若，不盡擬其字音，亦有兼明假借者，如此之例是也。雖戛、棘、戟三字於古音之屬類不同，而同爲一語，皆爲見母字，故得通假。段注説文戛字下云：『棘在一部（案即古部之部），相去甚遠，疑本作「讀若孑」而誤。』是不明説文説若之例也。然顔氏亦習於故常，僅知戛字音古黠反，而不知戛字本有二音。二者之訓釋亦不相同。書益稷：『戛擊鳴球。』釋文：『馬注：戛，櫟也，居八反。』此一音也。張衡西京賦：『立戈迤戛。』説文：『戛，戟也，讀若棘。』此又一音也。漢人音字，固嘗分別言之。如漢書王子侯表羹頡侯信，應劭云：『頡音戛擊之戛。』其云『戛擊之戛』，正所以別於戈戛之戛也。若戛古僅有古黠反一音，應劭當直音頡爲戛矣，何爲詞費，而云『戛擊之戛』乎？足證戛字古有二音。後世韻書只作古黠反，而紀力一音乃湮没無聞矣。幸説文存之矣，而顔氏又從而非之，此古音古義之所以日漸訛替也。」

〔八〕錢大昕曰：「皿，武永切，猛，莫杏切，同韻而異切。」周祖謨曰：「説文讀皿爲猛，與冏讀若獷同例。切韻皿，武永反；猛，莫杏反；冏，舉永反；獷，古猛反，同在梗韻，而猛、獷爲二等字，皿、冏爲三等字，音之洪細有別，故之推以皿音猛爲非。案：猛從孟聲，孟從皿聲，猛、孟、皿三字音皆相近。孟古音讀若芒，史記芒卯，淮南子作孟卯是也。猛字，揚雄太玄經彊測與傷、強協韻，則亦在陽部。説文皿、盌均云讀若猛，蓋謂皿、盌當與猛同韻，顧炎武唐韻正卷九云：『皿，古音武養反。』是也。」

〔九〕段玉裁曰：「看當爲口干反，而作口甘，則入談韻，非其倫矣。今韻書以邯入寒韻，徐鉉所引唐韻已如此，其誤正同。」周祖謨曰：「看，切韻音苦寒反，在寒韻。字林音口甘反，讀入談韻，與切韻音相去甚遠。考任大椿字林考逸所録寒韻字，無讀入談韻者，疑甘字有誤。若否，則當爲晉世方音之異。如忝從天聲，切韻音他玷反，⿱天火從干聲，廣韻音徒甘、直廉二切（廣韻引字林云：小熟也），是其比矣。至如段氏所舉之邯字，漢書高紀章邯，蘇林音酒酣之酣，酣，故宮本王仁昫切韻音胡甘反，在談韻，此即邯之本音。惟邯鄲之邯，切韻所以收入寒韻，音胡安反者，蓋受鄲字之同化（assimilate）而音有變，與漢書楊雄傳弸彋之彋，蘇林音宏相同。段氏以此與看音口甘相比，非其類也。後世韻書邯僅作胡安反，其本音則無人知之矣。」

〔一〇〕段玉裁曰：「此蓋因古書信多音申故也。」錢大昕曰：「古無心、審之別。」周祖謨曰：「伸，切韻音書鄰反，辛音息鄰反，申爲審母三等，辛爲心母，審、心同爲摩擦音，故方言中，心、審往往相亂。字林音伸爲辛，是審母讀爲心母矣。此與漢人讀蜀爲叟相似。錢大昕謂古無心、審之別，非是。蓋此僅爲方音之歧異，非古音心、審即爲一類也。」

〔一一〕續家訓「成仍」作「戒佩」，未可據。魏書江式傳：「呂静作韻集五卷，宮、商、角、徵、羽各爲一篇。」

〔一二〕段玉裁曰：「今廣韻本於唐韻，唐韻本於陸法言切韻。法言切韻，顏之推同撰集；然則顏氏所執，略同今廣韻。今廣韻成在十四清，仍在十六蒸，别爲二韻。宏在十三耕，登在十七登，亦别爲二韻。而吕静韻集成、仍爲一類，宏、登爲一類，故曰合成兩韻。今廣韻爲、奇同在五支，益、石同在二十二昔，而韻集爲、奇别爲二韻，益、石别爲二韻，故曰分作四章。皆與顔説不合，故以爲不可依信。」錢大昕曰：「漢世言小學者，止於辨别文字，至魏李登、吕静，始因文字，類其聲音；雖其書不傳，而宫、商、角、徵、羽之分配，實自二人始之。顔氏家訓言『韻集以成、仍、宏、登合成兩韻，爲、奇、益、石分作四章』，猶後人分部也。」劉盼遂曰：「案：據此知韻書分部，自吕静韻集已然。世謂隋代以前，惟分四聲，韻目之析，始于陸法言者，非也。今清宫出唐寫本王仁昫刊繆補缺切韻平聲一目録，冬下注云：『無上聲，陽與鍾、江同，吕、夏侯别，今依吕、夏侯。』脂下注云：『吕、夏侯與微韻大亂雜，陽、李、杜别，今依陽、李。』真下注云：『吕與文同，夏侯、陽、杜别，今依夏侯、陽、杜。』臻下注云：『無上聲，吕、陽、杜與真同，夏别，今依夏。』按：所云夏侯者夏侯詠，陽者陽休之，杜者杜臺卿，吕即斥吕静韻集也；所云吕有别、吕有雜亂者，皆就韻集分部言也。此亦與黄門所云兩部四章，足互相證明者。又按：陸雲集與兄書云：『徹與察皆不與日韻，思維不能得，願賜此一字。』又云：『李氏云雪與列韻，曹（謂子建之子志也）便不復用，人亦復云，曹不可用者，音自難得正。』又云：『音楚，願兄便定之。兄音與獻、彦之屬，皆願仲宣須賦獻與服索。張公語雲云：「兄文故自楚，須作文爲思，昔所識文，乃視兄作誄，又令結使説音耳。」』案：據上三事，決晉前無分韻之書，而爾時之士，則競講韻部，故呂氏分韻之書遂應運而生也。」周祖謨曰：「案：爲、奇、益、石分作四章者，蓋韻集爲、奇不同一韻，益、石不同一韻也。王仁昫切韻所注呂氏分韻之部類，與切韻不合者甚多。如脂與微相亂，真、臻、文，董、腫，語、麌，吻、隱，旱、潸，巧、皓，敢、檻，養、蕩，耿、静、迥，箇、禡，宥、候，艷、梵，質、櫛，錫、昔、麥，葉、怗、洽，藥、鐸，諸韻無分，是也。」

〔一三〕隋書潘徽傳：「撰集字書，名爲韻纂，徽爲序曰：『……又有李登聲類，呂静韻集，始判清濁，纔分宮羽；而全無引據，過傷淺局，詩賦所須，卒難爲用。』」封氏聞見記一：「魏李登撰聲類十卷，凡一萬一千五百二十字，以五聲命字。」盧文弨曰：「案：廣韻：系，古詣切，羿，五計切，同在十二霽，而音微有别。」錢馥曰：「廣韻：系，胡計切，喉音，匣母；若古詣切，則牙音，見母，乃係字之音也。羿，五計切，牙音，疑母。」周祖謨曰：「李登以系音羿，牙喉音相溷矣。」

〔一四〕錢大昕曰：「乘，食陵切，音同繩；承，署陵切，音同丞：此牀、禪之别。今江浙人讀承如乘。」段玉裁曰：「廣韻：乘，食陵切，音同繩；承，署陵切，音同丞。今江浙人語多與劉昌宗音合。」錢馥曰：「劉讀乘爲丞，今人讀承爲乘，互有不是；乘，牀母，承，禪母。」俞樾曰：「文子上德篇：『月望日奪光，陰不可以承陽。』愚案：陰之承陽，乃是正理，何言不可乎？『承』當爲『乘』，顏氏家訓音辭篇引劉昌宗周官音讀乘若承，是承乘音同也。淮南子說山篇正作

『乘』。」吴承仕經籍舊音辨證二：「案：周禮釋文引昌宗音，唯此乘石一事，音常烝反，其車乘字並音繩證反。校以廣韻聲類，承、常屬禪，乘、繩屬神（唐寫本切韻同），當之推時，其類別蓋與切韻同，而昌宗則以常、繩同用，故特斥之，意謂乘合音食陵反，而昌宗誤音爲承（廣韻：承，署陵切，與常烝反同音），羿合音五計反，而李登誤音爲系，此亦古今音變之一例。（劉昌宗下距顔之推卒時約二百四五十年。）」周祖謨曰：「案：經典釋文叙録，劉昌宗周官音一卷。周禮夏官：『王行乘石。』釋文云：『劉音常烝反。』常烝即承字音。乘爲牀母三等，承爲禪母。顔氏以爲二者有分，不宜混同，故論其非。考牀、禪不分，實爲古音。如詩抑：『子孫繩繩。』韓詩外傳作『子孫承承』，繩，牀母，承，禪母也。詩下武：『繩其祖武。』後漢書祭祀志劉昭注引謝承書東平王蒼上言作『慎其祖武』，繩，牀母，慎，禪母也。又釋名釋飲食：『食，殖也，所以自生殖也。』以殖訓食，食，牀母，殖，禪母也。此類皆是。下至晉、宋，以迄梁、陳，吴語牀、禪亦讀同一類。如嗜，廣韻常例切，玉篇音食利切是也。」王叔岷曰：「案莊子逍遥遊篇：『乘雲氣。』文選謝靈運七月七日夜詠牛女詩注引『乘』作『承』，讓王篇：『乘以玉輿。』日本舊鈔卷子本『乘』作『承』，（書鈔一五八、御覽五四引並同。）並乘、承同音通用之例。」

〔一五〕後漢書律曆志：「舊文錯異，不可考校。」韋昭國語序：「及劉光禄於漢成世，始更考校，是正疑謬。」考校，謂考訂校正也。

〔一六〕續家訓「又」作「文」。錢大昕曰：「顏氏以前世反語爲不切，由於未審古音。」

〔一七〕趙曦明曰：「隋書經籍志：『毛詩音二卷，春秋左傳音三卷，並徐邈撰。』」錢大昕曰：「廣韻：『驟，鋤祐切。』在宥韻，依徐音，當入候韻。」

〔一八〕續家訓「切」作「反」。錢大昕曰：「廣韻：『椽，直攣切。』古音直如特，與徒緣無二音也。今分澄、定兩母。」段玉裁曰：「驟字今廣韻在四十九宥，鋤祐切。依仙民在遘反，則當入五十候，與陸、顏不合。廣韻：『椽，直攣切。』仙民音亦與陸、顏不合。然仙民所音，皆與古音合契，而釋文亦俱不取之，驟但載助救、仕救二反，皆非知仙民者也。」吴承仕經籍舊音辨證二：「案：廣韻：『驟，鋤祐切；椽，直攣切。』直屬澄，徒屬定，鋤屬牀，在屬從，古聲類同。之推以徐邈之反語爲不切者，疑其時聲紐定、澄、牀、從，皆已别異，故謂爲譌僻，不可依信也。又案：今本釋文，與顏引亦不相應，蓋徐邈毛詩、左傳音，隋、唐之際卷帙尚完，故其所稱引，或非今本釋文所能具也。」周祖謨曰：「徐仙民反驟爲在遘，驟爲宥韻字，遘爲候韻字，以遘切驟，韻之洪細有殊，故顏氏深斥其非。而在遘與鋤祐聲亦不同，鋤，牀母，在，從母，牀、從不同類。疑今本『在』爲『仕』字之誤，仕、在形近而訛。鋤、仕皆牀母字也。詩四牡：『載驟駸駸。』釋文：『驟，助救反，又仕救反。』玉篇驟亦音仕救切，足證在爲訛字。此云毛詩音反驟爲仕遘，左傳音切椽爲徒緣，上論韻，下論聲，若作在遘，則聲韻均有不合，於辭例不順，故知在必有誤。椽，徐反爲徒緣者，考左傳桓公十四年：『以大宫之椽，歸爲盧門之椽。』

釋文：『椽，音直專反。』直專與徒緣本爲一音，但直專爲音和切，徒緣爲類隔切，顏氏病其疏緩，故曰不可依信。」

〔一九〕錢大昕曰：「讀此知古音失傳，壞於齊、梁，顏氏習聞周、沈緒言，故多是古非今。」

〔二〇〕此句，原誤作「通俗文曰入室日（句）搜」，今從盧氏重校正改。按：續家訓正作「入室求曰搜」。段玉裁説文解字注七篇下寀篆：「寀，入家挖也。挖，求也。顏氏家訓曰：『通俗文云：入室求曰搜。』按當作『入室求曰寀』，今俗語云搜寀是也。寀，經典多假索爲之，如探嘖索隱是。」

〔二一〕續家訓「侯」作「舊」。

〔二二〕郝懿行曰：「案：兄音所榮反，它無所見，唯釋名云：『兄，公，俗間又曰兄忪。』與此相近；其忪即所榮聲之轉，或音隨俗變也。」

〔二三〕段玉裁曰：「搜，所鳩反；兄，許榮反。服虔以兄切搜，則兄當爲所榮反，而不諧協。顏時，北俗兄字所榮反，南俗呼許榮反，顏謂兄侯，所榮二反，雖傳聞自古語，而不可用也。又搜反兄侯，則在侯韻，合今人語，而法言改入尤韻，當時韻與服異也。入室求日與法言合，黄門摭之，蓋與下句連文並引。」（段説從錢馥引。）錢馥曰：「案：『日』當作『曰』，不宜句；通俗文言入室尋求謂之搜，反搜爲兄侯也。楊子方言：『搜，略也，求也，就室曰搜，於道曰略。』許氏説文解字：『寀，入家搜也。』入室求與入家搜同意。又案：當音語氣，顏氏蓋謂搜所鳩反，兄許榮反，通俗文以兄切搜，則兄當音所榮反矣；而兄固許榮反也，則兄侯之反爲不正矣。今北俗通行此兄侯反之音，雖是古反語，亦不可用也。若顏時北俗兄字所榮反，則兄字譌而搜字不譌也。顏氏自訂兄字可矣，何必引通俗文乎？段注不得顏意。」周祖謨曰：「『此音』，當指兄侯反而言，顏云兄當音所榮反者，假設之辭。其意謂搜以作所鳩反爲是，若作兄侯，則兄當反爲所榮矣，豈不乖謬？服音雖古，亦不可承用，故曰今北俗通行此音，亦古語之不可用者。段氏不得其解。」

〔二四〕趙曦明曰：「左定五年傳：『季平子卒，陽虎欲以璵璠斂。』注：『璵璠，美玉，君所佩。』」器案：説文玉部：「璵璠，魯之寶玉。」

〔二五〕趙曦明曰：「釋文同。」

〔二六〕錢大昕曰：「煩，附袁切，藩，甫垣切，此奉、非異母。」

〔二七〕説文繫傳十二郯下引此句作「郯本音奇，後人始音抵也」，文有譌誤。錢大昕曰：「古書支與氏通，江南音不誤。廣韻祇、岐同紐，正用江南音，是法言亦不盡用顏説。」盧文弨曰：「廣韻：『璠，附袁切；藩，甫煩切；奇，渠羈切；祇，巨支切。』岐與同紐，亦巨支切。俗間俱讀岐爲奇，與顏氏合。」周祖謨曰：「切韻：『煩，附袁反；藩，甫煩反。』二字同在元韻，而煩爲奉母，藩爲非母，清濁有異。切韻璠作附袁反，與顏説正合。惟左傳定公五年：『季平子卒，陽虎欲以璵璠斂。』釋文：『璠音煩，又方煩反。』空海篆隸萬象名義本顧野王玉篇而作，璠音甫園反。方煩、甫園，即爲藩音。是江南有此一讀。切韻：『奇，渠羈反；祇，巨支反。』二字同在支韻，皆羣母字，而等第有差。奇三等，祇四等。切韻岐山之岐，音巨支、渠羈二反（見王抄切韻第二種，故宮本王仁昫切韻同），易升卦象曰：『王用享于岐山。』釋文云：『岐，其宜反，或祁支反。』亦有二音。祁支即巨支，其宜即渠羈也。顏云：『河北、江南所讀不同。』亦言其大略耳。考原本玉篇岐即作渠宜反，是江南亦有讀奇者也。」

〔二八〕通鑑一四二胡注：「案，文案也，藏之以案據。」

〔二九〕續家訓「之」作「知」。

北人之音，多以舉、莒爲矩，唯李季節云：「齊桓公與管仲於臺上謀伐莒，東郭牙望見桓公〔一〕口開而不閉〔二〕，故知所言者莒也〔三〕。然則莒、矩必不同呼〔四〕。」此爲知音矣。

〔一〕「見」字原脱，今據宋本補。

〔二〕盧文弨曰：「管子小問篇作『開而不闔』，説苑作『吁而不吟』。」

〔三〕趙曦明曰：「呂氏春秋重言篇：『齊桓公與管仲謀伐莒，謀未發而聞於國，桓公怪之。管仲曰：「國必有聖人也。」桓公曰：「嘻！日之役者，有執柘杵而上視者，意者其是耶？」乃令復役，無得相代。少頃，東郭牙至。管子曰：「此必是已。」乃令賓者延之而上，分級而立。

管子曰：「子邪？言伐莒者！」對曰：「然。」管子曰：「我不言伐莒，子何故言伐莒？」對曰：「臣聞君子善謀，小人善意。臣竊意之也。」管仲曰：「子何以意之？」對曰：「臣聞君子有三色：顯然喜樂者，鍾鼓之色也；湫然清淨者，衰絰之色也；艴然充盈，手足矜者，兵革之色也。日者，臣望君之在臺上也，君呿而不唫，所言者莒也；君舉臂而指，所當者莒也。臣竊以慮諸侯之不服者，其惟莒乎！臣故言之。」」『柘杵』本作『蹠𤸷』，訛，從説苑權謀篇改。」盧文弨曰：「注『吕氏有執柘杵而上視者』，管子作『執席食以視上者』。」器案：顏氏此文，係據管子小問篇，亦見韓詩外傳四、論衡知實篇、金樓子志怪篇。段玉裁説文解字注一篇下莒篆：「然則莒、矩必不同呼，此爲知音矣。按廣韻莒矩雖分語、麌，然雙聲同呼，顏氏云『北人讀舉莒同矩』者，唐韻矩其吕切，北人讀舉莒同之矣。李季節音譜讀舉莒居許切，則與矩之其吕不同呼，合於管子所云『口開而不閉』，廣韻『矩，俱雨切』，非唐韻之舊矣。又按：孟子『以遏徂莒』，毛詩作『徂旅』，知莒從吕聲，本讀如吕，是所以口開而不閉，不第如李季節所云也。」

〔四〕盧文弨曰：「廣韻舉、莒俱居許切，在八語，矩，俱雨切，在九麌，故云不同呼。」段玉裁曰：「説文巨、榘同字，即今矩字也，其吕切；舉、莒皆居許切，此本孫愐唐韻，唐韻距陸法言、顏黄門輩尚未遠也。廣韻亦引説文榘，其吕切，莒、榘同在八語而不同呼，莒第一聲開口，榘第三聲閉口也；若如廣韻矩讀俱雨切，則雖與莒分别八語、九麌，而實同呼矣。此廣韻與唐韻出入不同之一條，黃門所云『北人多以舉、莒爲矩』者，北人三字皆其呂切也。李季節音譜出，而後知舉、莒讀居許切，合於管子所云口開而不閉。又案：毛詩『以按徂旅』，孟子作『以遏徂莒』，然則古人莒、旅同音。莒從呂聲，本讀如呂，管子所云『口開而不闔』，彼時正讀呂音耳。」說文艸部莒下段玉裁注：「顏氏家訓云：『北人之音，多以舉莒爲矩，惟李季節云：齊桓公與管仲於臺上謀伐莒，東郭牙望桓公口開而不閉，故知所言者莒也。然則莒、矩必不同呼。此爲知音矣。』按：廣韻莒、矩雖分語、麌，然雙聲同呼。顏氏云『北人讀舉、莒同矩』者，唐韻：『矩，其呂切。』北人讀舉、莒同之矣。李季節音譜讀舉、莒『居許切』，則與矩之『其呂』不同呼，合於管子所云『口開而不閉』，廣韻『矩，俱雨切』，非唐韵之舊矣。又案：孟子『以遏徂莒』，毛詩作『徂旅』，知莒從呂聲，本讀如呂，是所口開而不閉，不第如李季節所云也。」錢馥曰：「巨，說文以爲規矩字，經典以爲鉅細字，唐韻其呂切，乃爲巨（鉅）字作音耳，說文加音切者，于巨（矩）字之下引之誤也。（說文金部：「鉅，其呂切。」五經文字艸部：「萬與矩同。」見考工記經典釋文。萬，姜禹反，矩，俱宇反，姜禹、俱宇、俱雨，一也。）且矩即讀其呂切，牙音第三羣母，與莒之居許切，牙音第一見母，同爲攝口呼，不無清濁之分，非有開口、閉口之別也。所云莒、矩不同呼者，自當讀矩爲俱雨切，與莒分八語、九麌之爲是也。北音則舉、莒，並讀俱雨切耳。莒從呂聲，不必即讀爲呂，如舉從與聲，夫豈當讀爲與字乎？呂，力舉切，亦撮口呼。說文工部巨重文無榘字。案：鬯部𩰪字說云：『从鬯矩聲。』則說文非無矩字也，正文偶缺耳。（吴氏新唐書糾謬鄭餘慶傳「損增儀矩」，謂矩當作榘，辛楣詹事校云：「廣韻、集韻皆云榘同矩，榘雖説文正字，然經典規矩字皆不從木，似不必改。」案：説固是矣，然吴氏有知，未必心服也，宜以此證之。）」牟庭相雪泥書屋雜志三：「道德經『下者舉之』，舉與抑爲韻，音紀。顔氏家訓云云，據顔黄門、李季節之説，矩音幾語反，微閉口言之，而舉、莒皆音居倚反，微開口言之也。今之人皆以舉、莒爲矩，無復知古讀之不同音矣。」周祖謨曰：「此引李季節之言，當見音韻決疑。舉、莒切韻音居許反，在語韻，矩音俱羽反，在麌韻。顔氏舉此以見魚、虞二韻，北人多不能分，與古不合。李氏舉桓公伐莒事，以證莒、矩音呼不同，其言是矣。蓋莒爲開口，矩爲合口。故東郭牙望桓公口開而不閉，知其所言者莒也。」器案：舉、莒、矩，古音呼俱同，率相通用，故春秋定公四年之柏舉，公羊作伯莒；水經江水三注之舉水，庾仲雍作莒水，京相璠作洰水；顔氏以舉、莒、矩並舉，此其徵也。

夫物體自有精麤，精麤謂之好惡〔一〕；人心有所去取，去取謂之好惡〔二〕。此音見於葛洪、徐邈〔三〕。而河北學士讀尚書云好生惡殺〔四〕。是爲一論物體，一就人情，殊不通矣〔五〕。

〔一〕續家訓不重「精麤」二字。盧文弨曰：「好、惡並如字讀。」

〔二〕續家訓不重「去取」二字。宋本原注：「上呼號、下烏故反。」器案：經典釋文叙録條例、史記正義論音例俱云：「夫質有精麤，謂之好惡；心有愛憎，稱爲好惡。」説與顏氏同，蓋俱本之葛洪、徐邈。

〔三〕周祖謨曰：「案：以四聲區別字義，始於漢末。好、惡之有二音，當非葛洪、徐邈所創，其説必有所本（詳見拙著四聲别義釋例）。葛有要用字苑一卷，見兩唐志。徐有毛詩、左傳音，見經典釋文叙録。」

〔四〕宋本原注：「好，呼號反。惡，於各反。」

〔五〕盧文弨曰：「顧氏炎武音論：『先儒兩聲各義之説不盡然。余考惡字，如楚辭離騷有曰：「理弱而媒拙兮，恐導言之不固。時溷濁而嫉賢兮，好蔽美而稱惡。閨中既已邃遠兮，哲王又不寤。懷朕情而不發兮，余焉能忍與終古。」又曰：「何所獨無芳艸兮，爾何懷乎故宇。時幽昧以昡曜兮，孰云察余之美惡。」漢趙幽王友歌：「我妃既妬兮，誣我以惡。讒女亂國兮，上曾不寤。」此皆美惡之惡而讀去聲。漢劉歆遂初賦：「何叔子之好直兮，爲羣邪之所惡；賴祁子之一言兮，幾不免乎徂落。」魏丁儀厲志賦：「嗟世俗之參差兮，將未審乎好惡；咸隨情而與議兮，固真僞以紛錯。」此皆愛惡之惡而讀入聲。乃知去入之别，不過發言輕重之間，而非有此疆爾界之分也。』案：顧氏此言極是，但不可施於今耳。」錢大昕曰：「予謂顧氏之説辨矣。讀顏氏家訓乃知好、惡兩讀，出於葛洪字苑，漢、魏以前，本無此分别也。陸氏經典釋文於孝經『愛親者不敢惡于人』、『行滿天下無怨惡』並云：『惡，烏路反，舊如字。』『示之以好惡而民知禁』云：『好，如字，又呼報反；惡，如字，又烏路反。』元朗本篤信字苑者，而於此處兼存兩讀，可見人之好惡，物之好惡，義本相因，分之無可分也。」郝懿行曰：「案：好惡古音多不分別。臧玉林經義雜記第十五云：『案：孝經天子章：「愛親者不敢惡於人。」卿大夫章：「行滿天下無怨惡。」釋文並云：「惡，烏路反，舊如字。」又三才章：「示之以好惡而民知禁。」釋文：「好，如字，又呼報反；惡，如字，又烏路反。」則好、惡二字，雖各具兩義，古人實通之矣。「讀尚書云好生惡殺」句，原注「好，呼號反」，當依唐韻作呼皓切，此蓋誤。』」

甫者，男子之美稱，古書多假借爲父字；北人遂無一人呼爲甫者，亦所未喻〔一〕。唯管仲、范增之號，須依字讀耳〔二〕。

〔一〕王國維觀堂集林卷三女字説曰：「經典男子之字，多作某父，彝器則皆作父，無作甫者，知父爲本字也。男子字曰某父，女子字曰某母，蓋男之美稱莫過于父，女子之美稱莫過于母，男女既冠笄，有爲父母之道，故以某父某母字之也。漢人以某甫之甫爲且字，顔氏家訓並譏北人讀某父之父與父母之父無别，胥失之矣。」王叔岷曰：「案莊子讓王篇：『大王亶父居邠。』詩大雅緜正義引『父』作『甫』，尚書大傳略説、家語好生篇並同，亦父、甫通用之例。」

〔二〕宋本原注：「管仲號仲父，范增號亞父。」盧文弨曰：「案：太公望號師尚父，乃師之尚之父之，亦當依字讀。」郝懿行曰：「臧玉林又云：『説文父作父，从又舉杖；甫作甫，从用父，父亦聲。是父甫本同聲，故經傳多假父爲甫。士冠禮曰：「伯某父。」注：「甫是丈夫之美稱，孔子爲尼甫，周大夫有嘉父（案：即詩家父），宋大夫有孔甫，是其類。字或作父。」又「章甫」注：「甫或爲父。」詩大明：「維時尚父。」傳：「尚父，可尚可父。」箋云：「尚父，吕望也，尊稱焉。」正義云：「父亦男子之美號。」釋名釋親：「父，甫也，始生己也。」則父、甫非特字通，義亦本通，是皆不必強爲區別矣。』懿行按：據詩正義，以尚父之父亦男子之美稱，此説是也。」周祖謨曰：「甫、父二字不同音，切韻：『甫，方主反；父，扶雨反。』皆麌韻字，而甫非母，父奉母。北人不知父爲甫之假借，輒依字而讀，故顏氏譏之。」

案：諸字書，焉者鳥名〔一〕，或云語詞，皆音於愆反〔二〕。自葛洪要用字苑分焉字音訓：若訓何訓安，當音於愆反，「於焉逍遥」、「於焉嘉客」〔三〕、「焉用佞」、「焉得仁」〔四〕之類是也；若送句〔五〕及助詞，當音矣愆反，「故稱龍焉」、「故稱血焉」〔六〕、「有民人焉」、「有社稷焉」〔七〕、「託始焉爾」〔八〕、「晉、鄭焉依」〔九〕之類是也。江南至今行此分別，昭然易曉；而河北混同一音，雖依古讀，不可行於今也〔一〇〕。

〔一〕「者」字原誤作「字」，宋本以下諸本及續家訓都作「者」，今據改正。野客叢書八亦誤作「字」。

〔二〕「詞」原作「辭」，宋本以下諸本及續家訓、野客叢書都作「詞」，今據改正。「音於愆反」，野客叢書作「音嫣」，下同，當出王楙所改。

〔三〕趙曦明曰：「見詩小雅白駒篇。」

〔四〕趙曦明曰：「見論語公冶長篇。」

〔五〕器案：古言文章，有發送之説，發句安頭，送句施尾。文心雕龍頌讚篇：「昭灼以送文。」又章句篇：「乎哉矣也，亦送末之常例。」日本藤原宗國作文大體：「送句，施尾。者也，而已，者歟，如是，云爾，如爾，如此，如件，以何，畢之，者乎，如斯，焉，矣，耳，乎，哉，也，此等類皆名送句。」野客叢書「助詞」作「助語」，「音矣愆反」作「音延」，亦出王楙所改。

〔六〕趙曦明曰：「見易坤文言。」

〔七〕趙曦明曰：「見論語先進篇。」

〔八〕趙曦明曰：「隱二年公羊傳文。」

〔九〕趙曦明曰：「隱六年左傳文。」

〔一〇〕周祖謨曰：「案：焉音於愆反，用爲副詞，即安、惡一聲之轉。安（烏寒切）惡（哀都切）皆影母字也。焉音矣愆反，用爲助詞，即矣、也一聲之轉。矣（于紀切）也（羊者切）皆喻母字也。焉（於愆反）焉（矣愆反）之分，陸氏經典釋文區別甚嚴。凡訓何者，並音於虔反，語已辭，則云如字。如左傳隱公六年：『我周之東遷，晉、鄭焉依。』釋文：『焉如字，或於虔反，非。』（案：晉、鄭焉依，即晉、鄭是依之意。）又論語：『子曰：「十室之邑，必有忠信如丘者焉，不如丘之好學也。」』釋文：『焉如字，衞瓘於虔反，爲下句首。』（案：晉衞瓘注本，焉字屬下句。）是也。惟公羊桓公二年：『殤公知孔父死，己必死，趨而救之，皆死焉。』釋文焉音於虔反，殆誤。」器案：野客叢書八：「左傳：『晉、鄭焉依。』今讀爲延字，非嫣字也。然觀庾信有『晉、鄭靡依』之語，是讀爲嫣字矣。考顔氏家訓云云，然則『晉、鄭焉依』者，謂晉、鄭相依也，焉者語助，而庾信謂靡依，則失其義。」今案：庾信謂靡依，即釋文所云「或於虔反」之音也。

邪者〔一〕，未定之詞〔二〕。左傳曰「不知天之棄魯邪？抑魯君有罪於鬼神邪〔三〕」，莊子云「天邪地邪〔四〕」，漢書云「是邪非邪〔五〕」之類是也。而北人即呼爲也〔六〕，亦爲誤矣〔七〕。難者曰：「繫辭云：『乾坤，易之門户邪〔八〕？』此又爲未定辭乎〔九〕？」答曰：「何爲不爾！上先標問，下方列德以折之耳〔一〇〕。」

〔一〕宋本原注：「音琊。」

〔二〕經典釋文序録：「如、而靡異，邪（不定之詞）、也（助句之詞）弗殊，如此之儔，恐非爲得，將來君子，幸留心焉。」

〔三〕趙曦明曰：「見左昭廿六年傳，第二句不作邪，本文『是故及此也』，也亦可通邪，説在下。」

〔四〕盧文弨曰：「案：當作『父邪母邪』，見大宗師篇。」王叔岷曰：「案此疑是莊子佚文，不必改從大宗師篇。」

〔五〕趙曦明曰：「武帝李夫人歌，見外戚傳。」

〔六〕羅本、傅本、顔本、程本、胡本、何本、朱本「也」下有「字」字。郝懿行曰：「案：呼邪爲也，今北人俗讀猶爾。」

〔七〕盧文弨曰：「案：也字可通邪，如論語：『子張問十世可知也？』荀子正名篇：『其求物也？養生也？粥壽也？』皆作邪字用。當由互讀，故得相通。」周祖謨曰：「案：盧説是也。邪、也古多通用。惟後世音韻有異，切韻邪以遮反，在麻韻，也以者反，在馬韻，邪平聲，也爲上聲。」

〔八〕趙曦明曰：「本文乃『乾坤其易之門邪』。」器案：釋文：「『其易之門邪』，本又作『門户邪』。」

〔九〕羅本、傅本、程本、胡本此句作「此又未爲定辭乎」，何本作「此又未爲定詞乎」。

〔一〇〕「方」原誤作「乃」，各本俱作「方」，今據改正。「列」，程本作「刻」，劉盼遂引吴承仕曰：「『列德』當作『効德』，校者意改爲『列』耳。」器案：吴説是，程本作「刻」，即「効」之訛體也。又案：劉淇助字辨略二：「案：凡邪、乎、與、哉，並有兩義：一疑而未定之辭，一詠歎之辭。如『乾坤其易之門邪』，是詠歎辭也。如管子『如此而近有德而遠有色，則四封之内視其君，其猶父母邪』，韓昌黎施先生墓銘『縣曰萬年，原曰神禾，高四尺者，先生墓邪』，並是詠歎之辭。呼邪爲也，固非；而單訓未定，其意亦狹。」

江南學士讀左傳，口相傳述〔一〕，自爲凡例〔二〕，軍自敗曰敗，打破人軍曰敗〔三〕。諸記傳未見補敗反，徐仙民讀左傳，唯一處有此音〔四〕，又不言自敗、敗人之別，此爲穿鑿耳〔五〕。

〔一〕續家訓「口相傳述」作「曰相傳迷亂」，疑有譌誤。

〔二〕杜預春秋序：「其發凡以言例，皆經國之常制，周公之垂法，史書之舊章，仲尼從而修之，以成一經之通體。」凡例一詞本此，至今相沿襲用也。

〔三〕宋本原注：「敗，補敗反。」

〔四〕續家訓「處」作「家」。

〔五〕臧琳經義雜記二六：「案：經典釋文條例云：『夫質有精麤，謂之好惡（並如字），心有愛憎，稱爲好惡（上呼報反，一烏路反），當體即云名譽（音預），論情則曰毁譽（音餘），及夫自敗（蒲邁反）、敗他（蒲敗反）之殊，自壞（呼怪反）、壞撤（音怪）之異，此等或近代始分，或古已爲別，相仍積習，有自來矣。余承師説，（案：唐書本傳云：『受學於周宏正。』）皆辯析之。』又郭忠恕佩觿上云：『國風（如字）之爲曰風（去聲），男女（如字）之爲女（尼據翻），于名譽（去聲）之爲毁譽（平聲。大象賦云：『有少微之養寂，無進賢之見譽，參器府之樂肆，犯貫索之刑書。』），自敗（如字）之爲敗（補邁翻。案：已上皆原注。），他其求意，有如此者。』則自敗、敗他之有別，與好惡、毁譽、名譽等例同耳。好惡、毁譽等既有兩讀，則敗字亦不當混一。公羊傳宣八年，伐字亦有長言短言之别，左傳哀元年『夫先自敗也已』，敗當蒲邁反，『安能敗我』，敗當蒲敗反。河北學士讀尚書『好生惡殺』皆如字，顔氏嘗以爲『不通人情物體』，何於此敗字又泥之甚耶？」盧文弨曰：「左氏哀元年傳：『夫先自敗也已，安能敗我？』案：釋文無音，知本不異讀也。」錢大昕曰：「廣韻十七夬部，敗有薄邁、補邁二切，以自破、破他爲别，此之推指爲穿鑿者。」劉盼遂曰：「案：敦煌唐寫本切韻去聲十七夬：『敗，薄邁反，自敗曰敗。』又：『敗字北邁反，破他曰敗。』是顔氏定切韻時，分自敗、敗他二音，依江南音讀，與家訓合。又案：王氏筠説文句讀辵部退字注云：『退，斁也，攴部敗，毁也，是知退、敗一字，此重文之在兩部者也。顔氏家訓「江南學士讀左傳自敗曰敗，打破人軍曰敗」。此人殆不知有退字，若知之，當如字林之分壞、斁爲二字矣。』」周祖謨曰：「案：自敗、敗人之音有不同，實起於漢、魏以後之經師，漢、魏以前，當無此分别。徐仙民左傳音亡佚已久，惟陸氏釋文存其梗概。釋文於自敗、敗他之分，辨析甚詳。叙録云：『夫質有精麤，謂之好惡（並如字），心有愛憎，稱爲好惡（上呼報反，下烏路反）；當體即云名譽（音預），論情則曰毁譽（音餘）；及夫自敗（蒲邁反）、敗他（補敗反，補原誤作蒲，今正）之殊，自壞（呼怪反）、壞撤（音怪）之異，此等或近代始分，或古已爲别，相仍積習，有自來矣。余承師説，皆辨析之』云云。考左傳隱公元年：『敗宋師于黄。』釋文云：『敗，必邁反，敗佗也，後放此。』斯即陸氏分别自敗、敗他之例。他如『敗國』、『必敗』、『敗類』、『所敗』、『侵敗』等敗字，皆音必邁反。必邁、補敗音同。

是必江南學士所口相傳述者也。爾後韻書乃兼作二音，唐韻夬部：『自破曰敗，薄邁反；破他曰敗，北邁反。』即承釋文而來。北邁與必邁、補敗同屬幫母，薄邁與蒲邁同屬並母，清濁有異。盧氏引左傳哀公元年『自敗敗我』釋文無音一例，以證本不異讀，非是。蓋此或釋文偶有遺漏，卷首固已發凡起例矣。」器案：尚書太甲中：「欲敗度，縱敗禮。」釋文：「敗，必邁反，徐甫邁反。」此處敗字二音，主次有別，所以明清濁有異，亦徐仙民音之可考見者。

古人云：「膏粱難整〔一〕。」以其爲驕奢自足，不能剋勵也〔二〕。吾見王侯外戚語多不正，亦由内染賤保傅、外無良師友故耳〔三〕。梁世有一侯，嘗對元帝飲謔，自陳「癡鈍」，乃成「颸段」，元帝答之云：「颸異涼風〔四〕，段非干木〔五〕。」謂「郢州」爲「永州」。元帝啓報簡文，簡文云：『庚辰吴入，遂成司隸〔六〕。』如此之類，舉口皆然。元帝手教諸子侍讀，以此爲誡〔七〕。

〔一〕續家訓「整」作「正」，與國語合。盧文弨曰：「晉語七：悼公曰：『夫膏粱之性難正也，故使惇惠者教之，使文敏者道之，使果敢者諗之，使鎮靖者修之。』」器案：六朝以膏粱爲富貴之美稱。柳芳論氏族：「凡三世有三公者曰膏粱，有令、僕者曰華腴。」

〔二〕器案：文選陸士衡君子有所思行注及王子淵聖主得賢臣頌注引賈逵國語注曰：「膏，肉之肥者，梁，食之精者，言其食肥美者率驕放，其性難正也。」顔説本之。

〔三〕「良」各本作「賢」，抱經堂校定本從宋本作「良」，案：續家訓亦作「良」，今從之。又續家訓無「保」、「友」二字。

〔四〕趙曦明曰：「説文：『颸，涼風也。』」

〔五〕趙曦明曰：「段干木，魏文侯時人。廣韻引風俗通，以段爲氏。」器案：類説卷六廬陵官下記：「有武將見梁元帝，自陳『痴鈍』，乃訛爲『颸段』，帝笑曰：『颸非涼風，段非干木。』」即本此文。

〔六〕趙曦明曰：「春秋：『定四年冬十有一月庚午，蔡侯以吴子及楚人戰于柏舉，楚師敗績，楚囊瓦出奔鄭。庚辰，吴入郢。』」錢大昕曰：「案司州所領郡縣無永州之名，竊疑『永』爲『雍』之譌，郢、雍聲相近，猶鈍之與段耳。雍州正漢司隸州所部也。」龔道耕先生曰：「後漢鮑永爲司隸校尉，有名。六朝文詞，習用其事，故簡文云然。謂其以庚辰吴入之郢，誤呼爲鮑司隸之名耳，與地理無涉。」周祖謨曰：「案：梁侯自陳『癡鈍』而成『颸段』，上字聲誤，下字韻誤。蓋癡切韻丑之反，颸楚治反，二字同在之韻，而癡爲徹母，颸爲穿母二等，舌齒部位有殊。鈍王仁昫切韻徒困反，在慁韻，段徒玩反，在翰韻，同屬定母，而韻類有别。故元帝短之。至如謂『郢州』爲『永州』，則聲韻皆非矣。郢切韻以整反，在静韻，永榮眪反，在梗韻。梗、静韻有洪殺，以、榮聲有等差，豈可混同？其音不正，是不學之過也。簡文所云『庚辰吴入』云者，曾運乾喻母古讀考云：『後漢書：「鮑永字君長，建武十一年徵爲司隸校尉，永辟扶風鮑恢爲都從事，帝嘗曰：貴戚且宜斂手，以避二鮑。又永父宣，哀帝時爲司隸校尉，永子昱，中元時拜司隸校尉，帝嘗曰：吾固欲天下知忠臣之子復爲司隸也。」簡文答語，舉春秋吳入楚都爲郢之歇後語，舉後漢抗直不阿之司隸爲永之歇後語，齊、梁之際，多通聲韻，故剖判入微如此云。』」

〔七〕「誡」原作「戒」，宋本以下諸本及續家訓都作「誡」，今據改正。

河北切攻字爲古琮〔一〕，與工、公、功三字不同，殊爲僻也〔二〕。比世有人名暹〔三〕，自稱爲纖〔四〕；名琨，自稱爲衮；名洸，自稱爲汪；名㓜〔五〕，自稱爲獡〔六〕。非唯音韻舛錯〔七〕，亦使其兒孫避諱紛紜矣〔八〕。

〔一〕續家訓「切」作「反」。

〔二〕趙曦明曰：「廣韻攻與公、工、功皆同紐。」器案：尚書甘誓：「左不攻于左，汝不恭命；右不攻于右，汝不恭命。」墨子明鬼下引兩「攻」字都作「共」，與河北切音近。經典釋文叙録條例云：「又以登、升共爲一韻，攻、公分作兩音，如此之儔，恐非爲得。」陳直曰：「戰國時陶工人題名，皆作匋攻某，攻工同聲，本無疑義，故之推引爲笑柄。」

〔三〕顏本、程本、胡本、朱本「比」作「北」，未可從。北齊有崔暹，北齊書有傳，此或指其人。

〔四〕盧文弨曰：「廣韻暹與纖皆息廉切，不知顏讀何音。」

〔五〕「菂」，宋本原注：「音藥。」

〔六〕宋本原注：「獡音爍。」崇文本「爍」誤「焝」，陳漢章曰：「『焝』當是『爍』之譌，廣韻十八藥：『爍，書藥切。』同紐下有獡。」

〔七〕王叔岷曰：「案楚辭九歎惜賢：『情炏錯以曼憂。』」

〔八〕趙曦明曰：「蓋謂同音之字難避也。」周祖謨曰：「案：此雜論當時語音之不正。攻字切韻（王寫本第二種）有二音：一訓擊，在東韻，與工、公、功同紐，音古紅反；一訓伐，在冬韻，音古冬反。二者聲同韻異。此云河北切爲古琮，即與古冬一音相合。顏氏以爲攻當作古紅反，河北之音，恐未爲得。暹、纖切韻並音息廉反，在鹽韻，顏讀當與切韻相同，疑此『纖』字或爲『殲』、『瀸』等字之誤。殲、瀸切韻子廉反，亦鹽韻字，而聲有異。暹心母，殲精母也。琨切韻古渾反，在魂韻，袞古本反，在混韻，一爲平聲，一爲上聲，讀琨爲袞，則四聲有誤。洸切韻古皇反，汪烏光反，二字同在唐韻，而洸爲見母，汪爲影母。讀洸爲汪，牙喉音相亂。菂音藥，切韻以灼反，獡音爍，書灼反。菂爲喻母，獡爲審母。讀菂爲獡，亦炏錯之甚者。揆顏氏此論，無不與切韻相合。陸氏切韻序嘗稱『欲更捃選精切，除削疎緩，顏外史、蕭國子多所決定』。由此可知，切韻之分聲析韻，多本乎顏氏矣。」

雜藝第十九〔一〕

真草書迹〔二〕，微須留意。江南諺云：「尺牘書疏，千里面目也〔三〕。」承晉、宋餘俗，相與事之，故無頓狼狽者〔四〕。吾幼承門業〔五〕，加性愛重，所見法書〔六〕亦多，而翫習功夫頗至〔七〕，遂不能佳者，良由無分故也〔八〕。然而此藝不須過精。夫巧者勞而智者憂〔九〕，常爲人所役使，更覺爲累〔一〇〕；韋仲將遺戒〔一一〕，深有以也。

〔一〕黄叔琳曰：「此篇所述雖瑣細，然亦遊藝之所不廢。」

〔二〕盧文弨曰：「真書即隸書，今謂之楷書。晉書衛瓘傳：『子恒，善草隸書，爲四體書勢云：「隸書者，篆之捷也。上谷王次仲始作楷法。」又曰：「漢興而有草書，不知作者姓名。」』案：真草之語，見魏武選舉令及蔡琰别傳。」器案：褚先生補史記三王世家：「謹論次其真草詔書，編於左方。」則真草之語，西漢已有之矣。

〔三〕類説「尺」作「亦」，蓋「赤」字之誤，古尺、赤通用。翰苑新書六五引此作「書疏尺牘，千里眉目」，極是，牘、目協韻，諺語本色也。當據改正。劉盼遂曰：「按：諺語多屬韻語，此文當是『書疏尺牘，千里面目』，牘與目爲韻。」其説是也。永樂大典一九六三六引「面目」亦作「眉目」。盧文弨曰：「漢書游俠傳：『陳遵贍於文辭，善書，與人尺牘，主皆藏去以爲榮。』師古曰：『去亦藏也，音邱呂反，又音舉。』案：今人多作弆字。疏，所助切。」器案：晉書夏侯湛傳載所撰抵疑曰：「若乃羣公百辟，卿士常伯……坐而論道者，又充路盈寢，黄幄玉階之内，飽其尺牘矣。」則尺牘一詞，自漢晉以來，已爲人所習用矣。尋漢書韓信傳：「奉咫尺之書。」師古曰：「八寸曰咫。咫尺者，言其簡牘或長咫，或短尺，喻輕率也。」今俗言尺書，或言尺牘，蓋其遺語耳。」又案：後漢書蔡邕傳：「相見無期，唯是書疏，可以當面。」庾元威論書：「王延之有言：『勿欺數行尺牘，即表三種人身。』」唐書卷六十六房玄齡傳（高祖稱玄齡）足堪委任軍書表奏曰：「千里之外，猶對面語耳。」與江南諺意相會。

〔四〕盧文弨曰：「狼狽，獸名，皆不善於行者，故以喻人造次之中，書迹不能善也。」徐鯤曰：「段云：『狼狽即狼跋，李善西征賦注云：「文字集略曰：狼狽即狼跋也。」孔叢子曰：吾於狼狽，見聖人之志。」（器案：見李令伯陳情表注引。）孔叢子所云，謂狼跋之詩也。跋䟺古通用。（器案：爾雅釋文：「跋，郭音貝。」）䟺又譌狽。酉陽雜俎乃言狼狽，狽獸如蛩蛩之與蟨，迷誤日甚矣。』」

〔五〕器案：門業，謂家門素業。弘明集十一孔稚圭答竟陵王啓：「民積世門業，依奉李老，以沖静爲心，以素退成行。」南史賀琛傳：「梁武帝召見文德殿，與語，悦之，謂徐勉曰：『琛殊有門業。』」又文學傳論：「丘靈鞠等，或克荷門業，或風懷慕尚。」案：梁書顔協傳：「博涉羣書，工於草隸。」陳思書小史七：「顔協……爲湘東王記室。少博涉羣書，工草隸飛白。吴人范懷約能隸書，協學其書，殆過真也。荆楚碑碣，皆協所書。時有會稽謝善勛，能爲八體六文，方寸千言，京兆韋仲善飛白，並在湘東王府。善勛爲録事參軍，仲爲中兵參軍，府中以協優於韋仲，而減於善勛。」此之推所謂「吾幼承門業」也。

〔六〕器案：法書，謂書迹之可以爲楷法者。唐張彦遠有法書要録十卷。

〔七〕金壺記中引「頗至」作「益智」。器案：隸釋廣漢長王君治石路碑：「功夫九百餘日。」三國志魏書三少帝紀：「齊王芳青龍七月秋八月己酉詔曰：『……昨出已見治道得雨，當復更治，徒棄功夫。』」梁書馮道根傳：「每征伐終，不言功，其部曲或怨之，道根喻曰：『明主自鑒功夫多少，吾亦何事？』」則功夫爲漢、魏、六朝人習用語。

〔八〕盧文弨曰：「分謂天分，扶問切。」

〔九〕陳直曰：「按：莊子德充符云：『能者勞而智者憂，無能者無所求。』」器案：莊子列禦寇：「巧者勞而智者憂，无能者无所求。」顔氏用列禦寇篇文也。

〔一〇〕「更覺爲累」，紺珠集四引作「乃覺累身」。

〔一一〕朱本「戒」作「訓」。趙曦明曰：「世説巧藝篇：『韋仲將能書，魏明帝起殿，欲安榜，使仲將登梯題之。既下，頭鬢皓然，因敕兒孫勿復學書。』劉孝標注：『文章叙録：「韋誕，字仲將，京兆杜陵人。以光禄大夫卒。」衞恒四體書勢云：「誕善楷書，魏宫觀多誕所題。明帝立陵霄觀誤先釘榜，乃籠盛誕，轆轤長絙引上，使就題之。去地二十五丈，誕甚危懼。乃戒子孫，絶此楷法，箸之家令。」』」器案：世説新語方正篇注引宋明帝文章志曰：「太元中，新宮成，議者欲屈王獻之題榜，以爲萬代寶。謝安與王語次，因及魏時起陵雲閣，忘題榜，乃使韋仲將縣梯上題之，比下，鬚髮盡白，裁餘氣息，還語子弟云：『宜絶楷法。』安欲以此風動其意。王解其旨，正色曰：『此奇事！韋仲將魏朝大臣，寧可使其若此！有以知魏德之不長。』安知其心，迺不復逼之。」獻之以方正自處，故不爲人所役使，賢于之推習藝不須過精之説矣。陳直曰：「按：在魏志及世説新語巧藝篇、書品、齊民要術等書，皆云韋誕字仲將。西安前出後秦時追立東漢京兆尹司馬芳殘碑，獨書作韋誕字子茂，蓋其初字也。」

王逸少風流才士，蕭散〔一〕名人，舉世惟知其書〔二〕，翻以能自蔽也〔三〕。蕭子雲每歎曰：「吾著齊書〔四〕，勒成一典，文章弘義〔五〕，自謂可觀；唯以筆迹得名，亦異事也〔六〕。」王褒地胄〔七〕清華〔八〕，才學優敏，後雖入關，亦被禮遇。猶以書工〔九〕，崎嶇碑碣之間〔一〇〕，辛苦筆硯之役，嘗悔恨曰：「假使吾不知書，可不至今日邪〔一一〕？」以此觀之，慎勿以書自命〔一二〕。雖然，廝猥之人，以能書拔擢者多矣〔一三〕。故道不同不相爲謀也〔一四〕。

〔一〕文選謝玄暉始出尚書省詩：「乘此終蕭散。」李周翰注：「蕭散，逸志也。」又江文通雜體詩：

「蕭散得遺慮。」吕延濟注：「蕭散，空遠也。謂縱心空遠也。」晉書恭帝紀論：「迴首無良，忽焉蕭散。」蕭散，俱謂蕭閑散澹也。

〔二〕「惟」原作「但」，宋本以下諸本及續家訓都作「惟」，今據改正。

〔三〕此句，紺珠集四作「是以小技而掩其義」。趙曦明曰：「晉書王羲之傳：『羲之字逸少。幼訥於言，及長辯贍，以骨鯁稱。尤善隸書，爲古今之冠。論者稱其筆勢，以爲飄若浮雲，矯若驚龍。』案：逸少人品絶高，有遠識，此以風流蕭散目之，亦淺甚矣。」郝懿行曰：「晦菴朱子論王右軍，意亦如此。」

〔四〕少儀外傳下「著」作「編」。

〔五〕金壺記中「弘」作「内」。

〔六〕金壺記「亦」下有「爲」字。趙曦明曰：「梁書蕭子恪傳：『子恪第八弟子顯，著齊書六十卷。』又：『子雲字景喬，子恪第九弟也。善草隸，爲世楷法。自云善效鍾元常、王逸少，而微變字體。高祖論其書曰：「筆力勁駿，心手相應，巧踰杜度，美過崔寔，當與鍾元常並驅争先。」其見賞如此。著晉書一百十卷。』無著齊書事，此蓋誤記也。」

〔七〕盧思道勞生論：「地胄高華。」通鑑一一〇胡三省注：「地謂門地。」

〔八〕南史到撝傳：「晏先爲國常侍，轉員外散騎郎，此二職清華所不爲，故以此嘲之。」北史李彪傳：「以才拔等望清華。」清華，謂清流華胄。

〔九〕少儀外傳「書工」作「工書」。陳直曰：「本書慕賢篇云：『丁君十紙，不敵王褒數字。』現今傳世北周時碑刻無王褒書丹者。僅在萬歲通天帖中，鉤摹有褒筆迹，略見一般而已。」

〔一〇〕後漢書竇憲傳注：「方者謂之碑，圓者謂之碣。」

〔一一〕趙曦明曰：「周書王褒傳：『褒字子淵，琅邪臨沂人。自祖儉至父規，並有重名於江左。褒識量淵通，志懷沈静，博覽史傳，尤工屬文。梁國子祭酒蕭子雲，其姑夫也，特善草隸。褒遂相模範，而名亞子雲，並見重於世。江陵城陷，元帝出降。褒與王克等數十人俱至長安。太祖謂褒及克曰：「吾即王氏甥也。卿等並吾之舅氏，當以親戚爲情，勿以去鄉介意。」俱授車騎大將軍儀同三司，並荷恩眄。世宗篤好文學，褒與庾信才名最高，特加親待，乘輿行幸，褒常侍從。』」器案：北史儒林趙文深傳：「及平江陵之後，王褒入關，貴游等翕然並學褒書，文深之書，遂被遐棄。文深慚恨，形於言色。後知好尚難及，亦改習褒書；然竟無所成，轉被譏議，謂之學步邯鄲焉。」（又見御覽七四九引三國典略）此亦褒入周後以書見重於世之事。

〔一二〕朱軾曰：「字畫必楷正，非求工也，即此便是敬。顔公數百言，何曾道着！」

〔一三〕續家訓無「書」字。器案：北齊書張景仁傳：「張景仁者，濟北人也。幼孤，家貧，以學書爲業，遂工草隸，選補内書生，與魏郡姚元標、潁川韓毅、同郡袁買奴、滎陽李超等齊名。世宗並引爲賓客。……自蒼頡以來，以八體取進，一人而已。」之推所謂「廝猥之人，以能書拔擢者」，蓋即指張景仁之流也。

〔一四〕此用論語衛靈公篇文。郝懿行曰：「案：爲之猶賢乎已，且當作博弈觀。顏君此論，頗似未公否？」

梁氏祕閣散逸以來〔一〕，吾見二王真草多矣〔二〕，家中嘗得十卷，方知陶隱居〔三〕、阮交州〔四〕、蕭祭酒〔五〕諸書〔六〕，莫不得羲之之體〔七〕，故是書之淵源〔八〕。蕭晚節所變，乃是右軍〔九〕年少時法也。

〔一〕宋本「氏」作「武」，續家訓及諸本都作「氏」，今從之。何焯曰：「疑『氏』字是，或『代』字之譌。」案：祕閣，猶言内府。歷代名畫記一：「梁武帝尤加寶異，仍更搜葺。元帝雅有才藝，自善丹青，古之珍奇，充牣内府。侯景之亂，太子綱數夢秦皇更欲焚天下書，既而内府圖畫數百函果爲景所焚也。及景之平，所有畫皆載入江陵，爲西魏將于謹所陷，元帝將降，乃聚名畫法書及典籍二十四萬卷，遣後閣舍人高善寶焚之。帝欲投火俱焚，宮嬪牽衣得免。吳、越寶劍，並將斫柱令折，乃歎曰：『蕭世誠遂至于此！儒雅之道，今夜窮矣。』于謹等於煨燼之中，收其書畫四千餘軸歸于長安。故顏之推觀我生賦云：『人民百萬而囚虜，書史千兩而烟颺。』史籍已來，未之有也。普天之下，斯文盡喪。」顏氏所言梁氏祕閣散逸，當指此事。

〔二〕趙曦明曰：「二王，羲之、獻之也。本傳：『獻之，字子敬。七八歲時學書，羲之密從後掣其筆，不得，歎曰：「此兒後當復有大名。」嘗書壁爲方丈大字，羲之甚以爲能；觀者數百人。』」

〔三〕器案：法書要録二、道藏茅山志一載梁武帝、陶隱居書啓各數通，多爲論列右軍書者。隱居又號華陽真逸，所書瘞鶴銘，或以爲王羲之書，亦足爲陶書得羲之之體之證。説見王觀國學林七。陳直曰：「陶隱居書，今未見摹本。淳化閣帖五、袁昂書品云：『陶隱居書，如小兒形狀未長成，而骨體甚峭快。』焦山瘞鶴銘絶非隱居手筆。」

〔四〕嚴式誨曰：「案：張懷瓘書斷中：『梁阮研，字文幾，陳留人。官至交州刺史。善書，其行草出于大王，其隸則習於鍾公。行草入妙，隸書入能。』又説陶宏景云：『時稱與蕭子雲、阮研，各得右軍一體。』正本家訓。」器案：庾肩吾書品：「阮研，字文機。」茅山志卷二十：「交州刺史始興王司馬阮研。」陳思書小史七：「阮研，字文磯，陳留人。官至交州刺史。善書，其行草出於逸少，精熟尤甚。其勢若飛泉交注，奔競不息。張懷瓘云：『文磯與子雲齊名，時稱蕭、阮等各得右軍一體。』而此公筋力最優。比之於勇，則被堅執鋭，所向無前；論之於談，則緩頰朵頤，離堅合異。有李信、王離之攻取，無子貢、魯連之變通，可謂力過弘景，雄蓋子雲。其隸則習於鍾公，風致稍怯。庾肩吾云：『阮研居今觀古，盡窺衆妙之門，雖師王祖鍾，終成別構一法，亦有得矣。』書賦云：『文磯纖潤，穩正利草；輭媚横流，姿容娟好。若其抑阮褒殷，度幾同塵，似泉激溜于懸磴，木垂條於晚春。』」案：阮研之字，一作文幾，一作文磯，皆有義理，未能輒定。法書要録二引袁昂古今書評：「阮研書如貴冑，失品次叢悴，不復排突英賢。陶隱居書如吴興小兒，形容雖未成長，而骨體甚駿快。蕭子雲書如上林春花，遠近瞻望，無處不發。」又引庾元威論書：「余見學阮研書者，不得其骨力婉媚，唯學攣拳委盡。」案：淳化閣帖四有阮交州研書，題云：「阮研，梁陳留人，官至交州刺史。」東觀餘論卷上米元章跋祕閣法帖第四有阮研。陳直曰：「法書會要載陶隱居與梁武帝論書啟云：『近聞有一人學阮研書，遂不可復別。』庾肩吾書品阮研文機列在上之下。淳化閣帖四，摹有阮研書一道。又藝文類聚有阮研棹歌行一首，則阮研不獨能書，兼亦工詩也。」

〔五〕趙曦明曰：「謂子雲也。本傳：『大同二年，遷員外散騎常侍國子祭酒。』」

〔六〕抱經堂校定本脱「諸書」二字，宋本及諸本、續家訓、金壺記中都有此二字，今據補正。

〔七〕宋本「體」上有「逸」字，續家訓及各本都無。金壺記引此句作「莫不得逸少之體」，亦無「逸」字。嚴式誨曰：「案：法書要録三李嗣真書品後：『顏黄門有言：「阮交州、蕭國子、陶隱居各得右軍一體。」』書斷下同（見前）。則宋本『逸體』乃『一體』之譌，當據改補。」

〔八〕金壺記「源」下有「矣」字。

〔九〕趙曦明曰：「『羲之官右軍將軍。』」器案：據此則羲之法書，有「年少時法」與「真草」之分。御覽六六六引太平經：「郗愔字方回，高平金鄉人。爲晉鎮軍將軍。心尚道法，密自遵行。善隸書，與右軍相埒。手自起寫道經，將盈百卷，于今多有在者。」（今所見正統道藏太平經無文，「入」上太平經卷之一百十四，某訣第一百九十二云：「前文原缺。」卷之一百十六云：「原缺一百一十五。」又某訣第二百四云：「前文原缺。」則今本缺文多矣。）則所謂「右軍年少時法」者，蓋亦取會時俗之隸書也。其後變爲「真草」，即之推所謂「楷正可觀，不無俗字」，亦即韓愈石鼓歌所謂「羲之俗書趁姿媚」者，即今所見蘭亭序之等是也。王維故人張諲工詩善易卜兼能丹青草書隸頃以詩見贈聊獲酬之詩：「團扇草書輕内史。」亦謂羲之工草書也。

晉、宋以來，多能書者。故其時俗，遞相染尚，所有部帙，楷正可觀，不無俗字，非爲大損〔一〕。至梁天監之間，斯風未變；大同之末，訛替滋生。蕭子雲改易字體，邵陵王頗行僞字〔二〕；朝野翕然，以爲楷式，畫虎不成〔三〕，多所傷敗。至爲「一」字，唯見數點〔四〕，或妄斟酌，逐便轉移〔五〕。爾後墳籍，略不可看。北朝喪亂之餘，書迹鄙陋，加以專輒〔七〕造字，猥拙甚於江南。乃以百念爲憂〔八〕，言反爲變，不用爲罷〔九〕，追來爲歸〔一〇〕，更生爲蘇〔一一〕，先人爲老〔一二〕，如此非一，徧滿經傳〔一三〕。唯有姚元標工於楷隸〔一四〕，留心小學，後生師之者衆。洎於齊末，祕書繕寫，賢於往日多矣。

〔一〕示兒編二二引「爲」作「其」。陳直曰：「按：梁陵各神道闕及始興王蕭憺碑、安成王蕭秀碑（憺碑爲貝義淵書），兩碑皆無俗字，與之推所言正合。」

〔二〕宋本原注：「一本注：『前上爲草，能傍作長之類是也。』」案：續家訓、羅本、傅本、顔本、程本、胡本、何本、朱本及類説引此十二字注，都作正文，少儀外傳上及示兒編仍作注文，今從宋本。又少儀外傳引「僞」作「譌」，注「草」作「廾」、「長」作「长」，示兒編「草」作「艸」、「長」作「长」。案：龍龕手鑑一刀部：「𠝣，音前。」「山」當是「中」字形近之誤。陳直曰：「十二字確是正文，宋本不可信，趙注刪去非也。北齊馬天祥造像『孰能詳之』，書能作『䏻』，正之推所謂『能傍作長』也。」

〔三〕趙曦明曰：「畫虎不成，馬援語，已見。」

〔四〕陳直曰：「按：『至爲「一」字，唯見數點』者，以『休』爲例，晉人草書，休字下多加一字作『休』。北魏賈思伯碑及司馬昞墓志亦皆作『休』，至元詮墓志『詮字休賢』，便變『休』作『烋』矣。（以上僅舉一例。）又李璧墓志御史中丞作『中烝』，亦變一字爲數點之例。」

〔五〕羅本、傅本、顏本、程本、胡本、何本、朱本「逐」作「遂」；宋本、續家訓及類説作「逐」，今從之。

〔六〕類説「鄙」作「猥」，涉下文而誤。

〔七〕晉書劉弘傳：「敢引覆餗之刑，甘受專輒之罪。」又王濬傳：「案春秋之義，大夫出疆，猶有專輒。」段玉裁説文解字注十四篇上輒篆：「車兩輢也。凡專輒用此字者，此引申之義。凡人有所倚恃而妄爲之，如人在輿之倚於輢也。」桂馥札樸卷三亦有説。

〔八〕龍龕手鑑心部：「𢝊，古文，於求反，志也，亦𢝊愁也，今作憂，同。」器案：穆子容太公碑：「器業𢝊洽。」優字从𢝊。

〔九〕器案：龍龕手鑑三不部：「甭，音弃。」音與此別。陳直曰：「『言反爲變，不用爲罷』，不見於北朝各石刻。」

〔一〇〕龍龕手鑑一來部：「⿰來帚，音歸。」

〔一一〕趙曦明曰：「此字今猶然。」郝懿行曰：「案：更生爲蘇，流俗至今，傳以爲然。」案：龍龕手鑑三更部：「甦，音蘇。」

〔一二〕徐鯤曰：「顧炎武金石文字記云：『追來爲⿰來帚，見穆子容太公碑，作⿰來帚；先人爲老，見張猛龍碑，作⿺乚先；更生爲蘇，今人猶用之。』」李詳曰：「案：張猛龍碑、北齊姜纂造像記並有⿺乚先字，謂張老及老君也。其餘諸造像記，亦屢見之。」俞樾湖樓筆談卷五引説文序、經典釋文序、史記正義序及此證隸書詭異。

〔一三〕魏書江式傳：「延昌三年上表，求撰集古今文字，有云：『皇魏承百王之季，紹五運之緒，世易風移，文字改變，篆形謬錯，隸體失真，俗學鄙習，復加虚巧；談辯之士，又以意説炫惑於時，難以釐改。故傳曰：「以衆非非行正。」信哉，得之於斯情矣！乃曰：追來爲歸，巧言爲辯，（案：龍龕手鑑一言部：「⿱切言，古文辯字。」「切」當作「巧」。）小兒爲⿰𤔔兒，（案：龍龕手鑑一兒部：「⿰嬰兒，於盈切，⿰嬰兒兒。」此文「⿰𤔔兒」當爲「⿰嬰兒」之誤。）神蟲爲蠶，（案：龍龕手鑑二虫部：「⿱神虫，古，昨含反，吐絲虫也。」）如斯甚衆，皆不合孔氏古書、史籀大篆、許氏説文、石經三字也。』」職官分紀十五引韋述集賢注記載開元十九年集賢院四庫書中古代書云：「齊、周書紙墨亦劣，或用後魏時字，自反爲歸，（案：龍龕手鑑三自部：「皈，音歸。」）文子爲字，欠畫加點，應三反四，又無當時名輩書記。」蘇氏演義上：「只如田夫民爲農，（案：龍龕手鑑一田部有畓字，音同。）百念爲憂，更生爲蘇，兩隻爲雙，神蟲爲蠶，明王爲聖，（案：龍龕手鑑三玉部：「⿱目王，古文，音聖。」即此字。）不見爲覔，（龍龕手鑑三見部作覔。）美色爲豔，口王爲國，（案：龍龕手鑑一口部：「国，俗，邦國也。正作國。」）文字爲學。如此之字，皆後魏流俗所撰，學者之所不用。」顧炎武金石文字記亦就後魏孝文帝弔比干墓文記其別構字。諸所言北朝俗字，可以互參，近人乃有碑別字、碑別字補之作，可備觀焉。又案：魏書世祖紀：「始光二年，初造新字千餘，頒下遠近，永爲楷式。」則顔氏所斥爲「專輒造字」者，特其一隅耳。

〔一四〕「標」，宋本、續家訓作「摽」，未可從。「楷」，宋本作「草」，續家訓及諸明本都作「楷」，今從之。盧文弨曰：「案：此言繕寫墳籍，方以楷正爲善，斷無兼取於草，草固有逐便轉移者，已見排斥於上矣，今改從楷字。」徐鯤曰：「北史崔浩傳：『左光祿大夫姚元標以工書知名於時。』」器案：魏書崔玄伯傳附崔恬傳：「左光祿大夫姚元標以工書知名於時，見潛（玄伯父）書，謂爲過於己也。」陳直曰：「北齊書張景仁傳亦云：『魏郡姚元標。』皆與本文相合。」北齊西門豹祠堂碑即姚元標所書。

江南閭里間有畫書賦，乃陶隱居弟子杜道士所爲〔一〕；其人未甚識字，輕爲軌則〔二〕，託名貴師，世俗傳信，後生頗爲所誤也〔三〕。

〔一〕續家訓、羅本、傅本、程本、胡本、何本、鮑本「乃」上有「此」字。

〔二〕史記律書：「王者制事立法，物度軌則。」文選左太沖吴都賦：「四方之所軌則。」吕向注：「軌，法也，言可以爲四方之法則也。」

〔三〕盧文弨曰：「案：林罕字源偏傍小説序云：『俗有隸書賦者，假託許慎爲名，頗乖經據。顔氏家訓云：「斯實陶先生弟子杜道士所爲，大誤時俗，吾家子孫，不得收寫。」』案：此作『畫書』，林作『隸書』，此云『貴師』，即隱居也，而林以爲『假託許慎』，未知實一書否。」

畫繪之工，亦爲妙矣；自古名士，多或能之。吾家嘗有梁元帝手畫蟬雀白團扇及馬圖〔一〕，亦難及也。武烈太子偏能寫真〔二〕，坐上賓客，隨宜〔三〕點染，即成數人，以問童孺，皆知姓〔四〕名矣。蕭賁〔五〕、劉孝先〔六〕、劉靈〔七〕，並文學已外，復佳此法。翫閲古今〔八〕，特可寶愛。若官未通顯，每被公私使令，亦爲猥役〔九〕。吴縣顧士端出身湘東王國侍郎〔一〇〕，後爲鎮南〔一一〕府刑獄參軍，有子曰庭，西朝〔一二〕中書舍人，父子並有琴書之藝，尤妙丹青，常被元帝所使，每懷羞恨〔一三〕。彭城劉岳，橐之子也，仕爲驃騎府管記、平氏縣令〔一四〕，才學快士，而畫絶倫。後隨武陵王入蜀〔一五〕，下牢〔一六〕之敗，遂爲陸護軍〔一七〕畫支江寺壁，與諸工巧雜處。向使三賢都不曉畫，直運素業〔一八〕，豈見此恥乎？

〔一〕抱經堂校定本脱「家」字，各本俱有，今據補正。羅本、傅本、程本、胡本、黄本「嘗」作「常」。續家訓「團」作「圓」。歷代名畫記七：「梁元帝蕭繹，字世誠，武帝第七子。初生便眇一目，聰慧俊朗，博涉技藝，天生善書畫。初封湘東王，後乃即位，年四十七，追號元帝，廟號世祖。嘗畫聖僧，武帝親爲贊之。任荆州刺史日畫蕃客入朝圖，帝極稱善。又畫職貢圖並序，善畫外國來獻之事。姚最云：『湘東天挺生知，學窮性表，心師造化，象人特盡神妙，心敏手運，不加點理。聽訟之暇，衆藝之餘，時遇揮毫，造化驚絶，足使荀、衛閣筆，袁、陸韜翰。』」器案：藝文類聚五五引梁元帝職貢圖序云：「臣以不佞，推轂上游，夷歌成章，胡人遥集，款開蹶角，沿泝荆門，瞻其容貌，訴其風俗；如有來朝京輦，不涉漢南，别加訪採，以廣聞見，名爲職貢圖云爾。」案：樓鑰攻媿集七五跋傅欽甫所藏職貢圖亦詳此事。陳直曰：「唐張彦遠歷代名畫記記梁元帝有自畫宣尼像，又嘗畫聖僧，武帝親爲贊之。有職貢圖、蕃客入朝圖、鹿圖、師利圖、鶼鶴陂澤圖等，並有題印。職貢圖現尚存殘卷，南京博物館藏，見一九六〇年文物七期。又元帝另著山水松石格，文字朴茂，四庫提要疑爲僞託，非是。」

〔二〕歷代名畫記七：「梁元帝長子方等，字實相。尤能寫真，坐上賓客，隨意點染，即成數人，問兒童皆識之。後因戰殁，年二十二。贈侍中中軍將軍、揚州刺史，謚忠莊太子。」案：南史梁元帝諸子傳：「元帝即位，改謚武烈世子。」宋長白柳亭詩話卷十五：「描貌曰寫真，又曰寫照，又曰寫生，俗所謂傳神肖像也。顔氏家訓曰：『武烈太子偏能寫真。』梁簡文詠美人看畫詩：『可憐俱是畫，誰能辨寫真。』老杜天育驃騎歌：『故獨寫真傳世人，見之座右久更新。』是人物俱可言寫真也。」

〔三〕真誥卷十九翼真檢一：「唯有異同疑昧者，略摽言之，其酆宫鬼官，乃可隨宜顯説。」「隨宜」，即歷代名畫記所言「隨意」，元稹開元觀閑居酬吴士矩侍御四十韻：「几案隨宜設，詩書逐便拈。」隨宜、逐便對文，義亦相同。

〔四〕傅本「姓」作「其」。

〔五〕徐鯤曰：「南史齊竟陵王子良傳：『子昭胄，昭胄子賁，字文奂，形不滿六尺，神識耿介。幼好學，有文才，能書善畫，于扇上圖山水，咫尺之内，便覺萬里爲遥。矜慎不傳，自娱而已。』」案：又見歷代名畫記七。陳直曰：「金樓子著書篇云：『奇字二帙二十卷，金樓付蕭賁撰。又碑集十帙百卷，付蘭陵蕭賁撰。』樂府詩集載蕭賁有長安道五言一首。」

〔六〕趙曦明曰：「梁書劉潛傳：『第七弟孝先，武陵王紀法曹主簿。王遷益州，隨府轉安西記室。承聖中，與兄孝勝俱隨紀軍出峽口，兵敗，至江陵，世祖以爲黄門侍郎，遷侍中。兄弟並善五言詩，見重於世，文集值亂，今不具存。』」

〔七〕本書勉學篇「思魯等姨夫彭城劉靈」云云。詳彼文注。

〔八〕「翫閲古今」，宋本作「翫古知今」，續家訓及諸明本都作「翫閲古今」，今從之。

〔九〕趙曦明曰：「猥，並雜也。」

〔一〇〕續家訓、羅本、傅本、程本、胡本、何本無「王」字。趙曦明曰：「隋書百官志：『王國置中尉侍郎，執事中尉。』」

〔一一〕器案：勉學篇有鎮南録事參軍。

〔一二〕器案：西朝指江陵，梁元帝建都於此，猶兄弟篇之稱江陵爲西臺。

〔一三〕郝懿行曰：「案：唐初宰相閻立本馳譽丹青，亦嘗懷此羞恨也。」

〔一四〕趙曦明曰：「宋書州郡志：『南義陽太守，領縣二，有平氏令，漢舊名，屬南陽。』」

〔一五〕續家訓「入蜀」下複出「下牢」二字，不可從。南史梁武帝諸子傳：「武陵王紀，字世詢，武帝第八子也。……天監十三年封武陵王……大同三年爲都督、益州刺史。」

〔一六〕下牢，梁宜州舊治，在今湖北宜昌市西北。元刊本集千家注分類杜工部詩十秋風二首鄭卬注引荆州記：「峽江突起最險處，山復陡下，名下牢關。」陸游入蜀記六：「八日五鼓盡，解船過下牢關。……西望羣山如闕，江出其間，則所謂下牢灘也。歐陽文忠公有下牢津詩：『入峽山漸曲，轉灘山更多。』即此也。」

〔一七〕陳直曰：「陸護軍爲陸法和，見北史藝術傳，梁元帝以法和都督郢州刺史，加司徒，封江乘縣公。後奔齊入周，仍爲顯宦，獨不載陸官護軍將軍事。據之推觀我生賦云：『懿永寧之龍蟠，奇護軍之電掃。』自注云：『護軍將軍陸法和破任約於赤亭湖，侯景退走大敗。』歷官與本文正合。支江當爲枝江簡寫，隋書地理志枝江縣屬南郡。史稱法和奉佛法，故令劉岳畫枝江縣某寺之壁畫也。」

〔一八〕三國志魏書徐胡傳評：「徐邈清尚弘通，胡質素業貞粹。」晉書陸納傳：「汝不能光益父叔，乃復穢我素業邪！」素業，謂儒素之業，雲麓漫鈔六載唐科目有抱儒素科。

弧矢之利，以威天下〔一〕，先王所以觀德擇賢〔二〕，亦濟身〔三〕之急務也。江南謂世之常射〔四〕，以爲兵射，冠冕儒生，多不習此；别有博射〔五〕，弱弓長箭，施於準的，揖讓昇降〔六〕，以行禮焉。防禦寇難，了無所益〔七〕。亂離之後，此術遂亡。河北文士，率曉兵射，非直葛洪一箭，已解追兵〔八〕，三九讌集〔九〕，常縻榮賜。雖然，要輕禽，截狡獸〔一〇〕，不願汝輩爲之。

〔一〕趙曦明曰：「易繫辭下傳：『弦木爲弧，剡木爲矢，弧矢之利，以威天下，蓋取諸睽。』」

〔二〕趙曦明曰：「禮記射義：『射者，何也？射以觀德也。孔子曰：射者何以射，何以聽，循聲而發，發而不失正鵠者，其唯賢者乎！』」

〔三〕濟讀如論語雍也篇「博施於民，而能濟衆」之濟。何晏集解：「孔安國曰：『濟民於患難。』」皇侃疏：「救濟衆民之患難。」邢昺疏：「振濟衆民於患難。」

〔四〕續家訓、羅本、傅本、程本、胡本、何本「謂」作「爲」，今從宋本。

〔五〕南史柳惲傳：「惲嘗與琅琊王瞻博射，嫌其皮闊，乃摘梅帖烏珠之上，發必命中，觀者驚駭。」案：梁書蕭琛傳：「善弓馬，遣人伏地持帖，奔馬射之，十發十中；持帖者亦不懼。」皮與帖俱謂射垛也。博射如博弈也。

〔六〕抱經堂校定本「昇」作「升」；宋本作「陞」；續家訓、羅本、傅本、程本、胡本、何本、朱本、鮑本、汗青簃本作「昇」，今從之。

〔七〕梁書庾肩吾傳：「梁簡文與湘東王書：『了不相似，……了無篇什之美。』」了字用法，與此相同。廣雅釋詁：「了，訖也。」

〔八〕續家訓「非」作「策」，未可據。盧文弨曰：「抱朴子自叙篇：『昔在軍旅，曾手射追騎，應弦而倒，殺二賊一馬，遂得免死。』」

〔九〕三九，已詳勉學篇注。

〔一〇〕盧文弨曰：「要與邀同。枚乘七發：『逐狡獸，集輕禽。』」器案：三國志魏書文紀注引魏文帝典論自叙：「要狡獸，截輕禽。」此用其文。

卜筮者，聖人之業也；但近世無復佳師，多不能中。古者，卜以決疑〔一〕，今人生疑於卜〔二〕，何者？守道信謀，欲行一事，卜得惡卦，反令恜恜〔三〕，此之謂乎！且十中六七，以爲上手〔四〕，粗知大意，又不委曲。凡射奇偶，自然半收〔五〕，何足賴〔六〕也。世傳云：「解陰陽者，爲鬼所嫉，坎壈貧窮，多不稱泰〔七〕。」吾觀近古以來，尤精妙者，唯京房〔八〕、管輅〔九〕、郭璞〔一〇〕耳，皆無官位，多或罹災，此言令人益信。儻值世網〔一一〕嚴密，強負此名，便有詿誤〔一二〕，亦禍源也。及星文風氣〔一三〕，率不勞爲之。吾嘗學六壬式〔一四〕，亦值世閒好匠，聚得龍首、金匱、玉軨變、玉歷十許種書〔一五〕，討求〔一六〕無驗，尋亦悔罷。凡陰陽之術，與天地俱生，其吉凶德刑〔一七〕，不可不信；但去聖既遠〔一八〕，世傳術書，皆出流俗，言辭鄙淺，驗少妄多。至如反支不行〔一九〕，竟以遇害；歸忌寄宿，不免凶終〔二〇〕：拘而多忌〔二一〕，亦無益也。

〔一〕趙曦明曰：「左氏桓十一年傳：『卜以決疑，不疑何卜？』」

〔二〕「生疑」，抱經堂校定本作「疑生」，宋本、續家訓、諸明本及類説都作「生疑」，今據改正。

〔三〕宋本原注：「忕音敕，惕也。」續家訓此句作「反令怏怏」，無注；類説作「反經怏怏」，「經」誤，蓋「令」以形近誤爲「今」，「今」又以音近誤爲「經」也。忕通作代，説文：「代，惕也。」鄭玄注易云：「代，惕懼也。」廣韻二十四職：「忕，從也，慎也。」又：「代，意慎，忕又惕也。」二字音並與敕同，恥力切。作怏者，唐、宋別本。

〔四〕器案：上手，謂上等手藝。隋書楊素傳：「素箭爲第一上手。」唐段安節樂府雜録：「箜篌，太和中有季齊皋者，亦爲上手。」抱朴子外篇譏惑：「吴之善書，則有皇象、劉纂、岑伯然、朱季平，皆一代之絶手。」絶手、上手義相近。

〔五〕續家訓、類説「半收」作「一半」。

〔六〕廣雅釋詁：「賴，恃也。」

〔七〕抱經堂校定本引屠本「稱泰」作「通泰」。案：顏本、朱本亦作「通泰」。盧文弨曰：「壈，力敢切。楚詞九辯：『坎壈兮貧士失職而志不平。』壈，一作廩。」

〔八〕趙曦明曰：「漢書京房傳：『房字君明，東郡頓丘人。治易，事梁人焦延壽。延壽曰：「得我道以亡身者，必京生也。」其説長於災變，分六十卦，更值日用事，以風雨寒温爲候，各有占驗。房用之尤精。上意向之。石顯、五鹿充宗皆嫉之，出爲魏郡太守，去月餘，徵下獄，與前從房受學者張博皆棄市。』」

〔九〕趙曦明曰：「魏志管輅傳：『輅字公明，平原人。安平趙孔曜薦於冀州刺史裴徽曰：「輅雅性寬大，與世無忌，仰觀天文，則妙同甘、石，俯覽周易，則思齊季主。」徽辟爲文學從事，大友善之。正元二年，弟辰謂輅曰：「大將軍待君意厚，冀當富貴乎？」輅歎曰：「天與我才明，不與我年壽，恐四十七八間，不見女嫁兒娶婦也。」卒年四十八。』」

〔一〇〕趙曦明曰：「璞字景純，河東聞喜人。妙於陰陽算曆。有郭公者，客居河東，精於卜筮，復從之受業。公以青囊中書九卷與之，遂洞五行、天文、卜筮之術，攘災轉禍，通致無方，雖京房、管輅不能過也。王敦謀逆，使璞筮，璞曰：『無成。』曰：『卿更爲筮壽幾何？』答曰：『思向卦，明公起事必禍不久，若往武昌，壽不可測。』敦大怒曰：『卿壽幾何。』曰：『命盡今日日中。』敦怒，收璞詣南岡斬之。」

〔一一〕嵇康難養生論：「奉法循理，不絓世網。」

〔一二〕漢書文紀：「濟北王背德反上，詿誤吏民。」師古曰：「詿亦誤也。音卦。」

〔一三〕漢書藝文志數術略天文：「泰壹雜子星二十八卷，五殘雜變星二十一卷，黄帝雜子氣三十三篇，常從日月星氣二十一卷，皇公雜子星二十二卷，淮南雜子星十九卷，泰壹雜子雲雨三十四卷，國章觀霓雲雨三十四卷，金度玉衡漢五星客流出入八篇，漢五星彗客行事占驗八卷，漢日旁氣行事占驗三卷，漢流星行事占驗八卷，漢日旁氣行占驗十三卷，……天文者，序二十八宿，步五星日月，以紀吉凶之象，聖王所以參政也。易曰：『觀乎天文以察時變。』然星事殉悍，非湛密者弗能由也。夫觀景以譴形，非明王亦不能服德也。以不能由之臣，諫不能聽之主，此所以兩有患也。」案：古人對於天文氣象，不能具有正確之科學認識，於是倡爲種種封建迷信的奇談怪論，將以自欺欺人，由今日觀之，俱不足致詰也。

〔一四〕趙曦明曰：「隋書經籍志：『六壬式經雜占九卷，六壬式兆六卷。』餘未見。」俞正燮癸巳類稿六壬古式考曰：「太白陰經云：『元女式者，一名六壬式，元女所造，主北方萬物之始，因六甲之壬，故曰六壬。』」器案：道藏「薑」字三號黄帝龍首經序曰：「令六壬領吉凶。」注：「言日辰陰陽及所坐所養之御，三陰三陽，故曰六壬也。」

〔一五〕「玉軨變玉曆」，宋本原注：「一本作『玉變玉曆』。」案：續家訓、明、清諸本都與一本同，癸巳類稿作「玉軨五變玉曆」，未知所本。盧文弨曰：「道藏目録：『黄帝龍首經三卷。』注：『上經三十六占，下經三十六占，共七十二占，法像六壬占門。』又黄帝金櫃玉衡經一卷，亦六壬占法。」趙熙曰：「隋經籍志五行有黄帝龍首經二卷，又遁甲叙三元玉曆立成一卷，郭遠行撰。」俞正燮癸巳類稿六壬書跋曰：「道藏『薑』三至『薑』六，爲黄帝龍首經二卷，黄帝金匱玉衡經一卷，黄帝授三子元女經一卷。抱朴子極言篇云：『案龍首記。』（器案：遐覽篇亦引黄帝龍首經。）顏氏家訓雜藝篇云：『吾嘗學六壬式，亦值世間好匠，聚得龍首、金匱、玉軨五變、玉曆十許種書。』其書古雅也。其在目録者，隋書經籍志五行類有黄帝龍首經二卷，元女式經要法一卷，通志藝文略有金匱經三卷，焦竑國史經籍内有六壬龍首經一卷。檢釋藏笑道論云：『黄帝金匱何以不在道書之列乎？』知其書周、秦廣行。辨正論出道僞謬篇云：『元都觀經目六千三百六十三卷，觀中見有本二千四十卷，中諸子論八百八十四卷，黄帝龍首經一部五卷，元女、皇人等譔。宋人陸静修所上目，經書、藥方、符圖一千二百二十八卷，並無前色，乃妄添八百八十四卷。』釋氏之説，大率嗔妒忿戾，悖其師法，然幸有其言，合之顏氏家訓及隋志，知此數種是古書，久行於世，齊、梁時續收入道藏者。今覽龍首經，有吏家、長者、客、諸侯、二千石、令、長、丞、尉，金匱玉衡經有縣官、贅壻，授三子元女經有喚人、白獸，知是遂古相傳，秦、漢間始著筆札，甘石星經、靈樞、素問之流比。又自唐人校寫，至今未改，彌可寶貴矣。」器案：漢書藝文志數術略有堪輿金匱十四卷，通志藝文略天文類有玉鈐步氣術一卷，五行類有齊人行兵天文龜眼玉鈐經二卷，玉鈐三命祕術一卷，道家類有太上玉曆經一卷。文苑英華二二五引顏之推神仙詩：「願得金樓要，思逢玉鈐篇。」則此「玉軨」疑「玉鈐」之誤。唐沈珣授契苾通振武節度使制：「挺鵠立鷹揚之操，知玉鈐金匱之書。」亦以玉鈐、金匱並言。

〔一六〕顏延之重釋何衡陽達性論：「討求道義，未是要說耳。」集韻：「討，一曰求也。」

〔一七〕器案：德刑，亦陰陽五行生剋之說。漢書藝文志數術略五行有刑德七卷。淮南天文訓：「日爲德，月爲刑。月歸而萬物死，日至而萬物生。」

〔一八〕孟子盡心下：「去聖人之世，若此其未遠也。」文心雕龍諸子篇：「夫自六國以前，去聖未遠。」

〔一九〕抱經堂本脫「至」字，各本及續家訓俱有，今據補。

〔二〇〕趙曦明曰：「後漢書王符傳：『明帝時，公車以反支日不受章奏。』章懷注：『凡反支日，用月朔爲正：戌亥朔，一日反支；申酉朔，二日反支；午未朔，三日反支；辰巳朔，四日反支；寅卯朔，五日反支；子丑朔，六日反支。見陰陽書。』又郭躬傳：『桓帝時，汝南有陳伯敬者，行必矩步，坐必端膝，行路聞凶，便解駕留止，還觸歸忌，則寄宿鄉亭。年老寢滯，不過舉孝廉。後坐女婿亡吏，太守邵夔怒而殺之。』章懷注：『陰陽書曆法曰：「歸忌日，四孟在丑，四仲在寅，四季在子，其日不可遠行、歸家及徙也。」』徐鯤曰：「漢書游俠陳遵傳：『王莽敗，張竦爲賊兵所殺。』注：『李奇曰：「竦知有賊，當去，會反支日不去，因爲賊所殺，桓譚以爲通人之蔽也。」』鄭珍、李慈銘、龔道耕先生説同。器案：論衡辨祟篇：「塗上之暴尸，未必出以往亡；室中之殯柩，未必還以歸忌。」禮記王制：「執左道以亂政。」鄭玄注：「謂誣蠱俗禁。」正義曰：「俗禁者，若張竦反支、陳伯子往亡歸忌是也。」案：今臨沂銀雀山出土漢元光元年曆譜，在日干支下間書「反」字，即所謂反支日也。王符傳所載，即符潛夫論愛日篇文也。陳直曰：「敦煌木簡有永元六年曆譜云：『十一日甲午，破血忌反支。』」

〔三〕徐鯤曰：「漢書司馬遷傳：『竊嘗觀陰陽之術，大詳而衆忌諱，使人拘而多畏。然其叙四時之大順，不可失也。』（案：當引史記太史公自序。）又後漢書方術傳序：『子長亦云：「觀陰陽之書，使人拘而多忌。」蓋爲此也。』」

算術亦是六藝要事〔一〕；自古儒士論天道、定律曆者，皆學通之〔二〕。然可以兼明，不可以專業。江南此學殊少，唯范陽祖暅〔三〕精之，位至南康太守〔四〕。河北多曉此術。

〔一〕盧文弨曰：「周禮保氏：『六藝，六曰九數。』鄭司農云：『九數：方田，粟米，差分，少廣，商功，均輸，方程，嬴不足，旁要。今有重差，句股。』疏云：『此皆依九章算術而言。今以句股替旁要。』案：今所傳周髀，乃周公問於殷高者，即句股之法。」

〔二〕盧文弨曰：「如張蒼、鄭康成、蔡邕、張衡諸人，皆明此術。」郝懿行曰：「案：長安許商善爲算，著五行論曆，見前漢書儒林傳。又馬融集諸生考論圖緯，聞鄭康成善算，迺召見於樓上。見後漢書鄭玄傳。王文考與父叔師到泰山從鮑子真學算，到魯賦靈光殿，見博物志。」

〔三〕宋本原注：「暅，音亘。」盧文弨曰：「隋書律曆志中：『梁初因齊用元嘉曆。天監三年，下詔定曆。員外散騎侍郎祖暅奏稱：「史官今所用何承天曆，稍與天乖，緯緒參差，不可承案。」被詔付靈臺與新曆對課疎密。至大同十年，制詔更造新曆。』」器案：廣弘明集三引阮孝緒七録序：「乃分數術之文，更爲一部，使奉朝請祖暅撰其名録。」南史祖沖之傳：「（祖沖之）子暅之，字景爍。少傳家業，究極精微，亦有巧思，入神之妙，般、倕無以過也。當其詣微之時，雷霆不能入，嘗行遇僕射徐勉，以頭觸之，勉呼乃悟。父所改何承天曆，時尚未行，梁天監初，暅之更脩之，於是始行焉。位至太舟卿。」此即顔氏所説之祖暅。六朝人信奉道教，率於名下綴「之」字；顔氏蓋嫌其一門五世，命名相似，故去「之」字簡稱祖暅耳。隋書經籍志子部天文類有天文録三十卷，梁奉朝請祖暅之撰。

〔四〕鮑本「位」作「仕」。

醫方之事，取妙極難，不勸汝曹以自命也。微解藥性，小小和合〔一〕，居家得以救急，亦爲勝事，皇甫謐〔二〕、殷仲堪〔三〕則其人也。

〔一〕墨子非攻中：「和合其注藥。」和合，猶今言配方也。

〔二〕趙曦明曰：「晉書皇甫謐傳：『謐有高尚之志，自號玄晏先生。後得風痺疾，猶手不輟卷。或勸謐脩名廣交。謐以爲居田里之中，亦可以樂堯、舜之道，何必崇接世利，事官鞅掌，然後爲名乎？作玄守論以答之。初服寒食散，而性與之忤，每委頓不倫。』隋書經籍志：『皇甫謐、曹歙論寒食散方二卷，亡。』」器案：唐書藝文志有皇甫謐黃帝三部鍼經十二卷。

〔三〕趙曦明曰：「晉書殷仲堪傳：『仲堪，陳郡人。父病積年，衣不解帶，躬學醫術，究其精妙，執藥揮淚，遂眇一目。居喪哀毀，以孝聞。』」趙熙曰：「隋書經籍志：『梁有殷荊州要方一卷，殷仲堪撰，亡。』」

禮曰：「君子無故不徹琴瑟〔一〕。」古來名士，多所愛好。洎於梁初，衣冠子孫，不知琴者，號有所闕；大同以末，斯風頓盡。然而此樂愔愔〔二〕雅致〔三〕，有深味哉！今世曲解〔四〕，雖變於古，猶足以暢神情也〔五〕。唯不可令有稱譽，見役勳貴，處之下坐〔六〕，以取殘盃冷炙之辱〔七〕。戴安道猶遭之〔八〕，況爾曹乎〔九〕！

〔一〕續家訓曰：「樂記有之：『致樂以治心者也，致禮以治躬者也。心中斯須不和不樂，而鄙詐之心入矣；外貌斯須不莊不欽，而漫易之心入之矣。且君子不可斯須而去禮，是以居處必慎獨而常恭，君子不可斯須而去樂，是以琴瑟無故則不徹。』」盧文弨曰：「禮記曲禮下：『大夫無故不徹縣，士無故不徹琴瑟。』」器案：樂府詩集琴曲歌辭：「琴者，先王所以脩身理性、禁邪防淫者也。是故君子無故不去其身。」

〔二〕趙曦明曰：「文選嵇叔夜琴賦：『愔愔琴德，不可測兮。』李善注：『韓詩曰：「愔愔，和悦貌。」』」器案：杜甫奉贈韋左丞丈二十二韻詩，分門集注引「愔愔」作一「音」字，類説作「憒憒」，俱誤。周捨上雲樂：「歌管愔愔，鏗鼓鏘鏘。」

〔三〕文選袁彦伯三國名臣序贊：「雅致同趣。」注：「嵇康贈秀才詩曰：『仰慕同趣。』」按：今猶言雅致、雅趣。

〔四〕曲，琴曲歌辭；解，歌辭段數。琴一曲曰曲，一段曰解。

〔五〕風俗通義聲音篇：「琴，其道行和樂而作者，命其曲曰暢。暢者，言其道之美暢，猶不敢自安，不驕不溢，好禮不以暢其意也。」

〔六〕元刊集千家注分類杜工部詩卷十九奉贈韋左丞丈二十二韻王洙注、宋刊本草堂詩箋三注引「坐」作「座」。

〔七〕御覽七五八引郭澄之郭子：「王光禄曰：『正得殘槃冷炙。』」此顔氏所本。杜甫奉贈韋左丞丈二十二韻：「殘盃與冷炙，到處潛悲辛。」又本顏氏此文；師民瞻注曰：「殘盃，謂甕之餘者，香已埋歇；柔肉曰炙，冷炙，謂宿炙也。」

〔八〕趙曦明曰：「晉書隱逸傳：『戴逵，字安道，譙國人。少博學，善屬文，能鼓琴。武陵王晞使人召之，逵對使者破琴，曰：「戴安道不爲王門伶人。」』」

〔九〕宋長白柳亭詩話卷二十：「顏之推家訓：『殘杯冷炙之悲，戴安道猶遭之，況汝曹乎！』故知高適所云『世上何人不識君』、張謂『知君到處有逢迎』者，姑爲大言以自快耳，其實不堪回想也。」

家語曰：「君子不博，爲其兼行惡道故也〔一〕。」論語云：「不有博弈者乎？爲之，猶賢乎已〔二〕。」然則聖人不用博弈爲教；但以學者不可常精，有時疲倦，則儻爲之，猶勝飽食昏睡、兀然〔三〕端坐〔四〕耳。至如吴太子以爲無益，命韋昭論之〔五〕；王肅〔六〕、葛洪〔七〕、陶侃〔八〕之徒，不許目觀手執，此並勤篤之志也。能爾爲佳。古爲大博則六箸，小博則二焭〔九〕，今無曉者。比世所行，一焭十二棊，數術淺短，不足可翫。圍棊有手談、坐隱之目〔一〇〕，頗爲雅戲〔一一〕；但令人躭憒〔一二〕，廢喪實多，不可常也。

〔一〕盧文弨曰：「家語五儀解：『哀公問於孔子曰：「吾聞君子不博，有之乎？」孔子曰：「有之。」公曰：「何爲？」對曰：「爲其有二乘。」公曰：「有二乘則何爲不博？」子曰：「爲其兼行惡道也。」』」

〔二〕此論語陽貨篇文。趙曦明曰：「説文：『博，局戲，六箸十二棊也。古者，烏曹作博。』方言五：『圍棊謂之弈，自關而東，齊、魯之間皆謂之弈。』」器案：藝文類聚七四引李秀四維賦序：「四維戲者，衞尉摯侯之所造也，畫紙爲局，截木爲棊。」則博弈又有四維之名。

〔三〕劉伶酒德頌：「兀然而醉，怳然而醒。」文選遊天台山賦注：「兀，無知之貌也。」

〔四〕北史高昂傳：「誰能端坐讀書，作老博士也。」

〔五〕趙曦明曰：「吴志韋曜傳：『曜字弘嗣，吴郡雲陽人。爲太子中庶子。時蔡穎亦在東宫，性好博弈；太子和以爲無益，命曜論之。』注：『曜本名昭，史爲晉諱改之。』」案：韋昭博弈論見本傳及文選卷五十二，略云：「今世之人，多不務經術，好翫博弈，廢事棄業，忘寢與食，窮日盡明，繼以脂燭。當其臨局交争，雌雄未決，專精鋭意，心勞體倦，人事曠而不修，賓旅闕而不接。至或賭及衣服，徙棊易行，廉恥之意弛，而忿戾之色發。然其所志，不出一枰之上，所務不過方罫之間，技非六藝，用非經國，求之於戰陣，則非孫、吴之倫也，考之於道藝，則非孔氏之門也。」

〔六〕王肅事未詳。陳直曰：「藝文類聚二十三有王肅家誡，僅説誡酒，惡博應亦爲此篇之佚文。」

〔七〕葛洪抱朴子外篇自叙：「見人博戲，了不目眄，或強牽引觀之，殊不入神，有若晝睡，是以至今不知棊局上有幾道，樗蒲齒名。亦念此輩末技，亂意思而妨日月，在位有損政事，儒者則廢講誦，凡民則忘稼穡，商人則失貨財。至於勝負未分，交争都市，心熱於中，顔愁於外，名之爲樂，而實煎悴。喪廉恥之操，興争競之端，相取重貨，密結怨隙。昔宋閔公、吴太子致碎首之禍，生叛亂之變，覆滅七國，幾傾天朝，作戒百代，其鑒明矣。」

〔八〕趙曦明曰：「晉中興書：『陶侃爲荆州，見佐吏博弈戲具，投之於江，曰：「圍棊，堯、舜以教愚子；博，殷紂所造。諸君並國器，何以此爲？」』」王叔岷曰：「御覽七五三引晉中興書：『陶侃在荆州，見佐吏博奕戲具，投之於江，曰：圍碁者，堯舜以教愚子；博者，商紂所造。諸君並懷國器，何以爲此？（注：一本作「爲牧猪奴戲」。）』又見藝文類聚七四。趙曦明注所引晉中興書，與類聚同，與御覽略異。晉書陶侃傳：『諸參佐或以談戲廢事者，乃命取其酒器蒱博之具，悉投之於江；吏將則加鞭朴，曰：樗蒱者牧豬奴戲耳！』」

〔九〕趙曦明曰：「鮑宏博經：『博局之戲，各設六箸，行六棊，故云六博。用十二棊，六白六黑。所擲骰謂之瓊。瓊有五采，刻爲一畫者謂之塞，兩畫者謂之白，三畫者謂之黑，一邊不刻者，在五塞之間，謂之五塞。』」盧文弨曰：「廣雅：『博箸謂之箭。』楚辭招魂：『菎蔽象棊有六簙。』王逸注：『蔽，簙箸也。』案：焭，渠營切，即瓊也。温庭筠詩用雙瓊，即二焭也。」器案：史記蔡澤傳：「君獨不觀夫博者乎？或欲大投，或欲分功。」集解：「投，投瓊也。」索隱：「言夫博弈，或欲大投其瓊以致勝；或欲分功者，謂觀其勢弱，則投地而分功，以救遠也。」西京雜記四：「許博昌，安陵人也。善陸博……法用六箸，或謂之究，以竹爲之，長六分。或用二箸。博昌又作大博經一篇，今世傳。」案：究即焭之誤。字又作⿰扌焭，唐寫本王仁昫刊謬補缺切韻卌一清：「⿰扌焭，博⿰扌焭子，一曰投，渠營反。」宋本御覽七五四引繁欽威儀箴：「操⿰扌焭弄碁。」原注：「瞿營切，⿰扌焭，博子。」隋書經籍志：「梁有大小博法一卷。」唐志又有大博經行碁戲法二卷，鮑宏小博經一卷。劉夢得文集觀博云：「客有以博戲自任者，遲余觀焉。初，主人執握塑之器，置於廡下，曰：『主進者要約之。』既揖讓，即次有博齒二，異乎齒負之齒，其制用骨，觚稜四均，鏤以朱墨，耦而合數，取應期月，視其轉止，依以爭道。是制也，通行之久矣，莫詳所祖，以其用必投擲，故以博投詔之。」陳直曰：「按：漢望都壁畫後有石棋盤圖，共畫十七道。韋昭博奕論，文選李善注引邯鄲淳藝經云：『碁局縱横各十七道，合二百八十九道，白黑碁子各一道五十枚。』又藝文類聚卷七十四引晉蔡洪圍棋賦云：『算途授卒，三百爲羣。』是晉時棋局猶爲十七道。沈括夢溪筆談云：『奕棋古用十七道，與後世法不同，今世棋局縱横各十九道，未詳何人所加。』」

〔一〇〕趙曦明曰：「世說新語巧藝篇：『王中郎以圍棊是坐隱，支公以圍棊爲手談。』」器案：藝文類聚七四引沈約棊品序：「支公以爲手談，王生謂之坐隱。」御覽七五三、能改齋漫録七引語林：「王以圍棊爲手談，在哀制中祥後，客來，方幅爲會戲。」則又以手談爲王。高承事物紀原九：「王積新碁勢譜圖曰：『王郎號爲坐隱，祖約稱爲手談。』由是言之，雖說有小同異，然疑晉以來語也。」案：唐志有王積薪金谷園九局圖一卷，云：「開元待詔。」一作「新」，一作「薪」，未知誰是。

〔一一〕南史朱異傳：「沈約戲異曰：『卿年少，何不廉？天下唯文義棊書，卿一時將去，可謂不廉也。』」沈戲朱之言，與顏氏此文所論列者合觀之，足覘當時風尚。

〔一二〕盧文弨曰：「憒，胡對切，心亂也。」

投壺之禮〔一〕，近世愈精。古者，實以小豆，爲其矢之躍也〔二〕。今則唯欲其驍，益多益喜〔三〕，乃有倚竿、帶劍、狼壺、豹尾、龍首之名〔四〕。其尤妙者〔五〕，有蓮花驍〔六〕。汝南周璝，弘正之子〔七〕，會稽賀徽，賀革之子〔八〕，並能一箭四十餘驍〔九〕。賀又嘗爲小障，置壺其外，隔障投之，無所失也。至鄴以來，亦見廣寧、蘭陵諸王〔一〇〕，有此校具〔一一〕，舉國遂無投得一驍者〔一二〕。彈棊〔一三〕亦近世雅戲〔一四〕，消愁〔一五〕釋憒〔一六〕，時可爲之。

〔一〕此句上，胡本有「欲」字，未可從。

〔二〕盧文弨曰：「禮記投壺：『壺頸脩七寸，腹脩五寸，口徑二寸半，容斗五升。壺中實小豆焉，爲其矢之躍而出也。壺去席二矢半。矢以柘若棘，毋去其皮。』」

〔三〕續家訓「驍」作「驕」，類説、紺珠集四引此句作「今以躍爲貴謂之驕」，類説又云：「『驕』一作『驍』。」何焯曰：「驍者，似投入而復躍出，挂于壺之口耳而名。」趙曦明曰：「西京雜記下：『武帝時，郭舍人善投壺，以竹爲矢，不用棘也。古之投壺，取中而不求還；郭舍人則激矢令還，一矢百餘反，謂之爲驍，言如博之掔梟於掌中爲驍傑也。每爲武帝投壺，輒賜金帛。』」

〔四〕御覽七五三引投壺變（隋志：「梁有投壺變一卷，晉光禄大夫虞潭撰。」）：「謂之投壺者，取名簙（他由切）簸，漸而轉易，鑄金代焉。逮之於後，人事生矣。壺底去一尺，其下筩以龍玄，（玄，月中蝦蟇，隨其生死也。横曰筩，龍蛇之形。）運之以轆（平表切）蝦、（謂龍下轆螭也。）燕尾，（燕識候而歸，人來去有恒，投而歸人，自數之極也。）矢十二，（數之極也。）長二尺八寸。（法於恒矢，古用柘棘。）古者投壺，擊鼓爲節，帶劍十二，（入檢類二帶，謂之帶劍。）倚十八，（倚並左右如狼尾狀。）狼壺二十，（令矢圓轉，面於壺口。）劍驕七十八，（帶劍還如後也。）三百六十籌得一馬，（言三百六十，歲功成也。馬謂之近黨，同得勝也。）三馬成都。」虞氏彼文之燕尾、龍筩，當即顔氏此文之豹尾、龍首。司馬光投壺格：「倚竿，箭斜倚壺口中。帶劍，貫耳不至地者。狼壺，轉旋口上而成倚竿者。龍尾，倚竿而箭羽正向己者。龍首，倚竿而箭首正向己者。」則顔氏之豹尾，司馬氏又作龍尾也。

〔五〕續家訓「尤」作「以」。

〔六〕續家訓、紺珠集「驍」作「驕」。紺珠集又云：「『驕』一作『驍』。」

〔七〕盧文弨曰：「陳書周弘正傳：『子瓚，官至吏部郎。』」

〔八〕盧文弨曰：「梁書儒林傳：『賀瑒子革，字文明。少通三禮，及長，徧治孝經、論語、毛詩、左傳。』其子未見。」徐鯤曰：「南史賀革傳：『子徽，美風儀，能談吐，深爲革愛。先革卒，革哭之，因遘疾而卒。』」

〔九〕「並能一箭四十餘驍」，續家訓作「並能一箭四十餘憍三十餘驕」，「憍」當是「驕」誤。陳直曰：「按：投壺貴驍，始見於西京雜記之郭舍人，以今語譯之，投壺時竹箭往復不落地謂之驍，比於武士之驍勇也。又徐陵玉臺新詠序云：『雖復投壺玉女，爲歡盡於百驍。』蓋夸大之詞。」

〔一〇〕趙曦明曰：「北齊文襄六王傳：『廣寧王孝珩，文襄第二子。愛賞人物，學涉經史，好綴文，有伎藝。蘭陵武王長恭，一名孝瓘，文襄第四子。面柔心壯，音容兼美。爲將躬勤細事，每得甘美，雖一瓜數果，必與將士共之。』」

〔一一〕文選奏彈劉整：「整語采音，其道汝偷車校具……車欄、夾杖、龍牽，實非采音所偷。」此文校具，與文選義同，當指小障。校謂校飾也。史記司馬相如傳封禪文：「校飭厥文。」潛夫論浮侈篇：「校飾車馬。」皆其例也。晉宋以來，此語尤衆。法顯佛國記：「國人於此起塔，金銀校飾。」又云：「其處亦起大塔，金銀校飾。」又云：「此二處亦起大塔，皆衆寶校飾。」又云：「於是王即於小兒塔上起塔，衆寶校飾。」又云：「乃校飾大象。」又云：「精舍盡以金薄七寶校飾。」又云：「皆珠璣校飾。」古鈔本文選顏延年赭白馬賦：「寶校星纏。」注：「校，裝飾也。」傅子有校工篇，言婦人首飾及其他車服輿馬之飾。南齊書輿服志：「受福望龍諸校飾。」又云：「鳳皇銜花諸校飾。」又云：「金輅制度校飾。」又云：「皇太子象輅校飾。」又云：「指南車皆銅校飾。」又云：「臥輦校飾如坐輦。」又云：「漆函羣車皆金塗校飾。」又云：「輿車校飾。」諸校字義並同。蓋工藝謂之校飾，其物品則謂之校具也。

〔一二〕續家訓「驍」作「驕」。

〔一三〕趙曦明曰：「藝經：『彈棊，二人對局，黑白棊各六枚，先列棊相當，下呼上擊之。』世說巧藝篇：『彈棊始自魏宮内，用妝奩戲。文帝於此戲特妙，用手巾角拂之，無不中者。有客自云能，帝使爲之；客著葛巾角，低頭拂棊，妙踰於帝。』注：『傅玄彈棊賦叙曰：「漢成帝好蹴鞠。劉向謂勞人體，竭人力，非至尊所宜御，乃因其體作彈棊。」』則此戲其來久矣。」器案：御覽七五五引彈棊經後序：「彈棊者，雅戲也，非同於五白梟橛之數，不游乎紛競詆欺之間，淡薄自如，故趨名近利之人，多不尚焉。蓋道家所爲，欲習其偃亞導引之法，擊博騰擲之妙自暢耳。」夢溪筆談十八：「彈棊，今人罕爲之。有譜一卷，蓋唐人所爲。其局方二尺，中心高如覆盂，其巔爲小壺，四角隆起，今大名開元寺佛殿上有一石局，亦唐時物也。李商隱詩云：『玉作彈棊局，中心最不平。』謂其中高也。白樂天詩：『彈棊局上事，最妙是長斜。』謂抹角斜彈一發過半局，今譜中具有此法。柳子厚叙棊用二十四棊者，即此戲也。」老學庵筆記十：「吕進伯作考古圖云：『古彈棊局，狀如香爐。』蓋謂其中隆起也。李義山詩云：『玉作彈棊局，中心亦不平。』今人多不能解，以進伯之説觀之，則粗可見。然恨其藝之不傳也。魏文帝善彈棊，不復用指，第以手巾拂之；有客自謂絶藝，及召見，自抵首以葛巾拂之，文帝不能及也。此説今不可解矣。大明（當作「名」）龍興寺佛殿有魏宫玉石彈棊局，上有黄初中刻字。政和中取入禁中。」陳直曰：「藝文類聚卷七十四有梁元帝謝東宫賜彈棊局啟，知梁時確盛行此戲。」

〔一四〕李清照打馬賦：「實小道之上流，競深閨之雅戲。」琅琊代醉篇卷三十五以雅戲列目，本此。

〔一五〕消愁，亦言消憂。文選曹子建朔風詩：「誰與消憂。」五臣本「憂」作「愁」。

〔一六〕永樂大典卷二千二百五十七引「憒」作「憤」。

終制〔一〕第二十

死者，人之常分，不可免也〔二〕。吾年十九〔三〕，值梁家喪亂，其間與白刃爲伍者，亦常數輩〔四〕；幸承餘福，得至於今。古人云：「五十不爲夭〔五〕。」吾已六十餘，故心坦然，不以殘年爲念。先有風氣之疾〔六〕，常疑奄然〔七〕，聊書素懷〔八〕，以爲汝誡。

〔一〕器案：終制，謂送終之制，猶今言遺囑。後漢書宋均傳：「送終逾制。」三國志魏書文帝紀：「表首陽山東爲壽陵，作終制云云。」又常林傳注引魏略：「沐並作終制。」晉書石苞傳：「豫爲終制。」金樓子有終制篇。黄叔琳曰：「古多厚葬，故楊王孫之論，班史傳之，魏、晉間人效其義，多載之於史，要非中道也。況近世物力日艱，人子之情日減，若復以薄葬爲訓，將舉而委之於壑矣。然此篇從遭亂不得厚葬其親，説到己身不當有加於先，猶惻然動仁人孝子之感也。」紀昀曰：「崑圃先生之説甚是。然厚葬可也，厚斂不可也，二事大有分别，混而一之，則反生拗戾矣。先生亦未免草草也。」

〔二〕王叔岷曰：「案陶潛與子儼等疏：『天地賦命，生必有死，自古聖賢，誰能獨免！』金樓子終制篇：『夫有生必有死，達人恒分。』」

〔三〕陳直曰：「之推觀我生賦云：『未成冠而登仕，財解履以從軍。』自注云：『時年十九，釋褐湘東王國右常侍，以軍功加鎮西墨曹參軍。』又之推古意云：『十五好詩、書，二十彈冠仕。』皆與本文相合。」

〔四〕輩猶言人次。史記秦始皇本紀：「高使人請子嬰數輩。」用法與此相同。

〔五〕趙曦明曰：「蜀志先主傳注：諸葛亮集載先主遺詔勑後主曰：『人五十不稱夭，年已六十有餘，何所復恨！不復自傷。但以卿兄弟爲念。』」

〔六〕史記扁鵲倉公列傳：「所以知齊王太后病者，臣意診其脈，切其太陰之口，溼然風氣也。脈法曰：『沈之而大堅，浮之而大緊者，病主在腎。』腎切之而相反也，脈大而躁。大者，膀胱氣也。躁者，中有熱而溺赤。」

〔七〕奄然，即下文奄忽之意。文選馬季長長笛賦：「奄忽滅沒。」李善注：「方言：『奄，遽也。』」

〔八〕齊書蕭惠基傳：「豈吾素懷之本耶？」素懷，謂平生懷抱。

先君先夫人皆未還建鄴舊山〔一〕，旅葬〔二〕江陵東郭。承聖末，已啓求揚都〔三〕，欲營遷厝〔四〕。蒙詔賜銀百兩，已於揚州小郊北地燒塼〔五〕，便值本朝〔六〕淪沒，流離如此，數十年間，絶於還望。今雖混一〔七〕，家道〔八〕罄窮，何由辦此奉營〔九〕資費？且揚都汙毁，無復孑遺〔一〇〕，還被下溼〔一一〕，未爲得計。自咎自責，貫心刻髓〔一二〕。計吾兄弟，不當仕進；但以門衰，骨肉單弱，五服〔一三〕之内，傍無一人，播越〔一四〕他鄉，無復資廕〔一五〕；使汝等沈淪廝役〔一六〕，以爲先世之恥；故靦冒〔一七〕人間，不敢墜失〔一八〕。兼以北方政教嚴切〔一九〕，全無隱退者故也。

〔一〕盧文弨曰：「之推九世祖含隨晉元帝東渡，故建鄴乃其故土也。本傳觀我生賦：『經長干以掩抑，展白下以流連。』自注：『靖侯以下七世墳塋皆在白下。』」器案：舊山，猶今言故鄉。文選謝靈運過始寧墅詩：「剖竹守滄海，枉帆過舊山。」呂延濟注：「謂枉曲船帆，來過舊居。」又初發石首城詩：「故山日已遠，風波豈還時。」張銑注：「故山，謂所居舊山也。」全唐詩周賀卷秋思：「舊山餘業在，杳隔洞庭波。」原注：「『舊山』一作『故鄉』。」陳直曰：「之推觀我生賦自注云：『靖侯以下七世墳塋，皆在白下。』又顏真卿顏含大宗碑銘云：『含隨元帝過江，已下七葉葬在上元幕府山。』（山名今仍舊，在南京和平門外。）又顏氏一族，在琅玡時居孝悌里（見大宗碑銘），在建業時居長干顏家巷（見觀我生賦自注）。又幕府山曾出晉元和元年顏謙妻劉氏墓磚，應亦爲顏含之族人也。」

〔二〕周易旅卦正義：「旅者，客寄之名，羈旅之稱，失其本居而寄他方謂之爲旅。」此文「旅葬」，與「旅櫬」之旅義同。旅葬，謂旅死而已葬者。旅櫬，謂旅死停棺而未葬者。

〔三〕宋本有「已」字，續家訓及各本俱無，今從宋本。

〔四〕器案：厝又作措，柩暫置也。遷厝，即遷葬。文選寡婦賦：「又將遷神而安措。」李周翰注：「遷神安措，謂遷柩歸葬也。」

〔五〕抱經堂本「塼」作「磚」，宋本、續家訓及各本都作「塼」，今從之，下同。陳直曰：「下文亦云：『藏內無磚。』蓋自孫吳至陳、隋時代，江南人士，墓葬壙內用磚，皆由自家燒造，內中有少數磚必系以年月某氏墓字樣，如長沙爛泥沖南齊墓，有碑文云『齊永元元年己卯歲劉氏墓』是也。（見一九五七年文物參考第二期，此例多不勝舉。）與之推燒磚之說正相符合。又南朝大貴族墓葬，在發掘情況中估計，最多者需用磚三萬枚，每燒窰一次至多萬枚，須燒三次始敷用，要一千人的勞動力。」

〔六〕徐鯤曰：「顧炎武云：『古人謂所事之國爲本朝，魏文欽降吳表言：「世受魏恩，不能扶翼本朝，抱媿俛仰，靡所自厝。」又如吴亡之後，而蔡洪與刺史周俊書言吴朝舉賢良是也。之推仕歷齊、周及隋，而猶稱梁爲本朝；蓋臣子之辭，無可移易，而當時上下亦不以爲嫌者矣。』見日知録十三卷。」

〔七〕趙曦明曰：「通鑑：『隋文帝開皇七年滅梁，廢其主蕭琮爲莒公。八年冬十月，以晉王廣爲淮南行省尚書令行軍元帥，帥師伐陳，九年正月，獲其主叔寶，陳國平。』」器案：晉書恭紀：「混一六合。」隋書煬紀：「車書混一。」混一，謂混同一統也。

〔八〕胡式鈺竇存四：「家資曰家道。陸士衡百年歌：『子孫昌盛家道豐。』顏氏家訓云云，與易『夫夫婦婦而家道正』不同。」隋書食貨志引長孫平奏立義倉定式：「其强宗富室，家道有餘者，皆競出私財，遞相賙贍。」

〔九〕奉營，謂奉祀營葬。

〔一〇〕詩經大雅雲漢：「周餘黎民，靡有孑遺。」傳：「孑然遺失也。」正義：「釋訓云：『孑然，孤獨之貌。』言靡有孑遺，謂無有孑然得遺漏。」案：隋書地理志下：「丹陽郡，自東晉已後，置郡曰揚州，平陳，詔並平蕩耕墾，更於石頭城置蔣州。」

〔一一〕古人多言江南卑溼。史記屈原賈生列傳兩言「長沙卑溼」，又淮南衡山列傳：「南方卑溼。」又貨殖列傳：「江南卑溼。」陳書蕭督傳：「愍時賦：『南方卑而歎屈，長沙溼而悲賈。』」下溼，猶卑溼也。

〔一二〕續家訓「髓」作「體」。潛夫論交際篇：「精誠相射，貫心達髓。」此用其文。

〔一三〕五服，喪服也。斬衰、齊衰、大功、小功、緦服謂之五服。

〔一四〕後漢書袁術傳：「天子播越。」李賢注：「播，遷也；越，逸也，言失所居。」

〔一五〕周書蘇綽傳：「今之選舉者，當不限資蔭，唯在得人。」通鑑一一一胡三省注：「資謂門地成資。」

〔一六〕盧文弨曰：「何休注公羊宣十二年傳：『艾草爲防者曰廝，汲水漿者曰役。』」

〔一七〕盧文弨曰：「靦，土典切，面醜也。」器案：徐陵與王吴郡書：「孤子無心靦冒，苟郄光陰，風疾彌留，示有餘息。」杜甫去矣行：「野人曠蕩無靦顔。」

〔一八〕本書止足篇：「吾近爲黄門郎，已可收退，當時羈旅，懼罹謗讟，思爲此計，僅未暇爾。」與此所言，皆爲靦冒人間自解耳。王叔岷曰：「案北史周文帝紀：『靦冒恩私，遂階榮寵。』」

〔一九〕後漢書朱浮傳：「既加嚴切。」孔融衛尉張儉碑：「明詔嚴切。」文選沈休文齊故安陸昭王碑文：「徵賦嚴切。」嚴切，謂嚴峻而迫切。

今年老疾侵〔一〕，儻然奄忽〔二〕，豈求備禮乎？一日放臂，沐浴而已，不勞復魄〔三〕，殮以常衣〔四〕。先夫人棄背〔五〕之時，屬世荒饉，家塗空迫〔六〕，兄弟幼弱，棺器率薄，藏内無塼〔七〕。吾當松棺二寸，衣帽已外，一不得自隨，床上唯施七星板〔八〕；至如蠟弩牙、玉豚、錫人之屬〔九〕，並須停省，糧罌明器〔一〇〕，故不得營，碑誌旒旐〔一一〕，彌在言外。載以鼈甲車〔一二〕，襯土而下〔一三〕，平地無墳〔一四〕；若懼拜掃不知兆域〔一五〕，當築一堵低牆於左右前後，隨爲私記耳〔一六〕。靈筵勿設枕几〔一七〕，朔望祥禫〔一八〕，唯下白粥清水乾棗，不得有酒肉餅果之祭。親友來餟酹者，一皆拒之。汝曹若違吾心，有加先妣，則陷父不孝，在汝安乎〔一九〕？其内典功德〔二〇〕，隨力所至，勿刳竭生資〔二一〕，使凍餒也。四時祭祀，周、孔所教，欲人勿死其親〔二二〕，不忘孝道也。求諸内典，則無益焉。殺生爲之，翻增罪累〔二三〕。若報罔極之德〔二四〕，霜露之悲〔二五〕，有時齋供，及七月半盂蘭盆，望於汝也〔二六〕。

〔一〕續家訓無「侵」字。

〔二〕説見文章篇凡代人爲文條注一五。

〔三〕趙曦明曰：「儀禮士喪禮：『復者一人。』注：『復者，有司招魂復魄也。』」器案：禮記喪大記注：「復，招魂復魄也。……氣絶則哭，哭而復，復不蘇，可以爲死事。」牟子理惑篇：「人臨死，其家上屋呼之。死已復呼誰？或曰：呼其魂魄。」太平廣記三二〇引幽明録：「蔡謨在廳事上坐，忽聞鄰左復魄聲，乃出庭前望，正見新死之家，有一老嫗，上著黄羅半袖，下著縹裙，飄然升天；聞一喚聲，輒回顧，三喚三顧，徘徊良久，聲既絶，亦不復見。問喪家，云亡者衣服如此。」復魄本爲生者不忍其死，故叫呼以冀其復蘇，好事者乃造爲故事以説之，亦迷信之一端耳。

〔四〕殮，同斂，衣尸曰小斂，以尸入棺曰大斂，見儀禮士喪禮及禮記喪大記。

〔五〕王羲之書：「周嫂棄背，切割心情。」文選寡婦賦：「良人忽以捐背。」李周翰注：「良人忽棄捐我而逝矣。」捐背猶棄背也。

〔六〕杜甫鄭典設自施州歸詩：「旅兹殊俗遠，竟以屢空迫。」用「空迫」字本此。

〔七〕後漢書趙岐傳：「先自爲壽藏。」注：「壽藏，謂塚壙也；稱壽者，取其久遠之意也，猶如壽宫、壽器之類。」新唐書姚崇傳：「自作壽藏於萬安山南原……署兆曰寂居穴，墳曰復真堂，中劉土爲牀曰化臺，而刻石告後世。」

〔八〕七星板，古代棺中所用墊尸之板。通典八五大斂引大唐元陵儀注：「加七星板於梓宫内，其合施於板下者，並先置之，乃加席褥於板上。」則七星板之制，上自封建帝王，下至庶民百姓，皆得用之。宋詡宋氏家儀部三：「治棺不用太寬，而作虚簷高足，内外漆灰裨布，内朱外黑，中炒糯米焦灰，研細鋪三寸厚，隔以綿紙，紙上以七星板，板上以卧褥，褥中以燈草，此皆附於身者。」明彭濱重刻申閣老校正朱文公家禮正衡四：「七星板，用板一片，其長廣棺中可容者，鑿爲七孔。」姚範援鶉堂筆記四八：「今人棺内有七星板，此見顔氏家訓終制篇。又左昭二十五年：『宋元公曰：「惟見楄柎，所以藉幹者，請無及先君。」』注：『楄柎，棺中笭牀也。

幹，骸骨也。』」曹斯棟稗販八：「棺中藉幹者爲七星板，蔡補軒謂即左傳槅柎。愚案：槅柎，棺中笭牀也，顔氏家訓云云，則槅柎又似藉以安版之物。然案釋名：『薦物者曰笭，濕漏之水，突然從下過也。』即指爲槅柎亦可。」

〔九〕續家訓「豚」作「肫」，借「豘」字。劉盼遂曰：「上虞羅氏所藏古明器，有小弩機張長二寸，中有中士二字；玉豚五枚，鉛人二枚（古者錫鉛通言不别），上有朱書。」又曰：「日本於大正十四年春，發掘樂浪郡古墳，得玉豚一枚，在死者左脇邊指輪之旁，長三寸五分，廣七分，高八分八釐。尾端有孔二，蓋以絲繩貫之，纏繞於死者腕上，防其脱離而然。朝鮮平壤覆審法院保存玉豚一對，一長四寸，廣八分，高九分三釐；一長三寸九分，廣七寸，高九分。各刻四足，屈伏地下，作平卧形。眼耳口鼻，僅可分辨。故吴清卿古玉圖考雖收有玉豚數枚，而皆誤以爲周禮虎節之琥，而推及于漢之金虎符。蓋以其形本蔏胡，不易明辨；使非樂浪發見於死者脇下，吾人至今仍未敢肯定其爲玉豚，蓋可知也。日人關野貞諸氏定此玉豚於喪制爲握，並引劉熙釋名釋喪制云：『握，以物著尸手中使握之也。』（以上節譯日本樂浪時代的遺蹟。）」器案：酉陽雜俎前十三尸穸：「送亡者又以黄卷、蠟錢、兔毫、弩機、紙疏、掛樹之屬。」異苑二：「弘農楊子陽聞土中有聲，掘得玉豘，長可尺許。」幽明録：「餘杭人沈縱家素貧，與父同入山，得玉豘。」則玉豚於南北朝時已紛紛出人間矣。陳直曰：「按：蠟弩牙爲蠟製弩機模型。玉豚係玉石或滑石製成。南京幕府山一號墓所出即有滑石猪（見一九五六年文參六期)。錫人即鉛人。之推葬所言隨品,皆南朝人習俗。又糧罌二字連文,謂陶器罐中略盛食糧,作爲象徵性。洛陽金谷園漢墓羣中所出陶瓶,有朱書題字,如『大麥屑萬石』、『粱米萬石』、『糜萬石』、『更萬石』(更當是稉字)、『糯萬石』、『大豆萬石』之類是也。」器又案:陸游家訓:「近時出葬,或作香亭魂寓人寓馬之類,當一切屏去。」錫人即寓人,蓋寓人或以木或以錫爲之,故又有錫人之稱也。周密齊東野語卷一蜜章密章條云:「密章二字見晉書山濤等傳,然其義殊不能深曉,自唐以來,文士多用之。近世若洪舜俞行喬行簡贈祖母制亦云:『欲報食飴之德,可稽制蜜之章。』密字相傳謂贈典既不刻印,而以蠟爲之,蜜即蠟,所以謂之蜜章。然劉禹錫爲杜司徒謝追贈表云:『紫書忽降於九重,密印加榮於後夜。』李國長神道碑云:『煌煌密章,肅肅終言。』王崇述神道碑云:『没代流慶,密章下賁。』宋祁孫奭謚議云:『密章加等,昭飾下泉。』又祭文云:『恤恩告第,蹏書密章。』密字乃並從山,莫知其義爲孰是,豈古字可通用乎?或他别有所出也。」案「密」爲「蜜」之説,無所致疑。唐音癸籤云:「權德輿哭劉尚書詩:『命賜龍泉重,追榮蜜印陳。』蜜印者,謂贈官刻蠟爲印,懸綬以賜也。唐人文筆中多用此。劉禹錫爲人謝追贈表云:『紫書忽降於九重,蜜印加榮於後夜。』」案癸籤説是。晉書山濤傳:「薨……策贈司徒蜜印紫綬……新沓伯蜜印青朱綬。」又陶侃傳:「薨……追贈大司馬蜜章,祠以太牢。」南齊書陳皇后傳:「昇平三年,追贈竟陵公國太夫人蜜印畫青綬,祠以太牢。」新唐書禮樂志十:「贈者以蠟印畫綬。」字皆作「蜜」,或作

「蠟」，不誤，所謂明器即寓器，「以象平生之容，明不致死之義」是也。

〔一〇〕盧文弨曰：「禮記雜記上：『載粻，有子曰：「非禮也。」』注：『粻，米糧也，言死者不食糧也。』又曰：『甕甒筲衡實，見閒而後折入。』注：『此謂葬時藏物也。衡當爲桁，所以庋甕甒之屬。』檀弓上：『孔子曰：「竹不成用，瓦不成味，木不成斲，琴瑟張而不平，竽笙備而不和，有鍾磬而無簨簴，其曰明器，神明之也。」』又下篇：『孔子謂爲明器者，知喪道矣，備物而不可用也。塗車芻靈，自古有之。孔子謂爲芻靈者善，謂爲俑者不仁。』」

〔一一〕盧文弨曰：「釋名：『碑，被也。此本葬時所設，施其轆轤，以繩被其上以引棺也。臣子追述君父之功美以書其上，後人因焉，無故建於道陌之頭，顯見之處，名其文，就謂之碑也。』案：誌墓起於後世，蓋納於壙中，使後人誤發掘者從而掩之耳。然能如此者百不一二，今金石文字中所載諸誌銘甚多，未聞有復掩於故土者，則亦無益之舉而已。旒旐，古之明旌也，旒則旐之垂者。世説排調篇：『桓南郡與殷荆州共作了語，桓曰：「白布纏棺豎旒旐。」』又案：釋名『無故』之言，猶云物故耳。」器案：御覽五八九引釋名，無「無」字。

〔一二〕盧文弨曰：「周禮遂師：『共丘籠及蜃車之役。』注：『四輪迫地而行，有似於蜃，因取名焉。』禮記雜記上：『其輤有裧。』注：『輤，載柩將殯之車飾也。裧謂鼈甲邊緣，緇布裳帷，圍棺者也。』又云：『載以輲車。』注：『輲讀爲輇，或作槫，周禮有蜃車，蜃輇聲相近，其制同乎輇，崇蓋半乘車之輪。』正義：『以其蜃類蓋迫地而地，其輪宜卑。』」器案：太平廣記四五六引列異記：「夜有乘鼈蓋車從數千騎來，自稱伯敬，候少千。」鼈蓋車即鼈甲車。

〔一三〕續家訓「襯」作「儭」。

〔一四〕禮記檀弓上：「古也墓而不墳。」注：「墓謂兆域，今之封塋也。古謂殷時也。土之高者曰墳。」

〔一五〕兆域，墳墓之界域。周禮春官：「冢人掌公墓之地，辨其兆域而爲之圖。」又見上條注。

〔一六〕續家訓及各本俱無「耳」字，宋本有，今從之。庾信五張寺經藏碑：「秦景遥傳，竺蘭私記。」則「私記」亦六朝人習用語。

〔一七〕靈筵，供亡靈之几筵，後人又謂之靈牀，或曰儀牀。五燈會元十三洪州同安院威禪師：「室内無靈牀，渾家不著孝。」唐詩鼓吹四曹唐哭陷邊許兵馬使：「更無一物在儀床。」元郝天挺注：「儀床，供靈之几筵也。」

〔一八〕盧文弨曰：「案：禮記祭義有朔月月半之文，即後世所謂朔望也。又閒傳：『期而小祥，又期而大祥，中月而禫。』」

〔一九〕器案：論語陽貨篇：「於汝安乎？」皇侃義疏：「於汝之心，以此爲安不乎？」

〔二〇〕勝鬘經室窟：「惡盡言功，善滿言德。又德者得也，修功所得，故曰功德。」

〔二一〕生資，猶今言生活資料。元結春陵行：「悉使索其家，而又無生資。」通鑑二一三八胡三省注：「財物田園，人資以生，謂之資産。」與生資義同。

〔二二〕器案：左傳僖公三十二年：「欒枝曰：『未報秦施，而伐其師，其爲死君乎？』」又襄公二十一年：「欒祁曰：『死吾父而專於國，有死而已，吾蔑從之矣。』」國語晉語：「荀息曰：『死吾君而殺其孤。』」呂氏春秋悔過篇：「先軫曰：『不弔吾喪，不憂吾喪，是死吾君而弱其孤也。』」諸死字用法相同，俱謂人一死便忘得一乾二浄也。

〔二三〕本書歸心篇：「好殺之人，臨死報驗，子孫禍殃。」

〔二四〕詩經小雅蓼莪：「欲報之德，昊天罔極。」鄭箋：「昊天乎，我心無極！」

〔二五〕禮記祭義：「霜露既降，君子履之，必有悽愴之心，非其寒之謂也！」注：「非其寒之謂，謂悽愴及怵惕，皆爲感時念親也。」

〔二六〕宋本原注：「一本無『七月半盂蘭盆』六字，卻作『及盡忠信不辱其親所望於汝也』。」案：續家訓及各本與一本合。趙曦明曰：「案：顏篤信佛理，固宜有此言。今諸本刪去六字，必後人以其言太陋，而因易以他語耳。然文義殊不貫。」盧文弨曰：「盂蘭盆經：『目蓮見其亡母生餓鬼中，即鉢盛飯，往餉其母，食未入口，化成火炭，遂不得食。目蓮大叫，馳還白佛。佛言：「汝母罪重，非汝一人所奈何，當須十方衆僧威神之力，至七月十五日，當爲七代父母厄難中者，具百味五果，以著盆中，供養十方大德。」佛勅衆僧，皆爲施主，祝願七代父母，行禪定意，然後受食。是時，目蓮母得脱一切餓鬼之苦。目蓮白佛：「未來世佛弟子行孝順者，亦應奉盂蘭盆供養。」佛言：「大善。」』故後人因此廣爲華飾，乃至刻木割竹，飴蠟剪綵，摸花葉之形，極工妙之巧。」郝懿行曰：「案：顏氏以薄葬飭終，近於達矣；乃不遵周、孔所教，而篤信内典功德不忘，至於盂蘭齋供，諄諄屬望後人，可謂通人之蔽者也。」器案：歲時廣記三○引韓琦家祭式云：「近俗七月十五日有盂蘭齋者，蓋出釋氏之教，孝子之心，不忍違衆而忘親，今定爲齋享。」案：不忍違衆而忘親之説，最足説明封建士大夫佞佛之心理，顏氏之以此望於子弟，正復爾爾。

孔子之葬親也，云：「古者墓而不墳。丘東西南北之人也，不可以弗識也〔一〕。」於是封之崇四尺〔二〕。然則君子應世行道，亦有不守墳墓之時，況爲事際〔三〕所逼也！吾今羈旅，身若浮雲〔四〕，竟未知何鄉是吾葬地，唯當氣絶便埋之耳。汝曹宜以傳業揚名爲務，不可顧戀朽壤〔五〕，以取堙没也〔六〕。

〔一〕盧文弨曰：「識音志。」

〔二〕盧文弨曰：「已上禮記檀弓上文。」

〔三〕器案：事際，謂多事之際，猶言多事之秋。晉書楊佺期傳：「時人以其晚過江，婚宦失類，每排抑之。恒慷慨切齒，因事際以逞其事。」齊書王宴傳：「高祖雖以事際須宴，而心相疑斥。」義俱同。朱本作「事勢」，不知妄改。

〔四〕論語述而篇：「不義而富且貴，於我如浮雲。」鄭玄注：「富貴而不以義者，於我如浮雲，非己之有。」此則用爲飄忽不定之意。

〔五〕王叔岷曰：「案列子湯問篇：『朽壤之上有菌芝者。』」

〔六〕文選孔文舉論盛孝章書：「妻孥湮没。」又劉孝標辨命論：「堙滅而無聞者，豈可勝道哉！」堙没、湮没，同。文選司馬長卿封禪文：「湮滅而不稱者，不可勝數。」李善注：「湮，没也。」

附録

一　序跋

宋本序跋

顔氏家訓序

北齊黄門侍郎顔之推，學優才贍，山高海深。常雌黄朝廷，品藻人物，爲書七卷，式範千葉，號曰顔氏家訓。雖非子史同波，抑是王言蓋代。其中破疑遺惑，在廣雅之右；鏡賢燭愚，出世説之左。唯較量佛事一篇，窮理盡性也。余曾於官舍，論公製作弘奥。衆或難余曰：「小小者耳，何是爲懷？」余輒請主人紙筆，便録擊（烏煥反）、擣（宣）、𧃇（歳）、𦶆（藥）、𪇰（鑠）、嫕（於計反）、㢧（矧）、㢒（移）、秠（疋來反）等九字以示之，方始驚駭。余曰：「凡字以詮義，字猶未識，義安能見？」旋云小小，頗亦忽忽。」衆乃謝余，令爲解識。余遂作音義以曉之，豈慚法言之論，定即定矣；實愧孫炎之侶，行即行焉云爾。（序中「王言」義未詳。）

盧文弨曰：「此序宋本所有，不著撰人，比擬多失倫，行文亦無法，今依宋本校正，即不便棄之。有疑『王言蓋代』，未詳所出者。案：家語有王言解，或用此矣。」

器案：家語王言解係襲大戴記王言篇，宋本大戴記「王言」譌「主言」；管子亦有王言篇，今佚。

宋本校刊名銜

鄉貢士州學正　林　憲　同校

迪功郎司户參軍　趙善惪　監刊

從事郎特添差軍事推官　錢慶祖

從事郎軍事推官　王　柟

承直郎軍事判官　崔　暠

迪功郎州學教授　史昌祖　同校

承議郎添差通判軍州事　樓　鑰

朝請郎通判軍州事　管　銃

朝奉郎權知台州軍州事　沈　揆

錢大昕竹汀先生日記鈔一：「讀顏氏家訓，淳熙刊本凡七卷，前有序一篇，不題姓名，當是唐人手筆。後有淳熙七年二月沈揆跋（云去年春來守天台郡）及攷證一卷；後列『朝奉郎權知台州軍州事沈揆、朝請郎通判軍州事管鈗、承議郎添差通判軍州事樓鑰、迪功郎州學教授史昌祖同校』；又有『監刊』、『同校』諸人銜，皆以左爲上，蓋台州公庫本也。而前序後又有長記云『廉台田家印』，則是宋槧元印，故于宋諱間有不缺筆者耳。」

又十駕齋養新録十四：「顔氏家訓七卷，前有序一篇，不題姓名，當是唐人手筆。後有淳熙七年二月沈揆跋。又有攷證一卷，後列『朝奉郎權知台州軍州事沈揆、朝請郎通判軍州事管鈗、承議郎添差通判軍州事樓鑰、迪功郎州學教授史昌祖同校』，又有『監刊』、『同校』諸人銜，皆以左爲上，蓋台州公庫本也。淳熙中，高宗尚在德壽宮，故卷中『構』字，皆注『太上御名』，而闕其文。前序後有墨長記云：『廉台田家印。』宋時未有廉訪司，元制乃有之；意者，元人取淳熙本印行，間有修改之葉，則于宋諱不避矣。」

孫星衍宋刻本顔氏家訓跋：「此即宋嘉興沈揆本，錢曾但得其鈔本，録入讀書敏求記。四庫全書載明刻二卷本，當時求宋本未得也。前代列此書於儒家，國朝因其歸心篇不出當時好佛之習，退之雜家，衡鑑之公，上符睿斷；惜纂書時未進此本，他時擬彙以上呈，謹記於後。」

又：「過南陽湖舟覆，載舟數十簏俱沈溼，但如此本，顧千里告余：『何義門家藏書，亦皆沈水者。』此有義門跋，蓋兩經水厄矣。序文不知何人所作。近有仿宋刊本，款式悉相同，惟

版較小，亦精本也。」（戊寅叢編）

宋本沈跋

顔黄門學殊精博。此書雖辭質義直，然皆本之孝弟，推以事君上，處朋友鄉黨之間，其歸要不悖六經，而旁貫百氏。至辯析援證，咸有根據；自當啓悟來世，不但可訓思魯、愍楚輩而已。揆家有閩本，嘗苦篇中字譌難讀，顧無善本可讎。比去年春，來守天台郡，得故參知政事謝公家藏舊蜀本，行間朱墨細字，多所竄定，則其子景思手校也。迺與郡丞樓大防取兩家本讀之，大氐閩本尤謬誤：「五皓」實「五白」，蓋「博名」而誤作「傳」；「元歎」本顧雍字，而誤作「凱」；「喪服經」自一書，而誤作「經」；馬牝曰「騲」，牡曰「騭」，而誤作「騲騇」。至以「吴趨」爲「吴越」，「桓山」爲「恒山」，「僮約」爲「童幼」，則閩、蜀本實同。惟謝氏所校頗精善，自題以五代宫傅和凝本參定，而側注旁出，類非取一家書。然不正「童幼」之誤；又秦權銘文「剿」實古「則」字，而謝音制，亦時有此疏舛：讎書之難如此。於是稍加刊正，多采謝氏書，定著爲可傳。又别列攷證二十有三條爲一卷，附於左。若其轉寫甚譌與音訓辭義所未通者，皆存之，以竢洽聞君子。淳熙七年春二月，嘉興沈揆題。

案：中興館閣續録七：「沈揆，字虞卿，嘉興人，紹興三十年梁克家榜進士出身。治書。淳康十一年十一月除，十四年五月爲祕閣修撰、江東運判。」赤城志九：「淳熙六年正月二十三日，沈揆以朝奉郎知嘉興，人號儒者之政。官至禮部侍郎，七年十二月一日召。」文淵閣書目十：「沈虞卿野堂集一部（二册完全）。」桑世昌蘭亭考六審定上有沈揆文。俞松蘭亭續考一有沈虞卿題二首，紹熙壬子仲冬四日揆題一首，檇李沈揆題二首，又紹興癸丑正月十日書於姑蘇郡齋一首。勞格讀書雜識卷十一宋人有考。

錢遵王讀書敏求記卷三：「顔氏家訓七卷。顔氏家訓流俗本止二卷，不知何年爲妄庸子所殽亂，遂令舉世罕覩原書。近代刊行典籍，大都率意劖改，俾古人心髓面目，晦昧沈錮於千載之下，良可恨也。嗟嗟，秦火之後，書亡有二，其毒甚於祖龍之炬：一則蒙師之經解，逞私説，憑臆見，專門理學，人自名家，漢唐以來諸大儒之訓詁注疏，一概漫置不省，經學幾幾乎滅熄矣。一則明朝之帖括，自制義之業盛行，士人專攻此以取榮名利禄，五經旁訓之外，何從又有九經、十三經？而況四庫書籍乎！三百年來，士大夫劃肚無書，撑腸少字，皆制義誤之，可爲痛惜者也。是書爲宋人名筆所録，淳熙七年嘉興沈揆取閩本、蜀本互爲參定，又從天台故參知政事謝公所校五代和凝本辨析精當，後列考證二十三條爲一卷。沈君學識不凡，讐勘此書，當時稱爲善本，兼之繕寫精妙，古香襲人，置諸几案間，真奇寶也。」

案：愛日精廬藏書志卷二十一所著録舊鈔本，即據宋本鈔。

宋呂祖謙雜説

顔氏家訓雖曰平易，然出於胸臆，故雖淺近，而其言有味，出於胸臆者，語意自別。（呂東萊先生遺集卷二十）

明嘉靖甲申傅太平刻本序

刻顔氏家訓序

史璧曰：書靡範，曷書也？言靡範，曷言也？言書靡範，雖聯篇縷章，贅焉亡補。乃北齊顔黄門家訓，質而明，詳而要，平而不詭。蓋序致至終篇，罔不折衷今古，會理道焉，是可範矣。璧少時，家君東軒公嘗援引爲訓，俾知嚮方。顧其書雖晦菴小學間見一二，然全帙寡傳，莫獲考見。頃得中祕本，手自校録。適遼陽傅太平以報政來，就予索古書；予出之觀，且語之故。太平曰：「吾志也。是惡可弗傳諸？」亟持歸刻焉。夫振古渺邈，經殘教荒，馴至于今，變趨愈下。豈典範未嘗究耶？孰謂古道不可復哉？乃若書之傳，以提身，以範俗，爲今代人文風化之助，則不獨顔氏一家之訓乎爾！兹太平刻書之意也。太平名鑰，以司諫作郡，有治行，今爲浙江副使。嘉靖甲申夏六月望吉，賜進士出身翰林院侍講承德郎經筵國史官南郡陽峯張璧序。

案：是本分上下卷，大題下題「北齊黄門侍郎顔之推撰，明蜀榮昌後學泠宗元校」。考明敬思堂刊本白虎通德論二卷，新都俞元符重校，書前有刻白虎通序云：「予寅長遼陽傅公希準，乃正其誤而刻之；太平可謂文以飭吏，而爲用世之通儒也夫！公名鑰，以給諫出守，得士民心，而名位功業殆未涯云。後學蜀昌泠宗元序。」據此，則傅太平且刻有白虎通德論，亦泠宗元爲之序也。俞元符所刻之白虎通德論，即據其本，故稱「重校」云。

明萬曆甲戌顔嗣慎刻本序跋

重刻顔氏家訓序

嘗聞之：三代而上，教詳於國；三代而下，教詳於家。非教有殊科，而家與國所繇異道也。蓋古郅隆之世，自國都以及鄉遂，靡不建學，爲之立官師，辨時物，布功令故民生不見異物，而胥底於善。彼其教之國者，已粲然詳備。當是時，家非無教，無所庸其教也。迨夫王路陵夷，禮教殘闕，悖德覆行者接踵於世，于是爲之親者，恐恐然慮教勑之亡素，其後人或納於邪也，始丁寧飭誡，而家訓所由作矣。斯亦可以觀世哉！顔氏家訓二十篇，黄門侍郎顔公之推所撰也。公閲天下義理多，以此式穀諸子，後世學士大夫亟稱述焉。顧刻者訛誤相襲，殊乏善本。公裔孫翰博君嗣慎，重加釐校，將託梓以傳，迺來問序。余手是編而三歎，蓋歎顔氏世德之遠也。昔孔子布席杏壇之上，無論三千，即身通六藝者，顔氏有八人焉。無論八人，即杞國、兗國父子，相率而從之游，數畝之田不暇耕，先人之廬不暇守，贏糧于齊、楚、宋、衞、陳、蔡之郊，艱難險阻，終其身而未嘗舍。意其家庭之所教詔，父子之所告語，必有至訓焉，而今不及聞矣。不然，何其家之同心慕誼如此邪？嗣後淵源所漸，代有名德，是知家訓雖成於公，而顔氏之有訓，則非自公始也。乃公當梁、齊、隋易代之際，身嬰世難，間關南北，故幽思極意而作此編，上稱周、魯，下道近代，中述漢、晉，以刺世事。其識該，其辭微，其心危，其慮詳，其稱名小而其指大，舉類邇而見義遠。其心危，故其防患深；其慮詳，故繁而不容自已。推此志也，雖與内則諸篇並傳可也。或因其稍崇極釋典，不能無疑。蓋公嘗北面蕭氏，飫其餘風；且義主諷勸，無嫌曲證，讀者當得其作訓大旨，兹固可略云。昔子思居衞，衞人曰：「慎之哉！子聖人之後也，四方于子乎觀禮。」顔氏爲復聖後，而翰博君褆身好禮，蓋能守家訓者；乃猶以遏佚爲懼，汲汲欲廣其傳。余由此信顔氏之裔，無復有失禮，而足爲四方觀矣。傳不云乎：「國之本在家。」「人人親其親、長其長而天下平。」若是，則家訓之作，又未始無益於國也。萬曆甲戌仲秋之吉，翰林國史修撰新安張一桂稚圭甫書。

兹家訓一書，予先祖復聖顏子三十五代孫北齊黄門侍郎之推撰也。自唐、宋以來，世世刊行天下。迨我聖朝成化年間，建寧府同知程伯祥、通判羅春等，嘗命工重刊，但未廣其傳耳。今予幸生六十四代宗嫡，叨襲翰林博士，竊念此刻誠吾家之天球河圖也，罔敢失墜，遂夙謁張公玉陽、于公谷峯乞叙其始末，將繡梓以共天下。觀者誠能擇其善者，而各教于家，則訓之爲義，不特曰顏氏而已。旹萬曆三年，歲次乙亥，孟春之吉，復聖六十四代嫡孫世襲翰林院博士不肖嗣慎頓首謹識。（以上二首，載原書之首。）

是書歷年既久，翻刻數多，其間字畫，頗有差謬。今據諸書，暨取證於先達李蘭皋諸公。尤有未盡，姑闕以俟知者。（以上載原書之末。）

案：是本分上下二卷，上卷大題下題「北齊黄門侍郎顏之推撰，建寧府同知績溪程伯祥刊」，下卷大題下題「北齊黄門侍郎顏之推撰，建寧府通判盧陵羅春刊」。

顔氏家訓後叙

余觀魯顔氏世諜記，自復聖之先，有爵邑於國者，固十數世矣。迨素王作，及門之徒，顔氏八人焉，斯已盛矣。其後歷晉、宋、隋、唐千餘年，名人碩士，垂聲實載籍者，固不可勝數；北齊顔之推，其著者也。語曰：「芝草無根，醴泉無源。」豈然哉！翰林博侍郎博雅閎達，爲六朝人望，所著書甚衆，其逸或不傳，顧獨有家訓二十篇。翰林博士顔君，今所爲奉復聖祀者也，雅重其家遺書，顧此編無藏者。而魯望洋王孫故好積書，嘗購得一帙。博士君造其門請觀，迺其故本，多闕不可讀，博士奉而藏焉，又懼其逸也，於是重加校定，梓之其家以傳。甲戌秋入賀詣闕下，以觀于子曰：「此吾家天球赤刀也，願子綴之一言。」于子受卒業，則嘅曰：嗟淵哉渢渢乎，其有先賢之遺耶！非令德之後，言固不能若是。然其説著者，先儒各往往采摭之矣。夫其言閫以内，原本忠義，章叙内則，是敦倫之矩也；其上下今古，綜羅文藝，類辨而不華，是博物之規也；其論涉世大指，曲而不詘，廉而不劌，有大易、老子之道焉，是保身之詮也；其撮南北風土，儁俗具陳，是考世之資也。統之，有關於世教，其粹者考諸聖人不繆，儒先之慕用其言，豈虚哉？然予嘗竊怪侍郎，當其時，大江以南，踵晉、宋遺風，學士大夫，操盈尺之簡，日夜雕畫其中，窮極綺麗，即有談説先王，則裂眥扼腕，塞耳而不願聞。江以北，故胡也，民控弦椎髻，王公大人，擁氈裘飲酪者居什五；即士流名裔，且將裂冠而從之。此何時也！侍郎故遊江南，已又栖遲關、洛之間，乃能不没溺于俗，而秉禮樹風，以準繩榘矱，脩之于家，不隕先世之聲問，豈不超然風氣之外者哉？然余竊又以悲其不遇焉。以彼其材，毋論得遊聖人之門，藉令遭統一之主，深謀朝廷，矩範當世，即漢世諸儒，何多讓焉。然而播越戎馬，羈旅秦、吴，朝綰一紱，夕更一綬，其志何悲也！夫河自龍門、砥柱而下，天下之水皆河也，濟獨以一葦之流，横貫其中，清濁可望而辨。夫濟固不能不河也，然無失其濟固難矣，侍郎之所遭則是哉！昔虞卿去趙，困于梁，不得意，乃著書以自見。故虞卿非羈旅，其言不傳。侍郎倘亦其指與？抑以察察之跡，而浮游世之汶汶，固將有三閭大夫之憤而莫之宣耶！恨不見其全書，使其志沕没而不章，竊又以悲其不傳也。侍郎子若孫，則思魯、師古，並以文雅著名；其後真卿、杲卿兄弟，大節皎皎如日星，至今在人耳，斯又聖賢之澤也。然謂非垂訓之力，烏乎可哉？博士名嗣慎，兗國六十四代裔孫，醇雅而文，通達世故，能世其訓者也。梓不漫矣。萬曆甲戌季秋望日，賜進士翰林院脩撰承務郎同脩兩朝國史魯人于慎行謹叙。

明程榮漢魏叢書本序跋及其他

顔氏家訓序

昔我皇祖迪哲，垂範立訓，有典有則，以貽子孫。子孫克遵厥訓，明徵定保，至於今有成法。予小子欽念哉！粤我皇祖邁種德：在齊有黄門侍郎公，在唐有魯國常山公，在宋有潭州安撫公，文章節義，昭回於天壤，揚耿光而垂休裕，用大庇於我後人。而黄門公所著家訓，迪我後人德業尤切，子孫靈承厥志，曰惟我祖之德，是彝是訓，罔敢遏佚前人光，玆予其永保哉！自時厥後，寖微寖昌，子孫有弗若厥訓，亦弗克保厥家，則訓教之不立也。凡民性非有恒，善惡罔不在厥初；圖惟厥初，莫先教訓。詩曰：「螟蛉有子，果蠃負之。教誨爾子，式穀似之。」言子必用教，教必用善也。教之以善，猶懼弗率，況導之以不軌不物，俾惟慆淫是即，其何善之有？故子之在教也，猶金之有鍘、水之有源也；鍘正則正，源清則清，弗可改也已！我黄門祖恭立厥訓，佑啓後人；後人有弗獲覩厥訓，以閑於有家，若瞽之無相，倀倀乎其曷所底止哉？邦大懼祖德之克宣，子孫之弗迪也，爰求家訓善本，重鋟諸梓，俾子孫守焉。是本乃宗人如環同知蘇州時所刻，婁江王太史萬書閣所藏，而出以示余。維時余緝家譜，未獲家訓全書，竊以爲憾。兹得之如獲拱璧。厥惟我顔氏之文獻乎！子孫如是乎有徵焉，罔或失墜，則我顔氏忠義之家風，與家訓俱存而不泯。兹刻也，維清熙，迄用有成，惟我顔氏之禎祥也，豈曰小補之哉？萬曆戊寅季冬，茶陵平原派三十四代孫顔志邦書於東海佐儲公署。

顔氏家訓序

家訓二十篇，自吾黄門侍郎祖始著，去今蓋九百餘年，失傳已久。吾弟四會掌教士英，嘗有志訪刻而未遂，以囑其子如瓌。正德戊寅，如瓌同知蘇州之三年，獲全本重校刊之，既自識其後矣，復以書來請曰：「祖訓重刊，首序非異人任，吾伯父其成之！」謹按：侍郎既著是訓，繼而其子諱思魯，以博學善屬文，官至校書東宫學士；愍楚直内史；游秦校祕閣；再傳至夔府長史贈虢州刺史諱勤禮、弘文館學士師古、相時，司經校定經史育德，三傳至侍讀曹王屬贈華州刺史諱昭甫，以至濠州刺史贈祕書監元孫，暨通議大夫贈國子祭酒太子少保諱惟真，遂生我魯國公諱真卿、常山太守杲卿與夫司丞春卿、淄川司馬曜卿、胤山令旭卿、犍爲司馬茂曾、杭州參軍缺疑、金鄉男允南、富平尉喬卿、左清道兵曹幼輿、荆南行軍允臧；其後復生彭州司馬威明昆季，佐父破土門，同時爲逆胡所害者八人。建中改元，魯國遷秩之際，子姪同封男者亦八人。又其後魯國五世孫諱翊，爲台州招討使，詡爲永新令，是皆奕葉重光，聯芳並美，顔氏於斯爲盛。謂非家訓所自，不可也。自是而後，歷宋而元，仕籍雖不乏，而彰顯不逮前，豈非家訓失傳之故歟？迨入國朝，文廟靖内難時，沛縣令伯瑋父子死忠，則我招討使之後自永新徙廬陵之派者也。其猶有魯國、常山之餘烈，而得家訓之墜緒乎！乃今如瓌克繼父志，是訓復續，意者天將復興顔氏乎！書曰：「毋忝爾祖，聿修厥德。」易曰：「積善之家，必有餘慶。」顔氏之子若孫，其遵承是訓，而脩德積善，則前日之盛，未必不可復也。是固吾與吾弟若姪之所願望者也。是爲序。正德戊寅冬十二月丙寅。前睢寧學諭八十五翁廣烈拜手謹序。（案：以上二首見卷首。）

顔氏家訓後序

如瓌齠年時，受小學於先君，習句讀，至顔氏家訓，請曰：「豈先世所遺？何不授全書？」先君笑曰：「童子能知問此，可教矣。此北齊黄門侍郎祖諱之推所著，世遠書亡，家藏宋本，篇章斷缺。吾每留意訪求全本弗獲；汝能讀書成立，它日求諸好古積書之家，當必得之。」又曰：「侍郎祖五世生魯國公諱真卿、常山太守諱杲卿，並以忠義大顯于唐，世居金陵。魯國五世生永新令諱翊，與弟招討使諱翊，因家永新。招討十二世生祖諱子文，又自永新徙居安福，流傳至今。自吾去魯國，蓋二十七世，去侍郎，蓋三十一世，具載家譜可考。此書苟得，其重刻之，以承先志，以貽子孫，毋忽！」如瓌謹識不敢忘。既而宦遊南北，雖嘗篤意訪求，亦弗獲。正德乙亥，自陝州轉官姑蘇，遍訪始得宋董正工續本于都太僕玄敬，繼得宋刻抄本于皇甫太守世庸，乃合先君所藏缺本，參互校訂，而是訓復完。因命工重刻以傳，蓋庶幾少副先君遺志，而於顏氏之後，或有裨焉。序致篇曰：「非敢軌物範世也，業以整齊門内，提撕子孫。」如瓌仰述先君重刻之意，亦此意也。爲顏氏子孫者，其尚慎行之哉！正德戊寅冬十月望日。如瓌謹識。

顏氏家訓小跋

余，楚産也。家訓，楚未有刻也。雖散見諸書旁引，而恒以不獲全書爲憾。余倅東倉，迎家君至養。時王太史鳳洲翁以詩贈，有「家訓傳來舊姓顏」之句，因走弇山園以請，迺出是書，如獲拱璧。閱之，則前以戊寅刻，而今又以戊寅遘也。如環其有以俟我乎！奇矣！奇矣！王太史既出是訓，又貽余以家廟碑，而爲之跋。他日請叙家譜，又云：「家訓未列諸顔及杲卿傳。」而屬余以梓。太史公之益我顔氏，亦遠矣哉！因奉命鋟諸梓，以淑來裔，以永保太史相成之意云。旹萬曆戊寅季冬。茶陵顔志邦又言。（案：以上二首見書末。）

案：是書分上下二卷。大題下題「北齊琅琊顔之推著，明新安程榮校」。收入所刻漢魏叢書。又案：余藏嘉慶二十二年刻本顔氏通譜，收入之推此書，所據底本爲顔志邦本，列有康熙五十年洒陽顔星重刻顔氏家訓小引，及嘉慶二十二年潙寧顔邦城三刻黄門家訓小引，以其祖本既取以校讎矣，則無取於叠牀架屋之爲也，故未加徵引，而最録其二小引於後焉。

重刊顔氏家訓小引

星兄弟每侍先人側，先人必舉黄門祖家訓提撕星兄弟曰：「兒輩當以聖賢自命，黄門祖家訓，所以適於聖賢之路也。世間無操行人，口誦經史，舉足便差；總由游心千里之外，自家一個身子，都無交涉，猖狂齷齪，慚負天地，斷送形骸，可爲寒心哉！黄門祖家訓僅二十篇，該括百行，貫穿六藝，寓意極精微，稱説又極質樸。蓋祖宗切切婆心，諄諄誥誡，迄今千餘年，只如當面説話，訂頑起懦，最爲便捷。兒輩於六經子史，豈不當留心？但『同言而信，信其所親；同命而行，行其所服』，黄門祖於家訓篇首，曾揭是説，以引誘兒孫矣。今日親聽祖宗説話，便要思量祖宗是如何期望我，我如何無憾于祖宗；怵敬操持，不徒作語言文字觀，則六經子史，皆家訓注脚也。念之！念之！」又曰：「兒輩得讀家訓不容易！家訓我世世寶之。正統間，思聰公曾經校刊，以授兒孫。無如兵燹之餘，散軼頗多，苦無善本。戊午春，坐徐認齋書屋，抽架上得家訓全集，喜心翻淚；又以中多訛舛，攜至京師，獲與東魯學山先生，參互攷訂，手録成編，乃得與兒輩共讀之。目前艱於梨棗，待我纂修通譜時，重刻譜端，俾我顔氏一家人，各各奉爲寶訓，以無忝厥祖志可也。念之，念之！」嗚呼！先人言猶在耳也，奈何竟齎志以没哉！余小子風木增悲，堂構滋愧，先人欲成未成之志，余小子未克負荷者多矣，重刻家訓，遑敢遏佚哉！歲辛卯，綜脩通譜，自汭水走吉郡數千里，伯叔昆季出如環公同知蘇州時所得家訓全集，後爲吉人公三修譜牒内重加校刊一帙畀似余，證驗符同，相得益彰，迺命梓人將魯公祖事實、文集及東魯陋巷志，俱行刊刻，與家訓同列譜端。星願環家人相與怵敬操持，不徒作語言文字觀，以自棄於聖賢之外。此先人志，即黄門祖志也。旹今上御極之五十年，歲在辛卯。三十九裔楚汭陽星識。（案：此爲康熙五十年。）

三刻黄門家訓小引

記有之：「太上立德，其次立功，其次立言。」則立言似爲末務矣。嗟乎，立言豈易哉！彼夫揆藻摛華，引商刻羽，非勿工麗也，長江大河，一瀉千里，非勿博大也，尺牘寸楮，短兵犀利，非勿遒勁也；然而不出風雲之狀，盡皆月露之形，無益於當時，莫裨於後世，言之者雖爲得意，聞之者未足爲戒也。若我三十五世祖黄門子介公之家訓則不然，惟恐後人或懈於克己復禮之功，或忽於視聽言動之準，故不惜繁稱博引之諄諄，庶幾動有法，守克馴，至於道耳。顧或者曰：易奇而法，詩正而葩，春秋謹嚴，左氏浮夸，尚書則紀政治也，戴記則明經典（原誤「曲」）也，誰則非訓萬世者，公之爲此，不亦贅乎？而不知非也。六經之文，非不本末兼該，大小具備；而詞旨深遠，義理藴奥，必文人學士，日親師友之講論，始能通之。若公之爲訓，則自鄉黨以及朝廷，與夫日用行習之地，莫不有至正之規，至中之矩；雖野人女子，走卒兒童，皆能誦其詞而知其義也。是深之可爲格致誠正之功者，此訓也；淺之可爲動静語默之範者，此訓也；誰不奉爲暮鼓晨鐘也哉？古所稱立言不朽者，其在斯與！其在斯與！時嘉慶丁丑廿二年仲春月吉旦，潙寧四十三派孫邦城謹識。嗣孫邦特、邦輝、邦耀、懷德、邦昱、振泗、邦屏同刊。

案：此本顔氏通譜列於譜端，三刻小引書口魚尾上方即標爲顔氏通譜。余所藏本三刻小引首頁有木記，前四行楷書：「南省總譜，以『博文約禮』四字編（一行）定號數，每字八十號，總計三百二十（二行）號，外增一號，即爲僞造。其各房給領（三行）支譜，必於總譜注明通數，以便考驗（四行）。」後爲朱文篆書「源遠流長」四字。木記下有朱字楷書「文字廿一」印記，書眉上有「錫字貳號」朱文楷書印記，蓋支譜編號也。此本先列三刻黄門家訓小引，次列重刻顔氏家訓舊序，即顔廣烈序，而誤以爲顔志邦序，足以知其魯莽滅裂矣；最後爲顔星之重刊顔氏家訓小引。據顔星文，知正統間尚有顔思聰刻本，今亦不可得見矣。

清康熙五十八年朱軾評點本序

顔氏家訓序

始吾讀顔侍郎家訓，竊意侍郎復聖裔，於非禮勿視、聽、言、動之義庶有合，可爲後世訓矣，豈惟顔氏寶之已哉？及覽養生、歸心等（朱文端公集卷一載此序「等」作「二」）篇，又怪二氏樹吾道敵，方攻之不暇，而附會之，侍郎實忝厥祖，欲以垂訓可乎？雖然，著書必擇而後言，讀書又言無不擇。軾不自量，敢以臆見，逐一評校，以滌瑕著熾，使讀者黜其不可爲訓而寶其可爲訓，則侍郎之爲功於後學不少矣。康熙五十八年冬至日，高安後學朱軾序。

案：此本分上下卷，大題下題「北齊顔之推著，後學朱軾評點」。朱序外，尚有于慎行顔氏家訓叙（略）、張一桂重刻顔氏家訓序（略）。此書與嗣後續刻諸書合稱朱文端公藏書十三種。是本爲吴梅手批本，書末有吴氏題記云：「丁丑十一月十四日，霜厓讀訖。時避寇湘潭，東望吴門，公私塗炭，俯仰身世，略似黄門，點朱展卷，悽然無盡。」文末有「靈雄」二字朱文篆書章。又卷首有「五萬卷藏書樓」朱文篆書、「沈氏家藏」白文篆書、「吴梅」白文篆書、「瞿安心賞」朱文篆書、「霜崖手校」白文篆書、「長洲吴氏藏書」白文篆書等章。書藏北京圖書館。

清雍正二年黄叔琳刻顔氏家訓節鈔本序

顔氏家訓節鈔序

人之愛其子孫也，何所不至哉！愛之深，故慮焉而周；慮之周，故語焉而詳。詳於口者，聽過而忘，又不如詳於書者，足以垂世而行遠，此家訓所爲作也。然歷觀古人詔其後嗣之語，往往未滿人意。叔夜家誡，骫骳逢時，已絶巨源交，而又幸其子之不孤；淵明責子，付之天理，但以杯中物遣之；王僧虔慮其子不曉言家口實；徐勉屑屑以田園爲念；杜子美云「詩是吾家事」，「熟精文選理」，其末已甚，即卓犖如韓退之，亦惟以公相潭府之榮盛，利誘其子，而未及於道義。彼數賢者，豈慮之不周、語之不詳哉？識有所不足，而愛有所偏狥故也。余觀顔氏家訓廿篇，可謂度越數賢者矣。其誼正，其意備。其爲言也，近而不俚，切而不激。自比於傅婢寡妻，而心苦言甘，足令頑秀並遵，賢愚共曉。宜其孫曾數傳，節義文章，武功吏治，繩繩繼起，而無負斯訓也。惟歸心篇闡揚佛乘，流入異端；書證篇、音辭篇義瑣文繁，有資小學，無關大體；他若古今風習不同，在當日言之，則切近於事情，由今日視之，爲閑談而無當。不揣譾陋，重加決擇，薙其冗雜，掇其菁英，布之家塾，用啓童蒙。蘇子瞻云：「藥雖進於醫手，方多傳於古人。若已經効於世間，不必皆從于己出。」竊謂父兄之教子弟，亦猶是也，以古人之訓其家者，各訓乃家，不更事逸而功倍乎？此余節鈔是書之微意也。時雍正二年歲次甲辰，仲春既望。北平黄叔琳序。

據養素堂刊本，是書分上下二卷，大題下署「北平黄叔琳崑圃編」，書末記「男登賢雲門、登穀挹辛校字」。北京圖書館藏有紀昀手批本，目録大題下有「獻陵」（朱文篆書）「紀曉嵐」（白文篆書）二印。

清乾隆五十四年盧文弨刻抱經堂叢書本序跋及其他

注顏氏家訓序

士少而學問，長而議論，老而教訓，斯人也，其不虚生於天地間也乎！余友江陰趙敬夫先生，方嚴有氣骨，與余遊處十餘年，八十外就鍾山講舍，取宋本顏氏家訓而爲之注。余奪於他事，不暇相助也。又甚惜其勞，謂姑置其易明者可乎？先生曰：「此將以教後生小子也。人即甚英敏，不能於就傅成童之年，聖經賢傳，舉能成誦，况於歷代之事蹟乎？吾欲世之教于弟者，既令其通曉大義，又引之使略涉載籍之津涯，明古今之治亂，識流品之邪正。他日依類以求，其於用力也亦差省。」書成未幾，而先生捐館矣。余感疇昔周旋之雅，又重先生惓惓啓迪後人之意至深且摯，烏可以無傳？就其孫同華索是書，一再閲之，翻然變余前日尚簡之見，而更爲之加詳，以從先生之志。則是書也，匪直顏氏之訓，亦即趙先生之訓也。先生之學問，先生之議論，不即於是書有可想見者乎？嗚呼！無用之言，不急之辯，君子所弗貴。若夫六經尚矣，而委曲近情，纖悉周備，立身之要，處世之宜，爲學之方，蓋莫善於是書，人有意於訓俗型家者，又何庸舍是而疊牀架屋爲哉？乾隆五十四年歲在己酉，重陽前五日，杭東里人盧文弨書於常州龍城書院之取斯堂。

例言

一，黄門始仕蕭梁，終於隋代，而此書向來唯題北齊。唐人修史，以之推入北齊書文苑傳中。其子思魯既纂父之集，則此書自必亦經整理，所題當本其父之志可知。今亦仍之。

一，黄門九世祖從晉元南度，江寧顔家巷，其舊居也，則當爲江寧人，而此書向題琅邪。唐人修史，例皆不以土斷，而遠取本望，劉知幾爲史官，曾非之，不能革也。故北齊書亦曰琅邪臨沂人，今亦姑仍其舊。

一，此書爲江陰趙敬夫注，始余覺其過詳。敬夫以啓迪童子，不得不如是。余甚韙其言，故今又從而補之，凡以成敬夫真切爲人之志，非敢以求勝也。

一，黄門篤信説文，後乃從容消息，始不過於駭俗。然字體究屬審正，歷經轉寫，譌謬滋多。今於甚俗且别者正之，其非説文所有，而爲世所常行者，一仍其舊，亦黄門志也。

一，此書音辭篇，辯析文字之聲音，致爲精細。今人束髮受書，師授不能皆正；

又南北語音各異，童而習之，長大不能變改，故知正音者絶少。近世唯顧寧人、江慎修、戴東原，能通其學，今金壇段若膺，其繼起者也。此篇實賴其訂正云。

一，此書段落，舊本分合不清。今於當别爲條者，皆提行，庶幾眉目瞭然。

一，宋本經沈氏訂正，誤字甚少，然俗間通行本，亦頗有是者。今擇其義長者從之，而注其異同於下。後人或别有所見，不敢即以余之棄取爲定衡也。

一，沈氏有考證一卷，繫此書之後；今散置文句之下，取繙閲較便，勿以缺漏爲疑。

一，黄門本傳中，載所作觀我生賦，家國際遇，一生艱危困苦之況，備見於是，此即其人事蹟，不可略也。句下有自注，盡皆當日情事；其辭所援引，今爲之考其出處，目爲加注，使可識别。但賦中尚有脱文，别無他書補正，意猶缺然。

一，涉獵之弊，往往不求甚解，自謂了然。余於此書，向亦猶夫人之見耳。今再三閲之，猶有不能盡知其出處者。自愧窾啓，尚賴博雅之士，有以教我焉。

一，敬夫先生以諸生終，隱德不曜，余爲作瞰江山人傳，今並繫於後（今省），使人得因以想見其爲人。

一，此書經請正於賢士大夫，始成定本；友朋間復互相訂證，厥有勞焉。授梓之際，及門諸子又代任校讎之役；而剞劂之費，深賴衆賢之與人爲善，故能不數月而訖功。今於首簡各載姓名，以見懿德之有同好云。抱經氏識，時年七十有三。

顔氏家訓注

鑒定　嘉定錢大昕莘楣　仁和孫志祖怡谷　滄州李廷敬寧圃

參訂　金壇段玉裁懋堂　孝感程明愫蔽園　新會譚大經敷五　仁和潘本智鏡涵

江陰周宗學象成

讎校　江陰楊敦厚仲偉　江陰陳宏度師儉　江陰王　璋秉政　江陰湯　裕岵瞻

（趙門人）　江陰沙照耀滄（趙門人）　武進臧鏞堂在東　武進丁履恒基士

瞰江孫趙同華俊章校梓

（以上見卷首，以下見卷末。）

壬子年重校顔氏家訓

向刻在己酉年，但就趙氏注本增補，未及取舊刻本及鮑氏所刻宋本詳加比對，致有譌脱。今既省覺，不可因循，貽誤觀者。故凡就向刻改正者，與夫爲字數所限不能增益者，以及字畫小異，咸標明之，庶已行之本，尚可據此訂正；注有未備，兼亦補之。七十六叟盧文弨識。

趙跋

北齊黄門侍郎顔公，以堅正之士，生穢濁之朝，播遷南北，他不暇念，唯繩祖詒孫之是切，爰運貫穿古今之識，發爲布帛菽粟之文，著家訓二十篇。雖其中不無疵累，然指陳原委，愷切丁寧，苟非大愚不靈，未有讀之而不知興起者。謂當家置一編，奉爲楷式。而是書先有姚江盧檠齋之分章辨句，金壇段懋堂之正誤訂譌；區區短才，遂不揣鄙陋，取而注釋之。年當耄耋，前脱後忘，必多缺略，第令儉於腹笥者，不至迷於援據，退然自阻，則亦不爲無益。至於補厥挂漏，俾臻完善，不能無望於將伯之助云。乾隆五十一年歲次丙午冬十月十日，瞰江山人趙曦明書於容膝居，是年八十有二。

翁方綱復初齋文集卷十六書盧抱經刻顔氏家訓注本後

同年盧弓父學士以其友趙君所注顔氏家訓校正精槧，其益人神智，頗有出宋本上者。然如第六卷内詔内下，沈校宋本空格，此云沈氏不空；䬸字注作䬸，此云作䬸，則疑弓父所見沈校宋本者，特偶見一鈔本，而非原本耳。沈氏攷證二十三條，自爲一卷，而盧刻皆散置文句之下，雖於學者繙閲較便，然愚謂古書當存其舊式；即如沈氏攷證内「孟子曰：『圖景失形』」一條，盧刻竟删去之，雖於義無害，然古書之面目，竟不存矣。又沈跋前一紙，係於末一行緊貼跋語書「朝奉郎知台州軍事沈揆」，又前一行「通判軍州事管鈗」，又前一行「添差通判樓鑰」，皆又低一格書之，又再前又低一格，則「教授、判官、推官、參軍」，其最前最低格書者，則「鄉貢進士州學正林憲同校」，凡九人，前七行皆總書「同校」，後二行則曰「監刊」，又曰「同校」，乃是鋟木時之覆校耳。愚攷宋時牒後系銜，皆自後而前，官尊者在後，卑者在前，此其式也。以今所傳影宋槧本，如説文卷末雍熙三年進狀後，徐鉉在句中正前，其牒尾平章事李昉在參知政事吕蒙正、辛仲甫之前；又如羣經音辨載寶元二年牒後，平章事二人，亦在最前也。必宜依其原樣，末尾一行緊貼跋語書之，乃可依次自後而前讀之耳。今盧本將沈跋另刻於前紙，而又自起一紙，題曰「宋本校刊名銜」，則疑於自前而後者，殊乖其式矣。乃先曰「同校」，次曰「監刊」，又次以七人「同校」，則最前之「同校」二字，爲不可通矣。昔弓父校李雁湖王荆公詩注，將其卷尾所謂「補注」者，皆移置於本詩之下；及予攷其補注，乃别是臨川曾景建所爲，非出雁湖之手；以語弓父，弓父始追悔而已，無及矣。今校閲此書，故縷縷及之，以爲古書刊式不可更動之戒。沈揆，字虞卿，見桑澤卿蘭亭攷。錢遵王讀書敏求記云：「沈君讐勘此書，當時爲宋人名筆，繕寫精妙，古香襲人者也。」未谷進士從其友某君家借觀，是影寫宋槧之本，前後有汲古毛氏諸印。予因得轉假，詳校一遍，附識於此。

宋晁公武郡齋讀書志儒家

顔氏家訓七卷

北齊顔之推撰。之推本梁人，所著凡二十篇，述立身治家之法，辨正時俗之謬，以訓子孫。

宋陳振孫直齋書録解題雜家類

顔氏家訓七卷

北齊黄門侍郎琅邪顔之推撰。古今家訓，以此爲祖；而其書崇尚釋氏，故不列於儒家。

清文津閣四庫全書本提要及辨證

顔氏家訓二卷（江西巡撫採進本）

舊本題北齊黄門侍郎顔之推撰。考陸法言切韻序，作於隋仁壽中，所列同定八人，之推與焉，則實終於隋。舊本所題，蓋據作書之時也。

余嘉錫四庫總目提要辨證曰：「謹案：北齊書文苑傳有之推傳，云：『隋開皇中，太子召爲學士，甚見禮重。尋以疾終。』北史文苑傳同。陳書文學阮卓傳云：『至德元年，聘隋。隋主夙聞其名，遣河東薛道衡、琅玡顏之推等，與卓談宴賦詩。』南史文學傳略同。然則之推終於隋，史傳且有明文；不知提要何以捨正史不引，而必旁徵切韻也。考切韻序末，雖題大隋仁壽元年，然其序云：『昔開皇初，有儀同劉臻等八人，同詣法言門宿。夜永酒闌，論及音韻，蕭、顏多所決定（蕭該、顏之推也），魏著作（著作郎魏淵）謂法言曰：「向來論難處悉盡，何不隨口記之？」法言即燭下握筆，略記綱紀。十數年間，未遑修集。今返初服，私訓諸弟子。凡有文藻，即須明聲韻。屏居山野，交遊阻絶，疑惑之所，質問無從。亡者則生死路殊，空懷可作之歎；存者則貴賤禮隔，以報絶交之旨。遂取諸家音韻，古今字書，以前所記者定之，爲切韻五卷。』是則法言之書，雖作於仁壽元年，而其與之推等論韻，實在開皇之初。本傳云：『開皇中，太子召爲學士，尋以疾終。』法言亦有『亡者生死路殊』之語，蓋之推即卒於開皇時。（錢大昕疑年録卷一云：『顏之推，六十餘，生梁中大通三年辛亥，卒隋開皇中。』自注云：『本傳不書卒年，據家訓序致篇云：『年始九歲，便丁荼蓼。』以梁書顏協卒年證之，得其生年。又終制篇云：『吾已六十餘。』則其卒蓋在開皇十一年以後矣。』）提要乃云：『切韻序作於仁壽中，所列同定八人，之推與焉。』一若之推至仁壽時尚存者，亦誤也。切韻序前所列八人姓名，有内史顔之推（古逸叢書本作「外史」），内史之官，本傳不書。史通正史篇云：『齊天保二年勑祕書監魏收勒成一史，成魏書百三十卷，世薄其書，號爲穢史。至隋開皇，勑著作郎魏澹，與顔之推、辛德源，更撰魏書，矯正收失，總九十二篇。』此亦之推入隋後逸事之可見者。唐顔真卿撰顔氏家廟碑云：『北齊給事黄門侍郎、待詔文林館、平原太守、隋東宫學士諱之推，字介，著家訓廿篇，冤魂志三卷，證俗音字五卷，文集卅一卷，事具本傳。』（據拓本，亦見金石萃編卷一百一。）又顔勤禮神道碑亦云：『祖諱之推，北齊給事黄門郎、隋東宫學士，齊書有傳。』（此碑僅見於集古録，他家皆不著録，近時始復出土。）叙之推官職，皆與史合。提要謂：『舊本題北齊黄門侍郎，爲據作書之時。』考家訓屢叙齊亡時事，其終制篇云：『先君先夫人，皆未還建鄴舊山；今雖混一，家道罄窮，何由辦此奉營經費？』則家訓實作於隋開皇九年平陳之後。提要以爲作於北齊，蓋未嘗一檢原書，姑以臆説耳。顔真卿所撰殷夫人顔氏碑云：『北齊黄門侍郎之推。』（據拓本，「齊」字「推」字泐，亦見萃編卷一百一。）與家訓署銜同。家廟碑雖書隋官，而下又云『黄門兄之推』，仍舉齊官爲稱；豈非以之推在齊頗久，且官位尊顯耶？新唐書顔籀傳云：『祖之推，終隋黄門郎。』其以官黄門爲隋時事固誤，然亦可見從來舉之推官爵必署黄門矣。隸釋卷九司隸校尉魯峻碑跋云：『漢人所書碑誌，或以所重之官揭之。司隸權尊而職清，非列校可比，亦猶馮緄捨廷尉而用車騎也。』余謂唐人之以黄門稱之推，亦從所重言之耳。盧文弨補家訓趙曦明注例言曰：『黄門始仕蕭梁，終於隋代，而此書向來惟題北齊，唐人修史，以之推入北齊書文苑傳中。其子思魯既纂其父之集，則此書自必亦經整理，所題當本其父之志。』此言是也。然則此書之題北齊黄門侍郎，不關作書之時，亦明矣。」

陳振孫書録解題云：「古今家訓，以此爲祖，然李翺所稱太公家教，雖屬僞書，至杜預家誡之類，則在前久矣。特之推所撰，卷帙較多耳。」

余氏辨證曰：「案：李翺文公集卷六答朱載言書云：『其理往往有是者，而詞意不能工者，有之矣，劉氏人物志、王氏中説、俗傳太公家教是也。』並未嘗指爲齊之太公所作，更未言其真僞，四庫既不著録，作提要者未見其書，何從知其爲僞書耶？宋王明清玉照新志卷三云：『世傳太公家教，其書極淺陋鄙俚，然見之唐李習之文集，至以文中子爲一律，觀其中猶引周、漢以來事，當是有唐村落間老校書爲之。太公者，猶曾高祖之類，非謂渭濱之師臣明矣。』然則此所謂太公，並非吕望，宋人辨之甚明，提要不考，而以爲僞書，誤矣。考八旗通志阿什坦傳云：『阿什坦翻譯大學、中庸、孝經及通鑑總論、太公家教等書刊行之。當時翻譯者，咸奉爲準則。即僅通滿文者，亦得藉爲考古資。』是其書清初尚存，其後不知何時佚去。宣統間，敦煌石室千佛洞發現古寫本書中有太公家教一卷，上虞羅氏得之，影印入鳴沙石室古佚書中，其書開卷即云：『代（此句上缺五字），長值危時。望鄉失土，波迸流離，只欲隱山居住，不能忍凍受飢，只欲揚名後代，復無晏嬰之機，才輕德薄，不堪人師，徒消人食，浪費人衣，隨緣信業，且逐時之隨。輒以討其墳典，簡擇詩、書，依傍經史，約禮時宜，爲書一卷，助幼兒童，用傳於後，幸願思之。』觀其自序，真王明清所謂『村落間老校書』也，何嘗有僞託古人之意哉？王國維跋云（在本卷後，亦見觀堂集林卷二十一）：『原書有云：「太公未遇，釣漁水，（原注：「『水』上疑脱『渭』字。」）相如未達，賣卜於市，□天（嘉錫案：「此字似脱上半，恐非『天』字。」）居山，魯連海水，孔鳴（原注：「『明』字之誤。」）盤桓，候時而起。」書中所用古人事止此，或後人取太公二字冠其書，未必如王仲言曾高祖之説也。』嘉錫案：古人摘字名篇，多取之第一句，否則亦當在首章之中。今王氏所引，在其書之後半，未必摘取以名其書。且其前尚有『唐、虞雖聖，不能化其明主；微子雖賢，不能諫其暗君；比干雖惠，（「惠」字疑是「忠」字之誤。）不能自免其身』云云，亦是用古人事，不獨太公數句也。名書之意，仍當以王明清説爲是。要之，無論如何，絶非僞託爲齊太公所撰，則可斷言也。」

晁公武讀書志云：「之推本梁人，所著凡二十篇，述立身治家之法，辨正時俗之謬，以訓世人。」今觀其書，大抵於世故人情，深明利害，（器案：此絶似紀昀語，於所評黄叔琳節鈔本中數見不鮮，則此提要，或出其手。）而能文之以經訓，故唐志、宋志俱列之儒家。然其中歸心等篇，深明因果，不出當時好佛之習；又兼論字畫音訓，並考正典故，品第文藝，曼衍旁涉，不專爲一家之言，今特退之雜家，從其類焉。又是書隋志不著録，唐志、宋志俱作七卷，今本止二卷，錢曾讀書敏求記載有宋鈔淳熙七年嘉興沈揆本七卷，以閩本、蜀本及天台謝氏所校五代和凝本參定，末附考證二十三條，別爲一卷，且力斥流俗並爲二卷之非。今沈本不可復見，（器案：明萬曆間何鏜刊漢魏叢書，即用七卷本，清康熙間武林何允中覆刻之，稱爲廣漢魏叢書，此非罕見之書，何云不可復見也！）無由知其分卷之舊，姑從明人刊本録之。然其文既無異同，則卷帙分合，亦爲細故。惟考證一卷，佚之可惜耳。

張宗泰魯巖所學集卷十一跋顔氏家訓

提要所收顔氏家訓爲二卷本，此書則作七卷，乃原本也。提要惜考證一卷不可得見，而此本則附書後，蓋此書出在提要之後故也。卷一「思魯等從舅」云云，卷三「愍楚友壻」云云。按：思魯、愍楚爲之推之二子，之推祖籍瑯琊之臨沂，名長子曰思魯，不忘本也。之推爲梁之臣子，元帝亡于江陵，江陵楚地名，次子曰愍楚，以志痛也。又卷二風操篇下云「北朝頓丘李」，下注「太上御名」，凡四處皆然。卷五誡兵篇下云「兵革之時扇反覆」，「扇」上注「太上御名」。考家訓作於高齊之世，齊諸帝中惟武成帝湛禪位於太子緯，自稱太上皇，而湛字於文理未合，然則此書是南宋時嘉興沈揆收藏之本，特避高宗諱耳。又卷一後娶篇云：「我不及曾參，子不如華元。」

「華元」字少來歷，當是「曾元」也。隋書經籍志云：「梁有爾雅音三卷，孫炎、郭璞撰。」孫炎字叔然，而音辭篇：「孫叔言創爾雅音義。」則「言」爲「然」之譌。卷四文章篇：「君輩辭藻。」「輩」當作「輩」。卷六書證篇云：「通俗反音，甚會近俗。」句不可解，或是「附會近俗」也。

傅增湘藏園羣書題記徐北溟補注顏氏家訓跋

余辛亥殘臘獨游武林，於何氏修本堂書坊中見殘書數架，因略檢取舊鈔數百册，捆載以歸。其中殘本多得自汪氏振綺堂，故特多名人批校之筆。此顏氏家訓僅存下册，緣喜初印精善，將携之入都，俾配成完帙，然閉置篋笥已二十餘年固未嘗發視也，頃以修補殘書，隨手檢置案頭，偶瀏覽及之，見眉間訂正之語凡數十則，末葉有嚴九能手跋兩通，乃知眉間諸語爲徐北溟補注，而九能之父半庵先生所手録者也。（半庵名樹蕚，字茂先，錢竹汀爲撰墓志。）爰就眉間批注分條録存之，而九能跋語亦附箸於後，俾覽者知其原委焉。

蕭山徐君北溟爲抱經學補注家訓，並補注觀我生賦，多所糾正，予服其賅博，借其稿來閲，大人爲度録于此本，爲書其後。北溟名鯤，赤貧，旅寓武林，與抱經學士、頤谷侍御相友善，兩先生極推重之。余去冬與鮑以文在杭州，遂與北溟訂交，又嘗爲我校麟角集，極精細。乾隆六十年乙卯仲春廿九日，元照識。

予於壬戌初秋游西湖，時巡撫阮公招客校經，元和顧君廣圻、李君鋭、武進臧君鏞堂與北溟皆在詁經精舍。其時，北溟性情改易，雖與予無閒言，予亦謹避之，不敢屢相昵。予歸未幾，北溟遂下世，聞其死之狀甚可悲也。止一子，蠢不知書，北溟所有書册，盡屬諸他人。其子今不知作何狀。北溟腹笥饒富，注書是其所長。此書補注，不知抱經先生何以不刻。先生乙卯冬下世，計猶及見之。此書上方字先君手寫，先君下世已十年矣，展讀一過，心焉如割。嘉慶十五年庚午歲七月初三日，際壽謹識。

李詳顏氏家訓補注

抱經堂校定本顏氏家訓注七卷，盧氏例言云：「涉獵之弊，往往不求甚解，自謂了然。余於此書，猶有不能盡知其出處者。自愧窾啓，尚賴博雅之士，有以教我焉。」趙敬夫先生後跋云：「年登髦耋，前脱後忘，必多闕略；至於補厥挂漏，俾臻完善，不能無望于後之君子。」時盧先生年已七十有三，敬夫年八十餘矣，炳燭之明，猶復治此，刊行於世；其意尚有未盡，故余不揣固陋，據其所見，略不數番，今特録出，

以質海内君子，其所不知，則仍效兩先生云待後人矣。李詳審言記。（國粹學報五十三期）

嚴式誨顔氏家訓補校注題記

抱經堂刻顔氏家訓注最稱善本，刊成後，召弓學士自爲補注重校者再，嘉定錢辛楣少詹又爲補正十餘事，仁和孫頤谷侍御讀書脞録、海寧錢廣伯明經讀書記亦續有校補，興化李審言復爲補注，而余所見遵義鄭子尹徵君父子校本，又有出諸家外者。近榮縣趙堯生侍御、成都龔向農、華陽林山腴兩舍人皆篤嗜是書，各有箋識。戊辰孟春，余重刻盧本，凡學士補注重校各條，悉散入本文，據以改補；又纂錢、孫諸家之説，録爲一卷，叚聞所及，亦坿載之。又宋沈揆本、明程榮本、遼陽傅太平本，文字異同，有可兼存，而原本未采者，亦掇録一二。於抱經所謂「不能盡知出處」者，補苴不能十一，亦冀博雅之士有以教我也。庚午八月渭南嚴式誨記。（渭南嚴氏孝義家塾叢書）

向楚徐北溟顔氏家訓補注題記

渭南嚴君谷聲重刊抱經堂顔氏家訓趙注本，舉盧學士補注重校各條，散入本文，又録刻錢辛楣、孫頤谷已下七八人之説及自案語，共爲補校注一卷，可謂勤矣。癸未冬，出江安傅氏沅叔藏園羣書中徐北溟鯤補注顔氏家訓下册鈔本眂余，屬爲校理，於抱經所謂「不能盡知其出處」者，俾得充實補苴，成完帙焉。藏園此鈔自汪氏振綺堂，殘本有嚴九能手跋兩通，乃九能之父半庵先生移寫於眉間者也。世但知趙敬夫曦明與抱經學士補注家訓，得此鈔又知有蕭山徐君於家訓外並補注觀我生賦，多所糾正，九能雅服其賅博。又謂：「北溟腹笥饒富，注書是其所長，不知抱經先生何以不刻。」蓋北溟客武林，與抱經學士、頤谷侍御相友善，兩先生極推重之。北溟以乾隆乙卯冬下世，此書補注，計學士猶及見之也。乾隆壬午秋，儀徵阮公方巡撫浙江，招客校經，時元和顧君廣圻、李君鋭、武進臧君鏞堂與北溟皆在詁經精舍。孫淵如詁經精舍題名碑記，蕭山徐鯤名在詁經精舍講學之士九十一人中，今檢詁經文集有徐鯤六朝經術流派論一篇，翻李延壽「南人約簡，得其英華，北學深蕪，窮其枝葉」之案，誠别具裁斷。而北溟在阮公提學時，分纂經籍纂詁，輯廣雅、楚辭、文選注，及纂詁補遺姓氏中又爲總校，兼纂史記三家注、兩漢書顏、李注、蕭該音義、文選注諸書，誠如九能所言「注書是其所長」也。而此注鈔本五卷已前既佚闕，嚴君補校注卷三勉學八「三九公讌」一條，孫侍御讀書脞録猶引北溟説，後漢書郎顗傳「三九之位」注謂「三公九卿」，抱經補注曰：「公家之讌云三九，則各有常日矣。」此望文臆説。其他如卷五省事第十二「事途迴穴」，盧補注以「穴」爲「宂」字，作而隴切。卷六書證第十七「七十四人出佛經」一條，盧注謂今所傳此本七十一人贊無「出佛經」之語，一讀北溟所補注，即知盧學士所補多僢陋失考。九能疑學士必及見此注，私怪其不刻，而致上卷散亡爲可惜也。昔人有言：「中流失船，一壺千金。」特爲斠識於諸家之注，先後異同，間坿案語於當文條下，以原稿歸嚴君再刊，加補校注後，便學者攷覽焉。民國三十三年夏，巴縣向楚記。（渭南嚴氏孝義家塾叢書）

郭象升郝懿行顔氏家訓斠記序

山左經業之盛，三百年來，蓋與江、浙争雄；蘭皋先生尤爲卓絶，迹其浮沈郎署，白首不遷，無日不以箸書爲事，蓋古之所謂沈冥者。殁後數十年，遺書始次第刊布。然通人讀書，展卷即見癥結，隨手訂正，皆關學問，計先生平日校勘之書多矣，若仿何義門、姚南青之例，掇次爲書，于後學未云無補也。玉如從太原市上得先生所校顔黄門家訓，首尾不具名姓，且無印記，而考索校語，確定爲先生真蹟無疑，余閲之亦以爲然也。家訓善本，清代凡有數刻，其有廉臺田家琴式長印者，原出宋槧，尤號爲善。先生此校，但據程榮本發疑正讀，皆自以他書證之，不復引及諸刻也。先生與高郵王伯申尚書爲同年，曾從伯申尊人懷祖給事問故，其作爾雅義疏，自謂本之高郵；高郵校書，雖不廢宋、元舊刻，而大旨主以羣籍展轉發明，與盧抱經、顧千里等家法不同，先生固有所受之也。吾嘗謂使不學人得善本書，益以助其不學，何則？彼固恃所藏者不誤，不須再勞心手也；使學人得劣本書，則誤書思之，更是一適，訂正一過，朽腐亦化神奇矣。然非有先生之學，此事亦殊未易言，以義門之識，尚見笑於俞理初，況孫月峯、鍾伯敬一輩妄人耶？批點家與校讎家異趣，而校讎僅列同異者，亦微傷迂拘寂寥，惟高郵一宗得其中流，先生真其家嗣哉！玉如以先生文孫聯薇所刊遺書不及家訓校語，爰排比諸條，以爲一書，刊而布之，甚盛舉也。近世樸學墜地，北方尤爲衰微，人人自詡心得，而鄙視此等書爲瑣碎，山左聖人之鄉，異説滋出，求如孔、郝、桂、王諸老實事求是，渺乎難再矣，此正黄門之所歎息于九泉者也。家訓舊有盧抱經、趙敬夫校本，有能合此諸校重刊黄門之書，其于冥

行擿埴之徒，當有挽回之力，即以玉如此刊爲嚆矢可也。辛酉四月，晉城郭象升序。（戊寅叢編）

右蘭皋先生顏氏家訓斠記一卷，陽城田君玉如得其手跡於太原書肆，原用漢魏叢書本校記於眉端，前後均無款識，惟記内自稱某某名者三，又與牟默人商榷數事，均可信其爲郝先生也。書證篇引詩「參差荇菜」、「誰謂荼苦」二條，「荇非蓴也，莕乃是蓴，蓴葉如馬蹏，莕圓如蓮錢，有大小之異」，又證以大觀本草「苦藏比苦葴差小」。長嘗參攷先生所著爾雅義疏，其説與此書所記符合，益信斠記出於郝先生無疑矣。顏黄門之學，得力一誠字，嘗曰「巧僞不如拙誠」，故其歸心釋氏，標明宗旨，不作一毫欺人之語，而能潛研古義，破疑遺惑，鏡賢燭愚，精博乃遠邁後之陽儒陰釋者，其製作弘奥，浩浩乎若無津涯，以深寧之淹贍，且以訓中「曾子七十乃學之語，不能詳所出」。先生於「劉字之有昭音」，亦反復商訂，而後瞭然，究其中疑義數十事，得先生一一勘斠，真如撥雲霧而睹青天。是書沈薶蓋數十年，兹玉如得兹瑰寶，殷懃收拾，謀授梓以餉來學，誠盛業也。玉如壯年氣盛，其網羅放失，日進靡已。玉如愛之重之，異日如復得前賢名箸如此書之比者，幸仍不煩余告，長日翹首望之。辛酉浴佛日，武昌張長識。（戊寅叢編）

顔氏家訓斠記，棲霞郝蘭皋先生撰。先生精研故訓，湛深經術，生平行略，具載國史，所著各書亦次第刊布，風行海内矣。此册原校著於明程榮漢魏叢書本，爲先生手稿，兹即從程本迻録，故卷第亦皆仍之，其中糾摘疏失，是正文字，類證據鑿鑿，確乎其不可易，即黄門有知，亦當囅然笑曰「吾言固如是，特爲後人所亂耳」。尚有疑涉錯簡，未敢逕改，則寧從蓋闕之義，鉤乙以識其旁，益可見先生之精審詳慎，不肯輕改古書；彼鹵莽從事者，直自欺之人焉爾。辛酉莫春，得此書太原書肆，狂喜者累日，排此成册，得百二十餘條，將以付之手民。時晉城郭允叔夫子象升，適由京返晉，武昌張損菴先生長亦濳蹤此邦，同志諸君若龍門喬笙侶鶴仙、瀋陽曾望生遯、同里閻伯儒皆夙精比勘之學者，平陸張貫三夫子籟藏書甚夥，又屢以異本相叚，始知所鉤乙者，他本固未嘗誤，因盡削去此層，疑以傳疑，固不足爲先生累也。良師益友，惠我實多，相與商搉數四，始行付印，將見黄門遺著，召弓、敬夫而外，又得一斠補攷證之善本，諒亦海内人士所争先樂覩者。辛酉五月，陽城後學田九德跋於山西省立圖書館。（戊寅叢編）

右顔氏家訓斠記一卷，清郝懿行撰。懿行字恂九，號蘭皋，山東棲霞人，嘉慶己未進士，官户部主事，著有郝氏遺書，此爲其讀書時評注眉端而未經付刻者。陽城田九德得手稿條録排印，而流傳未廣，校讎亦多舛譌，今略爲校正，俾可循誦。據郭象升序，謂此校但據明程榮本，不復引及諸刻；田自跋亦謂從程本迻録。今以程本勘之，殊不相應，而多合於鮑氏知不足齋重刻宋七卷本，書證篇云：「後漢書『鸛雀銜三鱓魚』，多假借爲鱣鮪之鱣。」今據大戴禮、山海經注、玉篇諸書，謂鱣本作䱇，俗人妄增爲鱣，非鱓鱣可以假借。又云：「果當作魏顆之顆，北土通呼物一凷，改爲一顆。」今據莊子逍遥遊「腹猶果然」，釋文：「果，徐如字，又苦火反。」是果有顆音，不須改字。音辭篇譏「戰國策音刎爲免爲非」。今據禮記檀弓釋文：「刎，勿粉反，徐亡粉反。」其免字，唐韻「亡辨反」，而檀弓及内則釋文並有問音，則古音通轉，未爲大失。又謂：「甫者，男子美稱，古書多假借爲父字，惟管仲、范增之號，當依字讀。」今據詩正義以「尚父之父亦男子之美稱」推之，則仲父、亞父及魯哀公誄孔子曰尼父，父與甫音義並同，不得彊爲區别，皆證佐分明，確然無疑。蓋郝氏熟精小學，所撰爾雅義疏，爲經苑不刊之作，故偶然涉筆，絶無模糊影響之談。余先得穆天子傳補注，重刊入學禮齋叢書，聞其他未刊遺稿，今在清華大學，他日得一一餉世，跂余望之矣。歲戊寅孟冬，吴縣王大隆跋。（戊寅叢編）

管世銘韞山堂詩集卷二以顔氏家訓寄示兒子學洛並系以詩

吾將勖爾文，必使攻苦親。吾將勖爾行，必使天懷敦。經箱富充棟，浩瀚難具論。平生不去手，數種尤精勤。丹筆發楹夢，吾推劉舍人。破碎千萬典，囊括窮其根。微言入骨裡，妙悟怦心魂。洋洋五十篇，日誦口自芬。明德垂世範，吾重顔黄門。感槩俗媮薄，發揮古人倫。勸學逮支條，厚意無不存。拳拳二十則，强半宜書紳。文心既前授，稍解窺清新。今兹畀家訓，更期勉恭温。譬彼佳服玩，或乞常靳鄰。若足利後嗣，忍惟私厥身。吾無枕中祕，可以矜皇墳。落莫此數册，貽比籯金珍。六經三史外，相攜共朝昏。爾行有心得，還勖爾後昆。

二　顏之推傳（北齊書文苑傳）

顏之推，字介，琅邪臨沂人也〔一〕。九世祖含，從晉元東度，官至侍中右光禄西平侯〔二〕。父勰，梁湘東王繹鎮西府諮議參軍〔三〕。世善周官、左氏學〔四〕。

〔一〕洪亮吉曉讀書齋四録下：「南史顏協在文學傳，其子顏之推，在北史文苑傳，皆云『琅邪臨沂人』。按：琅邪係東晉成帝時僑郡，臨沂亦僑縣，屬琅邪。今琅邪故僑郡，在今句容縣有琅邪鄉，即其地；臨沂故僑縣，在今上元縣東北三十里。盧學士文弨近今顏氏家訓凡例，據方志云：『黄門九世祖從晉元渡江，今江寧顏家巷，其舊居也。』以爲當作江寧人。不知琅邪僑郡縣，今亦皆屬江寧，不必改也。元和姓纂等書，顏氏本貫琅邪，晉永嘉過江，居丹陽。是顏氏本自江北琅邪渡江，又居僑郡之琅邪耳。景定建康志亦不載江寧有顏家巷，方志蓋據觀我生賦原注『顏家巷在長干』，與下句『展白下以流連』，白下、長干，皆在今江寧縣境。至晉書孝友傳顏含，即協七世祖，傳云：『琅邪莘人。』『莘』蓋又『華』字之誤也。」器案：顏魯公文集埘因亮顏魯公行狀：「五代北齊黄門侍郎諱之推，自丹陽居京兆長安。」此蓋據之推入周後言之。五代，謂之推爲真卿之五代祖也。

〔二〕盧文弨曰：「晉書孝友傳：『顏含，字宏都，琅邪莘人也。祖欽，給事中。父默，汝陰太守。

含少有操行，以孝聞。元帝過江，以爲上虞令，歷散騎常侍、大司農，豫討蘇峻功，封西平縣侯，拜侍中，遷光禄勳，以年老遜位。成帝美其素行，就加右光禄大夫。年九十三，卒。謚曰靖。三子：髦，謙，約，並有聲譽。』」器案：藝文類聚四八、御覽二一九、又三八九引顏含别傳：「顏髦，字君道，含之子也。少慕家業，惇于孝行，儀狀嚴整，風貌端美，大司馬桓公歎曰：『顏侍中，廊廟之望，喉舌機要。』」

〔三〕盧文弨曰：「梁書文學傳下：『顏協，字子和。七代祖含。父見遠，博學有志行，齊和帝即位於江陵，以爲治書侍御史兼中丞，高祖受禪，見遠乃不食，發憤數日而卒。協幼孤，養於舅氏，少以器局見稱，博涉羣書，工於草隸。釋褐，湘東王國常侍，又兼府記室。世祖出鎮荆州，轉正記室。感家門事義，恒辭徵辟，遊於蕃府而已。卒年四十二。二子：之儀，之推。』案：梁書以含爲協七世祖，則是之推之八世祖也。史家所紀世數，往往不同，有從本身數者，亦有離本身數者。今考顏氏家廟碑：含子髦，字君道；髦子綝，字文和；綝子靖之，字茂宗；靖之子騰之，字弘道；騰之子炳之，字叔豹；炳之子見遠，字見遠；見遠子協。則梁書離本身數，北齊書連本身數，是以不同。勰之與協，義相近，家廟碑作『協』，與梁書同。」器案：南史文學傳、北史文苑傳並作「顏協」，爾雅釋詁：「勰，和也。」釋文：「本亦作『協』。」是勰、協古通也。又案：觀我生賦：「逮微躬之九葉。」此北齊書説所本。又注文「北齊書」，原誤作「晉書」，今從嚴本校改。

〔四〕案：宋蜀大字本北齊書本傳無「學」字，北史本傳有。

之推早傳家業〔一〕。年十二，值繹自講莊、老，便預門徒；虛談非其所好〔二〕，還習禮傳〔三〕。博覽羣書，無不該洽〔四〕；詞情典麗，甚爲西府所稱〔五〕。繹以爲其國左常侍，加鎮西墨曹參軍。好飲酒，多任縱，不修邊幅〔六〕，時論以此少之。

〔一〕器案：之推八世祖顏髦，亦「少慕家業」，見上引顏含別傳。

〔二〕案：勉學篇：「洎於梁世，茲風復扇，莊、老、周易，總謂三玄。武皇、簡文，躬自講論，周弘正奉贊大猷，化行都邑，學徒千餘，實爲盛美。元帝在江、荆間，復所愛習，召置學生，親爲教授，廢寢忘食，以夜繼朝，至乃倦劇愁憤，輒以講自釋。吾時頗預末筵，親承音旨，性既頑魯，亦所不好云。」即北齊書所本。

〔三〕案：序致篇：「雖讀禮傳，微愛屬文。」

〔四〕「無不該洽」，册府元龜五九七作「無不該遍」。

〔五〕西府，謂江陵，又稱西臺，見通鑑一四四胡三省注。

〔六〕盧文弨曰：謂無容儀也。此之推自言云爾，見序致篇。

繹遣世子方諸〔一〕出鎮郢州，以之推掌管記。值侯景陷郢州，頻欲殺之，賴其行臺〔二〕郎中王則〔三〕以獲免，因送建鄴。景平，還江陵。時繹已自立〔四〕，以之推爲散騎侍郎，奏舍人事。後爲周軍所破，大將軍李穆〔五〕重之，薦往弘農，令掌其兄陽平公遠書翰〔六〕。值河水暴長，具船將妻子來奔，經砥柱之險〔七〕，時人稱其勇決。

〔一〕方諸，梁元帝王夫人所生，南史、梁書並有傳。

〔二〕唐仲冕曰：「大行臺始北魏末，高歡、宇文泰皆爲之。臺謂朝省，篡代先自建國，故曰行臺。渤海王行臺，安定王自設官司，有行臺尚書辛術、行臺郎龐蒼鷹之類。梁太清時，加侯景録行臺省尚書事，梁元帝立行臺于南郡，置官司焉。」（陶山文録卷十校全唐文三條）

〔三〕王則，字元軌，自云太原人，北史、北齊書並有傳。

〔四〕宋蜀本「時」誤「江」，北史本傳不誤。

〔五〕「李穆」，原誤作「李顯」，今據殿本及北史本傳校改。北周書李穆傳：「李穆字顯慶，少明敏，有度量，征江陵功，封一子長城縣侯，邑千户，尋進位大將軍，賜姓拓拔氏。」

〔六〕此句，原誤作「令掌其兄陽平公慶遠書幹」，今據北史校改。北史云：「大將軍李穆重之，送往弘農，令掌其兄陽平公遠書翰。」此字「遠」上「慶」字，蓋由讀者注「顯慶」字於「穆」旁，而傳鈔者誤以「顯」字代「穆」，又移植「慶」字於「遠」上也。李穆字顯慶，見北史卷五十九、周書卷三十。兄遠，字萬歲，封陽平公，鎮弘農，見北史卷五十九、周書卷二十五。

〔七〕詳後觀我生賦注。

顯祖見而悦之，即除奉朝請，引於内館中；侍從左右，頗被顧眄。天保末，從至天池〔一〕，以爲中書舍人，令中書郎〔二〕段孝信〔三〕將敕書出示之推；之推營外飲酒。孝信還，以狀言，顯祖乃曰：「且停。」由是遂寢。河清末，被舉爲趙州功曹參軍，尋待詔文林館〔四〕，除司徒録事參軍〔五〕。之推聰穎機悟，博識有才辯，工尺牘，應對閑明，大爲祖珽所重；令掌知館事，判署文書，尋遷通直散騎常侍，俄領中書舍人。帝時有取索，恒令中使傳旨。之推稟承宣告，館中皆受進止〔六〕；所進文章，皆是其封署，於進賢門奏之，待報方出。兼善於文字，監校繕寫，處事勤敏，號爲稱職。帝甚加恩接，顧遇逾厚，爲勳要者所嫉，常欲害之。崔季舒等將諫也，之推取急〔七〕還宅，故不連署；及召集諫人，之推亦被唤入，勘無其名，方得免禍〔八〕。尋除黄門侍郎〔九〕。及周兵陷晉陽，帝輕騎還鄴〔一〇〕，窘急，計無所從。之推因宦者侍中鄧長顒進奔陳之策，仍勸募吴士千餘人，以爲左右，取青、徐路，共投陳國〔一一〕。帝甚納之，以告丞相高阿那肱等；阿那肱不願入陳〔一二〕，乃云：「吴士難信，不須募之。」勸帝送珍寶累重向青州，且守三齊〔一三〕之地，若不可保，徐浮海南度〔一四〕。雖不從之推計策，猶以爲平原太守〔一五〕，令守河津。

〔一〕「天池」，北史作「天泉池」，在山西甯武縣西南六十里管涔山上。水經灅水注：「漯涫水潛承太原汾陽縣北燕京山之大池，池在山原之上，世謂之天池，方里餘，其水澄渟乾净而不流。」北齊書文宣紀：「天保七年六月乙丑，帝自晉陽北巡，己巳，至祁連池。」資治通鑑一六七：「六月己巳，齊主至祁連池。」胡三省注：「祁連池，即汾陽之天池，北人謂天爲祁連。」

〔二〕器案：隋書百官志中：「中書省，管司王言，及司進御之音樂；監、令各一人，侍郎四人。又領舍人省，中書舍人、主書各一人。」

〔三〕器案：段榮字孝言，歷中書黄門，典機密。見北史卷五十四、北齊書卷十六，此「孝信」疑是「孝言」之誤。

〔四〕北齊書後主紀：「帝幼而念善，及長，頗學綴文，置文林館，引諸文士焉。」册府元龜一九二：「後主頗好諷詠，幼稺時曾讀詩賦，語人云：『終有解作此理否？』及長，亦稍留意。初，因畫屏風，勑通直郎蘭陵蕭放及晉陵王孝武録古名賢烈士，及近代輕豔諸詩，以充圖畫，帝彌重之。從復追齊州録事參軍蕭慤、趙州功曹參軍顔之推同入撰；猶依霸朝，謂之館客。放及之推意欲更廣其事；又祖珽輔政，愛重之推，又託鄧長顒漸説後主，屬意斯文。（鄧長顒、顔之推奏立文林館，見北齊書陽休之傳。）三年，祖珽奏立文林館，於是更召弘文學士，謂之待詔文林館焉。（之推後爲黄門侍郎，與中書侍郎李德林同判文林館事，見北史、隋書李德林傳。）」

〔五〕器案：隋書百官志中：「置太尉、司徒、司空，是爲三公。……各置……録事、功曹、記室……等參軍事。」

〔六〕進止，猶言可否。隋書裴藴傳：「是後，大小之獄，皆以付藴，憲部大理，莫敢與奪，必稟承進止，然後決斷。」彼文所謂「稟承進止」，即此文之「受進止」也。唐、宋以後，臣僚上劄子，末尾概言「取進止」，或云「奉進止」、「奉宣進止」，或云「伏候進止」，皆可否取決之辭，蓋沿六朝之舊式也。

〔七〕取急，猶言請假也。通鑑一〇三胡注：「晉令：『急假者，五日一急，一歲以六十日爲限。』史書所稱取急、請急，皆謂假也。」

〔八〕盧文弨曰：「北齊書崔季舒傳：『祖珽受委，奏季舒總監内作，韓長鸞欲出之，屬車駕將適晉陽，季舒與張雕議，以爲壽春被圍，大軍出拒，信使往還，須稟節度，兼道路小人或相驚恐，云大駕向并，畏避南寇，若不啓諫，必動人情。遂與從駕文官連名進諫，趙彦深、唐邕、段孝言等初亦同心，臨時疑貳，季舒與争，未決，長鸞遂奏云：「漢兒文官連名總署，聲云諫止向并，其實未必不反，宜加誅戮。」帝即召已署官人集含章殿，以季舒、張雕、劉逖、封孝琰、裴澤、郭遵等爲首，斬之殿庭。』」

〔九〕器案：藝文類聚四八引齊職儀：「給事黄門侍郎四人，秩六百碩，武冠，絳朝服。漢有中黄門，位從諸大夫，秦制也，與侍中掌奏文案，贊相威儀，典署其事。」

〔一〇〕北齊書後主紀：「（武平七年十二月）丁巳大赦，改武平七年爲隆化元年。其日，穆提婆降周，詔除安德王延宗爲相國，委以備禦，延宗流涕受命。帝乃夜斬五龍門而出，欲走突厥，從官多散，領軍梅勝郎叩馬諫，乃迴之鄴。」

〔一一〕北齊書幼主紀：「於是黄門侍郎顔之推、中書侍郎薛道衡、侍中陳德信等，勸太上皇往河外募兵，更爲經略；若不濟，南投陳國。從之。」

〔一二〕北齊書無「阿那肱」三字，今據殿本、北史、册府元龜四七七補。盧文弨曰：「阿那肱召周軍約生致齊主故也，見幼主紀。」

〔一三〕三齊，指今山東北部及中部地區。史記項羽本紀：「徙齊王田市爲膠東王；齊將田都從共救趙，因從入關，故立都爲齊王，都臨菑；故秦所滅齊王建孫田安，項羽方渡河救趙，田安下濟北數城，引其兵降項羽，故立安爲濟北王，都博陽。……田榮聞項羽徙齊王市膠東，而立齊將田都爲齊王，乃大怒，不肯遣齊王之膠東。因以齊反，迎擊田都，田都走楚。齊王市畏項羽，乃亡之膠東就國，田榮怒追擊，殺之即墨。榮因自立爲齊王，而西擊殺濟北王田安，并王三齊。」集解：「漢書音義曰：『齊與濟北、膠東。』」正義：「三齊記云：『右即墨，中臨淄，左平陸（今山東汶上縣北），謂之三齊。』」

〔一四〕册府元龜四七七「度」作「渡」。

〔一五〕北齊書、北史「猶」上俱有「然」字。器案：封氏聞見記十脩復：「顔真卿爲平原太守，立三碑，皆自撰親書。其一立于郭門之西，記顔氏曹魏時顔裴（按：三國志魏書倉慈傳作顔斐，字文林）、高齊時顏之推，俱爲平原太守，至真卿凡三典茲郡。」又案：法苑珠林一一九傳記篇稱「齊光禄大夫顏之推」，史傳失載。

齊亡，入周，大象末，爲御史上士。隋開皇中，太子召爲學士，甚見禮重〔一〕。尋以疾終。有文三十卷、家訓二十篇，並行于世〔二〕。

〔一〕陳書文學阮卓傳：「至德元年，入爲德教殿學士。尋兼通直散騎常侍，副王話聘隋。隋主夙聞卓名，乃遣河東薛道衡、琅邪顏之推等，與卓談讌賦詩，賜遺加禮。」

〔二〕器案：之推撰著，除見於本傳者外，尚有：承天達性論（法苑珠林一一九傳記篇），訓俗文字略一卷（隋書經籍志、册府元龜六〇八），證俗文字音五卷（家廟碑。隋書經籍志顏之推證俗音字略六卷，宋史藝文志顏之推證俗音字四卷，又字始三卷，郭忠恕修汗簡所得凡七十一家事蹟，列有顏黄門説字及證俗古文，即證俗音字略，亦即證俗文字音也，今有輯本。玉海四五：「顏之推證俗音字四卷，援諸書爲據，正時俗文字之謬，凡三十五目。」新唐書藝文志有張推證俗音三卷，説者謂「張推」即「顏之推」之誤），急就章注一卷（舊唐書經籍志、新唐書藝文志。王應麟急就篇後序：「顏之推注解，軼而不傳。」則是書於南宋時已亡佚矣），筆墨法一卷（新唐書藝文志），集靈記二十卷（隋書經籍志、册府元龜五五六。舊唐書經籍志、新唐書藝文志作十卷。今有輯本),冤魂志三卷(今存。册府元龜五五六作「冤魄志」,法苑珠林一一九作一卷,宋以後書目著録者作「還冤志」。又有敦煌寫本),誡殺訓一卷(法苑珠林一一九。廣弘明集二六引誡殺家訓,即從家訓歸心篇後半部分别出單行者),八代談藪(遂初堂書目),七悟一卷(隋書經籍志。新唐書藝文志作「七悟集」,舊唐書經籍志誤作顔延之撰),稽聖賦(令狐峘顔魯公神道碑銘。新唐志有李淳風注顔之推稽聖賦一卷,今案:一切經音義五一引李淳風注稽聖賦一條)。

曾撰觀我生賦〔一〕,文致清遠〔二〕,其詞曰:

仰浮清之藐藐〔三〕,俯沈奥之茫茫〔四〕,已生民而立教〔五〕,乃司牧以分疆〔六〕,内諸夏而外夷狄〔七〕,驟五帝而馳三王〔八〕。大道寢而日隱,小雅摧以云亡〔九〕,哀趙武之作孽〔一〇〕,怪漢靈之不詳〔一一〕,旄頭翫其金鼎〔一二〕,典午失其珠囊〔一三〕,瀍、澗鞠成沙漠〔一四〕,神華泯爲龍荒〔一五〕,吾王所以東運,我祖於是南翔〔一六〕。去琅邪之遷越〔一七〕,宅金陵之舊章〔一八〕,作羽儀於新邑〔一九〕,樹杞梓於水鄉〔二〇〕,傳清白而勿替〔二一〕,守法度而不忘〔二二〕。逮微躬之九葉,頹世濟之聲芳〔二三〕。問我辰之安在〔二四〕,鍾厭惡於有梁〔二五〕,養傅翼之飛獸〔二六〕,子貪心之野狼〔二七〕。初召禍於絶域,重發釁於蕭牆〔二八〕,雖萬里而作限〔二九〕，聊一葦而可航〔三〇〕，指金闕以長鎩〔三一〕，向王路而蹶張〔三二〕。勤王踰於十萬〔三三〕，曾不解其搤吭〔三四〕，嗟將相之骨鯁〔三五〕，皆屈體於犬羊〔三六〕。武皇忽以厭世，白日黯而無光，既饗國而五十〔三七〕，何克終〔三八〕之弗康？嗣君聽於巨猾〔三九〕，每凜然而負芒〔四〇〕。自東晉之違難，寓禮樂於江、湘，迄此幾於三百，左衽浹於四方〔四一〕，詠苦胡而永歎，吟微管而增傷〔四二〕。世祖赫其斯怒〔四三〕，奮大義於沮、漳〔四四〕。授犀函與鶴膝〔四五〕，建飛雲及艅艎〔四六〕，北徵兵於漢曲，南發餫於衡陽〔四七〕。

〔一〕盧文弨曰：「案：諸本多删此賦不録，今以顏氏一生涉履，備見此中，故依史文全録之，且爲之注。」劉盼遂曰：「案：周易觀卦九五爻：『觀我生，君子无咎。』顏氏取經文以名賦。」

〔二〕屈大均道援堂詩集一贈顏君：「遺響在黄門，一賦如瓊玖。」沈豫秋陰雜記八：「有説哀江南賦，情詞悱惻，子山獨步一時。然云：『宰相以干戈爲兒戲，縉紳以清談爲廟略。』全是責人，而致命遂志之語，一無流露。讀顏之推觀我生賦，其哀音苦節，與子山同遭侯景之難，而其詞則曰：『小臣恥其獨死，實有愧於胡顏。』較信頗爲悃欵。」

〔三〕盧文弨曰：「淮南子天文訓：『清陽者薄靡而爲天，重濁者凝滯而爲地。』詩大雅瞻卬：『藐藐昊天，無不克鞏。』傳：『藐藐，大貌。』」

〔四〕盧文弨曰：「左氏襄四年傳：『虞人之箴曰：「芒芒禹迹，畫爲九州。」』」徐鯤曰：「文選班孟堅典引：『太極之元，兩儀始分，烟烟熅熅，有沈而奥，有浮而清。』注：『蔡邕曰：「奥，濁也。言兩儀始分之時，其氣和同，沈而濁者爲地，浮而清者爲天。」』」李詳注同。

〔五〕器案：此用尚書泰誓上「天佑下民，作之君，作之師」之意也。

〔六〕左傳襄公十四年：「師曠曰：『天生民而立之君，使司牧之，勿使失性。』」新語道基篇：「后稷乃立封疆，畫界畔，以分土地之所宜。」司馬相如上林賦：「封疆畫界者，非爲守禦，所以禁淫也。」

〔七〕盧文弨曰：「公羊成十五年傳：『春秋内其國而外諸夏，内諸夏而外夷狄。』」

〔八〕盧文弨曰：「白虎通號篇：『鉤命決曰：「三皇步，五帝趨，三王馳，五霸鶩。」』」徐鯤曰：「後漢書曹襃傳：『三五步驟，優劣殊軌。』注：『孝經鉤命決曰：「三皇步，五帝驟，三王馳。」宋均注云：「步謂德隆道備，日月爲步；時事彌須，日月亦驟；勤思不已，日月乃馳。」』」陳槃曰：「逸書考引清河郡本宋均注又曰：『步者行猶緩，驟則行之速，馳者則如奔，鶩者則如飛。行緩則久，行速猶常，如奔則疾，如飛則一止而已。故霸不如王，王不如帝，帝不如皇矣。』此釋『馳』『驟』之義，注當引。」

〔九〕盧文弨曰：「班孟堅兩都賦序：『昔成、康没而頌聲寢，王澤竭而詩不作。』孟子離婁上：『王者之迹熄而詩亡。』毛詩序：『小雅盡廢，則四夷交侵，中國微矣。』」

〔一〇〕盧文弨曰：「趙武謂趙武靈王也。武靈王胡服騎射，事見戰國趙策。」王叔岷：「案孟子公孫丑上篇、離婁上篇並引太甲云：『天作孽，猶可違。』又見書僞古文太甲中篇。」

〔一一〕盧文弨曰：「續漢書五行志：『靈帝好胡服、胡帳、胡牀、胡坐、胡飯、胡箜篌、胡笛、胡舞，京都貴戚皆競爲之，此服妖也。其後董卓多擁胡兵，填塞街衢，虜掠宮掖，發掘園陵。』」

〔一二〕盧文弨曰：「史記天官書：『昴曰旄頭，胡星也。』一本作髦頭。左氏宣三年傳：『楚子伐陸渾之戎，遂至于雒，觀兵于周疆。定王使王孫滿勞楚子，楚子問鼎之大小輕重焉。對曰：「在德不在鼎。昔夏之方有德也，遠方圖物，貢金九牧，鑄鼎象物，使民知神姦。桀有昏德，鼎遷于商，載祀六百，商紂暴虐，鼎遷于周。」』」

〔一三〕盧文弨曰：「蜀志譙周傳：『典午忽兮，月西没兮。』典午者，謂司馬也。案：代魏者晉，姓司馬氏。珠囊，當出緯書。孔穎達周易正義序：『秦亡金鏡，未墜斯文。漢理珠囊，重興儒雅。』初學記引尚書考靈曜云：『河圖子提期地留，赤用藏，龍吐珠。』康成注：『河圖子劉氏而提起也；藏，祕也；珠，寶物，喻道也；赤漢當用天之祕道，故河龍吐之。』」器案：御覽六引鄭玄緯注曰：「日月遺其珠囊。珠囊謂五星也；遺其珠囊者，盈縮失度也。」此顔氏所本，盧氏漫引考靈曜爲證，非是。

〔一四〕盧文弨曰：「尚書禹貢：『荆、河惟豫州，伊、洛、瀍、澗，既入於河。』漢書地理志：『瀍水出河南穀城暨亭北。澗水出弘農新安縣。』通典州郡七：『荆、河之州，永嘉之亂，没于劉、石。』詩小雅小弁：『踧踧周道，鞫爲茂草。』漢書蘇建傳：『李陵歌曰：「徑萬里兮度沙幕。」』古沙漠作幕字。」

〔一五〕盧文弨曰：「神華，中華也。史記孟子荀卿列傳：『騶衍以爲儒者所謂中國者，於天下乃八十一分居其一分耳。中國名曰赤縣神州。』漢書匈奴傳：『五月，大會龍城，祭其先、天地、鬼神。』又叙傳：『龍荒幕朔，莫不來庭。』」器案：史記夏本紀：「要服外五百里荒服。」集解：「馬融曰：『政教荒忽，因其故俗而治之。』」漢人稱匈奴之龍城爲龍荒，義即本之。洛陽伽藍記二景寧寺條：「晉、宋以來，號爲荒中。」荒字義同，謂長江以北，盡是夷狄也。

〔一六〕自注：「晉中宗以琅邪王南渡，之推琅邪人，故稱吾王。」器案：辭賦有自注，蓋自張衡思玄賦始，見文選李善注引摯虞文章流別。而王逸九思、左思三都賦、謝靈運山居賦，俱有自注。洪興祖楚辭九思補注，以爲「逸不應自爲注解，恐其子延壽之徒爲之爾」。其後，清人四庫全書總目提要襲用其説，而不知漢時自有此例也。之推此賦自注亦其流風餘韻，其涉筆所及，有足補史之闕者。

〔一七〕盧文弨曰：「金陵本吴地，後越滅吴，其地遂爲越有，故稱越也。」嚴式誨曰：「案：遷越疑是遷流播越之義，注非。」今案：嚴説是。

〔一八〕盧文弨曰：「説金陵者各不同，惟張敦頤六朝事迹序爲明析，言楚威王因山立號，置金陵邑。或云，以此有王氣，故埋金以鎮之。或云，地接金壇之陵，故謂之金陵。秦時望氣者云：『五百年後，有天子氣。』始皇東巡，乃鑿鍾阜，斷金陵長隴以通流，改其地爲秣陵縣。詩大雅卷阿：『爾土宇昄章。』」器案：詩大雅假樂：「不愆不忘，率由舊章。」之推兼用此義。

〔一九〕盧文弨曰：「易漸上九：『鴻漸于陸，其羽可用爲儀，吉。』尚書召誥：『周公朝至于洛，則達觀於新邑營。』」器案：班固幽通賦：「有羽儀於上京。」

〔二〇〕盧文弨曰：「左氏襄二十六年傳：『如杞梓皮革，自楚往也。』洛陽伽藍記三：『蕭衍子西豐侯蕭正德曰：「下官雖生於水鄉，而立身以來，未遭陽侯之難。」』徐鯤曰：「文選陸士衡答張士然詩：『余固水鄉士。』李善注云：『水鄉，謂吳也。漢書曰：「武功中，水鄉人三舍墊爲池。」』」器案：郭璞無題詩：「杞梓生南荆，奇才應世出。」梁書處士庾詵傳：「高祖聞而下詔曰：『新野庾詵，荆山珠玉，江陵杞梓。』」梁元帝中書令庾肩吾墓志：「杞梓之材，有均廊廟。」陳書蔡景歷傳：「景歷答書曰：『杞梓方雕，豈盼樗櫪。』」庾信竹杖賦：「是乃江、漢英靈，荆、衡杞梓。」周書儒林沈重傳：「高祖優詔答之曰：『開府漢南杞梓，每軫虛衿；江東竹箭，亟疲延首。』」用法與此相同，俱以杞梓良材，取譬人物異才。

〔二一〕盧文弨曰：「後漢書楊震傳：『轉涿郡太守，子孫常蔬食步行，故舊長者或欲令爲開産業，震不肯，曰：「使後世稱爲清白吏子孫，以此遺之，不亦厚乎！」』」器案：詩小雅楚茨：「子子孫孫，勿替引之。」

〔二二〕盧文弨曰：「左氏昭二十九年傳：『仲尼曰：「夫晉國將守唐叔之所受法度。」』」

〔二三〕盧文弨曰：「左氏文十八年傳：『世濟其美，不隕其名。』」

〔二四〕盧文弨曰：「我辰安在，詩小雅小弁文，本作『我良』者譌。」

〔二五〕器案：左傳隱公十一年：「鄭莊公曰：『天而既厭周德矣，吾其能與許爭乎！』」即此厭惡字所本。

〔二六〕自注：「梁武帝納亡人侯景，授其命，遂爲反叛之基。」盧文弨曰：「傅讀曰附。飛獸，飛虎也，史臣避唐諱改。周書寤儆解：『無虎傅翼，將飛入邑，擇人而食。』」

〔二七〕自注：「武帝初養臨川王子正德爲嗣，生昭明後，正德還本，特封臨賀王，猶懷怨恨，徑叛入北而還，積財養士，每有異志也。」盧文弨曰：「史記項羽紀：『猛如虎，很如羊，貪如狼。』左氏宣四年傳：『諺曰：「狼子野心。」』」

〔二八〕自注：「正德求征侯景，至新林叛，投景，景立爲主，以攻臺城。」器案：論語季氏篇：「吾恐季孫之憂，不在顓臾，而在蕭牆之内也。」集注引鄭玄云：「蕭之言肅也；牆謂屏也；君臣相見之禮，致屏而加肅敬焉，是以謂之蕭牆。」釋名釋宫室：「蕭牆在門内。蕭，肅也，臣將入於此，自肅敬之處也。」

〔二九〕三國志吴書孫權傳注引吴録：「是冬，魏文帝至廣陵，臨江觀兵，兵有十餘萬，旌旗彌數百里，有渡江之意。權嚴設固守。時天大寒冰，舟不得入江，帝見波濤洶湧，歎曰：『嗟乎，固天所以隔南北也！』遂歸。」

〔三〇〕詩衛風河廣：「誰謂河廣？一葦杭之。」毛傳：「杭，渡也。」孔穎達正義曰：「言一葦者，謂一束也，可以浮之水上而渡，若浮栰然，非一根葦也。」案：杭與航通。三國志魏書文帝紀注引魏書，載丕於馬上爲詩曰：「觀兵臨江水，水流何湯湯，……誰云江水廣？一葦可以航。」文選嵇康兄秀才公穆入軍贈詩：「誰謂河廣？一葦可航。」三國志吴書賀邵傳：「臣聞否泰無常，吉凶由人，長江之限，不可久恃，苟我不守，一葦可航也。」抱朴子外篇漢過：「湯池航於一葦。」都用航字，與顏氏同。

〔三一〕盧文弨曰：「賈誼書過秦上：『鉏耰棘矜，不敵於鉤戟長鎩。』」

〔三二〕盧文弨曰：「漢書申屠嘉傳：『以材官蹶張。』如淳曰：『材官之多力能脚踏彊弩張之。律有蹶張士。』師古曰：『今之弩，以手張者曰擘張，以足踏者曰蹶張。』」

〔三三〕盧文弨曰：「左氏僖二十五年傳：『求諸侯莫如勤王。』」

〔三四〕盧文弨曰：「史記劉敬傳：『夫與人鬬，不搤其肮，拊其背，未能全其勝也。』集解張晏曰：『肮，喉嚨也。』索隱：『嗌，音厄。肮，音胡浪反，一音胡剛反。蘇林以爲頸大脈，俗所謂胡脈者也。』」案：肮與吭同，漢書作『亢』。」

〔三五〕「鯁」原作「骾」，今據嚴本校改。嚴式誨曰：「『鯁』原本誤『骾』，今據史文校改。」盧文弨曰：「史記專諸傳：『方今吴國外困於楚，而内空無骨鯁之臣，是無如我何。』」

〔三六〕自注：「臺城陷，援軍並問訊二宮，致敬於侯景也。」

〔三七〕器案：尚書無逸：「文王受命惟中身，厥享國五十年。」僞孔傳：「文王九十七而終。中身，即位時年四十七，言中身，舉全數。」

〔三八〕器案：詩大雅蕩：「鮮克有終。」鄭箋：「克，能也。」

〔三九〕盧文弨曰：「陶潛讀山海經詩：『巨猾肆威暴，欽䲹違帝旨。』」

〔四〇〕盧文弨曰：「漢書霍光傳：『宣帝謁見高廟，大將軍光從驂乘，上内嚴憚之，若有芒刺在背。』」

〔四一〕論語憲問篇：「微管仲，吾其被髮左衽矣。」

〔四二〕李詳曰：「案：文選傳亮爲宋公修張良廟教：『微管之歎。』任昉爲范始興求立太宰碑表：『功參微管。』又百辟勸今上箋：『歎深微管。』謝朓和王著作八公山詩：『微管寄明牧。』李善注皆引論語『微管仲』釋之；二字積爲六朝人恒語，凡建勳重臣，俱可以之譬況，亦『色斯』、『友于』之類也。」劉盼遂説同。

〔四三〕詩大雅皇矣：「王赫斯怒。」

〔四四〕自注：「孝元時爲荆州刺史。」盧文弨曰：「左氏哀六年傳：『江、漢、沮、漳，楚之望也。』」徐鯤曰：「文選江賦：『吸引沮、漳。』李善注云：『沮與睢同。』謝靈運擬鄴中集詩：『沮、漳自可美。』」

〔四五〕盧文弨曰：「犀函，犀甲也。周禮考工記：『燕無函。』注：『函，鎧也。』孟子曰：『矢人豈不仁於函人哉？』又：『函人爲甲，犀甲七屬，兕甲六屬；犀甲壽百年，兕甲壽二百年。』方言九：『矛骹如雁脛者謂之鶴厀。』」器案：文選左思吴都賦：「家有鶴膝，户有犀渠。」劉淵林注：「鶴膝，矛也，矛骹如鶴脛，上大下小，謂之鶴膝。」案：釋名釋用器：「鋤，頭曰鶴，以鶴頭也。」農器之鋤曰鶴頭，兵器之矛曰鶴膝，俱就其形似而言，今江津謂鋤頭之長厚者曰鴉嘴，義亦同也。唐書鄭惟忠傳：「時議禁嶺南酋户不得畜兵。惟忠曰：『善爲政者因其俗。且吴人所謂「家鶴膝，户犀渠」，此民風也，禁之得無擾乎？』」即據吴都賦爲言。

〔四六〕盧文弨曰：「初學記引晉令曰：『水戰有飛雲船、蒼隼船、先登船、飛鳥船。』郭璞江賦：『漂飛雲，建艅艎。』艅艎，即左氏傳之餘皇。」李詳曰：「劉逵吴都賦注：『飛雲，吴大船名。』春秋昭公十七年左氏傳：『大敗吴師，獲其乘舟餘皇。』杜注：『餘皇，舟名。』」

〔四七〕自注：「湘州刺史河東王譽、雍州刺史岳陽王詧，並隸荆州都督府。」盧文弨曰：「説文：『餫，野饋也。』」

昔承華之賓帝〔一〕，寔兄亡而弟及〔二〕；逮皇孫之失寵〔三〕，歎扶車之不立〔四〕。間〔五〕王道之多難，各私求於京邑，襄陽阻其銅符〔六〕，長沙閉其玉粒〔七〕，遽自戰於其地，豈大勛之暇集〔八〕？子既損〔九〕而姪攻，昆亦圍而叔襲；褚乘城〔一〇〕而宵下，杜倒戈而夜入〔一一〕。行路彎弓而含笑〔一二〕，骨肉相誅而涕泣；周旦其猶病諸〔一三〕，孝武悔而焉及〔一四〕。

〔一〕盧文弨曰：「文選陸士衡皇太子宴玄圃詩：『弛厥負檐，振纓承華。』李善注引洛陽記曰：『太子宫在大宫東，中有承華門。』周書太子晉解：『王子曰：「吾後三年，將上賓於帝所。」』」

〔二〕自注：「昭明太子薨，乃立晉安王爲太子。」盧文弨曰：「史記魯周公世家：『叔牙曰：「一繼一及，魯之常也。」』集解：『何休曰：「父死子繼，兄終弟及。」』」案：抱經堂校定本自注脱「昭明」二字，盧文弨重校正補正，嚴氏刻本據補。本傳有，今從之。

〔三〕自注：「嫡皇孫驩出封豫章王而薨。」自注「嫡」原作「嬌」，錢大昕曰：「『嬌』當作『嫡』。」嚴氏刻本據改，今從之。錢大昕曰：「梁書『驩』作『歡』。」

〔四〕盧文弨曰：「『扶車』疑是『緑車』，獨斷：『緑車名曰皇孫車，天子有孫乘之。』」錢大昕曰：「『扶車』疑是『扶蘇』之譌，蓋以秦太子扶蘇比昭明太子也。」今案：錢説較勝。

〔五〕器案：國語魯語下：「齊人間晉之禍，伐取朝歌。」韋注：「間，候也。」

〔六〕盧文弨曰：「史記孝文本紀：『二年，初與郡國守相爲銅虎符、竹使符。』集解：『應劭曰：「銅虎符第一至第五，國家當發兵，遣使者至郡合符，符合乃聽受之。」』索隱：『古今注云：「銅虎符，銀錯書之。」張晏云：「銅取其同心也。」』」

〔七〕自注：「河東、岳陽皆昭明子。」盧文弨曰：「梁書河東王譽傳：『臺城没，譽還湘鎮，世祖遣周弘直督其糧，前後使三反，譽並不從。』」器案：玉粒，謂糧也。梁簡文帝昭明太子集序：「發私藏之銅鳧，散垣下之玉粒。」杜甫茅堂檢校收稻詩：「玉粒未吾慳。」又云：「玉粒定晨炊。」

〔八〕書泰誓上：「大勛未集。」

〔九〕宋蜀大字本「損」作「殞」。

〔一〇〕器案：列子説符：「丁壯者皆乘城而戰。」釋名釋姿容：「乘，陞也，登亦如之也。」

〔一一〕自注：「孝元以河東不供船艎，乃遣世子方等爲刺史，大軍掩至，河東不暇遣拒；世子信用羣小，貪其子女玉帛，遂欲攻之，故河東急而逆戰，世子爲亂兵所害。孝元發怒，又使鮑泉圍河東，而岳陽宣言大獵，即擁衆襲荆州，求解湘州之圍。時襄陽杜岸兄弟怨其見劫，不以實告，又不義此行，率兵八千夜降，岳陽於是遁走，河東府褚顯族據投岳陽，所以湘州見陷也。」案：梁書河東王譽傳：「出爲南中郎將湘州刺史。」書武成：「前徒倒戈。」

〔一二〕孟子告子下：「有人於此，越人關弓而射之，則己談笑而道之，無他，疏之也。」文選左思吳都賦李善注引孟子作「彎弓」，彎、關古通。文選西京賦注：「彎，挽弓也。」

〔一三〕論語雍也篇：「堯、舜其猶病諸。」集解：「孔曰：『堯、舜至聖，猶病其難。』」又憲問篇：「堯、舜其猶病諸。」集解：「孔曰：『病猶難也。』」

〔一四〕盧文弨曰：「漢書武五子傳：『戾太子據因江充陷以巫蠱自經。上憐太子無辜，乃作思子宮，爲歸來、望思之臺於湖，天下聞而悲之。』」

方幕府之事殷〔一〕，謬見擇於人羣，未成冠而登仕，財解履以從軍〔二〕。非社稷之能衛〔三〕，□□□□□，僅書記於階闥〔四〕，罕羽翼於風雲。

〔一〕史記廉頗傳：「以便宜置吏，市租皆輸入莫府，爲士卒費。」集解：「如淳曰：『將軍征行無常處，所在爲治，故言莫府。莫，大也。』」索隱：「按注如淳解『莫大也』云云。又崔浩云：『古者出征爲將帥，軍還則罷，理無常處，以幕帟爲府署，故曰莫府。』則『莫』當作『幕』，字之訛耳。」器案：莫幕通。資治通鑑釋文二七：「師出無常處，所在張幕居之，以將帥得主府，故曰幕府。」

〔二〕自注：「時年十九，釋褐湘東國右常侍，以軍功，加鎮西墨曹參軍。」器案：財古通纔，漢書霍光傳：「長財七尺三寸。」師古曰：「財讀與纔同。」解履，與自注「釋褐」義相似，即出仕之意。文選揚子雲解嘲：「或釋褐而傅。」古代人臣見君須解履，左傳哀公二十五年：「褚師聲子韈而登席，公怒。」杜注：「古者，見君解韈。」呂氏春秋至忠篇：「文摯至，不解屨登牀，履王衣，問王之疾。王怒而不與言。」文館詞林六九五曹操春祠令：「議者以爲祠廟上殿當解履。」自注之「右常侍」，北齊書本傳作「左常侍」。案：北史及通志都作「右常侍」，與之推自注合，疑北齊書誤。又案：本書終制篇：「吾年十九，值梁家喪亂。」又之推古意詩：「十五好詩、書，二十彈冠仕。」

〔三〕自注：「童汪琦。」盧文弨曰：「禮記檀弓下：『能執干戈以衛社稷。』」錢大昕曰：「『童汪琦』

三字，疑非本注。」

〔四〕抱經堂校定本「階」誤「陛」，盧文弨已重校正，嚴刻本從之，今據改。

及荆王之定霸〔一〕，始讎恥而圖雪，舟師次乎武昌，撫軍鎮於夏汭〔二〕。濫充選於多士〔三〕，在參戎之盛列；慚四白之調護〔四〕，厠六友之談説〔五〕；雖形就而心和，匪余懷之所説〔六〕。

〔一〕左傳僖公二十七年：「取威定霸，於是乎在。」

〔二〕自注：「時遣徐州刺史徐文盛領二萬人，屯武昌蘆州，拒侯景將任約。又第二子綏寧度方諸爲世子，拜中撫軍將軍郢州刺史，以盛聲勢。」殿本考證曰：「『綏寧度』三字未審。」盧文弨曰：「注中『綏寧度』三字疑譌。左氏閔二年傳：『大子曰冢子，君行則守，有守則從；從曰撫軍，守曰監國。』」錢大昕曰：「『度』當作『侯』，下文『陽侯』字亦譌爲『度』，可證也。梁世諸王之子，例封縣侯。」器案：左傳昭公四年：「吴伐楚，楚沈尹射奔命於夏汭。」杜注：「漢水曲入江，今夏口也。」案：夏口即今漢口。

〔三〕多士即衆士，見尚書多士僞孔傳。

〔四〕盧文弨曰：「四白，四皓也。史記留侯世家：『上欲廢太子，留侯畫計曰：「上有所不能致者，天下有四人，迎此四人來從太子。」年皆八十有餘，鬚眉皓白，衣冠甚偉。上怪之，問曰：

「彼何爲者?」四人前對，各言名姓，曰：東園公，甪里先生，綺里季，夏黄公。上乃大驚，曰：「煩公幸卒調護太子。」』」

〔五〕自注：「時遷中撫軍外兵參軍，掌管記，與文珪、劉民英等與世子遊處。」盧文弨曰：「初學記引晉公卿禮秩曰：『愍、懷立東宮，乃置六傅，省尚書事，始置詹事丞，文書關由六傅，時號太子六友。』」器案：梁書元帝紀及貞慧世子方諸傳：「簡文帝大寶元年九月，湘東王繹以世子方諸爲中撫軍，出爲郢州刺史。」北齊書本傳：「繹遣世子方諸出鎮郢州，以之推掌管記。」又案：劉民英疑是劉緩之子。緩幼子民譽，見家訓書證篇，梁書劉昭傳云：「緩字含度，少知名，歷官安西湘東王記室，時西府盛集文學，緩居其首，除通直郎，俄遷鎮南湘東王中録事，復隨府江州，卒。」蓋是時西府盛集文學，劉氏父子，俱在江陵，故民英得與之推、文珪等與世子遊處也。

〔六〕盧文弨曰：「説，音悦。」劉盼遂曰：「案：此數語述與世子方諸遊處事也。莊子人間世：『顔闔將傅衛靈公太子，而問于蘧伯玉，伯玉曰：「形莫若就，心莫若和；就不欲入，和不欲出。」』」

繄深宫之生貴，矧垂堂與倚衡〔一〕，欲推心以厲物〔二〕，樹幼齒以先聲〔三〕；愾敷求之不器〔四〕，乃畫地而取名〔五〕。仗禦武於文史〔六〕，委軍政於儒生〔七〕。值白波之猝駭〔八〕，逢赤舌之燒城〔九〕，王凝坐而對寇〔一〇〕，向栩拱以臨兵〔一一〕。莫不變蝯而化鵠〔一二〕，皆自取首以破腦，將睥睨於渚宮〔一三〕，先憑陵於地道〔一四〕。懿永寧之龍蟠〔一五〕，奇護軍之電掃〔一六〕，犇虜快其餘毒，縲囚膏乎野草〔一七〕。幸先主之無勸〔一八〕，賴滕公之我保〔一九〕，剡鬼録於岱宗〔二〇〕，招歸魂於蒼昊〔二一〕，荷性命之重賜，銜若人以終老〔二二〕。

〔一〕盧文弨曰：「漢書袁盎傳：『臣聞千金之子不垂堂，百金之子不騎衡。』如淳曰：『騎，倚也；衡，樓殿邊欄楯也。』案：顔用倚衡，正與如淳說合，顔師古乃云：『騎謂跨之。』非古義也。」器案：史記袁盎傳：「臣聞千金之子，坐不垂堂；百金之子，不騎衡。」索隱：「案：張揖云：『恐簷瓦墮中人。』或云：『臨堂邊垂，恐墮墜也。』」集解：「駰案：服虔曰：『自惜身，不騎衡。』如淳曰：『騎，倚也。衡，樓殿邊欄楯也。』」索隱：「案：如淳之說爲長。案：纂要云：『宮殿四面欄，縱者云檻，橫者云楯也。』」又水經灞水注引袁盎，亦作「立不倚衡。」司馬相如傳：「故鄙諺曰：『家累千金，坐不垂堂。』」索隱：「樂産云：『垂，邊也，恐墮墜之也。』」

〔二〕盧文弨曰：「後漢書光武帝紀：『降者更相謂曰：「蕭王推赤心置人腹中，安得不投死乎！」』厲，摩厲也。漢書梅福傳：「爵禄束帛者，天下之底石，高祖所以厲世磨鈍也。」」

〔三〕自注：「中撫軍時年十五。」盧文弨曰：「樹，立也。齒，年也。漢書韓信傳：『廣武君曰：「兵固有先聲而後實者。」』」

〔四〕盧文弨曰：「詩曹風下泉：『愾我寤歎。』箋云：『愾，歎息之意。』釋文：『苦愛反。』書伊訓：

『敷求哲人，俾輔于爾後嗣。』不器，言不器使也。」

〔五〕徐鯤曰：「魏志盧毓傳：『詔曰：「得其人與否在盧生耳。選舉莫取有名，名如畫地作餅，不可啖也。」』」龐石帚先生養晴室筆記卷二說同。

〔六〕自注：「以虞預爲郢州司馬，領城防事。」

〔七〕自注：「以鮑泉爲郢州行事，總攝州府也。」

〔八〕盧文弨曰：「後漢書獻帝紀：『白波賊寇河東。』章懷注：『薛瑩書曰：「黄巾郭泰等起於西河白波谷，時謂之白波賊。」』」

〔九〕盧文弨曰：「太玄經干次八：『赤舌燒城，吞水於餅。』」

〔一〇〕龔向農先生曰：「晉書王凝之傳：『仕歷會稽内史。王氏世事張氏五斗米道，凝之彌篤，孫恩之攻會稽，寮佐請爲之備，凝之不從，方入靖室請禱，出語諸將佐曰：「吾已請大道，許鬼兵相助，賊自破矣。」遂爲孫恩所害。』」劉盼遂曰：「案：王凝謂王凝之也，如褚詮之勉學篇亦作褚詮，減名末『之』字矣。六朝人於名末『之』字，往往可減去，如世説新語張玄之亦作張玄，顧悦之或作顧悦，袁悦之或作袁悦，隋書稱王述爲王述之（見經籍志春秋），水經注載王歆之雜稱王歆（溱水注與洭水注）等，皆是矣。」

〔一一〕自注：「任約爲文盛所困，侯景自上救之，舟艦弊漏，軍饑卒疲，數戰失利，乃令宋子仙、任約步道偷郢州，城預無備，故陷賊。」器案：「向栩」原誤作「白詡」，今據龔向農先生説校改。龔曰：「『白詡』疑『向栩』之譌，後漢書獨行向栩傳：『張角作亂，栩上便宜，不欲國家興兵，但遣將於河上，北向讀孝經，賊當自消滅。』此與上句王凝爲對，皆以喻荆州無備也。南監本北齊書作『白羽』，亦誤。」器案：龔説是，「向栩」，魏、晉、南北朝人多作「向詡」，如陶潛集聖賢羣輔録引魏文帝令及甄表、廣弘明集卷二八上引梁元帝與劉智藏書、北堂書鈔一三二、太平御覽七三九引英雄記，都作「向詡」，是其證。「向」與「白」形近，又涉上文「白波」字而誤，今據改正。何焯校本、殿本考證俱改「白詡」爲「白羽」，非是。盧氏乃以白面書生説之，更匪夷所思矣！又案：向栩傳之所謂孝經，當是術士之書，非孔門陳孝道者，蓋如後世所傳墨子五行記、孔聖枕中記之流耳。藝文類聚六九引漢獻帝傳：「尚書令王允奏曰：『太史令王立，説孝經六隱事，能消却姦邪。』常以良日，允與立入爲帝誦孝經一章，以丈二竹簟，畫九宫其上，隨日時而出入焉。及允被害，乃不復行也。」御覽七〇八引東觀漢記：「尚書令王允奏云：『太史令王立説孝經六隱事，令朝廷行之，消災却邪，有益聖躬。』詔曰：『聞王者當修德耳，不聞孔子制孝經有此而却邪者也。』允固奏請曰：『立學深厚，此聖人祕奥，行之無損。』帝乃從之。常以良日，王允與王立入爲帝誦孝經一章，以丈二竹簟，畫九宫其上，隨日時而出入焉。」又見袁宏後漢紀二六。風俗通義怪神篇：「謹案：北部督郵西平郅（原誤「到」）伯夷……日晡時到亭，勑前導人且止（此二字據搜神記十補），録事掾白：『今尚早，可至前亭。』曰：『欲作文書，便留。』吏卒惶怖，言當解去，傳云：『督郵欲於樓上觀望，亟掃除，須臾便上。』未冥，樓燈，階下復有火。劾：『我思道，不可見火，滅去。』吏知必有變，當用赴照，但藏置壺中耳。既冥，整服坐，誦六甲孝經、易本訖。」南史隱逸傳載顧歡以孝經療病。諸書所舉孝經、孝經六隱、六甲孝經，俱言其有消災却邪之功，蓋即一書。後漢書方術傳注云：「遁甲，推六甲之陰而隱遁也。」然則六隱實六甲耳。

〔一二〕盧文弨曰：「抱朴子釋滯篇：『周穆王南征，久而不歸，一軍盡化：君子爲猿爲鶴，小人爲沙爲蟲。』『鵠』與『鶴』同。」

〔一三〕盧文弨曰：「漢書田蚡傳：『辟睨兩宮間。』師古曰：『辟睨，旁視也。』」案：辟睨即睥睨也。左氏文十年傳：『子西沿漢泝江，將入郢，王在渚宮下見之。』案：渚宮在荆州，正義云：『當郢都之南。』」器案：南史元帝紀：「宗懍及御史大夫劉懿以爲建鄴王氣已盡，且渚宮洲已滿百。……又江陵先有九十九洲，古老相承云：『洲滿百，當出天子。』」

〔一四〕「地道」，原誤作「他道」，今據姚姬傳説校改。姚氏惜抱軒筆記七：「按：景純江賦云：『包山洞庭，巴陵地道。』此言景之犯巴陵，以地道字代，猶以渚宮代荆州耳，『他』字誤也。」器案：山海經中山經：「又東南一百二十里曰洞庭之山。」郭注：「今長沙巴陵縣西又有洞庭陂，潛伏通江，離騷曰：『邅吾道兮洞庭。』『洞庭波兮木葉下。』皆謂此也。」又海内東經：「湘水出舜葬東南陬，西環之，入洞庭下。」郭注：「洞庭，地穴也，在長沙巴陵。今吴縣南大湖中有包山，下有洞庭穴道，潛行水底，云無所不通，號爲地脈。」尋地穴謂潛行水底，潛伏通江，故有洞庭之名。巴陵、吴縣皆有洞庭，故巴陵之洞庭又有地道之稱，而吴縣之洞庭亦有地脈之名也。盧文弨曰：「左氏襄廿五年傳：『今陳介恃楚衆，以馮陵我敝邑。』」

〔一五〕自注：「永寧公王僧辯據巴陵城，善於守禦，景不能進。」抱經堂校定本自注「據」誤「救」，嚴刻本據盧氏重校正改正。案：宋蜀本作「據」，今據改。盧文弨曰：「此龍蟠以喻莫之敢攖耳。」器案：李商隱詠史詩：「北湖南埭水漫漫，一片降旗百尺竿；三百年間同曉夢，鍾山何處有龍盤！」龍盤雖用鍾山本典，而其取義，則與顏賦一概也。

〔一六〕自注：「護軍將軍陸法和破任約於赤亭湖，景退走，大潰。」盧文弨曰：「後漢書皇甫嵩傳：『閻忠説嵩曰：「將軍兵動若神，謀不再計，摧強易於折枯，消堅甚於湯雪，旬月之間，神兵電掃。」』」器案：陸法和見北史藝術傳，本書雜藝篇稱爲陸護軍者是也。後漢書崔駰傳，駰撰慰志賦曰：「運欃槍以電掃兮，清六合之土宇。」

〔一七〕盧文弨曰：「左氏成三年傳：『兩釋纍囚，以成其好。』杜注：『纍，繫也。』案與縲同，孔安國論語注：『縲，黑索。』文選司馬長卿諭巴蜀檄：『肝腦塗中原，膏液潤野草。』李善注引春秋攷異郵曰：『枯骸收胲，血膏潤草。』」

〔一八〕盧文弨曰：「先主，謂蜀先主也，舊本作『先生』，譌。魏志吕布傳：『布既降，生縛之，布請曰：「明公將步，布將騎，則天下不足定也。」太祖有疑色。劉備進曰：「明公不見布之事丁建陽及董太師乎？」太祖頷之，於是縊殺布。』」

〔一九〕自注：「之推執在景軍，例當見殺，景行臺郎中王則初無舊識，再三救護，獲免，因以還都。」盧文弨曰：「史記淮陰侯列傳：『韓信亡楚歸漢，爲連敖，坐法當斬，其輩十三人已斬，次至信，信仰視，適見滕公，曰：「上不欲就天下乎？何爲斬壯士！」滕公奇其言，乃釋而不斬；與語，大説之，言於上。上拜以爲治粟都尉。』滕公乃夏侯嬰也。」

〔二〇〕盧文弨曰：「剡，削也。魏文帝與吴質書：『徐、陳、應、劉，一時俱逝，頃撰其遺文，都爲一集，觀其姓名，已爲鬼録。』博物志（卷一）：『援神契曰：「太山，天帝孫也，主召人魂。東方，萬物始，故主人生命之長短。」』古樂府怨詩行：『人間樂未央，忽然歸東嶽。』魏應璩百一詩：『年命在桑榆，東嶽與我期。』」顧炎武日知録三〇：「自哀平之際，而讖緯之書出，然後有如遁甲開山圖所云：『泰山在左，亢父在右。亢父知生，泰山主死。』博物志所云：『泰山一曰天孫，言爲天帝之孫，主召人魂魄，知生命之長短者。』其見於史者，則後漢書方術傳：『許峻自云：嘗篤病，三年不愈，乃謁泰山請命。』烏桓傳：『死者神靈歸赤山。赤山在遼東西北數千里。如中國人死者魂神歸泰山也。』三國志管輅傳：『謂其弟辰曰：但恐至泰山治鬼，不得治生人，如何？』而古辭怨詩行云：『齊度游四方，各繫泰山録，人間樂未央，忽然歸東嶽。』陳思王驅車篇云：『神魂所繫屬，逝者感斯征。』劉楨贈五官中郎將詩云：『常恐游岱宗，不復見故人。』應璩百一詩云：『年命在桑榆，東嶽與我期。』然則鬼論之興，其在東京之世乎。」黄汝成集釋：「汝成案史記趙世家『霍泰山山陽侯天使』云云，則泰山爲神，當由霍泰山傳訛始云。」

〔二一〕自注：「時解衣訖而獲全。」盧文弨曰：「楚辭有招魂。爾雅釋天：『春曰蒼天，夏曰昊天。』」

〔二二〕器案：論語公冶長：「君子哉若人。」集解：「苞氏曰：『若人者，若此人也。』」此文指王則。

賊棄甲而來復〔一〕，肆觜距之鵰鳶〔二〕，積假履而弒帝〔三〕，憑衣霧以上天〔四〕。用速災於四月，奚聞道之十年〔五〕！就狄俘於舊壤，陷戎俗於來旋。慨黍離於清廟〔六〕，愴麥秀於空廛〔七〕；鼖鼓卧而不考〔八〕，景鐘毀而莫懸〔九〕；野蕭條以橫骨，邑闃寂而無烟〔一〇〕。疇百家之或在〔一一〕，覆五宗而翦焉〔一二〕；獨昭君之哀奏〔一三〕，唯翁主之悲絃〔一四〕。經長干以掩抑〔一五〕，展白下以流連〔一六〕；深燕雀之餘思〔一七〕，感桑梓之遺虔〔一八〕；得此心於尼甫，信茲言乎仲宣〔一九〕。

〔一〕盧文弨曰：「左氏宣二年傳：『宋城，華元爲植巡功，城者謳曰：「睅其目，皤其腹，棄甲而復；于思于思，棄甲復來。」』杜注：『棄甲謂亡師。』」

〔二〕盧文弨曰：「張茂先鷦鷯賦：『鵰鶚介其觜距。』詩小雅四月傳：『鵰鳶，貪殘之鳥也。』」

〔三〕盧文弨曰：「左氏僖四年傳：『賜我先君履。』杜注：『履，所踐履之界。』」

〔四〕徐鯤曰：「困學紀聞二十引易緯是類謀曰：『民衣霧，主吸霜，閒可倚杵於何藏。』」

〔五〕自注：「臺城陷後，梁武曾獨坐，歎曰：『侯景於文爲小人百日天子。』及景以大寶二年十二月十九日僭位，至明年三月十九日棄城逃竄，是一百二十日，卉天道，繼大數，故文爲百日，言與公孫述俱稟十二而旬歲不同。」盧文弨曰：「注中卉字疑。」錢大昕曰：「後漢書公孫述傳：『述夢有人語之曰：「八厶子系，十二爲期。」覺謂其妻曰：「雖貴而祚短若何？」妻對曰：「朝聞道，夕死尚可，況十二乎！」』」器案：宋蜀本「十二月」作「十一月」，「繼」作「紀」，皆是。據梁書簡文紀及侯景傳，大寶二年八月，侯景廢帝，立豫章王棟，十月弒帝，廢棟，景自立。梁書云十月者，紀其弒帝之時，之推云十一月者，乃其僭位之日。十一月十九日至三月十九日，正是一百二十日。論語里仁篇：「子曰：『朝聞道，夕死可矣。』」述妻語本此。又案：龍龕手鑑卷二草部：「卉，余律反，草初生也。」亦非此義，仍可疑耳。

〔六〕宋蜀本「慨」字作墨丁。盧文弨曰：「詩王黍離序：『閔宗廟也。周大夫行役，至於宗周，過故宗廟，宮室盡爲禾黍，閔周室之顛覆，彷徨不忍去，而作是詩也。』」

〔七〕盧文弨曰：「史記宋微子世家：『箕子朝周，過故殷虛，感宮室毀壞，生禾黍；箕子傷之，欲哭則不可，欲泣，爲其近婦人，乃作麥秀之詩以歌詠之。』」

〔八〕盧文弨曰：「周禮地官鼓人：『以鼖鼓鼓軍事。』毛詩傳：『考，擊也。』」器案：毛傳見詩唐風山有樞：「子有鐘鼓，弗鼓弗考。」

〔九〕盧文弨曰：「晉語七：『魏顆以其身却退秦師於輔氏，親止杜回，其勳銘於景鐘。』韋注：『景鐘，景公鐘。』」李詳曰：「案：文選潘岳西征賦：『乘風廢而弗懸。』」隴焉。」

〔一〇〕器案：南史侯景傳：「時江南大饑，江、揚彌甚。……千里絕煙，人跡罕見，白骨成聚，如丘隴焉。」

〔一一〕自注：「中原冠帶，隨晉渡江者百家，故江東有百譜；至是，在都者覆滅略盡。」徐鯤曰：「文選西征賦：『窺七貴於漢庭，譸一姓之或在。』注：『聲類曰：「譸亦疇字也。」爾雅曰：「疇，誰。」』」劉盼遂曰：「案：隋書經籍志史部載江南百家譜凡十卷，疑注中『譜』上脫『家』字。」器案：隋志有王儉百家集譜十卷，王僧孺百家譜三十卷，賈執百家譜二十卷。通典三又載劉湛百家譜，復爲王儉所本也。

〔一二〕盧文弨曰：「史記五宗世家：『孝景皇帝子凡十三人爲王，而母五人，同母者爲宗親。』書五子之歌：『覆宗滅祀。』杜注成二年左傳：『翦，盡也。』」

〔一三〕盧文弨曰：「石崇王明君辭序：『王明君者，本是王昭君，以觸文帝諱改之。匈奴盛，請婚於漢，元帝以後宮良家子昭君配焉。昔公主嫁烏孫，令琵琶馬上作樂，以慰其道路之思；其送明君，亦必爾也。』」

〔一四〕自注：「公主子女，見辱見讎。」盧文弨曰：「史記大宛傳：『烏孫以馬千匹聘漢女，漢遣宗室女江都翁主往妻烏孫，烏孫王昆莫以爲右夫人。』漢書西域傳：『公主悲愁，自爲作歌，曰：「吾家嫁我兮天一方，遠託異國兮烏孫王。穹廬爲室兮旃爲牆，以肉爲食兮酪爲漿。居常土思兮心内傷，願爲黄鵠兮歸故鄉。」』」器案：家訓養生篇：「侯景之亂，王公將相，多被戮辱，妃主姬妾，略無全者。」

〔一五〕自注：「長干，舊顔家巷。」盧文弨曰：「劉淵林注吴都賦：『建業南五里有山岡，其間平地，吏民雜居，東長干中有大長干、小長干，皆相連。大長干在越城東，小長干在越城西，地有長短，故號大、小長干。』掩抑，意不舒也。」器案：輿地紀勝十七：「江南東路建康府：長干是秣陵縣東里巷名，江東謂山隴之間曰干。金陵南五里有山岡，其間平地，民庶雜居，有大長干、小長干、東長干，並是地名。」

〔一六〕自注：「靖侯以下七世墳塋，皆在白下。」盧文弨曰：「白下，一名白下門，今江寧縣地。流連，不能去也。」器案：顔魯公大宗碑：「生之推，字介，北齊中書舍人，給事黄門郎，平原太守，嘗著觀我生賦云：『展白下以流連。』以靖侯已下七葉墳塋皆在故也。」

〔一七〕盧文弨曰：「禮記三年問：『今是大鳥獸，則喪其羣匹，越月踰時焉，則必反巡，過其故鄉，翔回焉，鳴號焉，蹢躅焉，踟蹰焉，然後乃能去之。』」

〔一八〕盧文弨曰：「詩小雅小弁：『維桑與梓，必恭敬止。』」

〔一九〕盧文弨曰：「王仲宣登樓賦：『悲舊鄉之壅隔兮，涕横墜而弗禁。昔尼父之在陳兮，有歸歟之歎音；鍾儀幽而楚奏兮，莊舄顯而越吟；人情同於懷土兮，豈窮達而異心。』」

逷西土之有衆〔一〕，資方叔以薄伐〔二〕；撫鳴劍而雷咤〔三〕，振雄旗而雲窣〔四〕千里追其飛走〔五〕，三載窮於巢窟〔六〕，屠蚩尤於東郡〔七〕，挂郅支於北闕〔八〕。弔幽魂之寃枉，掃園陵之蕪没；殷道是以再興〔九〕，夏祀於焉不忽〔一〇〕。但遺恨於炎崑〔一一〕，火延宫而累月〔一二〕。

〔一〕盧文弨曰：「書牧誓：『逖矣西土之人。』逷與逖同。又泰誓中：『西土有衆，咸聽朕言。』」李賡芸炳燭篇一：「此用牧誓文，而『逖』作『逷』。按説文：『狄，遠也。古文作逷。』顏介所用，當是古本，釋文未之及。古狄、易同聲。」

〔二〕自注：「永寧公以司徒爲大都督。」盧文弨曰：「詩小雅采芑：『方叔涖止，其車三千。』又六月：『薄伐玁狁，至于太原。』」

〔三〕盧文弨曰：「咤與吒同，陟嫁切。叱，怒也。」器案：後漢書皇甫嵩傳：「閻忠説嵩曰：『今主上勢弱於劉、項，將軍權重於淮陰，指撝足以震風雲，叱咤可以興雷電。』」李賢注：「叱咤，怒聲也。」

〔四〕盧文弨曰：「『窣』當作『崒』，倉没切，危高也。」

〔五〕飛走，謂飛禽走獸。文選左太沖吴都賦：「窮飛走之棲宿。」吕延濟注：「窮盡天地之間飛走之物也。」鮑照謝解禁止表：「逢飛走知感，矧臣人類。」

〔六〕禮記禮運：「昔者，先王未有宫室，冬則居營窟，夏則居橧巢。」庾信賀平鄴都表：「百年逋誅，遂窮巢窟。」慧琳一切經音義卷二十八：「巢窟，謂住止處所也。通俗文：『鳥居曰巢，獸穴曰窟也。』」

〔七〕盧文弨曰：「史記五帝本紀：『蚩尤作亂，不用帝命。於是黄帝乃徵師諸侯，與蚩尤戰于涿鹿之野，遂禽殺蚩尤。』續漢書郡國志：『東平國壽張，故屬東郡。』劉昭注：『皇覽曰：「蚩尤冢在縣闞鄉城中，高七丈。」』」

〔八〕自注：「既斬侯景，烹屍于建業市，百姓食之，至于肉盡齕骨。傳首荆州，懸於都街。」盧文弨曰：「漢書陳湯傳：『郅支單于殺漢使者，湯矯制發城郭諸國兵薄城下，單于被創死，軍候假丞杜勳斬單于首，於是上疏，宜縣頭稾街蠻、夷邸間，以示萬里。』」器案：藝文類聚五七引李尤七款：「前臨都街，後據流川。」

〔九〕史記殷本紀：「盤庚行湯之政，然後百姓由寧，殷道復興。」又曰：「武丁修政行德，天下咸驩，殷道復興。」

〔一〇〕左傳文公五年：「皋陶、庭堅不祀，忽諸。」案：爾雅釋詁：「忽，盡也。」郭璞注：「忽然，盡貌。」

〔一一〕盧文弨曰：「書胤征：『火炎崑岡，玉石俱焚。』」

〔一二〕自注：「侯景既平，我師採穭失火，燒宫殿，蕩盡也。」器案：宋蜀本自注「平」作「走」，「我」作「義」，「穭」誤作「櫓」。梁書王僧辯傳：「景之退也，北走朱方。於是景散兵走告僧辯，僧辯令衆將入據臺城。其夜，軍人採梠失火，燒太極殿及東、西堂等。」「梠」亦「梠」誤。後漢書獻紀：「羣僚飢乏，尚書郎以下，自出採梠。」注：「梠音吕，埤蒼曰：『穭，自生也。』梠與穭同。」又光武紀上：「野穀旅生。」注：「旅，寄也，不因播種而生，故曰旅。今字書作穭，音吕；古字通。」史記天官書集解晉灼曰：「禾野生曰旅，今之飢民采旅也。」

指余櫂於兩東〔一〕，侍昇壇之五讓〔二〕，欽漢官之復覩〔三〕，赴楚民之有望〔四〕。攝絳衣以奏言〔五〕，忝黄散於官謗〔六〕。或校石渠之文〔七〕，時參柏梁之唱〔八〕，顧甂甌之不算，濯波濤而無量〔九〕。屬瀟、湘之負罪〔一〇〕，兼岷、峨之自王〔一一〕，竚既定以鳴鸞〔一二〕，脩東都之大壯〔一三〕。驚北風之復起，慘南歌之不暢〔一四〕，守金城之湯池〔一五〕，轉絳宮之玉帳〔一六〕，徒有道而師直〔一七〕，飜無名之不抗〔一八〕。民百萬而囚虜，書千兩而煙煬〔一九〕，溥天之下，斯文盡喪〔二〇〕。憐嬰孺之何辜，矜老疾之無狀〔二一〕，奪諸懷而棄草〔二二〕，踣於塗而受掠〔二三〕。冤乘輿之殘酷，軫人神之無狀〔二四〕，載下車以黜喪〔二五〕，揜桐棺之藁葬〔二六〕。雲無心以容與〔二七〕，風懷憤而憀悢；井伯飲牛於秦中〔二八〕，子卿牧羊於海上〔二九〕。留釧之妻，人銜其斷絶〔三〇〕；擊磬之子，家纏其悲愴〔三一〕。

〔一〕姚姬傳惜抱軒筆記七：「此用楚賦『孰兩東門之可蕪』。」龐石帚先生養晴室筆記卷一一曰：

「按九章哀郢：『曾不知夏之爲丘兮，孰兩東門之可蕪。』王逸注云：『孰，誰也；蕪，逋也。言郢城兩東門，非先王所作邪？何可使逋廢而無路？』」朱亦棟亦以「兩東」二字本此，惟以爲出楚辭悲回風，則誤舉篇名也。

〔二〕盧文弨曰：「魏志文帝紀：『乃爲壇於繁陽，王昇壇即阼。』漢書袁盎傳：『朕下至代邸，西鄉讓天子者三，南鄉讓天子者再。夫許由一讓，陛下五以天下讓，過許由四矣。』案：元帝屢讓王僧辯等勸進表，至大寶三年冬，始即位於江陵，故云。」

〔三〕盧文弨曰：「後漢書光武帝紀：『時三輔吏士東迎更始，見諸將皆冠幘而服婦人衣，諸于繡䯽，莫不笑之，或有畏而走者。及見司隸僚屬，皆歡喜不自勝，老吏或垂涕曰：「不圖今日復見漢官威儀。」由是識者皆屬心焉。』」

〔四〕徐鯤曰：「漢書項籍傳：『居鄛人范增年七十，素好奇計，往説梁曰：「陳勝敗固當。夫秦滅六國，楚最亡罪。自懷王入秦不反，楚人憐之至今，故南公稱曰：『楚雖三户，亡秦必楚。』今陳勝首事，不立楚後，其勢不長。今君起江東，楚蠭起之將皆争坿君者，以君世世楚將，爲能復立楚之後也。」於是梁乃求楚懷王孫心，在民間爲人牧羊，立以爲楚懷王，從民望也。』」李詳曰：「案：春秋哀公十八年左氏傳：『葉公及北門，或遇之，曰：「君胡不胄？國人望君如望慈父母焉，盗賊之矢若傷君，是絶民望也。」』」

〔五〕盧文弨曰：「舍人是兼職，故曰攝。絳衣當是舍人所服。」器案：後漢書光武紀上：「光武遂將賓客還春陵，時伯升已會衆起兵。初，諸家子弟恐懼，皆亡逃自匿，曰：『伯升殺我。』及見光武絳衣大冠，皆驚曰：『謹厚者亦復爲之。』迺稍自安。」李賢注：「東觀記曰：『上時絳衣大冠，將軍服也。』」隋書李德林傳：「時遵彦銓衡，深慎選舉，秀才擢第，罕有甲科。德林射策五條，考皆爲上，授以殿中將軍，既是西省散員，非其所好；又以天保季世，乃謝病還鄉，闔門守道。乾明初，遵彦奏追德林入議曹。三年，祖孝徵入爲侍中尚書左僕射，趙彦深出爲兗州刺史。朝士有先爲孝徵所待遇者，間德林云：『是彦深黨與，不可仍掌機密。』孝徵曰：『德林久滯絳衣，我常恨彦深待賢未足；内省文翰，方以委之，尋當有佳處分，不宜妄説。』尋除中書侍郎，仍詔修國史。」據此，則絳衣謂戎服，攝讀如論語鄉黨篇「攝齊升堂」之攝，攝絳衣，蓋指釋褐以軍功加鎮西墨曹參軍而言，盧説未可從。

〔六〕自注：「時爲散騎侍郎，奏舍人事也。」盧文弨曰：「晉書陳壽傳：『杜預薦壽於帝，宜補黄散。』職官志：『散騎常侍、侍郎與侍中、黄門侍郎，共平尚書奏事。』左氏莊廿二年傳：『敢辱高位，以速官謗。』」器案：胡三省通鑑一一九注：「黄散，謂黄門侍郎及散騎常侍、侍郎也。」陳書蔡凝傳：「高宗常謂凝曰：『我欲用義興主壻錢肅爲黄門郎，卿意何如？』凝正色對曰：『帝鄉舊戚，恩由聖旨，則無所復問；若格以僉議，黄散之職，故須人門兼美：唯陛下裁之。』高宗默然而止。」又見南史蔡凝傳。此可見當時對黄散一職之重視，故之推有「忝黄散於官謗」之言也。

〔七〕自注：「王司徒表送祕閣舊事八萬卷。乃詔：『比校部分，爲正御、副御、重雜三本。左民尚書周弘正、黄門侍郎彭僧朗、直省學士王珪、戴陵校經部，左僕射王褒、吏部尚書宗懷正、員外郎顔之推、直學士劉仁英校史部，廷尉卿殷不害、御史中丞王孝純、中書郎鄧藎、金部郎中徐報校子部，右衛將軍庾信、中書郎王固、晉安王文學宗菩善、直省學士周確校集部也。』」盧文弨曰：「班固兩都賦：『又有天禄、石渠，典籍之府，命夫惇誨故老，名儒師傅，講論乎六藝，稽合乎同異，啓發篇章，校理秘文。』後漢書蔡邕傳：『昔孝宣會諸儒於石渠。』案：石渠議奏載漢書藝文志。」器案：宋蜀本自注「純」作「紀」，「菩」作「善」。王司徒謂僧辯也。陳書周弘正傳：「及景平，僧辯啓送秘書圖籍，勑弘正讎校。」隋書牛弘傳載弘上表請開獻書之路云：「蕭繹據有江陵，遣將破平侯景，收文德之書，及公私典籍，重本七萬餘卷，悉送荆州，故江表圖書，因斯盡萃於繹矣。及周師入郢，繹悉焚之於外城，所收十纔一二。」隋書經籍志云：「梁武敦悦詩、書，下化其上，四環之内，家有文史。元帝克平侯景，收文德之書，及公私經籍，歸於江陵，大凡七萬餘卷，周師入郢，咸自焚之。」資治通鑑一六五云：「城陷，帝入東閣竹殿，令舍人高寶善焚古今圖書十四萬卷。」考異曰：「隋書經籍志云七萬卷，並江陵舊書，豈止七萬卷乎？今從典略。」此王僧辯表送建康書之可考見者。然金樓子聚書篇云：「吾今年四十六歲，自聚書來，四十年得書八萬卷。」繹即以次年年四十七時卒，則江陵舊本八萬卷，加秘閣舊事八萬卷，得十六萬卷，與三國典略十四萬卷之説亦不合。豈金樓子或之推自注之八萬卷，有一必爲六萬卷形近而誤乎？疑不能明也。又案：余嘉錫謂：「宗懷正當爲宗懍之字，然與諸史言字元懍者不同。且之推之注，於諸人皆稱名，而懍獨稱其字，亦所未詳，豈嘗以字行而史略之耶？」見所著四庫提要辨證八荆楚歲時記下。

〔八〕盧文弨曰：「古文苑：『漢武帝元封三年，作柏梁臺，詔羣臣二千石，有能爲七言詩，乃得上座。帝詩云：「日月星辰和四時。」和者自梁孝王而下至東方朔，凡二十四人。』」

〔九〕盧文弨曰：「自言器小而膺大遇也。方言五：『甂甌，陳、魏、宋、楚之間謂之题，自關而西謂之甂，其大者謂之甌。』」器案：不算，猶言不足數。論語子路篇：「斗筲之人，何足算也。」何晏集解引鄭玄注：「算，數也。」

〔一〇〕自注：「陸納。」盧文弨曰：「瀟、湘二水名，在荆南。梁書元帝紀：『大寶三年冬，執湘州刺史王琳於殿内，琳副將殷宴下獄死，林州長史陸納及其將潘烏累等舉兵反，襲陷湘州。』」器案：書大禹謨：「負罪引慝。」正義：「自負其罪，自引其惡。」

〔一一〕自注：「武陵王。」盧文弨曰：「岷、峨，蜀二山名；武陵王紀爲益州刺史，蜀地也。紀傳：『侯景亂，紀不赴援。高祖崩後，紀乃僭號於蜀，將圖荆、陝。時陸納未平，蜀軍復逼，世祖憂焉。既而納平，樊猛獲紀，殺之於硤口。』」

〔一二〕盧文弨曰：「周禮春官巾車疏引韓詩：『升車則馬動，馬動則鸞鳴，鸞鳴則和應。』班固西都賦：『大輅鳴鑾，容與徘徊。』鑾與鸞同。」

〔一三〕自注：「詔司農卿黄文超營殿。」盧文弨曰：「元帝紀：『承聖二年七月，詔曰：「今八表乂清，四郊無壘，宜從青蓋之興，言歸白水之鄉。」』蓋有意仍都建鄴也。詩小序：『車攻，宣王復古也，復會諸侯於東都，因田獵而選車徒焉。』易繫辭下：『聖人易之以宫室，上棟下宇，以待風雨，蓋取諸大莊。』」器案：梁有大壯舞歌，沈約所撰，梁武所定，見隋書樂志。

〔一四〕自注：「秦兵繼來。」盧文弨曰：「元帝紀：『承聖三年，秦州刺史嚴超達自秦郡圍涇州，魏復遣將步六汗薩率衆救涇州。九月，魏遣其柱國万紐于謹率大衆來寇。』左氏襄十八年傳：『師曠曰：「吾驟歌北風，又歌南風，南風不競，多死聲。」』」

〔一五〕盧文弨曰：「漢書食貨志：『神農之教曰：「有石城十仞，湯池百步，帶甲百萬而無粟，弗能守也。」』秦州記：『凡城皆稱金，言其固也，故墨子稱金城湯池。』案：今墨子此語亡。」器案：漢書蒯通傳：「皆爲金城湯池而不可攻也。」師古曰：「金以喻堅，湯喻沸熱不可近。」

〔一六〕自注：「孝元自曉陰陽兵法，初聞賊來，頗爲厭勝，被圍之後，每歎息，知必敗。」盧文弨曰：「考絳宫玉帳，蓋遁甲、六壬之書，元帝明於占候，見金樓子自序。廣雅釋言：『厭，鎮也。』亦作壓，謂爲鎮壓之術，制之以取勝也。」徐鯤曰：「黄庭經：『心爲絳帳。』抱朴子外篇：『兵在太乙玉帳之中，不可攻也。』唐藝文志兵家有玉帳經一卷。」器案：虞世基出塞二首和楊素：「轅門臨玉帳，大旆指金微。」駱賓王和孫長史秋日卧病：「金壇分上將，玉帳引瓌才。」裴漼奉和御製平胡：「神兵出絳宫。」杜甫送嚴武入朝：「空留玉帳術，愁殺錦江人。」張淏雲谷雜記（說郛本）曰：「按顏之推觀我生賦云：『守金城之湯池，轉絳宮之玉帳。』又袁卓遁甲專征賦云：『或倚其直使之游宮，或居其貴人之玉帳。』蓋玉帳乃兵家厭勝之方位，謂主將於其方置軍帳，則堅不可犯，猶玉帳焉。其法出於黃帝遁甲，以月建前三位取之，如正月建寅，則巳爲玉帳，主將宜居。李太白司馬將軍歌云：『身居玉帳臨河魁。』戌爲河魁，謂主將之帳在戌也，非深識其法者，不能爲此語。」

〔一七〕盧文弨曰：「左氏僖廿八年傳：『子犯曰：「師直爲壯，曲爲老。」』」

〔一八〕自注：「孝元與宇文丞相斷金結和，無何見滅，是師出無名。」盧文弨曰：「禮記檀弓下：『吳侵陳，問陳太宰嚭曰：「師必有名，人之稱斯師也者其謂之何？」』又曰：『嚭曰：「君王討敝邑之罪，又矜而赦之，師與，有無名乎！」』」案：宇文丞相謂宇文覺也。周書于謹傳：『梁元帝密與齊氏通使，將謀侵軼，其兄子岳陽王詧以元帝殺其兄譽，據襄陽來附，仍請王師。乃令謹率衆出討，旬有六日，城陷，梁主降，尋殺之。』」器案：易繫辭：「二人同心，其利斷金。」自注本此，猶言同心結和也。

〔一九〕徐鯤曰：「後漢書儒林傳：『初，光武遷還洛陽，其經牒祕書，載之二千餘兩，自此以後，參倍於前，後長安之亂，一時焚蕩，莫不泯盡焉。』文選潘安仁西征賦：『詩、書煬而爲烟。』」嚴式誨曰：「案：歷代名畫記一引此，『民』作『人民』，『書』作『書史』。」又自注「又矜而赦之」，盧文弨校定本原誤作「又從而赦之」，今從嚴本改正。又歷代名畫記一引此下有「史籍已來，未之有也」二句八字。

〔二〇〕自注：「北於墳籍，少於江東三分之一。梁氏剥亂，散逸湮亡，唯孝元鳩合，通重十餘萬，史籍以來未之有也，兵敗，悉焚之，海内無復書府。」嚴式誨曰：「案：注『北於』疑『北方』之誤。『籍』，南監本作『典』。」器案：隋書牛弘傳，上表論開獻書之路云：「永嘉之後，寇竊競興，因河據洛，跨秦帶趙，論其建國立家，雖傳名號，憲章禮樂，寂滅無聞。劉裕平姚，收其圖籍，五經子史，纔四千卷，皆赤軸青紙，文字古拙；僭僞之盛，莫過二秦，以此而論，足可用矣。故知衣冠軌物，圖畫記注，播遷之餘，皆歸江左，晉、宋之際，學藝爲多，齊、梁之間，經史彌盛，宋祕書丞王儉依劉氏七略，撰爲七志，梁人阮孝緒亦爲七録，總其書數，三萬餘卷；及侯景渡江，破滅梁室，祕省經籍，雖從兵火，其文德殿内書史，宛然猶存，蕭繹據有江陵，遣將破平侯景，收文德之書及公私典籍，重本七萬餘卷，悉送荆州，故江表圖書，因斯盡萃於繹矣。及周師入郢，繹悉焚之於外城，所收十纔一二，此則書之五厄也。」張彦遠歷代名畫記一叙畫之興廢：「梁武帝尤加寶異，仍更搜葺。元帝雅有才藝，自善丹青，古之珍奇，充牣内府。侯景之亂，太子綱數夢秦皇更欲焚天下書，既而内府圖書數百，果爲景所焚也。及景之平，所有畫皆載入江陵，爲西魏將于謹所陷，元帝將降，乃聚名畫法書及典籍二十四萬卷，遣後閤舍人高善寶焚之，帝欲投火俱焚，宫嬪牽衣得免。吴、越寶劍並將斫柱令折，乃歎曰：『蕭世誠遂至于此！儒雅之道，今夜窮矣。』于謹等於煨燼之中，收其書畫四千餘軸，歸於長安。故顔之推觀我生賦云：『人民百萬而囚虜，書史千兩而煙颺，史籍已來，未之有也，溥天之下，斯文盡喪。』」

〔二一〕盧文弨曰：「漢書項籍傳：『異時諸侯吏卒繇役屯戍過秦中，秦中遇之多無狀。』」器案：師古注曰：「無善形狀也。」王幼學資治通鑑綱目集覽二曰：「謂待之多不以禮，其狀無可寄言也。」

〔二二〕盧文弨曰：「棄草句謂嬰孺。」徐鯤曰：「文選王仲宣七哀詩：『路有飢婦人，抱子棄草間。』」

〔二三〕盧文弨曰：「受掠句謂老疾。踣，仆也。掠，笞也。」器案：廣韻四十一漾：「掠，笞也，奪也，取也，治也，音與亮同，力讓切。」又入聲十八藥亦收此字，乃抄掠劫人財物之義，音離灼切。

〔二四〕盧文弨曰：「『無狀』兩字誤，『狀』或是『仗』。」器案：前老疾句改「無狀」爲「無仗」亦可，此謂於人神並無禮也。

〔二五〕盧文弨曰：「左氏襄廿五年傳：『崔氏側莊公于北郭。丁亥，葬諸士孫之里，四翣不蹕，下車七乘，不以兵甲。』」

〔二六〕盧文弨曰：「左氏哀二年傳：『桐棺三寸，不設屬辟，素車樸馬，無入于兆，下卿之罰也。』」器案：後漢書馬援傳：「裁買城西數畝地，藁葬而已。」注：「藁，草也。以不歸舊塋時權葬，故稱藁。」

〔二七〕器案：陶潛歸去來辭：「雲無心以出岫。」離騷：「遵赤水而容與。」王逸注：「容與，遊戲貌。」

〔二八〕盧文弨曰：「左氏僖五年傳：『晉襲虞，滅之，執虞公，及其大夫井伯以媵秦穆姬。』此云井伯飲牛，蓋以人之誣百里奚者加之，以井伯、百里奚爲一人也。」器案：吕氏春秋慎人篇：「百里奚之未遇也，亡虢而虜晉，飯牛於秦，傳鬻以五羊之皮。公孫枝得而説之，獻諸穆公。」此文「飲牛」當作「飯牛」。晉虜井伯以媵秦穆姬，史記晉世家作「并其大夫井伯、百里奚以媵秦穆姬」，秦本紀則逕以百里奚替井伯，奚是虞之公族，井伯乃姜姓子牙之後，判然兩人，自史遷誤合爲一人，而晉世家正義引南雍州記云：「百里奚字井伯，宛人也。」世説新語德行篇注引楚國先賢傳：「百里奚，字井伯。」樂府解題云：「百里奚，字井伯。」是皆承其誤而爲之辭。

〔二九〕盧文弨曰：「史記蘇建傳：『建中子武，字子卿，以父任，稍遷至栘中廄監。使匈奴，單于欲降之，徙武北海上無人處，使牧羝，羝乳乃得歸。既至海上，廩食不至，掘野鼠，去屮實而食之。』」

〔三〇〕孫志祖讀書脞録七：「御覽七一八引晉紀云：『王達妻衞氏，太安中爲鮮卑所掠，路由章武臺，留書並釵釧訪其家。』」徐鯤補注同。

〔三一〕孫志祖曰：「吕氏春秋精通篇。」徐鯤曰：「吕氏春秋精通篇：『鍾子期夜聞擊磬者而悲，使人召而問之，曰：「子何擊磬之悲也？」答曰：「臣之父，不幸而殺人，不得生；臣之母得生，而爲公家爲酒；臣之身得生，而爲公家擊磬。臣不覩臣之母三年矣，昔爲舍氏，覩臣之母，量所以贖之則無有，而身固公家之財也，是故悲也。」鍾子期歎嗟曰：「悲夫悲夫！心非臂也，臂非椎非石也，悲存乎心，而木石應之。」故曰誠乎此而諭乎彼，感乎己而發乎人，豈必彊説乎哉。』」器案：之推此賦，以家、人對文，家亦人義，詳遼海引年録器撰家人對文解。

小臣恥其獨死〔一〕，實有媿於胡顏〔二〕，牽痾疻而就路〔三〕，策駑蹇以入關〔四〕。下無景而屬蹈，上有尋而亟搴〔五〕，嗟飛蓬之日永〔六〕，恨流梗之無還〔七〕。

〔一〕器案：之推古意詩：「未獲殉陵墓，獨生良足恥。」意與此同。

〔二〕盧文弨曰：「曹子建上責躬應詔詩表：『忍垢苟全，則犯詩人胡顏之譏。』李善注：『即胡不遄死之義也。』」李詳曰：「案：文選曹植上責躬應詔詩表：『竊感相鼠之詩，無禮遄死之義，忍恥苟全，則犯詩人胡顏之譏。』李善注：『孔安國尚書傳：「胡，何也。」毛詩曰：「何顏而不速死也。」殷仲文表曰：「亦胡顏之厚。」義出於此。』詳謂善注引孔傳，于聲轉雖得，然余猶疑此爲三家異文。藝文類聚三十丁廙蔡伯喈女賦：『忍胡顏之重恥，恐終風之我萃。』以終風對胡顏，必詩之本文有作胡顏者，故曹、丁得而用之，顏氏所用，亦據相承如此。」案：文選呂向注：「詩無此句，今言詩者誤也。」

〔三〕自注：「時患脚氣。」盧文弨曰：「痾與疴同，玉篇：『病也。』説文：『疻，毆傷也。』」

〔四〕自注：「官給疲驢瘦馬。」宋蜀本自注奪「給」字。

〔五〕器案：「屬」疑「屢」字形近之誤，亟、屢同義。淮南兵略篇：「山高尋雲霓，谿深肆無景。」即此文所本。晉書羊祜傳亦云：「高山尋雲霓，深谷肆無景。」王叔岷曰：「藝文類聚五五引梁元帝職貢圖序：『高山尋雲，深谷絶景。』」陳槃曰：「方言卷一：『自關而西，秦晉梁益之間，凡物長謂之尋。』」

〔六〕盧文弨曰：「曹植詩：『轉蓬離本根，飄颻隨長風；何意迴飇舉，吹我入雲中。』」案，此植之雜詩也。王叔岷曰：「案商子禁使篇：『今夫飛蓬遇飄風而千里，乘風之勢也。』鍾嶸詩品序：『魂逐飛蓬。』」

〔七〕盧文弨曰：「戰國齊策：『蘇代謂孟嘗君曰：「土偶人與桃梗相與語，土偶曰：子東國之桃梗也，刻削子以爲人，淄水至，流子而去，則漂漂者將如何耳。」』」

若乃五牛之旌〔一〕，九龍之路〔二〕，土圭測影〔三〕，璿璣審度〔四〕，或先聖之規模，乍前王之典故〔五〕，與神鼎而偕没〔六〕切仙弓之永慕〔七〕。

〔一〕器案：「五」原作「玄」，今改，五與九以數字相對也。五牛旗者，晉武帝平吴師所造，五色各一旗，以木牛承其下，蓋取其負重而安穩也，見晉書輿服志、宋書禮志、南齊書輿服志及隋書禮儀志五。唐六典十八衛尉寺武庫令：「旗之制三十有二，十八曰五牛旗。」原注：「五牛等旗，武衛隊所執。」唐制與六朝微别。宋書謝晦傳：「尚書符荆州曰：『鑾輿効駕，六軍鵬翔；警蹕前臨，五牛整旆。』」又臧質傳：「質上表曰：『八鑾摇響，五牛舒旆。』」梁書元紀、文苑英華六〇〇沈炯勸進梁元帝第三表：「羣鳥惑衆，五牛揚旌。」許敬宗奉和宴中山應制詩：「養賢停八駿，觀風駐五牛。」皆用五牛旗事。周嬰卮林二非馬言五牛旗事，不及顏氏此賦，蓋未悟「玄牛」之爲誤文也。

〔二〕器案：路即輅也，言以九龍之形校飾輅車，猶言九龍之鐘也。之推古意詩：「吴師破九龍。」彼九龍正謂九龍之鐘也。

〔三〕盧文弨曰：「周禮地官大司徒：『以土圭之法測土深，正日景，以求地中。』」

〔四〕盧文弨曰：「書舜典：『在璿璣玉衡，以齊七政。』孔傳：『璿璣，王者正天文之器，可運轉者。』」陳槃曰：「案虞書璿璣有二義：一以爲正天文之器，僞孔傳是也。馬融（正義引）、鄭玄（史記天官書索隱引）等並主此説，是僞傳亦有所本。一以爲斗魁，尚書大傳『在琁璣玉衡，以齊七政。……琁璣謂之北極』（御覽二九引），説苑辨物篇『璿璣，謂北辰句陳樞星也』，尚書緯『琁璣，斗魁四星』（五行大義論七政篇引）之等是也。顏賦或主前者。然若謂舊籍古義止有此一事而已，則固不可也。」

〔五〕盧文弨曰：「周書于謹傳：『收梁府庫珍寶，得宋渾天儀，梁日晷、銅表，魏相風銅蟠螭、大玉徑四尺，圍七尺，及諸轝輦法物以獻，軍無私焉。』」器案：乍亦或也，對文則異，散文則通。

家訓歸心篇：「或渾或蓋，乍宣乍安。」用法與此正同。

〔六〕盧文弨曰：「史記封禪書：『秦滅周，周之九鼎入於秦。或曰：宋太丘社亡而鼎没於泗水彭城下。』」

〔七〕「弓」原作「宫」，宋蜀本作「弓」，今據改正。史記封禪書：「黄帝采首山銅，鑄鼎於荆山下，鼎既成，有龍垂胡髯下迎黄帝，黄帝上騎，羣臣後宫從上者七十餘人，龍乃上去。餘小臣不得上，乃悉持龍髯，龍髯拔墮，墮黄帝弓。百姓仰望，黄帝既上天，乃抱其弓及龍髯號；故後世因名其處曰鼎湖，其弓曰烏號。」顔賦即用此事。

爾其十六國之風教〔一〕，七十代之州壤〔二〕，接耳目而不通，詠圖書而可想。何黎氓之匪昔，徒山川之猶曩；每結思於江湖，將取弊於羅網〔三〕。聆代竹之哀怨〔四〕，聽出塞之嘹朗〔五〕，對皓月以增愁，臨芳樽而無賞〔六〕。

〔一〕盧文弨曰：「十六國當以詩有十五國風，並魯數之爲十六也。或者，身已入關，舉崔鴻所紀載之十六國爲言，亦未可定。」

〔二〕盧文弨曰：「管仲言：『古封禪之君七十二家。』今言七十代，舉成數也。淮南繆稱訓：『泰山之上有七十壇焉。』」

〔三〕盧文弨曰：「此即終制篇所云：『計吾兄弟，不當仕進；所以靦冒人間，亦以北方政教嚴切、全無隱遯者故也。』」王叔岷曰：「案莊子山木篇：『夫豐文豹……雖饑渴隱約，猶且胥疏於江湖之上而求食焉，定也。然且不免於罔羅機辟之患，是何罪之有哉？其皮爲之災也。』」

〔四〕器案：代竹，指代地絲竹之樂。漢書藝文志：「代、趙之謳，秦、楚之風，皆感於哀樂，緣事而發。」

〔五〕器案：樂府詩集二一：「晉書樂志曰：『出塞、入塞曲，李延年造。』曹嘉之晉書曰：『劉疇嘗避亂塢壁，賈胡數百欲害之。疇無懼色，援笳而吹之，爲出塞、入塞之聲，以動其游客之思；於是羣胡皆垂泣而去。』按：西京雜記曰：『戚夫人善歌出塞、入塞、望歸之曲。』則高帝時已有之，疑不起於延年也。唐又有塞上、塞下曲，蓋出於此。」

〔六〕盧文弨曰：「所謂『異方之樂，祇令人悲』。」

日太清之內釁〔一〕，彼天齊而外侵〔二〕，始蹙國於淮滸〔三〕，遂壓境於江潯〔四〕，獲仁厚之麟角〔五〕，尅儁秀之南金〔六〕，爰衆旅而納主，車五百以敻臨〔七〕，返季子之觀樂〔八〕，釋鍾儀之鼓琴〔九〕。竊聞風而清耳，傾見日之歸心，試拂蓍以貞筮〔一〇〕，遇交泰之吉林〔一一〕。譬欲秦而更楚〔一二〕，假南路於東尋，乘龍門之一曲，歷砥柱之雙岑〔一三〕。冰夷風薄而雷呴〔一四〕，陽侯山載而谷沉〔一五〕，侔挈龜以憑濬〔一六〕，類斬蛟而赴深〔一七〕，昏揚舲于分陝〔一八〕，曙結纜於河陰〔一九〕，追風飈之逸氣〔二〇〕，從忠信以行吟〔二一〕。

〔一〕器案：漢書淮南王傳：「日得幸上有子。」師古曰：「日謂往日。」此文義同。孫爾準校本改「日」作「自」，非是。

〔二〕盧文弨曰：「史記封禪書：『齊所以爲齊，以天齊也。』集解：『蘇林曰：「當天中央齊。」』」

〔三〕詩大雅召旻：「今也日蹙國百里。」毛傳：「蹙，促也。」

〔四〕自注：「侯景之亂，齊氏深斥梁家土宇，江北淮北，唯餘廬江、晉熙、高唐、新蔡、西陽、齊昌數郡，至孝元之敗，于是盡矣，以江爲界也。」器案：公羊傳莊公十三年：「城壞壓境，君不圖與？」王叔岷曰：「案淮南子原道篇：『故雖游於江潯海裔。』高誘注：『潯，崖也。』文選郭景純江賦注引許慎注：『潯，水涯也。』」

〔五〕盧文弨曰：「詩周南麟之趾序：『雖衰世之公子，皆信厚如麟趾之時也。』『麟之角，振振公族。』」

〔六〕盧文弨曰：「晉書薛兼傳：『兼少與紀瞻、閔鴻、顧榮、賀循齊名，號爲五儁。初入洛，司空張華見而奇之，曰：「皆南金也。」』」

〔七〕自注：「齊遣上黨王渙率兵數萬，納梁貞陽侯明爲主。」徐鯤曰：「左定五年傳：『申包胥以秦師至，秦子蒲、子虎帥車五百以救楚。』」器案：梁書敬帝紀：「承聖四年二月癸丑，晉安王方智至自尋陽，入居朝堂。三月，齊遣其上黨王高渙，送貞陽侯蕭淵明來主梁嗣。七月辛丑，王僧辯納貞陽侯蕭淵明，自採石濟江。甲辰，入於京師，以帝爲皇太子；司空陳霸先舉義旗襲殺王僧辯，黜蕭淵明。丙午，帝即皇帝位，是爲敬帝。」貞陽侯明，即淵明，唐人避李淵諱闕之。

〔八〕盧文弨曰：「左氏襄廿九年傳：『吴公子札來聘，請觀於周樂。』」

〔九〕自注：「梁武聘使謝挺、徐陵，始得還南；凡厥梁臣，皆以禮遣。」盧文弨曰：「左氏成九年傳：『晉侯觀於軍府，見鍾儀，問之曰：「南冠而縶者誰也？」有司對曰：「鄭人所獻楚囚也。」問其族，對曰：「泠人也。」使與之琴，操南音。公重爲之禮，使歸求成。』」器案：南史徐陵傳：「太清二年，兼通直散騎常侍使魏。」徐陵集有在北齊與楊僕射書：「謝常侍今年五十有一，吾今年四十有四，介已知命，賓又杖鄉。」謝常侍即謝挺也。資治通鑑梁紀十七：「上遣建康令謝挺、散騎常侍徐陵等，聘於東魏。」胡三省注：「案：梁官制，建康令秩千石，散騎常侍秩二千石，謝挺不當在徐之上。蓋徐陵將命而使，謝挺特輔行耳。」四庫全書總目提要别集類徐孝穆集箋注：「集中在北齊與楊僕射書有云『謝常侍今年五十有一，吾今年四十有四，介已知命，賓又杖鄉』云云。是謝挺實爲正使，蓋假散騎常侍以行。通鑑但書本官，並非舛錯。胡三省未考陵書，未免曲爲之説。參諸此書，可證其訛。」器案：提要糾胡注之謬，是，顔氏此注正叙謝挺在徐陵之上，當出目擊而存之也。

〔一〇〕「筮」原作「噬」，嚴本據史文校改，今從之。盧文弨曰：「易師象：『師貞，丈人吉。』案：鄭注禮記緇衣、周禮天府太卜皆以貞爲問，此貞筮亦謂問於筮也。」

〔一一〕自注：「之推聞梁人返國，故有奔齊之心，以丙子歲旦，筮東行吉不，遇泰之坎，乃喜，曰：『天地交泰，而更習坎，重險行而不失其信，此吉卦也，但恨小往大來耳，後遂吉也。』」盧文弨曰：「漢焦贛、崔篆皆著周易林。」案：易泰卦象曰：「天地交，泰。」

〔一二〕盧文弨曰：「呂氏春秋首時篇：『墨者有田鳩，欲見秦惠王，留秦三年而弗得見。客有言之於楚王者，往見楚王，楚王説之，與將軍之節以如秦。至，因見惠王，告人曰：「之秦之道乃之楚乎！」固有近之而遠、遠之而近者。』」

〔一三〕盧文弨曰：「尚書禹貢：『導河積石，至于龍門，南行至於華陰，東至於底柱。』水經注四：『魏土地記曰：「梁山北有龍門山，大禹所鑿。」』注又云：『砥柱，山名也。昔禹治洪水，山陵當水者鑿之，故破山以通河，河水分流，包山而過，山見水中若柱然，故曰砥柱，亦謂之三門山，在虢城東北，太陽城東也。』公羊文十二年傳：『河形千里而一曲。』案：河從積石北行，又東，乃南行，至于龍門，此所以云一曲也。」

〔一四〕盧文弨曰：「海内北經：『從極之淵，深三百仞，維冰夷恒都焉。』郭璞注：『冰夷，即馮夷也。淮南云：「馮夷得道，以潛大淵。」即河伯也。』薄，迫各切。易繫辭上傳：『雷風相薄。』呴，許后切，嘷也。郭璞江賦：『溢流雷呴而電激。』」

〔一五〕「陽侯」，原誤「陽度」，今據錢大昕、盧文弨説校改，錢説已見前，盧曰：「『陽度』疑『陽侯』之譌，初學記引博物志：『大波之神曰陽侯。』山載疑言戴山，古載、戴字通。」王叔岷曰：「案莊子大宗師篇：『馮夷得之，以遊大川。』釋文引司馬彪注：『清泠傳曰：馮夷，華陰潼鄉堤首人也。服八石，得水仙，是爲河伯。』抱朴子釋鬼篇：『馮夷，華陰人。以八月上庚日度河溺死，天帝署爲河伯。』唐段成式酉陽雜俎十四：『河伯，人面，乘兩龍，一曰冰夷，一曰馮夷。』盧氏疑『陽度』爲『陽侯』之誤，是也。侯本作矦，與度形近，故致誤耳。淮南子覽冥篇：『武王伐紂，渡于孟津，陽侯之波逆流而擊之。』高誘注：『陽侯，陽陵國侯也。其國近水，溺死於水，其神能爲大波，有所傷害，因謂之陽侯之波也。』説山篇：『渡江河而言陽侯之波。』高注略同。漢書揚雄傳上：『淩陽侯之素波兮，豈吾纍之獨見許。』應劭注：『陽侯，古之諸侯也。有罪，自投江，其神爲大波。』」

〔一六〕盧文弨曰：「挈龜事未詳，唯毛寶事略相近，見續搜神記，云：『晉咸康中，豫州刺史毛寶戍邾城，買一白龜子，放之。後邾城遭石勒敗，衆人越江，莫不沈溺。寶一同自投，既入水，覺如隨一石上，中流視之，乃是先所養白龜。既送至東岸，出頭視此人，徐游而去。』爾雅：『濬，深也。』」劉盼遂曰：「案：『龜』當爲『黿』，隋、唐俗書黿作黿，遂致誤爾。晏子春秋内篇諫下：『古冶子曰：「吾嘗從濟於河，黿銜左驂以入砥柱之流，冶潛行得黿而殺之，左操驂尾，右挈黿頭，鶴躍而出。」』此挈黿用其事也。」案：劉説是。

〔一七〕盧文弨曰：「斬蛟，博物志載澹臺滅明、次非、菑丘訢三事，晉書周處傳：『處投水搏蛟，蛟或沈或浮，行數十里，而處與之俱，經三日三夜，果殺蛟而返。』」劉盼遂曰：「張華博物志：『澹臺子羽持千金之璧，渡河。陽侯波起，兩蛟挾舟；子羽左操璧，右操劍，擊蛟皆死。』此斬蛟用其事也。此二事皆大河中故實，故顏引之。」王叔岷曰：「案呂氏春秋知分篇：『荆有次非者，得寶劍於干遂。還反涉江，至於中流，有兩蛟夾繞其船，次非謂舟人曰：子嘗見兩蛟繞船，能兩活者乎？船人曰：未之見也。次非攘臂祛衣，拔寶劍曰：此江中之腐肉朽骨也，棄劍以全己，余奚愛焉！於是赴江刺蛟，殺之而復上船。舟中之人皆得活。』又見淮南子道應篇，『至於中流』下，有『陽侯之波』四字，與此上言陽侯尤合。」

〔一八〕盧文弨曰：「王逸注楚辭九章云：『舲，船有窗牖者。』陝，失冉切。」器案：分陝，借喻荆州，禮記樂記：「五成而分陝（從毛詩周南召南譜正義引），周公左而召公右。」又見公羊傳隱公五年。文選王元長永明十一年策秀才文：「賢牧分陝，良守共治。」李善注：「袁煥與曹植書曰：『召公與周公俱受分陝之任。』」又王元長三月三日曲水詩序：「分陝流勿翦之懽。」又沈休文齊故安陸昭王碑文：「地埒分陝。」

〔一九〕自注：「水路七百里，一夜而至。」盧文弨曰：「纜，維船索也。」徐鯤曰：「續漢書地理志：『魏郡鄴縣有故大河。』文選陸士衡贈文羆詩：『驅馬大河陰。』注：『穀梁傳曰：「水南曰陰。」』」器案：本傳云：「值河水暴長，具舡將妻子來奔，經砥柱之險，時人稱其勇決。」文苑英華二八九引之推從周入齊夜度砥柱詩：「俠客重艱辛，夜出小平津。馬色迷關吏，雞鳴起戍人。露鮮華劍影，月照寶刀新。問我『將何去，北海就孫賓。』」陳槃曰：「河陰，今之孟津。（本漢置縣，隋廢。）由陝縣東至孟津，陸途三百里。顏氏自注：『水路七百里，一夜而至。』蓋陸路三百里，水路曲折，則宜爲七百里矣。」案陳氏以分陝之陝爲陝縣也。

〔二〇〕徐鯤曰：「晉書王廙傳：『廙性儁率，嘗從南下，旦自尋陽迅飛帆，暮至都，倚舫樓長嘯，神氣甚逸。王導謂庾亮曰：「世將爲傷時識事。」亮曰：「正足舒其逸氣耳。」』」

〔二一〕盧文弨曰：「列子說符：『孔子自衞反魯，息駕乎河梁而觀焉。有懸水三十仞，圜流九十里，魚鼈弗能游，黿鼉弗能居；有丈夫厲之而出。孔子問之曰：「巧乎？有道術乎？」丈夫對曰：「始吾之入也，先以忠信，及吾之出也，又從以忠信，錯吾軀於波流，而吾不敢用私，所以能入而復出也。」』說苑雜言篇、家語致思篇並載此事。」器案：楚辭漁父：「屈原既放，遊於江潭，行吟澤畔。」

遭厄命而事旋，舊國從於採芑〔一〕；先廢君而誅相〔二〕，訖變朝而易市〔三〕。遂留滯於漳濱〔四〕，私自憐其何已〔五〕。謝黃鵠之迴集，恧翠鳳之高峙〔六〕。曾微令思之對〔七〕，空竊彥先之仕〔八〕，纂書盛化之旁，待詔崇文之裏〔九〕，珥貂蟬而就列〔一〇〕，執麾蓋以入齒〔一一〕，款一相之故人〔一二〕，賀萬乘之知己，秖夜語之見忌〔一三〕，寧懷㕞之足恃〔一四〕。諫譖言之矛戟〔一五〕，惕險情之山水〔一六〕，由重裘以勝寒〔一七〕，用去薪而沸止〔一八〕。

〔一〕徐鯤曰：「史記田敬仲完世家：『於是田常復修釐子之政，以大斗出貸，以小斗收，齊人歌之曰：「嫗乎！采芑歸乎田成。」』索隱曰：『以刺齊國之政將歸陳氏也。』」龐石帚先生養晴室筆記卷二：「此言梁禪于陳，用事精切。」

〔二〕盧文弨曰：「梁敬帝禪位於陳霸先。所誅之相謂王僧辯。」

〔三〕自注：「至鄴，便值陳興而梁滅，故不得還南。」器案：之推古意詩：「狐兔穴宗廟，霜露沾朝市。」意與此同。

〔四〕盧文弨曰：「漳濱謂鄴，即北齊所都也。」李詳曰：「案：劉楨贈五官中郎將詩：『余嬰沈痼疾，竄身清漳濱。』」器案：隋書經籍志：「齊宅漳濱，辭人間起。」

〔五〕盧文弨曰：「怜，俗憐字。」徐鯤曰：「楚辭宋玉九辯：『私自憐兮何極。』」李詳説同。

〔六〕盧文弨曰：「西京雜記：『始元元年，黄鵠下太液池，上爲歌曰：「自顧薄德，愧爾嘉祥。」』之推自言其至止也，視黄鵠之下，鳳皇之儀，爲有愧也。」何焯曰：「『迴』疑『迴』。」

〔七〕盧文弨曰：「令思，華譚字。晉書譚傳：『廣陵人，刺史嵇紹舉譚秀才，武帝親策之，時九州秀孝策，無逮譚者。博士王濟於衆中嘲之曰：「君，吴、楚之人，亡國之餘，有何秀異，而應斯舉？」答曰：「秀異同産於方外，不出於中域也，是以明珠文貝，生於江、鬱之濱，夜光之璧，出乎荆、藍之下。故以人求之，文王生於東夷，大禹生於西羌：子弗聞乎？」濟又曰：「夫危而不持，顛而不扶，至於君臣失位，國亡無主；凡在冠帶，將何所取哉？」答曰：「吁！存亡有運，興衰有期；天之所廢，人不能支。諒否泰有時，豈人事之所能哉！」濟甚禮之。』」

〔八〕盧文弨曰：「彥先，顧榮字。晉書榮傳：『吴興人也，弱冠仕吴，吴平，入洛，例拜爲郎，齊王冏召爲大司馬主簿。冏擅權驕恣，榮懼及禍，終日昏酣，不綜府事。冏誅，長沙王乂以爲長史。乂敗，轉成都王穎丞相從事中郎。以世亂還吴，屬廣陵相陳敏反，假榮右將軍丹陽内史。榮數踐危亡之際，恒以恭遜自免；後與甘卓、紀瞻潛謀起兵攻敏，事平還吴。元帝鎮江東，以榮爲軍司，朝野甚推敬之。』」

〔九〕自注：「齊武平中，署文林館，待詔者僕射陽休之、祖孝徵以下三十餘人，之推專掌，其撰修文殿御覽、續文章流别等，皆詣進賢門奏之。」盧文弨曰：「唐六典：『魏文帝招文儒之士，始置崇文館，王肅以散騎常侍領崇文館祭酒。』」器案：北史李德林傳：「李德林，博陵安平人也。齊王留情文雅，召入文林館，又令與黄門侍郎顏之推同判文林館事。」北齊書文苑傳序：「武平三年，祖珽奏立文林館；於是更召引文學士，謂之待詔文林館焉。珽又奏撰御覽，詔珽及特進魏收、太子太師徐之才、中書令崔劼、散騎常侍張雕、中書監陽休之監撰，珽等奏追通直散騎侍郎韋道孫、陸乂、太子舍人王邵、御史丞李孝基、殿中侍御史魏澹、中散大夫劉仲威、袁奭、國子博士朱才、奉車都尉眭道閑、考功郎中崔子樞、左外兵郎薛道衡、並省主客郎中盧道、司空東閤祭酒崔德、大學博士諸葛漢、奉朝請鄭公超、殿中侍御史鄭子信等入閣撰書，並敕放、慤、之推等同入撰例，復令散騎常侍封孝琰、前樂陵太守鄭元禮、衛尉少卿杜臺卿、通直散騎常侍王訓、前兖州長史羊肅、通直散騎常侍馬元熙，並省三公郎中劉珉、開府行參軍李師正、温君悠入館，亦令撰書。復令特進崔季舒、前仁州刺史劉逖、散騎常侍李孝貞、中書侍郎李德林，續入待詔。尋又詔諸人各舉所知，又有前濟州長史李翥、前廣武太守魏騫、前西兖州司馬蕭溉、前幽州長史陸仁惠、鄭州司馬江旰、前通直散騎侍郎辛德源、陸開明、通直郎封孝騫、太尉掾張德沖、並省右民郎高行恭、司徒户曹參軍古道子、前司空功曹參軍劉顗、獲嘉令崔德儒、給事中李元楷、晉州治中陽師孝、太尉中兵參軍劉儒行、司空祭酒陽辟彊、司空士曹參軍盧公順、司徒中兵參軍周子深、開府參軍王友柏、崔君洽、魏師騫，並入館待詔，又敕右僕射段孝言亦入焉。御覽成後，所撰録人，亦有不時待詔付所司處分者。凡此諸人，亦有文學膚淺、附會親識、妄相推薦者，十三四焉；雖然，當時操筆之徒，搜求略盡。其外，如廣平宋孝王、信都劉善經輩三數人，論其才性，入館諸賢，亦十三四不逮之也，待詔文林，亦是一時盛事，故存録其姓名。」御覽六〇一引三國典略：「齊主如晉陽，尚書右僕射祖珽等上言：『昔魏文帝命韋誕諸人撰著皇覽，包括羣言，區分義别。陛下聽覽餘日，眷言緗素，究蘭臺之籍，窮策府之文，以爲觀書貴博，博而貴要，省日兼功，期於易簡。前者，修文殿令臣等討尋舊典，撰録斯書；謹罄庸短，登即編次，放天地之數，爲五十五部，象乾坤之策，成三百六十卷。昔漢世諸儒，集論經傳，奏之白虎閣，因名白虎通；竊緣斯義，仍曰修文殿御覽。今繕寫已畢，並目上呈，伏願天鑒，賜垂裁覽。』齊主令付史閣。初，齊武成令宋士素録古來帝王言行要事三卷，名爲御覽，置於齊主巾箱；陽休之創意，取芳林遍略加十六國春秋、六經拾遺録、魏史，第書以士素所撰之名，稱爲玄洲苑御覽，後改爲聖壽堂御覽；至是，珽等又改爲修文殿上之。徐之才謂人曰：『此可謂床上之床、屋下之屋也。』」又案：隋書經籍志：「續文章流别三卷，孔寧撰。」原注：「孔寧始末未詳。」或以爲孔寧亦文林待詔，而文苑傳序存録文林諸待詔姓名，未見其人。又案：隋書經籍志：「文林館詩府八卷，後齊文林館作。」兩唐志作「文林詩府六卷，北齊後主作」，此亦當時文林著作之可考見者。

〔一〇〕盧文弨曰：「獨斷：『武官太尉以下及侍中、常侍，皆冠惠文冠，侍中、常侍加貂蟬。』」器案：文選左太沖詠史詩：「金、張藉舊業，七葉珥漢貂。」李善注：「董巴輿服志曰：『侍中、中常侍，冠武弁，貂尾爲飾。』」劉良注：「珥，插也。」

〔一一〕自注：「時以通直散騎常侍遷黄門郎也。」「時」原誤作「將」，重校正已改正，今據改。器案：曹植求通親親表：「安宅京室，執鞭珥筆，出從華蓋，入侍輦轂，承答聖問，拾遺左右。」

〔一二〕自注：「故人祖僕射掌機密，吐納帝令也。」案：宋蜀本「機」誤「璣」。一相，一宰相也。公羊傳隱公五年：「一相處乎内。」

〔一三〕姚姬傳惜抱軒筆記七：「此用杜襲與魏武夜語，王粲忌之，事見襲傳。」

〔一四〕盧文弨曰：「韓非子内儲説下：『靖郭君相齊，與故人久語，則故人富；懷左右㕞，則左右重。久語、懷㕞，小資也，猶以成富，況於吏勢乎！』此『夜語』疑亦『久語』之譌。」案：「夜語」

不詘，詳見上注引姚姬傳說。

〔一五〕盧文弨曰：「『誎』舊作『諫』，誤。『誎』與『刺』通，荀子榮辱篇：『與人善言，煖于布帛；傷人之言，深于矛戟。』」

〔一六〕盧文弨曰：「莊子列御寇：『孔子曰：「凡人心險于山川，難于知天。」』」王叔岷曰：「案劉子心隱篇：『凡人之心，險於山川，難知於天。』」

〔一七〕盧文弨曰：「三國魏志王昶傳：『諺曰：「救寒莫如重裘，止謗莫如自修。」』」

〔一八〕自注：「時武職疾文人，之推蒙禮遇，每構創痏，故侍中崔季舒等六人以獲誅，之推爾日鄰禍而免。儕流或有毀之推於祖僕射者，僕射察之無實，所知如舊不忘。」盧文弨曰：「後漢書董卓傳：『臣聞揚湯止沸，莫若去薪。』」器案：漢書枚乘傳：「欲湯之滄，一人炊之，百人揚之，無益也，不如絶薪止火而已。」又案：自注所舉崔季舒等六人，謂張雕虎、劉逖、封孝琰、裴澤、郭遵及季舒也，見北齊書後主紀及崔季舒傳。

予武成之燕翼〔一〕，遵春坊而原始〔二〕；唯驕奢之是脩，亦佞臣之云使〔三〕。惜染絲之良質〔四〕，惰琢玉之遺祉〔五〕，用夷吾而治臻，昵狄牙而亂起〔六〕。

〔一〕盧文弨曰：「詩大雅文王有聲：『詒厥孫謀，以燕翼子。』傳云：『燕，安也；翼，敬也。』箋云：『傳其所以順天下之謀，以安其敬事之子孫，謂使行之也。』」

〔二〕盧文弨曰：「案：春坊之名，隋書百官志不載，唐六典注云：『北齊有門下坊、典書坊，龍朔二年，改門下坊爲左春坊，典書坊爲右春坊。』據此，則唐已前尚未以春坊爲官名，以其東宫所在，故以春名之，是時俗所呼，後來即以爲署名。」

〔三〕自注：「武成奢侈，後宫御者數百人，食於水陸，貢獻珍異，至乃厭飽，棄于廁中。褌衣悉羅纈錦繡珍玉，織成五百一段，爾後宫掖遂爲舊事。後主之在宫，乃使駱提婆母陸氏爲之，又胡人何洪珍等爲左右，後皆預政亂國焉。」自注「織」原誤「纈」，嚴刻本據北齊書改，今從之。織成即後世之提花絲織品也。器案：北齊書後主紀：「任陸令萱、和士開、高阿那肱、穆提婆、韓長鸞等，宰制天下，陳德信、鄧長顒、何洪珍參預機權，各引親黨，超居非次，官由財進，獄以賄成，其所以亂政害人，難以備載。」陸氏即陸令萱，駱提婆即穆提婆，見北齊書恩倖傳。又案：隋書食貨志：「武平之後，權幸並進，賜與無限，加之旱蝗，國用轉屈。乃料境内六等富人，調令出錢。而給事黄門侍郎顔之推奏請立關市邸店之税，開府鄧長顒贊成之。後主大悦。於是以其所入以供御府聲色之費，軍國之用不豫焉。未幾而亡。」

〔四〕盧文弨曰：「墨子所染篇：『墨子見染絲者，歎曰：「染於蒼則蒼，染於黄則黄，五入則爲五色，故染不可不慎也。」』」

〔五〕盧文弨曰：「『惰』當作『隳』，壞也。禮記學記：『玉不琢，不成器。』」

〔六〕自注：「祖孝徵用事，則朝野翕然，政刑有綱紀矣。駱提婆等苦孝徵以法繩己，譖而出之，于是教令昏僻，至于滅亡。」盧文弨曰：「夷吾，管敬仲名，狄牙即易牙。謂齊桓公用管仲則霸，用狄牙等則亂起也。」王叔岷曰：「案呂氏春秋貴公：『桓公行公，去私惡，用管子而爲五伯長。』管子戒篇：『桓公去易牙、豎刁、衞公子開方，五味不至。於是乎復反易牙，宮中亂。』」案：梁玉繩古今人表考：「易牙又作狄牙，見大戴禮保傅、賈誼新書胎教、法言問神、論衡譴告、自紀、文選琴賦、北齊書顔之推傳。易、狄古通，故白虎通禮樂章云：『狄者，易也。』」

誠怠荒於度政〔一〕，惋驅除之神速〔二〕，肇平陽之爛魚〔三〕，次太原之破竹〔四〕，寔未改於弦望，遂□□□□□。及都□而昇降，懷墳墓之淪覆，迷識主而狀人，競己棲而擇木〔五〕，六馬紛其顛沛〔六〕，千官散於犇逐，無寒瓜以療饑〔七〕，靡秋螢而照宿〔八〕，讎敵起於舟中〔九〕，胡、越生於輦轂〔一〇〕。壯安德之一戰，邀文、武之餘福〔一一〕，尸狼籍其如莽〔一二〕，血玄黄以成谷〔一三〕，天命縱不可再來，猶賢死廟而慟哭〔一四〕。

〔一〕盧文弨曰：「『度政』疑是『庶政』。」

〔二〕盧文弨曰：「史記秦楚之際月表：『王跡之興，起於閭巷，合從討伐，軼於三代，鄉秦之禁，適足以資賢者，爲驅除難耳。』」

〔三〕宋蜀本「魚」誤「兼」。盧文弨曰：「平陽，晉州。公羊僖十九年傳：『梁亡，自亡也。其自亡柰何？魚爛而亡也。』何休注：『魚爛從内發，故云爾。』」

〔四〕自注：「晉州小失利，便棄軍還幷，又不守并州，犇走向鄴。」盧文弨曰：「太原，并州。晉書杜預傳：『今兵威已振，譬如破竹，數節之後，迎刃而解。』」

〔五〕盧文弨曰：「左氏哀十一年傳：『鳥則擇木，木豈能擇鳥？』」

〔六〕蔡邕獨斷：「法駕，上所乘曰金根車，駕六馬。」

〔七〕盧文弨曰：「吴越春秋三：『越王復伐吴，吴王率其羣臣遁去，晝馳夜走，至胥山西坂中，得生瓜，吴王掇而食之。』」

〔八〕自注：「時在季冬，故無此物。」盧文弨曰：「後漢書靈帝紀：『張讓、段珪劫少帝陳留王協，走小平津，帝與陳留王夜步，逐熒光行數里，得民家露車共乘之。』熒與螢同。」

〔九〕盧文弨曰：「説苑貴德篇：『吴起對魏武侯曰：「在德不在險。若君不修德，船中之人盡敵國也。」』」

〔一〇〕盧文弨曰：「漢書司馬相如傳：『嘗從至長楊獵，因上疏諫曰：「今陛下好陵險阻，射猛獸，卒然遇逸材之獸，輿不及還轅，人不暇施巧，是胡、越起於轂下，而羌、夷接軫也，豈不殆哉？」』」

〔一一〕左傳僖公四年：「君惠徼福於敝邑之社稷。」又昭公三年：「徼福於大公、丁公。」杜預注：「徼，要也。」案：徼、邀俱借僥字，謂僥倖也。

〔一二〕宋蜀本「狼籍」作「狼藉」，古通。孟子滕文公上：「樂歲粒米狼戾。」趙岐注：「狼戾，猶狼藉也。……狼藉，棄捐於地。」盧文弨曰：「左氏哀元年傳：『吴日敝於兵，暴骨如莽。』」

〔一三〕自注：「後主奔後，安德王延宗收合餘燼，於并州夜戰，殺數千人，周主欲退，齊將之降周者，告以虚實，故留至明，而安德敗也。」盧文弨曰：「血玄黄，見易坤文言。」

〔一四〕盧文弨曰：「三國蜀志後主傳注：『漢晉春秋曰：「後主將從譙周之策，北地王諶怒曰：『若理窮力竭，禍敗必及，便當父子君臣，背城一戰，同死社稷，以見先帝可也。』後主不納。是日，諶哭於昭烈之廟，先殺妻子，而後自殺。」』」

乃詔余以典郡，據要路而問津〔一〕，斯呼航而濟水〔二〕，郊鄉導於善鄰〔三〕，不羞寄公之禮〔四〕，願爲式微之賓〔五〕。忽成言而中悔〔六〕，矯陰疎而陽親，信諂謀於公主，競受陷於姦臣〔七〕。曩九圍以制命〔八〕，今八尺而由人〔九〕；四七之期必盡〔一〇〕，百六之數溘屯〔一一〕。

〔一〕自注：「除之推爲平原郡，據河津，以爲奔陳之計。」案：論語微子篇：「使子路問津焉。」集解：「鄭曰：『津，濟渡處。』」王叔岷曰：「案文選古詩：『何不策高足，先據要路津。』」

〔二〕盧文弨曰：「淮南子道應訓：『公孫龍在趙之時，謂弟子曰：「人而無能者，龍不與之遊。」有客衣褐帶素而見曰：「臣能呼。」公孫龍顧謂弟子曰：「門下故有能呼者乎？」對曰：「無有。」公孫龍曰：「與之弟子之籍。」數日，往説王，至於河上，而航在北，使客呼之，一呼而航來。』」

〔三〕殿本考證曰：「『郊』疑『効』字之譌。」徐鯤曰：「孫子軍争篇：『不用鄉導者，不能得地利。』左隱六年傳：『五父諫曰：「親仁善鄰，國之寶也。」』」器案：「郊」疑「郤」之誤。宋蜀本「導」作「道」，古通。

〔四〕盧文弨曰：「儀禮喪服傳：『寄公者何也？失地之君也。何以爲所寓服齊衰三月也？言與民同也。』」

〔五〕盧文弨曰：「詩小序：『式微，黎侯寓于衛，其臣勸以歸也。』」

〔六〕盧文弨曰：「離騷：『初既與余成言兮，後悔遁而有他。』」

〔七〕自注：「丞相高阿那肱等不願入南，又懼失齊主，則得罪於周朝，故疎間之推。所以齊主留之推守平原城，而索船度濟向青州。阿那肱求自鎮濟州，乃啓報應齊主云：『無賊，勿忽忽。』遂道周軍追齊主而及之。」

〔八〕盧文弨曰：「九圍，見詩商頌。」器案：商頌長發：「帝命式于九圍。」毛傳：「九圍，九州也。」九圍，即九域，圍、域一聲之轉。

〔九〕盧文弨曰：「人身中制七尺，今曰八尺，言其長也。」

〔一〇〕自注：「趙郡李穆叔調妙占天文算術，齊初踐祚，計止於二十八年。至是，如期而滅。」何焯曰：「穆叔名公緒，『調』字疑。」

〔一一〕盧文弨曰：「漢書律志：『易九戹，曰：「初入元百六陽九。」』孟康曰：『初入元百六歲有戹者，則前元之餘氣也。』又谷永傳：『遭无妄之卦運，直百六之災阸。』說文：『湓，奄忽也。』」

予一生而三化〔一〕，備荼苦而蓼辛〔二〕，鳥焚林而鎩翮〔三〕，魚奪水而暴鱗〔四〕，嗟宇宙之遼曠，愧無所而容身〔五〕。夫有過而自訟〔六〕，始發矇於天真〔七〕，遠絶聖而棄智〔八〕，妄鎖義以羈仁〔九〕，舉世溺而欲拯，王道鬱以求申。既銜石以填海〔一〇〕，終荷戟以入榛〔一一〕，亡壽陵之故步〔一二〕，臨大行以逡巡〔一三〕。向使潛於草茅之下，甘爲畎畝之人，無讀書而學劍〔一四〕，莫抵掌以膏身〔一五〕，委明珠而樂賤，辭白璧以安貧，堯、舜不能榮其素樸，桀、紂無以汙其清塵，此窮何由而至，茲辱安所自臻？而今而後，不敢怨天而泣麟也〔一六〕。

〔一〕自注：「在揚都，值侯景殺簡文而篡位；於江陵，逢孝元覆滅；至此而三爲亡國之人。」器案：據此，則此賦作於齊亡入周之時。莊子寓言：「曾子再仕而心再化。」

〔二〕詩邶風谷風：「誰謂荼苦。」毛傳：「荼，苦菜也。」說文艸部：「蓼，辛菜薔虞也。」

〔三〕宋蜀本「鎩」誤「鍛」。盧文弨曰：「左思蜀都賦：『鳥鎩翮，獸廢足。』鎩，所札切。」器案：淮南俶真篇：「飛鳥鎩翼，走獸擠脚。」又覽冥篇：「飛鳥鎩翼，走獸廢脚。」此又左賦所本。

〔四〕器案：文選潘岳西征賦：「靈若翔於神島，奔鯨浪而失水，曝鱗骼於漫沙，隕明月以雙墜。」李周翰注：「鯨魚失水，曝於沙上。」郭璞客傲：「登降紛于九五，淪湧懸乎龍澤，蚓蛾以不才陸槁，蟒蛇以騰鶩暴鱗。」梁書何敬容傳：「會稽謝郁致書戒之曰：『曝鰓之鱗，不念杯勺之水，雲霄之翼，豈顧籠樊之糧，何者？所託已盛也。』」尋御覽九三〇引三秦記：「河津一名龍門，巨靈跡猶存，去長安九百里。水懸船而行，旁有山，水陸不通，龜魚之屬莫能上。江海大魚集門下數千，不得上，上即爲龍。故云：『曝鰓龍門，垂耳轅下。』」曝鱗即謂曝鰓也。水經沔水注亦謂：「漢水又東爲鱣湍，洪波濟瀑，淵浪雲頹，古耆舊言：『有鱣魚奮鰭遡流，望濤直上，至此則暴鰓失濟，故因名湍矣。』」

〔五〕王叔岷曰：「案史記信陵君列傳：『於是公子立自責，似若無所容者。』」

〔六〕論語公冶長：「吾未見能見其過而内自訟者也。」

〔七〕盧文弨曰：「禮記仲尼燕居：『三子者既得聞此言也於夫子，昭然若發矇矣。』」

〔八〕盧文弨曰：「老子道經：『絶聖棄智，民利百倍；絶仁棄義，民復孝慈。』」王叔岷曰：「案莊子胠篋篇：『故絶聖棄智，大盜乃止。』在宥篇：『故曰：絶聖棄智，而天下大治。』」

〔九〕盧文弨曰：「此言鎖羈，猶言束縛。」器案：意林引抱朴子：「羈鞍仁義，纓鎖禮樂。」

〔一〇〕盧文弨曰：「山海經北山經：『發鳩之山，有鳥名曰精衛，是炎帝之少女，遊於東海，溺而不返，常銜西山之木石以湮東海。」」

〔一一〕「榛」原作「秦」，今據徐、朱、龐説校改。徐鯤曰：「按：『秦』當作『榛』，御覽三百八十五楊雄別傳：『楊信，字子烏，雄第二子，幼而聰慧，雄笇玄經不會，子烏令作九數而得之。雄又疑易「羝羊觸藩」，彌日不就，子烏曰：「大人何不云荷戟入榛？」』」朱亦棟引雄別傳同，並云：「『九齡而與我玄文』，蓋指此也。今作『入秦』，疑誤。」龐石帚先生養晴室筆記卷二：「按：『秦』當作『榛』，寫者脱去半字耳。御覽三百八十五引劉向別傳：『楊信，字子烏，雄第二子，幼而聰慧。雄嘗疑（同「擬」）易羝羊觸藩，彌日不就。子曰：大人何不云荷戟入榛？』顔氏用此語，以言其進退維谷耳。」器案：徐、朱、龐俱據御覽引楊雄別傳以訂「秦」爲「榛」之誤，是也。尋御覽所引，乃「劉向別傳」，而非「楊雄別傳」，實則「劉向別傳」又「劉向別録」之誤，此向叙録揚雄書語也。藝文類聚五一引梁簡文爲子大心辭封當陽公表云：「荷戟入榛，異子烏之辯。」亦用此事，不誤。淮南覽冥篇：「入榛薄。」又主術篇：「入榛薄險阻。」兩注俱云：「聚木爲榛，深草爲薄。」又案：太平御覽卷四百三十七引胡非子：「吾聞勇有五等：夫負長劍，赴蓁薄，折兕豹，搏熊羆，獵徒之勇也。」蓁薄即榛薄，淮南子原道篇：「隱於榛薄之中。」古从艸从木之字多互出，詩邶風簡兮：「山有榛。」釋文：「榛，本作蓁。」然則揚烏之言，又本之墨家胡非子也。漢書藝文志諸子略墨家：「胡非子三篇。」本注：「墨翟弟子。」其書已亡，今有馬國翰輯本，亦見孫詒讓墨子間詁坿録。

〔二〕盧文弨曰："莊子秋水篇："壽陵餘子學行於邯鄲，未得國能，又失其故行矣。""李詳曰："案：注引莊子秋水篇，秖作"故行"，漢書叙傳班嗣報桓譚書作"故步"，顏兼用之。"

〔三〕盧文弨曰："大行，山名。"李詳曰："案：阮籍詠懷詩："北臨太行道，失路將如何。"義見國策。"王叔岷曰："曹操苦寒行："北上大行山，艱哉何巍巍。"文選謝惠連雪賦注引廣雅："逡巡，卻步也。""

〔四〕盧文弨曰："漢書東方朔傳："朔初來，上書曰："臣朔年十二學書，十五學擊劍，十六學詩、書，誦二十二萬言，十九學孫吴兵法，亦誦二十二萬言。"""

〔五〕盧文弨曰："戰國秦策："蘇秦見説趙王於華屋之下，抵掌而談，趙王大説。"膏身，猶言潤身。"

〔六〕盧文弨曰："公羊哀十四年傳："西狩獲麟，孔子曰："孰爲來哉！孰爲來哉！"反袂拭面，涕沾袍。""器案：論語憲問篇："子曰："不怨天，不尤人。""據史記孔子世家，孔子此言蓋發於獲麟之後，之推即本之。

之推在齊有二子：長曰思魯，次曰慜楚〔一〕，不忘本也。

〔一〕"慜"，宋蜀本作"敏"，北史同。緗素雜記十："北史云："之推在齊有二子：長曰思魯，次曰敏楚，蓋示不忘本也。"而唐書云："師古父思魯，以儒學顯，武德初，爲秦王府記室參軍事。""

又云：『師古叔父遊秦，武德初，累遷廉州刺史，撰漢書決疑，師古多資取其義。』又與北史不同。南史載：『顔協二子：之儀、之推，並早知名。』則之儀爲長，推爲次，明矣。而北史載：『之推字介，弟之儀字升。』則以之推爲兄，之儀爲弟，其不同又如此，何耶？」錢大昕廿二史攷異曰：「『敏』當作『慜』，即愍字。之推又有子名遊秦，蓋入周後所生。」器案：緗素雜記所引係新唐書儒林顔師古傳，舊唐書顔師古傳則云：「顔籀，字師古，齊黄門侍郎之推孫也。」又案：史記高紀「楚歌」，索隱引顔遊秦云：「楚歌，猶吳謳也。」漢書高紀上則爲師古注；史記文紀「中大夫令勉」。索隱引顔遊秦以「令是姓，勉是名，爲中大夫」。漢書文紀後六年則爲師古注；史記陳涉世家「臘月」索隱引顔遊秦云：「按史記表，二世二年十月，誅葛嬰，十一月，周文死，十二月，陳涉死是也。」漢書陳勝傳則爲師古注。俱用顔遊秦論而乾没其名，此其一隅耳。因是已，緗素之説，爲不誣矣。

之推集在〔一〕，思魯自爲序録。

〔一〕顔魯公文集坿令狐峘顔魯公神道碑銘：「五代祖之推，北齊黄門侍郎，爲海内大儒，著家訓、稽聖賦、冤魂誌及文集，藏在書府，歷代傳之。」案：之推集，隋唐志都未著録，蓋在隋代即已亡佚。

三　顔氏家訓佚文

摎毐變嫪。

郭忠恕佩觿卷上：「雞尸虎穴之議，妒媚提福之殊，楊震之鱓非鱣，丞相之林是狀，摎毐變嫪，（摎音劉，是；作嫪，郎到翻，非。）田肯云宵，削柹施脯，菆木用最。」原注云：「自雞口已下，顔氏家訓説。」案：郭氏所舉，俱見書證篇，惟「摎毐變嫪」無文，且亦不見於他篇，則此乃書證篇佚文也，即括符内之音反，亦當是顔氏原文。

子弟固能累父兄，父兄亦能累子弟也。

葉紹翁四朝聞見録甲集請斬趙忠定：「顔氏家訓述盧氏事，子弟固能累父兄，父兄亦能累子弟也。」

四　顔之推集輯佚

古意二首〔一〕

其一

十五好詩書，二十彈冠仕〔二〕。楚王賜顔色，出入章華裏〔三〕。作賦凌屈原，讀書誇左史〔四〕。數從明月讌〔五〕，或侍朝雲祀〔六〕。登山摘紫芝〔七〕，泛江採緑芷〔八〕。歌舞未終曲，風塵暗天起〔九〕。吴師破九龍〔一〇〕，秦兵割千里〔一一〕。狐兔穴宗廟〔一二〕，霜露沾朝市〔一三〕。璧入邯鄲宫〔一四〕，劍去襄城水〔一五〕。未獲殉陵墓，獨生良足恥〔一六〕。憫憫思舊都〔一七〕，惻惻懷君子。〔一八〕白髮闚明鏡，憂傷没餘齒〔一九〕。

〔一〕據藝文類聚二六引。文選徐敬業古意酬到長史溉登琅邪城，吕向：「古意，作古詩之意也。」文鏡祕府論南卷論文意：「古意者，非若其古意，當何有今意；言其效古人意，斯蓋未當擬古。」

〔二〕張玉穀古詩賞析二一曰：「漢書：『王陽在位，貢禹彈冠。』」案：此見漢書王吉傳，師古注：

「彈冠者，且入仕也。」又蕭望之傳：「子育，少與陳咸、朱博爲友，著聞當世；往者有王陽、貢公，故長安語曰：『蕭、朱結綬，王、貢彈冠。』言其相薦達也。」

〔三〕賞析曰：「左傳：『楚子成章華之臺。』」案：見昭公七年，杜預注曰：「章華臺，在今華容城內。」渚宮舊事三原注：「章華臺，在江陵東百餘里，臺形三角，高十丈餘，亦名三休臺是也。」案：此二句是說仕梁元帝朝，時梁元建都江陵也。

〔四〕賞析曰：「左傳：『左史倚相趨過，王曰：「是良史也……是能讀三墳五典八索九丘。」』」案：見昭公十二年。

〔五〕御覽一九六引渚宮舊事：「湘東王（蕭繹）於子城中造湘東苑，穿池構山，長數百丈。……山北有臨風亭、明月樓，顏之推詩云：『屢陪明月宴。』並將軍扈熙所造。」藝文類聚七四引蕭繹謝賜彈棊局啓：「徘徊之勢，方希明月之樓。」

〔六〕賞析曰：「宋玉高唐賦：『王遊高唐，怠而晝寢，夢見一婦人，曰：「妾，巫山之神女也，朝爲行雲，暮爲行雨，朝朝暮暮，陽臺之下。」旦朝視之，如言。故爲立廟，號曰朝雲。』」

〔七〕高士傳中：「四皓採芝之歌：『漠漠高山，深谷逶迤；曄曄紫芝，可以療飢。』」文選思玄賦：「留瀛洲而採芝兮，聊且以乎長生。」舊注：「瀛洲，海中山也。」

〔八〕吴均與柳惲相贈答六首：「黄鸝飛上苑，緑芷出汀洲。」

〔九〕三國志吴書華覈傳：「覈上疏曰：『卒有風塵不虞之變，當委版築之役，應烽燧之急，驅怨苦之衆，赴白刃之難，此乃大敵所因爲資也。』」杜甫秋日荆南送石首薛明府辭滿告别奉寄薛尚書頌德叙懷斐然之作：「風塵相澒洞。」趙次公注：「凡兵之地，謂之風塵。如隋顔之推古意詩云：『歌舞未終曲，風塵闇天地。』」案：趙注引「起」作「地」，誤，當以此爲正。

〔一〇〕賞析曰：「淮南子：『闔閭伐楚，破九龍之鐘。』」案：見泰族篇高誘注曰：「楚爲九龍之簴以懸鐘也。」

〔一一〕賞析曰：「割千里，謂秦割楚國之地千里也。」案：戰國策楚策：「横合，則楚割地以事秦。」

〔一二〕文選張孟陽七哀詩：「狐兔穴其中。」

〔一三〕器案：即觀我生賦「訖變朝而易市」之意。

〔一四〕史記藺相如傳：「趙惠文時，得楚和氏璧。」邯鄲，趙地。

〔一五〕御覽三四四引豫章記：「吴未亡，恒有紫氣見于牛斗之間，占者以爲吴方興，唯張華以爲不然。及平，此氣逾明。張華聞雷孔章妙達緯象，乃要宿，屏人，問天文將來吉凶。孔章曰：『無他，唯牛斗之間有異氣，是寶物之精，上徹于天耳。』『此氣自正始、嘉平至今日，衆咸謂孫氏之祥，惟吾識其不然。今聞子言，乃玄與吾同。今在何郡？』曰：『在豫章豐城。』張遂以孔章爲豐城令。至縣移獄，掘深二丈，得玉匣長八九尺，開之，得二劍：一龍淵，二即太阿。其夕，牛斗氣不復見。孔章乃留其一，匣龍淵而進之。劍至，張公於密室發之，光焰韡韡，焕若電發。後張遇害，此劍飛入襄城水中。孔章臨亡，誡其子恒以劍自隨。後其子爲建安從事，經淺瀨，劍忽於腰中躍出；初出猶是劍，入水乃變爲龍。逐而視之，見二龍相隨而逝焉。孔章曾孫穆之猶有張公與其祖書反覆，桑根紙古字。縣後有掘劍窟，方廣七八尺。」

〔一六〕案：觀我生賦「小臣恥其獨死，實有媿於胡顔」意同。

〔一七〕梁簡文帝傷離新體詩：「惘惘愴還途。」舊都，指江陵。

〔一八〕賞析曰：「君子，指梁主。」按：太玄翕：「翕繳惻惻。」注：「惻，痛心也。」文選歐陽堅石臨終詩：「下顧所憐女，惻惻心中酸。」

〔一九〕論語憲問篇：「飯蔬食，没齒無怨言。」集解引孔安國曰：「齒，年也。」皇侃義疏：「没，終；齒，年也。……但食麤糲，以終餘年，不敢有怨言也。」古詩紀「餘」作「余」。賞析曰：「此傷梁室滅亡，自媿不能殉難之詩，而題曰古意，且託於楚王，更用吴師秦兵作影，懼顯言之觸禍也。前四，直從幼學壯行、獲逢知遇説起。『楚王』句是感舊之根。『作賦』六句，仍帶文學，正寫侍從之樂。『歌舞』八句，蒙上轉落梁室兵連國滅，禾黍之感。後六，自媿獨生，不勝懷舊，而以憂傷終老結住。白髮餘齒，隱與『十五』二句呼應。篇中對偶雖多，而不涉纖巧，允稱傑構。」又曰：「顔歷仕梁、齊、周、隋四朝，而此指爲梁作者，一則元帝都江陵爲楚地，二則始仕時在梁也。」

其二

寶珠出東國，美玉産南荆〔一〕。隨侯曜我色〔二〕，卞氏飛吾聲〔三〕。已加明稱物〔四〕，復飾夜光名〔五〕。驪龍旦夕駭〔六〕，白虹朝暮生〔七〕。華彩燭兼乘〔八〕，價值詎連城〔九〕。常悲黄雀起〔一〇〕，每畏靈蛟迎〔一一〕。千刃安可捨〔一二〕，一毁難復營。昔爲時所重，今爲時所輕〔一三〕。願與濁泥會〔一四〕，思將垢石并〔一五〕；歸真川岳下〔一六〕，抱潤潛其榮〔一七〕。

〔一〕之推以珠玉自比，本爲南人，故揭出東國、南荆，下分承言之。

〔二〕淮南覽冥篇：「譬如隨侯之珠，和氏之璧，得之者富，失之者貧。」高誘注：「隨侯，漢東之國，姬姓諸侯也。隨侯見大蛇傷斷，以藥傅之，後蛇於江中銜大珠以報之，因曰隨侯之珠，蓋明月珠也。」史記李斯傳：「今陛下致昆山之玉，有隨、和之寶。」正義：「括地志云：『濆山，一名崑山，一名斷蛇丘，在隨州隨縣北二十五里。』説苑云：『昔隨侯行遇大蛇中斷，疑其靈，使人以藥封之，蛇乃能去，因號其處爲斷蛇丘。歲餘，蛇銜明珠徑寸，絶白而有光，因號隨珠。』卞和璧，始皇以爲傳國璽也。」（和氏璧見下注。）

〔三〕韓非子和氏篇：「楚人和氏得玉璞楚山中，奉而獻之厲王。厲王使玉人相之，玉人曰：『石也。』王以和爲誑，而刖其左足。及厲王薨，武王即位，和又奉其璞而獻之武王；武王使玉人相之，又曰：『石也。』王又以和爲誑，而刖其右足。武王薨，文王即位，和乃抱其璞而哭於楚山之下，三日三夜，淚盡而繼之以血。王聞之，使人問其故，曰：『天下之刖者多矣，子奚哭之悲也？』和曰：『非悲刖也，悲夫寶玉而題之以石，貞士而名之以誑，此吾所以悲也。』王乃使玉人理其璞，而得寶焉，遂命曰和氏之璧。」案：文選盧子諒贈劉琨詩李善注引「和氏」作

「卞和」。又案：卞和所遇楚三王，韓非子作厲、武、文，新序雜事五作厲、武、共，淮南注作武、文、成，七諫注作厲、武、成；琴操又以爲懷王、平王，此傳聞異辭也。

〔四〕荀子天論篇：「在物莫明於珠玉，珠玉不覩，則王公不爲寶。」

〔五〕戰國楚策：「乃遣使車百乘，獻雞駭之犀、夜光之璧於秦王。」尹文子大道上：「魏田父有耕於野者，得寶玉徑尺，弗知其玉也，以告鄰人。鄰人陰欲圖之，謂之曰：『此怪石也，畜之弗利其家，弗如復之。』田父雖疑，猶録以歸，置於廡下。其夜，玉明光照一室，田父稱家大怖，復以告。鄰人曰：『此怪之徵，遄棄，殃可銷。』於是遽而棄於遠野。鄰人無何盜之，以獻魏王。魏王召玉工相之。玉工望之，再拜而立：『敢賀王，王得此天下之寶，臣未嘗見。』王問其價，玉工曰：『此無價以當之，五城之都，僅可一觀。』魏王立賜獻玉者千金，長食上大夫禄。」

〔六〕莊子列禦寇：「河上有家貧、恃緯蕭而食者，其子没於淵，得千金之珠。其父謂其子曰：『取石來鍛之。夫千金之珠，必在千重之淵，而驪龍頷下。子能得珠者，必遭其睡也；使驪龍而寤，子尚奚微之有哉！』」

〔七〕禮記聘義：「夫昔者君子比德於玉焉：……氣如白虹，天也。」鄭玄注：「虹，天氣也。」正義曰：「『白虹，謂天之白氣。言玉之白氣，似天之白氣，故云天也。』」

〔八〕史記田完世家：「有徑寸之珠，照車前後各十二乘者十枚。」

〔九〕御覽八〇六引張載擬四愁詩：「佳人遺我雲中翮，何以贈之連城璧。」

〔一〇〕呂氏春秋貴生篇：「以隨侯之珠，彈千仞之雀，世必笑之。」戰國策楚策：「黄雀因是，以俯噣白粒，仰柄茂樹，鼓翅奮翼，自以爲無患，與人無争也；不知夫公子王孫，左挾彈，右攝丸，將加己乎十仞之上。」顔氏此文，蓋合兩書用之。

〔一一〕博物志七：「澹臺子羽賫千金之璧渡河。河伯欲之。陽侯波起，兩蛟夾船，子羽左操璧，右操劍，兩蛟皆死。既濟，三投璧於河，河伯三躍而歸之。子羽毁璧而去。」

〔一二〕器案：「千刃」疑當作「千仞」，見注〔一〇〕。彼言十仞，此言千仞，增之也。

〔一三〕漢書五行志二：「桂樹華不實，黄爵巢其顛。故爲人所羨，今爲人所憐。」庾信傷王司徒褒詩：「昔爲人所羨，今爲人所憐。」

〔一四〕抱朴子君道篇：「夜光起乎泥濘。」御覽八〇三引任子：「丹淵之珠，沈於黄泥。」

〔一五〕淮南子説山篇：「周之簡圭，生于垢石。」高誘注：「簡圭，大圭。美玉生於石中，故曰生垢石。」

〔一六〕荀子勸學篇：「玉在山而木潤，珠生淵而岸不枯。」陸機文賦：「石韞玉而山暉，水懷珠而川媚。」

〔一七〕抱潤，指玉。潛榮，指珠。此之推思茂其才之意。

和陽納言聽鳴蟬篇（隋盧思道同賦）〔一〕

聽秋蟬，秋蟬非一處。細柳高飛夕，長楊明月曙；歷亂起秋聲〔二〕，參差攪人慮〔三〕。單吟如轉簫〔四〕，羣噪學〔五〕調笙；風飄流曼響〔六〕，多含斷絶聲。垂陰自有樂，飲露獨爲清〔七〕；短緌何足貴〔八〕，薄羽不差輕〔九〕。螗蜋翳下偏難見〔一〇〕，翡翠竿頭絶易驚〔一一〕；容止由來桂林苑〔一二〕，無事淹留南斗城〔一三〕。城中帝皇里，金、張及許、史〔一四〕；權勢熱如湯，意氣喧城市；劍影奔星落〔一五〕，馬色浮雲起；鼎俎陳龍鳳，金石諧宫徵。關中滿季心〔一六〕，關西饒孔子〔一七〕。詎用虞公立國臣〔一八〕，誰愛韓王游説士〔一九〕？

紅顏宿昔同春花〔二〇〕，素鬢俄頃變秋草。中腸自有極，那堪教作轉輪車〔二一〕。

〔一〕據初學記三〇引。北史盧思道傳：「周武帝平齊，授儀同三司，追赴長安，與同輩陽休之等數人作聽蟬鳴篇，思道所爲，詞意清切，爲時人所重。新野庾信，徧覽諸同作者而深歎美之。」案：藝文類聚九七引思道聽鳴蟬篇曰：「聽鳴蟬，此聽悲無極。羣嘶玉樹裏，迴噪金門側；長風送晚聲，清露供朝食。晚風朝露實多宜，秋日高鳴獨見知。輕身蔽數葉，哀鳴抱一枝。流亂罷還續，酸傷合更離。蹔聽別人心即斷，纔聞客子淚先垂。故鄉已超忽，空庭正蕪没。一夕復一朝，坐見涼秋月。河流帶地從來嶮，峭路干天不可越；紅塵早敝陸生衣，明鏡空悲潘掾髮。長安城裏帝王州，鳴鐘列鼎自相求；西望漸臺臨大液，東瞻甲觀距龍樓。説客恒持小冠出，越使常懷寶劍遊；學仙未成便尚主，尋源不見已封侯；富貴功名本多豫，繁華輕薄盡無憂。詎念嫖姚嗟木梗，誰憶蘭臯倦土牛。歸去來，青山下；秋菊離離日堪把，獨焚枯魚宴林野；終成獨校子雲書，何如還驅少游馬。」

〔二〕歷亂，猶言雜亂。鮑照擬行路難：「黄絲歷亂不可治。」

〔三〕詩小雅何人斯：「祇攪我心。」攪慮，猶攪心也。

〔四〕轉簫，猶言吹簫。淮南子脩務篇：「故秦、楚、燕、趙之歌也，異轉而皆樂。」高誘注：「轉，音聲也。」轉爲音聲，使之發音聲，亦謂之轉。吴均贈周散騎興嗣二首：「製賦已百篇，彈琴復千轉。」彈琴稱轉，正如吹簫之稱轉也。白居易題周家歌者：「清緊如敲玉，深圓似轉簧。」

〔五〕何遜與虞記室諸人詠扇詩：「如珪信非玷，學月但爲雲。」鮑泉奉和湘東王春日詩：「新扇如新月，新蓋學新雲。」與顔之推此詩俱以「學」「如」對言，則學猶言如也。

〔六〕類聚九七引曹大家蟬賦：「當二秋之盛暑，凌高木之流響。」

〔七〕曹大家蟬賦：「吸清露于丹園。」類聚九七、御覽九四四引陸雲寒蟬賦：「含氣飲露，則其清也。」

〔八〕禮記檀弓下：「范則冠而蟬有緌。」鄭玄注：「范，蜂也。蟬，蜩也。緌謂蟬喙長，在腹下。」孔穎達正義曰：「蟬喙長，在腹下，似冠之緌。」

〔九〕陸雲寒蟬賦：「爰蟬集止，輕羽莎佗。」

〔一〇〕説苑正諫篇：「園中有樹，其上有蟬。蟬高居悲鳴飲露，不知螳蜋在其後也。螳蜋委身曲附欲取蟬，而不知黄雀在其傍也。」

〔一一〕樂府詩集十八劉孝綽釣竿：「金錯茱萸網，銀鈎翡翠竿。」張正見釣竿詩：「竹竿横翡翠，桂髓擲黄金。」李巨仁釣竿詩：「不惜黄金餌，唯憐翡翠竿。」翡翠竿亦名文竿。文選西都賦：「揄文竿。」李善注：「文竿，竿以翠羽爲文飾也。」

〔一二〕文選吴都賦：「數軍實乎桂林之苑。」劉淵林注：「吴有桂林苑。」

〔一三〕三輔黄圖：「長安故城，漢之舊都，高祖七年，方修長樂宫成，自櫟陽徙居此城，本秦離宫也。初置長安城，本狹小，至惠帝更築之，高三丈五尺，下闊一丈五尺，上闊九尺，雉高三坂，周回六十五里。城南爲南斗形，北爲北斗形，至人呼漢舊京爲斗城。」徐仁甫廣釋詞卷十：「無事猶『空教』，否定副詞。金文『事』『使』一字，『無事』即『無使』。沈約初春：『無事逐梅花，空教信楊柳。』（教一作交）『無事』與『空教』互文，『無事』猶『空教』也。顔之推和陽納言聽鳴蟬篇：『容止由來桂林苑，無事淹留南斗城。』空教淹留也。庾信燕歌行：『蒲桃一杯千日醉，無事九轉學神仙。』言空教九轉學神仙。又楊柳歌：『定是懷王作計誤，無事翻復用張儀。』言空教反復用張儀。又對雨：『徒勞看蟻封，無事祀靈星。』謂空教祀靈星。『空教』與『徒勞』互文，『徒勞』亦猶『空教』也。吴均發湘州贈親别三首：『古來非一日，無事更勞心。』謂空教更勞心也。杜甫贈翰林張四學士垍：『無復隨高風，空餘泣聚螢。』『無』『空』互文，『無』猶『空』也。」

〔一四〕漢書蓋寬饒傳：「上無許、史之屬，下無金、張之託。」應劭曰：「許伯，宣帝皇后父；史高，宣帝外家也；金，金日磾也；張，張安世也。」文選左太沖詠史詩：「朝集金、張館，暮宿許、史廬。」

〔一五〕爾雅釋天：「奔星爲彴約。」郭注：「流星。」長楊賦：「疾如奔星。」

〔一六〕史記季布傳：「季布弟季心，氣蓋關中，遇人恭謹，爲任俠，方數千里，士皆争爲之死。」又袁盎傳：「盎曰：『天下所望者，獨季心、劇孟耳。』」

〔一七〕後漢書楊震傳：「楊震，字伯起，弘農華陰人也。……少好學，受歐陽尚書於太常桓郁，明經博覽，無不窮究，諸儒爲之語曰：『關西孔子楊伯起。』」

〔一八〕案：虞公立國臣，蓋謂宫之奇也。左傳僖公二年：「晉荀息請以屈産之乘，與垂棘之璧，假道於虞以伐虢。……虞公許之，且請先伐虢。宫之奇諫，不聽；遂起師。夏，晉里克、荀息帥師會虞師伐虢，滅下陽。」又三年：「晉侯復假道於虞以伐虢。宫之奇諫曰：『虢，虞之表也，虢亡，虞必從之。晉不可啓，寇不可翫。一之爲甚，其可再乎！諺所謂「輔車相依，脣亡齒寒」者，其虞、虢之謂也。』……弗聽，許晉使。宫之奇以其族行，曰：『虞不臘矣，在此行也，晉不更舉矣。』」之推用此事，直爲奔齊自解。庾信哀江南賦：「章曼枝以轂走，宫之奇以族行。」意亦同此。

〔一九〕案：此蓋用蘇秦以「寧爲雞口，無爲牛後」説韓昭侯事，隱喻之推自己所進奔陳之策，不爲齊主所用，以致覆滅，觀我生賦所謂「曩九圍以制命，今八尺而由人」者也。

〔二〇〕紅顔，泛指青年。杜甫暮秋枉裴道州手札率爾遣興寄近呈蘇涣侍御詩：「憶子初尉永嘉去，紅顔白面花映肉。」用法本此。古詩紀曰：「『紅顔』以下脱誤，俟再考。」

〔二一〕樂府詩集六二悲歌古辭：「心思不能言，腸中車輪轉。」

神仙〔一〕

紅顔恃容色，青春矜盛年；自言曉書劍，不得學神仙。風雲落時後，歲月度人前；鏡中不相識，捫心徒自憐。願得金樓〔二〕要，思逢玉鈐篇〔三〕。九龍游弱水〔四〕，八鳳出飛煙。朝遊採瓊實〔五〕，夕宴酌膏泉〔六〕。崢嶸下無地〔七〕，列缺上陵天〔八〕；舉世聊一息〔九〕，中州安足旋〔一〇〕。

〔一〕據文苑英華二二五引，此樂府古題也。

〔二〕金樓子志怪篇：「前金樓先生是嵩高道士，多遊名山，尋丹砂，于石壁上見有古文，見照寶物之祕方，用以照寶，遂獲金石。」通志藝文略天文類寶氣有金婁地鏡一卷，當即「金樓」之誤。

〔三〕顏氏家訓雜藝篇：「吾嘗學六壬式，亦值世間好匠，聚得龍首、金匱、玉軨變、玉曆十許種書，討求無驗，尋亦悔罷。」「玉軨」即「玉鈐」之譌。唐大詔令集二中宗即位赦：「振玉鈐而殪封豕，授金鉞而斬長鯨。」沈珣授契苾通振武節度使制：「挺鶻立鷹揚之操，知玉鈐、金匱之書。」

〔四〕御覽九三〇引楚國先賢傳：「宋玉對楚王曰：『神龍朝發崑崙之墟，暮宿於孟諸，超騰雲漢之表，婉轉四瀆之裏；夫尺澤之鯢，豈能料江海之大哉！』」事類賦十九引括地圖：「崑崙山在弱水中，非乘龍不得至。」則龍遊弱水，積古相傳如此。武則天同太平公主遊九龍潭詩：「巖頂翔雙鳳，潭心倒九龍。」凡言鳳實兼凰而言，故必成雙捉對，沈約擬風賦：「拂九層之羽蓋，轉八鳳之珠旆。」八鳳雙鳳，其義一也。

〔五〕沈約繡像題贊：「水耀金沙，樹羅瓊實。」盧思道神仙篇：「玉英持作寶，瓊實採成蹊。」

〔六〕山海經西山經：「又西北四百二十里曰峚山，……丹水出焉，西流注於稷澤，其中多白玉，是有玉膏，其源沸沸湯湯，黄帝是食是饗。」郭璞注：「所以得登龍於鼎湖而龍蜕也。」

〔七〕史記司馬相如傳：「下峥嶸而無地兮，上寥廓而無天。」

〔八〕漢書司馬相如傳：「貫列缺之倒景兮。」服虔曰：「列缺，天閃也。」又揚雄傳：「辟歷列缺，吐火施鞭。」應劭曰：「列缺，天隙電照也。」

〔九〕漢書王褒傳：「周流八極，萬里一息。」拾遺記三周穆王録曰：「望絳宫而驤首，指瑶臺而一息。」一息，猶言暫息。

〔一〇〕中州，謂帝都或中國。文選蘇子卿詩四首：「山海隔中州，相去悠且長。」李善注：「楚辭曰：『蹇誰留兮中州。』」張銑注：「中州，帝都也。」舊唐書陳子昂傳：「昔蜀與中國不通，秦以金牛美女啖蜀侯；侯使五丁力士棧褒斜，鑿通谷，迎秦之饋。秦隨以兵，而地入中州。」前言中國，後言中州，則中州即中國也。旋，謂回旋也。

從周入齊夜度砥柱〔一〕

俠客重艱辛〔二〕，夜出小平津〔三〕。馬色迷關吏〔四〕，雞鳴起戍人〔五〕。露鮮華劍彩〔六〕，月照寶刀新〔七〕。問我將何去，北海就孫賓〔八〕。

〔一〕據文苑英華二八九引。馮惟訥古詩紀北齊一曰：「梁詞人麗句作惠慕道士詩，題云『犯虜將逃作』。」丁福保全北齊詩曰：「北史本傳：『荆州爲周軍所破，大將軍李穆送之推往弘農，令掌其兄陽平公遠書翰。遇河水暴漲，具船將妻子奔齊，經砥柱之險，時人稱其勇決。』」張玉轂古詩賞析二一曰：「漢書地理志：『底柱，在陝縣東北，山在河中，形若柱也。』」案：文鏡祕府論東册引此詩，佚作者名，「重」作「倦」。

〔二〕文選陸士衡擬青青陵上栢：「俠客控絶景。」李善注引列子：「昔范氏有子曰子華，善養私名，使其俠客，以鄙相攻。」案：陽縉樂府俠客控絶影，即以陸詩首句爲題，云：「園中追尋桃李徑，陌上逢迎遊俠人。」又曰：「遊俠英名馳上國，人馬意氣俱相得。」則俠客謂遊俠之士，袁宏所謂「三遊」之一也。抱朴子外篇正郭亦謂郭林宗「爲遊俠之徒」，之推蓋以俠客自命耳。吕向注文選，謂「俠客，遊人也」，非是。

〔三〕賞析曰：「小平津，在今鞏縣西北。」案：後漢書靈紀注：「小平津，在今鞏縣西北。」御覽七一引郡國志：「陝州平陸縣小平津，張讓刼獻帝處。南岸有勾陳壘，武王伐紂，八百諸侯會處。」

〔四〕夜度，故馬色迷也。

〔五〕史記孟嘗君傳：「關法：雞鳴而出客。」文選鮑明遠行藥至城東橋詩：「雞鳴關吏起。」清宋長白柳亭詩話卷二：「顔之推夜度砥柱詩：『馬色迷關吏，雞鳴起戍人。』唐太宗入潼關詩：『高談先馬度，僞曉豫雞鳴。』按：劉向七略曰：『公孫龍持白馬之論以度關。』桓譚新論曰：『龍嘗論白馬非馬，人不能屈，後乘白馬無符傳，關吏不聽出，此虚言難以奪實也。』上句指此，下句則用田文事。」

〔六〕江淹蕭驃騎讓太尉增封第三表：「文軒華劍。」華劍，猶江淹蕭太尉上便宜表所謂「文彩利劍」。案：文鏡祕府論一本「彩」作「影」。

〔七〕穀梁傳僖公元年：「孟勞者，魯之寶刀也。」

〔八〕賞析曰：「後漢書趙岐傳：『中常侍唐衡兄唐玹盡殺趙岐家屬，岐逃難江湖間，匿名賣餅。時孫嵩察岐非常人，曰：「我北海孫賓石，闔門百口，勢能相濟。」遂俱歸，藏岐複壁中。數年，諸唐後滅，岐因赦得免。』」器案：孫賓即孫賓石，三國志魏書閻温傳注引魚豢魏略作孫賓碩，割裂人名爲文，此六朝習慣用法也。賞析曰：「詩因避難而作。首二，提清避難，破題總領；三四，頂次句，寫乘夜偷度之景如畫；後四，月露仍帶夜來，而佩劍刀以就孫嵩，則與起句應。但孫賓押韻，未免割裂。」

佚句

懸魚掩金扇。〔一〕

〔一〕倭名類聚鈔卷三引狩谷望之箋注：「按：事物原始云：『懸魚者，搏風版合尖所垂之物也。今俗謁呼下桁。』」器案：白居易題洛中第宅詩：「懸魚掛青甃，行馬護朱欄。」太平御覽一八四引風俗通：「鏀施懸魚，翳伏淵源，欲令撻閉如此。」金扇，猶言金扉，説文：「扇，扉也。」

稽聖賦〔一〕

豪豕自爲雌雄，决鼻生無牝牡〔二〕。

黿鼉伏乎其陰，鸕鷀孕乎其口〔三〕。

魚不咽水〔四〕。

雀奚夕瞽？　鵁奚晝盲〔五〕？

雎鳩奚别？　鴛鴦奚雙〔六〕？

蛇曉方藥，鴆善禁呪〔七〕。

蠐螬行以其背，蟪蛄鳴非其口〔八〕。

竹布實而根枯，蕉舒花而株槁〔九〕。

瓜寒於曝，油冷於煎〔一〇〕。

芩根爲蟬〔一一〕。

魏嫗何多，一孕四十？　中山何夥，有子百廿〔一二〕？

烏處火而不燋，兔居水而不溺（擬）〔一三〕。

水母，東海謂之蛇（音𪇗），正白蒙蒙如沫〔一四〕。

〔一〕直齋書録解題十六：「稽聖賦三卷，北齊黄門侍郎琅邪顔之推撰，其孫師古注。蓋擬天問而作。中興書目稱李淳風注。」器案：疑此賦有顔、李二注本，故唐、宋人見其書者，或引爲顔籀注，或引爲李淳風注也。

〔二〕北户録一崔龜圖注引。

〔三〕埤雅二引，原作顏籀稽聖賦，蓋誤以注者爲作者耳。

〔四〕埤雅七引，原作顏之推曰：今審知爲稽聖賦文。

〔五〕埤雅七引，原作顏之推曰：今審知爲稽聖賦文。

〔六〕埤雅七引。

〔七〕埤雅十引。

〔八〕埤雅十一引。

〔九〕埤雅十五引。

〔一〇〕埤雅十六引。

〔一一〕東坡物類相感志十六引。又引注：「抱朴子曰：『有自然之蟬，有荇菜莖、苓根、土龍之屬皆化蟬。今驗水澤巨樹處，多水蟲登岸，空有裂化出爲蟬也。』」

〔一二〕佩觿序原注、焦氏筆乘六引。器案：「魏」當作「鄭」，此事見竹書紀年晉定公二十五年：「鄭一女生四十人，二十人死。」中山，謂中山王劉勝，史記五宗世家：「中山靖王勝，以孝景前三年用皇子爲中山王。……勝爲人樂酒好内，有子枝屬百二十餘人。」漢書勝傳删「枝屬」二字，之推用漢書，蓋傳其家學也。

〔一三〕一切經音義五一：「王充論衡曰：『儒者皆云：「日中有三足烏。」日者，陽精，火也。「月中有白兔、蟾蜍。」月者，陰精，水也。安得烏處火而不燋，兔居水而不溺？相違而理不然也。』李淳風注稽聖賦引『抱朴子云：「今得道者及有妙術之人，亦能入火不燃，入水不濡。」且俱爲人倫，而其異如此（「此」字原誤植在「矣」下，今輒乙正）矣，王生安知日中之烏、月中之蟾兔，而不如人間之術士，有能入水入火者，與常烏凡兔之不同乎？』又云：『業感在星天之上，日月之中，其形雖同，彼必神明之類，不可以人理凡情之所校測者矣。』」器案：據此，則李淳風之注，頗有詰難之辭；而顏籀之注，蓋祖述之推之説耳，於此，益有以知稽聖賦之有二注也。

〔一四〕北户録一注引。按：此當爲顏籀注文。

賦

歲精仕漢，風伯朝周〔一〕。

〔一〕藝林伐山十三引。器案：文見北齊書樊遜傳遜對求才審官，疑升庵誤記。

上言用梁樂

禮崩樂壞，其來自久。今太常雅樂，並用胡聲；請馮梁國舊事，攷尋古典〔一〕。

〔一〕隋書音樂志中『開皇二年，齊黄門侍郎顏之推上言云云，高祖不從。

奏請立關市邸店之税〔一〕（文佚）

〔一〕隋書食貨志：「武平之後，權幸並進，賜與無限，加之旱蝗，國用轉屈。乃料境内六等富人，調令出錢。而給事黄門侍郎顏之推奏請立關市邸店之税，開府鄧長顒贊成之。後主大悦。於是以其所入以供御府聲色之費，軍國之用不豫焉。未幾而亡。」通典卷十一食貨十一：「北齊黄門侍郎顏之推奏請立關市邸店之税，開府鄧長顒贊成之。後主大説。於是以其所入以供御府聲色之費，軍國之用不在此焉。」

失題

眉毫不如耳毫，耳毫不如項條，項條不如老饕〔一〕。

〔一〕能改齋漫録卷七引。案：甕牖閑評卷一引諺曰：「眉毛不如耳毫，耳毫不如老饕。」續明道雜志引作世言，文與閑評同，吴曾以爲顏氏文，非是。

逢逄之别，豈可雷同〔一〕？

〔一〕康熙字典辵部引。陳槃曰：「今本家訓無此文，疑佚。漢、魏以前有逢（或作蠭）字，無逄字。

逄字乃六朝人所妄造，詳孟子離婁下阮氏校勘記『逄蒙學射於羿』條、錢大昕十駕齋養新録五古無輕脣音條、張澍姓氏辯誤三逄氏條。」